LES SEIGNEURIES

D'HÉRICOURT

ET DU CHATELOT

PAR

L'Abbé TOURNIER

AUMONIER DES SŒURS DE LA CHARITÉ A SAINT-FERJEUX

Toujours et quand même.

BESANÇON

IMPRIMERIE JACQUES ET DEMONTROND

1921

LES SEIGNEURIES D'HÉRICOURT ET DU CHATELOT

LES SEIGNEURIES

D'HÉRICOURT

ET DU CHATELOT

PAR

L'Abbé TOURNIER

AUMONIER DES SŒURS DE LA CHARITÉ A SAINT-FERJEUX

Toujours et quand même.

BESANÇON

IMPRIMERIE JACQUES ET DEMONTROND

—

1921

HOMMAGE AU SACRÉ-CŒUR DE JÉSUS

A LA MÉMOIRE DE MES BONS AMIS

Flavien BURLET

ET L'Abbé BURLET, Vicaire Général

de Granges-le-Bourg (Haute-Saône)

« AMABILES ET DECORI IN VITA SUA »

UNUS MEDICUS ET ALTER SACERDOS,

GRATIA RECTÆ FIDEI ET EGREGII CORDIS.

AMBO TRANSIERUNT BENEFACIENDO

CONSCIIS MULTIS ET SEMPER MOERENTIBUS

AMICIS.

1857 — 1899 — 1918

ERRATA

Page 10, ligne 36, *lisez* Chrodegand.
— 12, l. 28, *lisez* Genubit.
— 14, l. 7, *lisez* 1133 ou 1134.
— 14, l. 35, *lisez* Ensisheim.
— 33, note, *lisez* Lou Camus.
— 43, l. 18, *lisez* Rodolphe de Hesse.
— 45, l. 35, *lisez* Raoul de Hesse.
— 50, l. 4, *lisez* Andornay.
— 70, note, l. 5, *lisez* Uzic.
— 74, l. 10, *lisez* 1542.
— 80, l. 34, *lisez* Bienne.
— 86 et 92, *lisez* Henri Lamboin.
— 105, l. 33, *lisez* Echenans.
— 160, l. 24, *lisez* cures.
— 199, l. 30, *lisez* Brenz.
— 213, l. 28, *lisez* Thévignon.
— 245, l. 33, *lisez* faveur.
— 296, l. 4, *lisez* Colorédo.

PRÉFACE

Le milieu où je suis né a été le grand inspirateur de mes études historiques. A Chenebier vivaient côte à côte protestants et catholiques. Extérieurement les relations mutuelles étaient empreintes de support, parfois d'une certaine affabilité ; on se fréquentait, on se rendait service, disons le mot, on se tolérait. Car une église catholique et un temple protestant, un curé et un pasteur dans le même village, sont, bon gré mal gré, une cause de schisme entre habitants. Le dimanche, les uns allaient à la messe, les autres au premier prêche ; les uns à vêpres, les autres au second prêche (1). A l'aller et au retour, il y avait rencontre de gens dissidents, échange de regards, mais de regards, je m'en souviens, un peu dénués, ce jour-là, de l'éclair de l'amitié. C'est fort compréhensible. Comment la bonne camaraderie pourrait-elle subsister entre l'affirmation et la négation, entre le oui et le non ? C'était

---

(1) Un dimanche, je me glissai au second prêche avec deux enfants protestants. J'y fus tout oreilles et tout yeux. Le pasteur, un nommé Vuillamier, d'Héricourt, arriva au temple. Je le vis quitter le milieu de la nef et se rendre sans inclination, sans génuflexion, dans une loge à claire-voie, placée au bas de la chaire. « Il n'y a pas de Dieu ici », me dis-je. Après le chant d'un cantique, du Saint des Saints, où il était assis, il gravit les degrés de la chaire, où il trouva un siège, et la prière commença. Le *Pater* y trouva place. Vint ensuite le sermon. Le pasteur parla sur un ton grave, solennel, les yeux baissés ; il ne les fixait au zénith que pour prononcer d'une voix retentissante le mot : « Éternel ! » Autant saint Jean de l'Apocalypse. Placé en face de l'ouverture de la chaire, je le vis, à la fin du sermon, fermer un livre. Je compris pourquoi il parlait les yeux baissés. Le chant d'un cantique termina la cérémonie. Je trouvai la sauce assez fade.

assez difficile, d'autant plus que ce dernier élément n'avait pas la langue gelée, souvent il prenait des allures d'apôtre. Dans ce cas il tirait ses grands registres, faisant apparaître l'auteur du protestantisme dans toute sa gloire. Inspiré et dirigé par Dieu, il avait retrouvé la Bible, disait-il. Et où donc était-elle cachée ? Vers dix ans, j'apprenais que sa cachette était derrière une armoire *(sic)*. Les protestants de Chenebier le répétaient à tout catholique. Il avait fallu une puissante lumière pour découvrir le livre divin dans un rétro si obscur.

A côté de cette légende assez ahurissante, il en circulait une autre non moins étonnante, c'était celle de la nouvelle religion accueillie à bras ouverts par les ancêtres de nos contemporains. Elle avait un cours forcé et revêtait même une forme très alerte. « Nos pères, disaient-ils, ont couru au-devant de Luther .» Le moine saxon apôtre de Montbéliard ! ce n'était pas banal, mais ce qui l'était passablement, c'était la manie chez mes compatriotes de toucher à tout propos la corde religieuse. Aucun âge n'y échappait. Un enfant de douze ans dit un jour à un compagnon de route du même âge, mais protestant : « Je vais chercher mon cierge de première communion. — Nous, lui répondit le galopin, nous adorons Dieu en esprit et en vérité », c'est-à-dire dans un temple dépouillé de croix, d'autel, de statues, de tableaux, d'objets décoratifs, de cierges, etc. (1). C'est de cette manière que le protestan-

___

(1) « Adorer Dieu en esprit et en vérité ». Jésus annonce que le culte grossier et charnel des Juifs, comme celui des Samaritains, disparaîtra et fera place à des offrandes spirituelles et vraiment dignes de Dieu. La victime eucharistique, le pain et le vin changés au corps et au sang de Notre-Seigneur Jésus-Christ, par les paroles de la consécration, constitue l'offrande spirituelle et vraie que Jésus-Christ, à la messe, offre à Dieu, son Père, par le ministère des prêtres. Si nous nous unissons à la précieuse

tisme explique les paroles de ce texte. Tout dans la religion catholique devenait à un moment donné sujet à la raillerie : processions, reposoirs, messe, vêpres, sonneries de la Toussaint, etc. Quand il se trouvait un groupe de personnes des deux cultes, il était rare qu'un dissident n'apportât pas dans la conversation matière à une rixe théologique. D'où peut venir une telle maladie que l'on ne constate pas chez les catholiques pratiquants ? N'aurait-elle pas pour cause une inquiétude secrète, profonde, troublante ? Il faut que ces gens-là ne trouvent ni repos ni sécurité dans leur foi religieuse. Ames en deuil de la vérité, par conséquent toujours dans la peine et le chagrin, elles sont comme jalouses de voir chez les catholiques fidèles une entière quiétude d'esprit en tout ce qui touche à leur religion.

Autrefois les incidents causés par la dualité de cultes étaient nombreux dans les paroisses mixtes. Celui qui les a vécus en garde fidèlement le souvenir. Il y en avait qui intéressaient singulièrement les protestants.

Dans le temps qui suivit mon ordination, des météores apparurent successivement sous le ciel de Montbéliard. Ils appartenaient aux défaillances sacerdotales et cherchaient à se refaire un état civil. Il est certain qu'en tout temps il y a eu des Judas dans l'Église catholique. C'est une graine dont Jésus-Christ n'a pas voulu priver entièrement son champ de culture. La foi, afin de reposer sur sa vraie base, doit être pour tout fidèle indépendante des vertus et des vices des

victime en lui faisant le sacrifice sincère de nos esprits, de nos cœurs, de notre vie et de tout ce que nous sommes, nous adorons Dieu en esprit et en vérité. Alors de l'autel jaillit « l'eau vive » de la grâce, dont Jésus parle à la Samaritaine, qui purifie les cœurs bien disposés de toute affection terrestre, et les élève vers le ciel, terme des désirs du chrétien fidèle.

hommes. Ah ! quelle joie quand arrivèrent successivement à Montbéliard Balland, de Saint-Dié, Crost, de Rouen, Bouvier, de Sens ! Quel triomphe dans le camp protestant ! les vieux piétistes chantèrent le *Te Deum*. Que devinrent ces pauvres égarés ? Balland, pasteur à Étobon, d'abord, et ensuite à Bavans, laissa dans l'humiliation sa pierre d'achoppement, cause de ses écarts, et, une belle nuit, partit pour l'Amérique avec une autre Eve. Crost, pasteur à Brévilliers, où il fut vu avec une figure ravagée, alla traîner ses remords à Noisy-le-Sec où il mourut. « Est-il sauvé ? », demanda un jour à un prêtre sa descendante. Bouvier reçut d'abord, dans un temple de Montbéliard, l'imposition des mains du pasteur John Viénot. Il l'eût reçue de la bonne ou de l'épouse de ce dernier, l'effet eût été identiquement le même. A la suite de ce geste, l'oint de Luther fut mis à Bavans. Enfant prodigue, il fut bientôt déchiré de remords, humilié de la bergerie qu'il avait à sa garde. « Je retournerai, se dit-il, à la maison de mon père. » En effet, après avoir mis ordre à sa situation, il se retira, le cœur navré de repentir, chez les Pères de la Miséricorde.

Dans les années qui précédèrent la guerre, un quatrième transfuge du catholicisme, accueilli à Paris, d'après *La Croix*, dans des ateliers où se publiait une revue protestante, fut envoyé par son soi-disant convertisseur à Montbéliard. C'était l'abbé Dabry, désappointé de n'avoir pu arriver à conduire la barque de Pierre. Mis à la tête d'un journal montbéliardais, il froissa quelques susceptibilités. A ses articles on fit une réponse très touchante. Un homme vigoureux lui appliqua sur la joue, en pleine rue, un soufflet dont le retentissement se fit entendre à Paris. Le climat du pays lui parut inhospitalier. Il le quitta le cœur malade, doublement malade. Les épreuves du dévoyé sont amères, aucune parole amie ne vient les adoucir. Comment finit ce pauvre hère ? Julien Narfon, du *Figaro*, nous l'a dit. Infirmier dans l'armée française, au début de la guerre, Dabry mourut, malheureusement pour lui, avant d'avoir terminé les démarches qui devaient le réintégrer dans le giron de l'Église catholique. Puissent ses bonnes intentions lui avoir épargné le sort de l'ange déchu qui l'avait séduit. *Cecidit de Cœlo Lucifer*.

Dans mes jeunes années, je m'en souviens encore, les catholiques amateurs d'histoire se demandaient : Par qui et comment le protestantisme a-t-il été établi dans notre petit coin de terre, isolé au milieu de villages tout catholiques ? Qui donc nous fera connaître les circonstances de ce drôle d'événement ? Il y avait bien le *Précis de la Réformation* du pasteur Goguel, mais quelle confiance méritait un livre qui nous accuse d'avoir altéré l'Évangile dès le IVe siècle et d'adorer les reliques des Saints, c'est-à-dire une multitude innombrable de divinités ? Oh ! quel bonhomme ! Et ces adorateurs d'idoles, que Jésus retranche de son troupeau et repousse loin de sa personne, sont néanmoins *avec les protestants*, au dire de Goguel, *les membres du même corps spirituel* du Christ (1). Voilà un corps bien constitué ! Faire du corps du Christ un blessé, un mutilé de la guerre, c'est assez blasphématoire. Était-il possible aux catholiques de prendre au sérieux un écrit qui péchait par la base ?

Enfin devenu curé, je voulus, à défaut d'un autre plus compétent, mettre la main à une œuvre, objet de tant de vœux. Sur le conseil pressant de l'abbé Morey,

(1) Goguel, *Précis historique de la Réformation*, p. 165.

curé de Baudoncourt, j'entreprenais cette besogne et au bout de sept à huit ans de recherches très coûteuses et de travail opiniâtre parut le livre intitulé : *Le Protestantisme dans le pays de Montbéliard*. L'ouvrage, tiré à mille exemplaires, se répandit assez rapidement dans nos villages (1). Catholiques et protestants en prirent connaissance, les premiers avec une vive satisfaction, les seconds avec étonnement, car à mesure que ces derniers tournaient les feuillets du livre, ils voyaient les pièces de leurs légendes tomber les unes sur les autres. Le camp très spacieux des intellectuels s'émut. « Oh ! le fanatique ! » Cette flèche me fut décochée, dans le journal *La Vie Nouvelle*, par le pasteur John Viénot ; il me jetait son superflu. Une réfutation y fut annoncée. Depuis trente ans elle est sous presse. Les types doivent être rouillés.

Cinq ans après, parut un second volume, ce fut *Le Catholicisme et le Protestantisme dans le pays de Montbéliard*. Sous ce titre se déroulent les circonstances du rétablissement du culte catholique dans la région hérétique. Cet événement produisit un trouble profond dans les esprits des conseillers de la Régence, des pasteurs et de la population, celle-ci mise en sursaut par les excitations des premiers. Et cependant quelle différence entre les ordonnances françaises qui prescrivaient ce rétablissement et les ordonnances des ducs de Wurtemberg qui avaient détaché du catholicisme les populations de 1539 et de 1565 ! Louis XIV, souverain des Quatre-Terres, avait dans ses mains, pour les gouverner, le même pouvoir que les ducs Ulric, Georges et Christophe de Wurtemberg. Aurait-il dû en user pour faire rentrer, coûte que coûte, les habitants dans

(1) De ce travail il reste cent exemplaires en feuilles.

l'ancienne religion ? La réponse à cette question est une affaire d'appréciation ; libre à chacun d'en penser ce qu'il lui plaira, mais l'exigence royale n'alla pas jusque-là. Tout d'abord le monarque français ordonna que des curés fussent rétablis dans les chefs-lieux des quatre seigneuries, se réservant d'en pourvoir d'autres paroisses quand bon lui semblerait. On cria à l'intolérance ! au fanatisme ! Les chefs du parti protestant approuvaient les mesures tyranniques que les Allemands de Stuttgart avaient mises en œuvre pour faire entrer de force dans le moule luthérien les ancêtres de ces populations, tandis qu'ils traitaient Louis XIV de tyran parce qu'il ordonnait le seul rétablissement de la messe, tout en laissant les protestants libres de prêter l'oreille aux balivernes allemandes de leurs pasteurs. De quel côté était la tolérance ? La publication des détails historiques de cet événement important, empruntés aux archives, sorties du château de Montbéliard, fut suivie d'un silence de mort de la part de mes amis protestants. Que la paix dans la vérité a de charmes !

Je n'en jouis pas longtemps. A Chagey fut élevé un monument à l'honneur des soldats tombés, en 1871, sur les champs de bataille du village. Pendant plusieurs jours on en prépara l'inauguration. « Pas de curé ! dirent les protestants ; seul notre pasteur aura les honneurs de la journée. » Ce fut dit et proclamé à tous les échos. L'organisateur de la fête, esprit large, loyal et généreux, plein d'estime pour l'abbé Sonet, curé de Chagey, rejeta les prétentions de ses coréligionnaires.

En apprenant qu'à cette occasion nos catholiques avaient failli subir une humiliation qu'ils ne méritaient pas, j'en éprouvai un vif mécontentement. Alors les souvenirs de ce que j'avais vu et entendu, en 1870, arrivaient à ma mémoire en bondissant. J'écrivis *Le Monument de Chagey*. Quel vacarme ! quel tumulte à son apparition ! Les eaux de la Luzine en furent agitées et troublées. Le vieux manoir des princes de Wurtemberg trembla jusque sur ses fondations rocheuses. « En justice ! ! », clamèrent les gros bonnets. Il y eut réunions sur réunions ; trois mois se passèrent dans des délibérations. Au bout de ce temps, un individu quelque peu clerc fit dire aux mécontents par la voix d'un journal catholique : « Il y a prescription », de cela ils feignirent le mécontentement. « Sauvons les apparences ! » Alors, par ordre d'un ministre français, toujours bienveillant pour tous les boudhistes du monde, l'auteur de la brochure fut envoyé prendre le frais sur les montagnes de Maîche. Là-haut arriva à ses oreilles, touchant sa publication, un jugement passablement sévère. A ce critique il manquait deux choses : 1º de n'être pas né dans le pays de Montbéliard, où l'on ne passe rien aux catholiques, où on les brime le plus possible ; 2º de n'avoir pas lu le chapitre xxix de la *Vie Dévote*, de saint François de Sales (1). Si, en tout temps, on avait mis en pratique les doctrines de ce docteur de l'Église, les catholiques seraient-ils foulés comme ils le sont partout aujourd'hui, obligés de mendier une place au soleil, qu'on leur accorde parfois, mais aussi étroite que possible ?

Pendant que sur les plateaux des montagnes je méditais le proverbe .: « Toutes vérités ne sont pas bonnes à dire », propos entendu de mon chef hiérarchique, voici que les échos, éveillés par un journal de Besançon, répétèrent qu'un chef-d'œuvre historique

______

(1) **Troisième partie.**

avait paru sur la place de Montbéliard avec le titre : *Histoire de la Réforme* dans le susdit pays. Le même organe, par la plume d'un prédicant du chef-lieu du diocèse, annonça peu après que le livre publié par l'abbé Tournier sur le même sujet était réduit à néant. Avant d'avaler l'amertume d'une défaite, je voulus examiner les qualités tant prônées du livre de M. John Viénot, pasteur. J'en étais tout occupé, lorsque m'arriva un petit tract de Besançon. Il m'était envoyé, en cinq exemplaires, par M. Guiraud, professeur d'histoire à la Faculté de cette ville. Sa lecture me réconforta, car la charpente de l'édifice historique de M. Viénot était démolie par les trois notes que l'examinateur officiel avait imprimées au front du livre : « Ouvrage gâté par une partialité naïve et souvent *inconsciente...* Machine de guerre... Les préjugés confessionnels enlèvent à l'œuvre toute valeur scientifique ».

La pilule était amère. Le président du consistoire l'avala avec quelque haut-le-cœur. La crise une fois passée, il se ragaillardit par la pensée que ses lecteurs, ignorant le coup de bélier reçu par son livre, prendraient pour argent comptant tout ce qu'il y avait écrit. C'est la consolation des pasteurs historiens, peu scrupuleux.

J'aurais pu m'en tenir à la condamnation sans appel du professeur d'histoire de la Faculté de Besançon, car son jugement est décisif, rien de plus tranchant ni de mieux prouvé. Cependant, le pasteur m'ayant pris à partie bien des fois, il m'a semblé bon de défendre un livre qui m'a coûté plusieurs années de labeur. Une fois ma décision prise, je résolus de restreindre ce plaidoyer à certaines limites ; car, faire ressortir une à une, page par page, les innombrables erreurs de l'*Histoire de la Réforme*, c'était s'imposer un vrai travail de bénédictin, fort dispendieux. En vue d'éviter ce double

inconvénient, je bornai ma défense à quatre points :
Justification de quelques pratiques catholiques, exposé
des vices des agents de la Réforme à Montbéliard,
fausseté de la légende d'un protestantisme accueilli à
bras ouverts, défense du clergé odieusement calomnié.
Mon modeste travail, achevé en 1904, ne parut que deux
ans après, sous le titre : *M. Viénot et l'Histoire de la
Réforme dans le pays de Montbéliard* (1).

Au sujet de cette publication, le chanoine Heuvrard,
ancien professeur de philosophie, a raconté à quelques-
uns de ses amis la petite anecdote que voici : Un de ses
anciens paroissiens fut envoyé vers 1907 à Montbéliard,
comme fonctionnaire de l'État. De suite après son
arrivée, les intellectuels songèrent à en faire le siège,
car il était catholique. Pour gagner sa confiance, ils
mirent en ligne de bataille : prévenances, douceur,
affabilité, sourires ; peu à peu ils lui parlèrent de l'histoire du pays, de l'intérêt qu'elle offre à un esprit cul-
tivé, on lui cite des noms d'auteurs. Enfin, un beau
jour se coucha sur sa table l'*Histoire de la Réforme*.
C'est cela qu'on visait surtout. Notre brave catholique
ouvre le livre et en peu de temps va de la première à la
dernière page. Quelles impressions cette lecture avait-
elle produites en lui ? Il les communiqua au chanoine,
son ami ; elles n'étaient ni plus ni moins que très défa-
vorables à l'Église catholique du xvi° siècle. M. Heuvrard, assuré qu'il remettrait cette âme au jour, lui
envoya mon travail sur le livre qui était cause de son
trouble. A quelque temps de là le chanoine en recevait
une lettre : « Je vous remercie de tout cœur de l'ouvrage
que vous m'avez envoyé. Je sais maintenant ce que
vaut l'*Histoire de la Réforme*. »

(1) Cet ouvrage est à l'imprimerie Jacquin au prix de 3 fr. 50. Il en reste
plusieurs exemplaires.

Vaut-elle mieux que celle d'Auguste Chenot, qui fut pasteur à Héricourt ? Ce révérend a écrit également un livre sur la Réforme dans nos seigneuries. Sa thèse est en tout semblable à celle de M. Viénot ; c'est la légende du protestantisme reçu à bras ouverts. Pour. le prouver il ne recule pas même devant le rôle de falsificateur. Le premier pasteur d'Héricourt, Larcher, dans un rapport au prince sur l'état de la religion dans les seigneuries, en 1584, dit : « Il y a en plusieurs églises un grand mépris de la parole de Dieu... le semblable est du catéchisme (1). » Le pasteur Chenot, dans la reproduction de la lettre, efface le mot catéchisme et à sa place met celui de catholicisme (2). Il fait donc dire à Larcher : Il y a un grand mépris du catholicisme, non à Héricourt d'où il est banni depuis vingt ans, mais dans les lieux voisins de la seigneurie où il existe encore. Quelle probité ! Voilà un pasteur, auteur d'une histoire, qui froidement, avec mûre réflexion, porte le mensonge au degré le plus vil, le plus déshonorant, jusqu'à la falsification d'un document. Quelle conscience ! Et M. Viénot engage ses lecteurs à consulter « l'excellent travail de M. Chenot ». Une religion fausse réclame pour ses adhérents une histoire fausse. Avec quelle prodigalité ils sont servis ! Et ils avalent tout.

Il me restait à justifier la brochure, cause de mon pèlerinage forcé dans les montagnes de Maîche. Je ne craignais qu'une chose, c'était de mourir sans avoir repoussé victorieusement les accusations de calomnie dont m'avait accablé un journal de Besançon. Le travail que je me proposais de publier exigeait quelques notions d'allemand, car, pour moi, il était impossible que les soldats d'outre-Rhin n'eussent pas consigné

(1) Arch. Haute-Saône, E, 277.
(2) Aug. Chenot, *Réforme religieuse à Héricourt, etc.*, p. 157.

dans leurs journaux de marche les marques d'amitié qu'ils avaient reçues dans notre pays. A cinquante-huit ans je fis emplette d'une grammaire allemande. Deux ans après, à ma demande, il m'arriva quelques journaux de marche allemands du Palatinat et de Carlsruhe. Le premier contenait les faits et gestes de l'infirmier Ewald, plus tard pasteur à Spire. Son récit roulait sur les combats de Chenebier, mon pays natal. J'y trouvai deux incidents très intéressants (1). Un in-4° allemand me fut envoyé de Fribourg-en-Brisgau. Mon salut devenait plus certain. Un voyage en Allemagne fut décidé. Dans les bibliothèques de Carlsruhe et de Stuttgart, les armes de ma défense se présentèrent comme par enchantement. Après dix jours de recherches, je revins à mon poste. A quelque temps de là, après m'être entouré de la compétence d'un germaniste très distingué, l'édifice de la justification du *Monument de Chagey* se dressa debout, avec une allure qui défia une nouvelle *éloquente protestation*. Le livre parut, en 1907, sous le nom de L. de Saint-Vincent (l'aumônier de Saint-Vincent) ; il était prudent de se garer contre de nouveaux coups. Son effet fut tel qu'il fit taire tous mes bons amis intéressés à son enseignement.

Cette œuvre justificative reçut la pleine approbation d'un ancien magistrat qui avait rempli les fonctions de procureur à Mende et ensuite à Nîmes. « Vous n'avez raconté, m'écrivit-il, que ce que j'ai vu de mes yeux et entendu de mes oreilles (2). »

Qu'il est doux de se reposer dans le triomphe de la vérité quand on a failli être submergé pour l'avoir soutenue !

(1) Entre autres ces mots de deux vieillards protestants à l'infirmier : « Nous devons de la reconnaissance aux Allemands », *So wären sie doch den Deutschen darin zu Dank verpflictet.*
(2) Ses deux lettres sont chez l'auteur.

Toujours et quand même ! Cette devise, après la publication de *La Crise huguenote à Besançon, au XVIᵉ siècle*, réclama encore de ma modeste plume un dernier travail : faire connaître brièvement ce que le catholicisme fit dans notre pays avant qu'il fût expulsé violemment par les princes allemands de Stuttgart. C'est le but du nouvel ouvrage que nous publions. Il contient l'histoire abrégée des anciennes seigneuries d'Héricourt et du Châtelot, depuis l'arrivée des Burgondes jusqu'à leur conquête par Louis XIV. Passant sous silence, faute de documents, les luttes longues et acharnées, à la suite desquelles le catholicisme terrassa l'idolâtrie, notre récit commence à l'occupation, par ces guerriers du Nord, de la région où se déroulent les faits qui en sont l'objet. Dans ce pays, partagé entre les Gallo-Romains et leurs hôtes, ceux-ci avaient apporté la religion chrétienne, dont ils faisaient profession. Égarés un moment par l'arianisme, qu'ils avaient embrassé ils ne tardèrent pas à y renoncer, grâce au zèle de leurs évêques et de Sigismond, leur roi, et dès lors, à ce moment, commence pour le pays une ère nouvelle, mais longtemps troublée par les invasions successives des Sarrasins, des Normands et des Huns. Après la disparition de ces fléaux, ce fut le temps des formations, des constructions, des organisations. Œuvres de la foi chrétienne, les chapelles, les églises, les presbytères se multiplièrent. Bientôt, partout où il y avait un groupement de population ayant quelque importance, un prêtre y prenait sa résidence et là, sous l'autorité de l'archevêque de Besançon, baptisait, enseignait, administrait les sacrements, prenait soin de sa famille spirituelle, dont il se conciliait, par son zèle et son dévouement, l'estime, le respect et la confiance. Les liens de cette union entre le curé et ses paroissiens se trouvèrent resserrés par le prestige, la foi et l'ascendant des familles nobles qui régnaient alors sur nos seigneuries.

Citer les noms des comtes de Mousson, des barons de Montfaucon, de Renaud de Bourgogne, qui présidèrent avec tant d'éclat aux destinées de notre petit pays, c'est rappeler les idées de foi, d'honneur, de justice, de loyauté, que la civilisation chrétienne, dont ils furent les intrépides champions, finit, après une lutte assez longue contre les excès de la barbarie, par mettre en honneur au milieu de nos populations. Évidemment ce fut pour ces preux une tâche difficile d'assouplir leur âme aux douceurs des mœurs chrétiennes. De temps à autre il leur arriva encore de payer un tribut aux habitudes féroces des temps barbares. Mais chez eux, après ces moments d'oubli, on vit la foi reprendre son empire sur leur esprit et leur cœur, en leur inspirant un repentir sincère. Arrivaient ensuite les réparations et l'union entre les cœurs divisés.

C'est au feu de leurs généreux sentiments que le pays fut redevable de la construction des monastères, des prieurés, des collégiales, des familiarités qui christianisèrent jusqu'au sol, sur lequel se projetait leur ombre bienfaisante. A leur imitation, le peuple, puisant à des sources nombreuses et variées les enseignements de la foi, pourvut à l'entretien des ministres du culte par la dotation des églises, des chapelles, par la fondation de chapellenies, de messes et d'anniversaires. Au milieu de cette exubérance de vie religieuse qui se manifesta dans la multitude des œuvres de charité, la société, sauf à certaines heures de trouble qui sonnent d'intervalle en intervalle pour le malheur de la pauvre humanité, offrait, avec l'unité de doctrine et de foi qui la pénétrait, malgré certaines défaillances, le réconfortant spectacle chanté par le psalmiste : « Qu'il est bon, qu'il est agréable pour des frères d'habiter ensemble (1)!»

Cette splendide végétation d'œuvres catholiques, qui maintenait dans l'union, la concorde et l'esprit de foi le peuple de nos seigneuries, disparut sous le souffle des prédications de Luther, auxquelles les ducs de Wurtemberg en ouvrirent les portes. Excités par le réformateur à voler les biens des couvents, des hôpitaux, des fabriques, ils se rendirent, avec le consentement des ministres de la nouvelle religion, maîtres absolus de l'État et de l'Église. Leur autocratie brisa peu à peu l'opposition des sujets, grâce à un système religieux en parfaite harmonie avec les passions du cœur humain, dont Luther avait fait l'apothéose plus par sa conduite immorale que par ses doctrines.

Le récit de l'introduction du protestantisme dans nos seigneuries est suivi de celui de l'organisation du nouveau culte. Tout ce qui appartenait à ce dernier : autels, croix, images, statues, ornements, est supprimé. C'est une sécularisation qui succède dans les paroisses à un culte d'une efflorescence splendide, qui parlait aux yeux, à l'intelligence, au cœur, et qui donnait un aliment à la foi, à la piété et à l'espérance des biens éternels. Inspiré et dominé par la sainte Eucharistie, source de la vie de l'âme et foyer de la sainteté, ayant devant elle pour garde d'honneur de jour et de nuit une lampe toujours lumineuse, le culte catholique avec ses prêtres, ses lévites, ses chants mélodieux, ses encensoirs, ses cierges rappelle le culte rendu au ciel à Jésus-Christ par les voix qui chantent : « Saint, Saint, Saint est le Seigneur, Dieu tout-puissant, qui était, qui est et qui doit venir (2). »

(1) Psaume 132.
(2) Saint Jean, Apocalypse, IV, 8.

Aux réalités divines du culte catholique a succédé dans les temples de la Réforme ce que les protestants appellent *la cène*, cérémonie qui n'est qu'une froide parodie de la communion catholique. Elle était nécessaire pour ménager la transition des âmes du catholicisme au protestantisme. Ceux qu'on forçait à devenir protestants, il fallait les détacher peu à peu de la foi à la présence réelle de Jésus-Christ dans l'Eucharistie. Depuis que la cène a produit l'effet que les réformateurs en attendaient, elle n'est plus considérée que comme une cérémonie surannée, sans importance, dont l'administration peut être faite par le premier venu, ce qui prouve, une fois de plus, que la religion du libre examen est arrivée au terme de son programme : négation de toute vérité surnaturelle.

La nouvelle religion, ayant à sa tête les ducs de Wurtemberg, leurs conseillers et leurs pasteurs, travailla, pendant cinquante ans, avec autant d'ardeur que d'acrimonie, à briser les liens qui attachaient les sujets du pays au catholicisme. Cette œuvre était à peine achevée qu'éclata la guerre de Trente Ans, décidée par les princes protestants d'Allemagne pour défendre les vols nombreux commis par eux au préjudice des établissements catholiques : évêchés, cathédrales, couvents, hôpitaux, églises. Broyées, triturées, piétinées pendant dix ans par les armées amies et ennemies, nos seigneuries n'avaient pas encore réparé les désastres subis, qu'elles furent heureusement conquises par le roi de France, Louis XIV, en 1674.

C'est à cette date que se termine cette étude, dont la suite, pour un très grand nombre de faits, se trouve dans l'ouvrage : *Le Catholicisme et le Protestantisme dans le pays de Montbéliard*, paru en 1894. Le travail actuel a été composé, comme nos précédentes publications, pour les catholiques des paroisses mixtes, soumis parfois à de dures épreuves. Après leur avoir raconté les origines très peu honorables du protestantisme dans nos anciennes seigneuries, où ils résident à présent, j'ai tenu à leur donner un aperçu des faits et gestes des temps antérieurs à la Réforme. Cette lecture leur apprendra que les ancêtres catholiques de leurs voisins protestants étaient encore plus attachés qu'ils ne le sont eux-mêmes au catholicisme et à ses pratiques, ce qui, je le sais, n'enlève rien à leur mérite. La peinture d'un passé éloigné, faite avec les couleurs du temps, les portera à déplorer de plus en plus, pour les dissidents au milieu desquels ils vivent, la rupture violente accomplie à leur préjudice par des princes immoraux, qui marchaient de pair avec Luther, dont rougirait tout honnête protestant s'il avait sous les yeux la biographie vraie de ce moine lubrique. Dans leur reconnaissance pour Dieu, qui les a gardés dans la vraie foi, ce qui vaut mieux que les richesses, ils continueront, sans peur et sans reproche, à observer les devoirs qu'elle prescrit, assurés que, dans cette voie, ils auront la paix de la conscience, l'estime des hommes de bien et, un jour, les joies de la mort des justes.

Les matériaux de ce nouvel ouvrage ont été puisés, en très grande partie, à la bibliothèque de la ville de Besançon et aux archives de la préfecture. Les communications demandées de part et d'autre nous ont été faites avec un gracieux empressement par M. Gazier, bibliothécaire, et par M. Dornier, archiviste adjoint, depuis 1886. Qu'ils veuillent bien en agréer notre très vive gratitude.

J'ai utilisé les manuscrits de M. Bulliard, ancien fonctionnaire des domaines, mort à la Maison-Blanche, près de l'ancienne abbaye des Trois-Rois. Fort érudit, il a consacré ses loisirs à l'étude de l'histoire de la Franche-Comté. Vrai bénédictin pour ce genre de travail, il a écrit l'histoire de l'Isle-sur-le-Doubs, celles des ducs et comtes de Bourgogne et de l'abbaye des Trois-Rois, puis les généalogies de presque toutes les familles nobles de la province. La lecture de ces écrits offre un très grand intérêt, mais le dernier surtout, à cause des personnages dont il donne la généalogie et qui ont été mêlés aux événements qui se sont déroulés de siècle en siècle sur la terre comtoise, mériterait, dans l'intérêt de l'histoire, d'être livré à l'impression. Un tel ouvrage trouverait de nombreux amateurs. C'est à M. Nau, avocat à Baume et gendre de M. Bulliard, que je suis redevable de la communication de ces manuscrits. Qu'il veuille bien en agréer ma sincère gratitude.

Saint-Ferjeux, le 1er janvier 1921.

C. TOURNIER, *aumônier.*

LES SEIGNEURIES
D'HÉRICOURT ET DU CHATELOT

CHAPITRE PREMIER

Les Alamans. — Les Burgondes dans notre pays. — Oratoires. — Moines. — Saint Valbert. — Invasion des Sarrasins, des Normands, des Hongrois. — xe siècle. — Paix de Dieu. — Trêve de Dieu. — Paroisses. — Revenus. — Louis de Mousson. — Thierry Ier. — Abbayes. — Thierry II. — Noblesse secondaire.

Au commencement de l'ère chrétienne, vers le IIIe siècle, des peuplades de la Germanie auxquelles on a donné le nom d'Alemani, ou Alamans, plus tard Allemands, passèrent le Rhin. Après plusieurs excursions sur la rive gauche du fleuve, en Helvétie et en Gaule, les Alamans s'y établirent définitivement, s'étendant jusqu'au pied des Vosges et aux environs de Clerval et de Saint-Hippolyte. Ils adoraient les forces de la nature, exprimées dans une foule de divinités, dont les principales étaient Teutsch, dieu suprême, fils de la terre et père de la race germanique ; son fils Mann, personnification de la race humaine ; Vodan ou Odin, le dieu des batailles, Fréa ou Fria, sa femme ; Thor ou dieu de la guerre.

Les Gallo-Romains, qu'ils eurent pour cohabitants, à côté des dieux adorés dans le pays, installèrent encore les grandes divinités de Rome, comme le prouvent les statues découvertes dans les ruines de Mandeure et dans une foule d'autres lieux (1).

En 407, les Burgondes, établis d'abord le long de la Vistule, dans la Prusse, passèrent le Rhin à leur tour et entrèrent dans les Gaules. En 413, leur premier roi conquit le pays situé entre le haut Rhin, le Rhône et la Saône. Peu après, il étendit sa domination et l'État qu'il forma comprit ce qu'on appela

____

(1) Ed. Clerc, *Essai sur la Franche-Comté*, t. I, p. 134.

depuis le duché de Bourgogne, la Franche-Comté, la Provence, le Lyonnais, le Dauphiné et la Savoie.

Attila, roi des Huns, ayant passé le Rhin, près de Mayence, s'avançait dans les Gaules avec une formidable armée, en 451. Gondicaire, roi de Bourgogne, voulut lui barrer le chemin de ses États. Son courage lui coûta la vie ; il fut tué dans un combat. Le Fléau de Dieu, après avoir tout ravagé en Bourgogne, porta la destruction plus loin.

Chilpéric, successeur de Gondicaire, fut zélé catholique. Après un règne de vingt-huit ans, il fut assommé avec sa femme, son fils et son frère Godomar, par Gondebaud, son autre frère, qui avait embrassé l'arianisme. Celui-ci mourut en 516, laissant deux fils, Sigismond et Godomar. Il réforma le code des lois bourguignonnes, appelé de son nom *loi Gombette*. Il fit venir à Genève, où était sa cour, les deux filles de son frère Chilpéric. Chrône, l'aînée, prit le voile ; Clotilde, la cadette, épousa Clovis, roi des Francs. Enfin, en 534, les rois de France partagèrent entre eux le royaume de Bourgogne.

Arrivés dans notre pays, qui allait devenir leur seconde patrie, les Burgondes partagèrent le territoire avec les Gallo-Romains et s'y installèrent définitivement (456-471). Ce partage attribua très probablement aux Burgondes de vastes contrées dépeuplées, le long des frontières, notamment de notre pays. Les nouveaux habitants prirent les deux tiers des terres avec le tiers des esclaves ; ils laissèrent le reste aux Gallo-Romains. Ils fondèrent dans notre pays beaucoup de fermes et de villages, dont quelques-uns ont conservé les noms de leurs fondateurs.

L'établissement des Burgondes dans la province fit perdre leurs noms primitifs, plus ou moins respectés par les Romains, aux anciens pagi ou comtés. Ces noms furent remplacés, dans la partie du royaume appelée plus tard Franche-Comté, par ceux de Wargau ou Varax, de Scoding, d'Amans et de Port. Il y en eut un cinquième appelé l'Elsgau, composé de la partie basse de l'arrondissement de Montbéliard, du pays de Porrentruy et de celui de Belfort, de Ferrette, de la Roche, des baronies de Montjoie et de Granges. Le comté de l'Elsgau subsista sous ce nom du Ve au Xe siècle, avec Mandeure pour capitale, jusqu'à ce qu'il prît, après la ruine définitive de cette ville par les Hongrois (932), le nom de comté de Montbéliard.

Dans le bassin du Rhin, les envahisseurs germains absorbèrent les Gallo-Romains, les amenant de gré ou de force à apprendre et à parler leur idiome. Les Burgondes, au contraire, adoptèrent le langage des anciens habitants, avec lesquels ils se fusionnèrent assez promptement.

En pénétrant dans la Séquanie, les Burgondes étaient catholiques, mais leurs rapports avec les Goths d'Espagne, par suite d'une expédition dans ce pays, les firent tomber dans l'arianisme. Gondebaud, leur roi, était arien, mais il n'empêcha pas Sigismond, son fils et son successeur, d'embrasser la religion catholique. Lorsque ce dernier eut succédé à son père, en 516, il employa toute son autorité à faire rentrer ses sujets dans la vraie foi. Les évêques bourguignons secondèrent ses vues en réunissant, en 517, un concile à Epaone, ou Epaune, que l'on croit être la ville actuelle d'Yenne, diocèse de Chambéry.

Ce concile plaça sous la protection de l'Église les biens appartenant aux paroisses, défendit de mettre des reliques de saints dans les oratoires de la campagne, à moins qu'il n'y eût des clercs dans le voisinage pour rendre honneur à ces cendres précieuses par le chant des psaumes ; dans le cas où il n'y en aurait pas d'assez proche, défense d'en ordonner aucun pour ces oratoires sans avoir pourvu à leur vêtement et à leur nourriture par une fondation suffisante. De ces deux statuts on peut présumer que les églises paroissiales étaient très rares, tandis qu'il y avait de petits oratoires élevés à distance les uns des autres, auprès de quelques habitations rurales, dont certains même n'avaient de services religieux qu'à de rares intervalles, ce qui, aux yeux du concile, devait y interdire le dépôt de quelques reliques.

Ces décisions du concile d'Epaone prouvent que les édifices religieux, églises ou oratoires, doivent leurs origines aux Burgondes. Ceux-ci, bien que soumis, dès 534, à l'autorité des rois mérovingiens, conservèrent néanmoins leurs lois, leurs coutumes avec une certaine indépendance, et la Bourgogne garda son nom. Notre pays, réuni par Clovis au comté de l'Elsgau, fut administré par un comte résidant à Mandeure. L'histoire nous a conservé le nom de ce fonctionnaire sous le règne de Gontram, qui régna sur la Bourgogne de 561 à 594. C'était le comte Garnier, premier maire du palais de ce monarque

Mais, si l'on en excepte peut-être des chefs-lieux comme Mandeure, il est sûr que l'état du pays était loin d'offrir un aspect de vraie civilisation. Nulle part le passage des Barbares n'avait laissé des traces plus profondes de ruines matérielles et morales. Parmi les habitants qui survécurent aux massacres et aux dévastations, beaucoup n'avaient qu'un vague souvenir de la religion chrétienne, si toutefois ils en avaient reçu quelque notion. Ainsi, à l'arrivée de Saint-Colomban à Luxeuil, en 590, l'enceinte de la ville tombait de vétusté ; les alentours étaient un désert, comme lui-même l'écrivit ; de rares habitants, à demi sauvages, cachaient dans les profondeurs des bois de grossières images de pierre, objets de leur culte idolâtrique.

En 610, quand saint Desle arriva à Lure pour y fonder un monastère, il ne vit guère autour de lui qu'une vaste étendue de forêts, peuplées d'animaux sauvages ; de distance en distance, quelques habitations, une chapelle dédiée à saint Martin, où un prêtre venait de temps en temps célébrer l'office.

Notre pays d'Héricourt n'offrait pas un aspect différent. Le Châtelot, traversé de l'est à l'ouest par une rivière navigable, pourvu d'une voie romaine qui, depuis des siècles, le mettait en communication avec Besançon et Mandeure, possédant des villas, où habitaient des officiers bourguignons, étalait des paysages embellis par la nature, le travail et la culture. Néanmoins, il est certain que les traces des invasions barbares étaient loin d'y être effacées et que les idoles trouvaient encore des adorateurs dans le peuple.

Cependant, à partir de 600, une modification notable commence à s'introduire dans les hommes et dans le sol. La fondation de l'abbaye de Luxeuil, en 590, celle de Lure, en 610, celle de Cusance, en 630, constituent trois faits mémorables pour toute la région.

Ces abbayes, favorisées par les rois et les nobles, se peuplèrent rapidement. Sous saint Colomban, fondateur de celle de Luxeuil, on compta jusqu'à six cents moines, dont beaucoup devinrent de zélés missionnaires. Saint Waldolène et saint Valéry prêchèrent l'évangile dans différentes provinces. Saint Eustaise, successeur de saint Colomban dans le gouvernement du monastère, avant d'être revêtu de la dignité abbatiale, consacra avec saint Agile quelques années à évangéliser, dans les environs de Baume, une population connue sous le nom de Varasques, dont une partie était encore idolâtre, et l'autre arienne.

Saint Valbert parcourut la terre d'Héricourt, y prêcha la foi chrétienne, s'attaqua aux idoles que quelques paysans s'obstinaient à adorer. Si le nom de ce saint fut donné à un village, près de Luxeuil, à cause du séjour qu'il y fit, comme ermite, un hameau près d'Héricourt n'a-t-il pas été appelé de son nom à cause de la mission apostolique qu'il y remplit? Le prieuré de Saint-Valbert, avec la dotation qu'il reçut, n'a-t-il pas dû son existence à un de ces modestes oratoires dont parle le concile d'Epaone ? Le saint, dans le cours de ses prédications, avait à cœur la célébration de nos saints mystères. Pour cela, il lui fallait un autel qui fût recouvert d'un modeste abri et possédât des revenus suffisants pour entretenir le clerc qui devait en avoir la garde. Ce prieuré de Saint-Valbert remonte à une date très reculée, puisqu'une charte de Louis le Débonnaire en fait mention en 815 (1).

Les rois, les grands donnent à ces couvents des terres considérables avec les serfs qui les cultivent. Luxeuil et Lure reçoivent des dons de ce genre. Les serfs sont autorisés à entrer dans les cloîtres, où ils sont affranchis. Les autres, dépendant de ces maisons, voient leur sort amélioré. Devenus des serviteurs toujours soumis à leurs maîtres, ils ont, avec une existence civile et religieuse, la jouissance d'un nom et d'une famille. Leur vie, en somme, est moins dure que celle des habitants du couvent.

Les hommes à demi sauvages qui vivaient dans le voisinage en subirent bon gré mal gré l'influence. Des centaines de moines, appartenant à toutes les conditions de la vie, courbant sous la volonté d'un seul homme leurs volontés et leurs appétits, macérant leur corps par d'effrayantes austérités, consacrant à la prière la plus grande partie du jour et de la nuit, donnant le reste, hormis quelques courts instants de sommeil, à de durs travaux, et vivant, malgré la diversité de leurs caractères, dans la plus parfaite union, un tel spectacle, stupéfiant par sa nouveauté, ne pouvait pas laisser froids et indifférents des hommes pour qui le langage des yeux est le plus éloquent.

(1) Mgr Duvernoy, t. XXXIX.

Le travail de la terre faisait partie de l'occupation des religieux ; il consistait surtout dans le défrichement et la culture du sol. Les moines labouraient, récoltaient, battaient le grain, abattaient les forêts, sciaient et fendaient le bois. Saint Colomban, saint Desle et saint Ermenfroid se mêlaient aux bandes des moissonneurs et des travailleurs de toutes sortes. Tous apprenaient aux serfs à tenir la charrue, le hoyau, la faux, leur faisaient aimer un travail qui était en honneur chez les fils des comtes et des seigneurs bourguignons. Entraîné par de tels exemples, le peuple devint laborieux. Non content de défricher la terre, il ouvrit son âme à la culture chrétienne et reçut les enseignements de la foi. Insensiblement le pays changea de face ; le culte du vrai Dieu, que la vie sainte de ses apôtres recommandait souverainement, finit à la longue par remplacer celui des idoles.

Ce mouvement civilisateur fut malheureusement enrayé par l'invasion des Sarrasins. Ces barbares arrivant d'Afrique, vers 731, laissèrent en Franche-Comté de nombreuses traces de leurs instincts destructeurs. Ils détruisirent l'abbaye de Luxeuil, où, pendant quinze ans, il n'y eut pas d'abbé. Les territoires de Montbéliard, de Belfort furent des théâtres de leurs dévastations.

Après le passage des Sarrasins, un document de 739 semble désigner le seigneur qui dominait dans les environs de Montbéliard. C'était Boronus, de la famille des ducs et des comtes d'Alsace. Dans une charte, signée à Mandeure à la date précédente, il donne à l'abbaye de Wissembourg des terres situées dans plusieurs villages de l'Alsace.

Les églises remplaçaient alors les oratoires dont nous avons parlé. La première signalée dans la vallée de la Luzine est celle de Bethoncourt-les-Montbéliard. Vers 815, sous Louis le Débonnaire, elle fut comprise dans l'énumération des biens possédés par l'abbaye de Luxeuil. Sa dépendance de ce monastère lui valut sans doute l'avantage d'être desservie par un prêtre formé à l'école des moines.

Après Bethoncourt apparaît peut-être Echavanne, terre d'Héricourt. Un comte, nommé Alton, proche parent de Lothaire II, avait usurpé sur Arduin, archevêque de Besançon, les trois domaines de Cavennacum (Echavanne), Campanias (Champagney), et Alisiacum (Allenjoie). Pour dédommager le prélat de cette usurpation, Lothaire II lui donna les abbayes de Baume-les-Moines et de Château-Chalon (869).

Si l'identité de Campagnias est établie avec Champagney, il est permis de dire que celle de Cavennacum avec Echavanne est probable : des ruines gallo-romaines trouvées dans ce village en indiquent l'antiquité. Ensuite, son territoire, touchant au nord celui de Champagney, a pu faire partie du domaine usurpé sur l'archevêque de Besançon.

L'année suivante eut lieu entre Charles le Chauve et Louis de Germanie, par le traité de Verdun, qui devait être si funeste à la France, le partage de la Gaule et de l'Allemagne. A Louis le Germanique fut abandonné l'Elsgau ou Ajoie. Une bande de terrain, situé entre le Rhin et les Alpes, d'un côté, la Meuse, la Saône et le Rhône d'un autre côté, fut attribuée à leur frère Lothaire (870).

A ce moment, le peuple cherche des protecteurs. Devant la faiblesse de leur souverain, les seigneurs, dans l'intérêt de leur défense, s'arrogent de grandes propriétés, bâtissent souvent leurs maisons sur des hauteurs, dont les flancs sont bientôt occupés par les demeures des hommes libres. Ceux-ci, poussés par le besoin d'une protection puissante, sont obligés de s'inféoder avec leurs familles, leurs biens, leurs terres, et de se mettre sous la garde de leur seigneur.

Cette protection était bien insuffisante devant l'invasion de certains peuples. En 888, les Normands, auxquels Charles le Gros abandonna la Bourgogne, qui refusait de reconnaitre sa souveraineté, entrèrent dans notre pays et ne respectèrent ni châteaux, ni abbayes, ni prêtres, ni paysans, ni esclaves. L'abbaye de Luxeuil fut brûlée ; presque toutes les autres maisons religieuses subirent le même sort. Peu après, des bandes de malfaiteurs, qui ne vivaient que de vols et de rapines, s'abattirent sur nos contrées (1).

Dès lors le désordre arriva à son comble. La force devint la loi suprême : plus de sécurité ni sur les chemins publics ni au sein des familles. Armés de fer et toujours à cheval, les seigneurs courent la campagne, poursuivent les voyageurs, détroussent les passants, incendient les maisons. L'Église est obligée d'intervenir en proclamant la Paix de Dieu et

(1) Léon Viellard. *Documents*, p. 70.

de mettre par là sous sa tutelle les religieux, les femmes, les enfants, les voyageurs, les laboureurs avec leur charrue.

A toutes ces calamités vient s'ajouter une nouvelle invasion de Barbares. Sortis des plages boueuses de la Scythie, les Hongrois s'étaient emparés, vers le temps de Charles le Chauve, de la province de Pannonie, qui a pris leur nom. Ne respirant que rapine et carnage, ce peuple, après avoir ravagé l'Allemagne, se jette sur la Lorraine, l'Alsace et la Suisse. La Franche-Comté est elle-même victime de ses ravages quatre fois renouvelés : en 917, 926, 937 et 954. Une désolation horrible règne dans toute la Bourgogne. A la troisième invasion, l'abbé de Luxeuil est mis à mort avec ses moines ; Besançon est pris d'assaut, pillé et réduit en cendres. Mandeure subit le même sort et, depuis cette catastrophe, est réduite à la condition d'un chétif village. Montbéliard devient la résidence des comtes de l'Elsgau. Les Hongrois retournent pourtant dans leur patrie en 954. Ceux qui échappent à la peste ou à l'épée de Conrad Ier, empereur d'Allemagne, rentrent dans leur pays par l'Italie.

Après ces désastres, les églises se réédifient. En 970, Lothaire, roi de France et de Lorraine, donne à l'abbaye de Lure, entre autres églises, celle de Tavey, avec dix collonges ou meix. Cette paroisse, la première qui soit signalée dans la terre d'Héricourt, a pour patron saint Germain, disciple de saint Valbert, qui, comme son maître, avait évangélisé les habitants de cette région.

Pendant les invasions hongroises, les maisons religieuses avaient été dépouillées de beaucoup de propriétés. Vers 985, Luxeuil voulut recouvrer celles qui lui avaient été enlevées dans le pays d'Ajoie. Dans ce but, à la suite d'une délibération conventuelle, quelques moines allèrent sous la conduite d'Alonay, leur abbé, à l'endroit où ils avaient subi l'injustice. Pour réussir dans leur entreprise, ils portèrent les reliques de saint Eustaise et de saint Valbert. Les bollandistes indiquent trois de leurs stations. La première se fit à Sainte-Marie-en-Chanois, non loin de Luxeuil, la seconde, à Champagney, au soir du deuxième jour. Passant sous silence la troisième, nos auteurs disent que, le quatrième jour, les pèlerins arrivèrent à un lieu contigu à Montbéliard, théâtre de l'iniquité subie par eux. Ce village était Bethoncourt-les-Montbéliard, dont l'église, antérieure à 815, était de la collation de l'abbé de Luxeuil.

Par les détails connus de ce voyage, il est possible de fixer
la troisième station de nos religieux. De Champagney, lieu
de la deuxième, les voyageurs arrivèrent après deux heures de
route à Frahier. Le passage, dans ce village, des reliques de
saint Valbert, avec un cortège alors si imposant, détermina
probablement les habitants, témoins de quelque miracle, à
faire choix de saint Valbert pour patron de leur église. De
Frahier, pénétrant dans la vallée de la Luzine, les moines
arrivèrent à la fin du jour à Saint-Valbert, où le prieuré de ce
nom, dit-on, existait déjà.

Les reliques de nos saints excitèrent sur leur passage de
grandes manifestations de foi et de respect, et des faveurs
insignes en furent la récompense. Ainsi, Uton de Montbéliard, appartenant à une famille noble, attaqué de paralysie,
recouvra à Bethoncourt, où il s'était fait porter, l'usage de ses
membres en touchant les ossements de nos saints (1). A la
suite de tels prodiges, qui jetaient les foules dans une pieuse
allégresse, les religieux rentrèrent-ils dans leur abbaye avec
la joie d'avoir fait triompher la justice de leur cause ? Cela est
vraiment probable, mais rien ne le prouve.

Le Xe siècle fut pour notre pays celui des grandes calamités. Sans compter les misères, les incendies, les meurtres,
les dévastations causés par les quatre passages des Hongrois,
il a vu dix famines et treize pestes. Au commencement du
XIe siècle, la famine et la peste sévirent encore avec une
violence inouïe ; des torrents de pluie inondèrent la terre et
empêchèrent les semailles. Les monastères pillés, incendiés
par les Hongrois et presque déserts, s'ingénièrent néanmoins
à secourir tant d'affamés ; mais ils ne purent pas soulager
toutes les infortunes. L'année 1032 fut enfin marquée par une
prospérité inattendue. Après la malheureuse disette, où la
plupart des hommes avaient été réduits à manger de l'herbe
et des racines sauvages, les récoltes furent tellement abondantes qu'elles excédèrent le produit de cinq années ordinaires.
Mais les guerres entre seigneurs, qui, pendant deux siècles,
avaient ajouté tant de désolations à celles des dernières invasions, n'auraient pas permis aux peuples de jouir de ce bienfait
sans les mesures énergiques prises par l'Église. Déjà elle avait

(1) Duvernoy, Ephém., t. XXIII. — Bollandistes, mai, p. 279.

établi la *Paix de Dieu*, loi qui défendait d'exercer aucune violence contre les clercs, les moines, les prêtres et les femmes. Mais les habitudes de violence, encore enracinées dans les mœurs des anciens envahisseurs du pays, rendirent vaines cette mesure de protection. L'Église la remplaça alors par la *Trêve de Dieu*. Cette nouvelle ordonnance ecclésiastique défendait toute attaque depuis le mercredi soir jusqu'au lundi de chaque semaine, et, en outre, pendant les jours de fête, l'Avent, le Carême, les octaves de Pâques et de la Pentecôte. Il ne resta plus que le quart de l'année où l'appel à la force fut toléré entre les nobles, leurs soldats et les châteaux. Quant aux commerçants, aux gens de la campagne, aux laboureurs, il fut défendu de les maltraiter, de détruire leurs récoltes et leurs instruments de travail. La peine d'excommunication fut décrétée contre tout transgresseur de la Trêve de Dieu. Cette législation épiscopale, sanctionnée par des peines, qui faisaient tôt ou tard rentrer dans le devoir les natures belliqueuses, fut l'égide des prêtres, des moines et des habitants des campagnes.

Il est difficile, faute de documents, de préciser l'époque de la fondation de nos paroisses. Avant d'être dans l'état où nous les voyons, elles se composaient d'habitations éparses, administrées par un prêtre résidant auprès d'une chapelle, d'un oratoire, où se célébraient les offices et où l'on apportait les offrandes destinées au desservant. Cette chapelle était au centre du territoire et entourée d'un cimetière où tous les défunts des environs dormaient du dernier sommeil, quelques-uns couchés dans des cercueils de pierre. Les offrandes des fidèles étaient à peu près le seul moyen d'existence des prêtres attachés à ces églises rurales. A la fin du viiie siècle, Charlemagne fit de la dîme une loi de l'État, afin de mettre les ministres des autels à l'abri du besoin, et, dans les dernières années de son règne, le monarque ordonna, dans l'intérêt de la discipline ecclésiastique, que tous les prêtres fussent moines, c'est-à-dire vivant en communauté, sous la règle de Chrodegaud, évêque de Metz.

Louis le Débonnaire décréta, en 816, que tous les membres du clergé seraient soumis à la vie en communauté, et c'est là, dit l'abbé Morcy, l'origine de l'organisation de nos paroisses **rurales aux ixe et xe siècles. L'église-mère était desservie par** plusieurs prêtres, menant la vie commune dans le presbytère qui l'avoisinait. Ces prêtres allaient célébrer les offices dans les autres églises de rang secondaire ou les chapelles de secours plus éloignées. Tel est le genre de vie assigné aux desservants d'une paroisse par les documents de l'époque, qui parlent d'une église en ces termes : *Clerici ibidem Deo servientibus* : les clercs servant Dieu en cet endroit (1).

Le prieuré de Saint-Valbert, appartenant, dès son origine, à l'abbaye de Luxeuil, servit-il de résidence à deux ou trois de ses nombreux religieux, chargés du ministère pastoral dans cette partie de la vallée de la Luzine ? On peut le présumer. Son église, antérieure aux autres de ce petit canton, aura été la cella (petite église) où les déserteurs des idoles, éclairés et convertis par les prédications de saint Valbert, de saint Germain et de leurs successeurs, reçurent le baptême et embrassèrent la religion de Jésus-Christ. Les nombreuses donations faites dans la région à ce prieuré suffirent à l'entretien des prêtres, soit réguliers, soit séculiers, qui y résidèrent. L'expression usitée dans nos pays : *aller au moutier*, pour aller à l'église, n'a-t-elle pas pris naissance dans cette toute première organisation religieuse ou paroissiale ? Pour qu'elle ait survécu à tous les bouleversements, il faut qu'elle ait reçu l'acceptation de plusieurs générations et la consécration d'une règle commune, imposée par les lois du royaume.

Il est impossible de fixer les dates où les paroisses de nos deux seigneuries furent établies. Mais comme un autel n'était érigé que sous l'invocation d'un saint auquel il était dédié, son érection n'a pu avoir lieu qu'après la canonisation ou la reconnaissance publique et authentique de sa sainteté, ce qui était du domaine de l'autorité ecclésiastique. Cette règle liturgique empêche de fixer l'existence d'une église et d'une paroisse à une date antérieure à cette reconnaissance. Guidé par elle, tout sujet de nos deux seigneuries pourra, sans devancer l'année où mourut le saint patron de son église, se donner libre carrière quant à l'antiquité de sa paroisse natale.

PAROISSES DE LA SEIGNEURIE D'HÉRICOURT

D'après certains auteurs, une église dédiée à saint Martin porte le cachet d'une haute antiquité. Ce serait le cas de celle

______

(1) Le chanoine Morey. *Notes sur les curés de campagne*, p. 5.

de Chagey, placée sous l'invocation du saint évêque de Tours, mort l'an 400 de l'ère chrétienne. Voisine du prieuré de Saint-Valbert, elle fut donnée par Eugène III à l'abbaye de Luxeuil. Le pape Urbain III, dans une bulle de 1186, la met au nombre des prieurés et des églises appartenant à ce monastère (1).

La paroisse d'Héricourt, de même que la plus ancienne de Belfort, est sous l'invocation de saint Christophe, martyrisé en 254. Ce fut au VIIIe siècle que la dévotion à ce saint pénétra en Europe. Il fut choisi pour protecteur des lieux où il y avait des gués à traverser. Si, en 970, le village de Tavey renfermait dix collonges et une église, qui furent alors données à l'abbaye de Lure, Héricourt, à raison de la vaste plaine où il est situé, avait certainement une église et un nombre plus considérable de paroissiens. En 1136, le patronage en fut confirmé à l'abbaye de Luxeuil par le pape Innocent II.

Brevilliers est mentionné pour la première fois en 1176. A cette date, Garnier de Brévilliers, chevalier, ainsi que son épouse et sa fille, se donnèrent à l'abbaye de Belchamp. Pour des personnages de si haute distinction, à qui la foi inspirait tant de générosité, il fallait une église à côté de leur habitation. Elle fut donnée en 1199 par Amédée, archevêque de Besançon, à l'abbaye de Belchamp. Les termes de la donation prouvent que jusqu'alors elle avait fait partie des possessions de l'archevêché.

Chenebier est signalé pour la première fois en 1152. Par une charte de cette date, on voit Hugues et Guy de Granges donner à l'abbaye de Bithaine tout ce qu'ils possédaient à Franabit et à Generbit. Guy de Traves renonça plus tard aux immeubles qui lui appartenaient dans ces deux localités en faveur des mêmes religieux. Ces deux villages, dont l'un, Frenabier, disparut au XIIIe siècle, passèrent des mains des religieux de Bithaine dans celles des comtes de Montbéliard, probablement sous le règne du Grand Baron (2). La paroisse de Chenebier, ayant Échavanne pour annexe, était sous le vocable de saint Léger, qui souffrit le martyre en 678 : un chapelain de Saint-Jean, de Besançon, en était le patron. La dévotion des habitants de ces deux endroits pour un saint

(1) Mgr Duvernoy, t. X.
(2) Duvernoy, *Villages détruits.*

d'origine bourguignonne prouve qu'ils descendaient des Bourguignons.

La paroisse de Tremoins, ayant Coisevaux pour annexe, était sous le vocable de saint Éloi, mort en 659. Son église, postérieure à cette date, eut pour collateur le chapitre de Saint-Jean de Besançon. La première mention de ce village est de 1147. Cette année, les biens qu'y possédait le prieuré de Lanthenans lui furent confirmés par Humbert, archevêque de Besançon. Belchamp y percevait aussi des dîmes que lui avait données, en 1170, Gautier de Danjoutin. Deux papes, Luce III et Clément III, les mirent sous la protection du Saint-Siège, le premier en 1182, le second en 1187. En 1126, Vuillemin de Montjustin, chevalier, et en 1236, Guy de Montjustin donnèrent à l'église Saint-Jean, de Besançon, l'église de Tremoins, avec les oblations, les dîmes et les terres qui en dépendaient. En 1304, Henri de Faucogney, doyen du chapitre de la cathédrale, amodia, pour onze années, à Guillaume Bloude, de Tremoins, au prix de 20 sols par an, la terre, les prés et la chenevière appartenant à l'église du lieu (1).

Vyans. La première mention de ce village remonte à 1196. Une charte du pape Célestin III, publiée à cette date, couvre de la protection du siège apostolique les biens que le chapitre de Saint-Maimbœuf possédait là et ailleurs aussi. L'église, à laquelle était rattaché Bussurel, avait pour patron saint Valère, archidiacre de Langres, martyrisé, en 407, à Port-sur-Saône, par les Vandales. Un chapelain de Saint-Jean en était le collateur.

PAROISSES DE LA SEIGNEURIE DU CHATELOT

Blussans figure dans une charte signée par Thiébaud de Rougemont, en 1136. Par elle, ce prélat donne à Lieu-Croissant ce qu'il possédait dans ce village. Pierre de Montberre fit de même pour ses terres de ce lieu. Blussans possédait une famille notable. Harduin, l'un de ses membres, était, en 1155, abbé du monastère précédent. Entre lui et ses deux frères, Martin et Pierre, existait un différend qui fut dirimé par l'accord suivant. L'abbé donna à sa belle-sœur, femme de Martin, neuf agneaux avec leurs belles toisons, et à chacun de ses frères quatre arpents et demi de terre ; ceux-ci, de leur

(1) Mss. Duvernoy, t. XII, p. 139.

côté, lui abandonnèrent les biens qu'ils avaient à Mancenans. Deux actes de l'époque portent la signature de Pierre, doyen de Blussans. Ce titre donne une certaine importance à l'église du lieu (1). En la mettant sous le vocable de saint Léger, les habitants rendirent hommage à un saint de leur nationalité. Le collateur était l'abbé du Lieu-Croissant.

Longevelle est mentionné pour la première fois, en 1333 ou 1334. C'est sur son territoire que fut dressé l'acte de fondation de l'abbaye du Lieu-Croissant, due à Simon de la Roche. L'église fut placée sous le vocable de saint Pierre. Le chapitre de Saint-Jean en était collateur.

Colombier-Fontaine est nommé pour la première fois dans une charte de 1147 par laquelle Humbert, archevêque de Besançon, confirme au prieuré de Lanthenans la terre de Colombier-Supérieur (2) avec le moulin. En 1177, Alexandre III maintient le monastère dans la possession de l'église de Colombier et de sa chapelle de Villars-sous-Écot. L'église, placée sous le vocable de saint Vit, eut d'abord pour collateur l'abbé de Lanthenans.

Saint-Maurice est signalé pour la première fois en 1040. A cette date, Hugues Ier, archevêque de Besançon, donna à l'abbaye de Baume-les-Dames le patronage de quatorze églises parmi lesquelles fut comprise celle de Saint-Maurice. Le prieuré de Lanthenans et l'abbaye du Lieu-Croissant avaient dans ce village des terres qui leur furent confirmées par l'autorité ecclésiastique : en 1147, Humbert, archevêque de Besançon, confirma celles du prieuré, et, en 1187, Grégoire VIII, celles du monastère. L'église, une des plus anciennes du pays, était sous l'invocation de saint Maurice, martyrisé, en 288, avec la légion thébaine.

Lougres. Ce village est nommé dans une charte très ancienne. Le 8 mars 1105, Ermentrude de Bourgogne donna au prieuré de Froidefontaine, qu'elle venait de fonder, des terres et des sujets qu'elle avait à Lougres. Cette maison religieuse en jouit jusqu'en 1621. Les jésuites d'Eusisheim en reçurent alors la propriété de l'évêque de Strasbourg ; en 1764, ces biens furent donnés au collège de Colmar. L'église de Lougres

(1) Mss. Duvernoy, t. IX, p. 337.
(2) Colombier-Supérieur, Colombier-Savoureux et plus tard Colombier-Fontaine.

était dédiée à saint Hilaire, évêque de Poitiers, mort en 368. Les sires de Neuchatel en furent d'abord les collateurs.

Les églises de ces paroisses, antérieures à la date où elles sont nommées pour la première fois par les documents historiques, avaient des dépendances consistant en prés, champs, pâturages, ruches à miel, administrées par le curé, sous l'autorité des évêques. Dans l'anarchie qui commença sous le troisième royaume de Bourgogne, 879, et dura autant que ce royaume lui-même, la plupart des églises tombèrent entre les mains des seigneurs laïques. Les unes furent usurpées par eux, d'autres leur furent données en récompense des services qu'ils avaient rendus à la religion. Hugues Ier, archevêque de Besançon (1031-1067), réalisa de grandes améliorations en retirant, autant que possible, les églises rurales des mains laïques pour les donner aux chapitres et aux monastères. Cette conduite, imitée par ses successeurs, eut un double avantage : les curés, forcément, nouèrent des relations avec les membres de ces sociétés, généralement instruites et disciplinées, ensuite une église protégée par une abbaye ou un chapitre devenait plus difficilement la proie d'un personnage ambitieux.

Au don d'une église étaient attachées les offrandes déposées par le peuple, dont une partie devait servir au curé et le reste revenait au titulaire du patronage. Ces donations des églises aux maisons religieuses servaient de protection aux intérêts spirituels et matériels des paroisses. Les couvents, par suite de leur dépendance directe de Rome, étaient plus forts qu'un simple curé pour résister aux ingérences laïques.

Les droits des patrons et des curés ou vicaires étaient réglés par l'usage ou plus généralement par des conventions particulières, sous la surveillance de l'autorité diocésaine. Nous voyons que, pour certaines églises, les revenus étaient partagés par égales parts entre les collateurs et les curés. Parfois le curé avait seulement le tiers des offrandes « en deniers, en pain, vin et chandoilles ». Certains couvents donnaient au curé ou desservant 12 livres de pension annuelle ; pour le temps le traitement était très convenable.

Afin de suppléer à l'insuffisance des revenus, les offrandes durent se multiplier. Aux XIIe et XIIIe siècles, on en fit aux **grandes fêtes, aux enterrements, aux mariages, aux services** funèbres. Ces offrandes étaient généralement peu de chose, 1, 2, 3, 4 deniers, un gâteau, deux œufs, un fromage, une pinte de vin. A la fin du XIIe siècle, les deux parties traitèrent à forfait : le titulaire d'une cure paya au patron un droit fixe chaque année, et, en retour, le patron renonça à toutes ses prétentions sur ses offrandes. A la fin du XVe siècle seulement, au prieur de Saint-Valbert, il fut accordé 6 francs par an par chacun des curés d'Héricourt et de Chagey.

Les sujets de nos deux seigneuries obéirent pendant long-temps aux mêmes seigneurs et aux mêmes lois. Au règne de chacun de nos comtes de Montbéliard se rattachent quelques faits particuliers, tels que la fondation d'un couvent, une donation à un établissement religieux, l'intervention de l'autorité ecclésiastique ou civile pour la sanctionner, une première mention d'une famille de gentilshommes, des reprises de fiefs, une transaction faite par des nobles de nos deux seigneuries. Ces menus détails assez arides, mêlés à des faits généraux que nous résumerons autant que possible, forment à peu près, pendant trois ou quatre siècles, les seuls éléments de notre histoire. Nous les enregistrerons dans l'ordre chronologique où se succédèrent les comtes de Montbéliard, qui gouvernèrent d'abord nos deux seigneuries, et ensuite les Neuchatel et les autres seigneurs qui régnèrent sur elles.

LOUIS DE MOUSSON PREMIER COMTE DE MONTBÉLIARD

Son autorité s'exerça de 1044 à 1072 (1) sur le comté de Ferrette, les seigneuries de Delle, de Belfort, le pays de Porrentruy, le comté de Montbéliard, les terres d'Héricourt, de Blamont, du Châtelot et d'Étobon, sur le comté de la Roche, Saint-Hippolyte, sur les baronnies de Granges et de Montjoie. Son épouse fut Sophie de Bar, en Lorraine. Des liens très honorables de parenté et d'amitié illustrèrent cette famille. La mère de Louis de Mousson, Hildegarde, était sœur du pape Léon IX. Le pontife visita son neveu à Montbéliard, où il consacra la chapelle du château (1049-1053). Dans cette visite, la plus honorable de toutes celles qu'a jusqu'ici reçues cette ville importante, il laissa des marques de sa piété et de son zèle ; ce fut un grand sujet d'édification pour les fidèles

---

(1) **Léon Viellard**, *Documents*.

qui en furent témoins. La paroisse de Montbéliard y gagna un accroissement de ferveur. C'était, dit son historien, le fruit que produisaient les voyages de Léon IX (1).

Le comte Louis et son épouse reçurent à Altkirch, vers 1060, la visite de saint Hugues, abbé de Cluny. Pour apprécier l'honneur rendu alors à cette famille, il suffit de dire que son visiteur jouissait d'un grand crédit auprès des puissances civiles et ecclésiastiques. Estimé de l'empereur d'Allemagne, Henri IV, l'abbé de Cluny tint à Cologne, en 1051, le fils du monarque sur les fonts baptismaux, de là il fut envoyé, par Léon IX, en Hongrie pour pacifier des troubles ; les rois de France, d'Espagne, les princes de Bourgogne, de Portugal étaient en relations intimes avec lui ; les papes saint Léon IX, Étienne IX, Nicolas II, Grégoire VII, Urbain II, le prirent pour leur légat, leur conseiller, leur confident ; toutes les affaires importantes de son temps se traitèrent avec le secours de ses lumières ; tous les prélats de l'époque qui le connurent comblèrent de faveurs l'abbaye de Cluny. Dire de Louis de Mousson et de son épouse qu'ils reçurent à Altkirch la visite du saint abbé de Cluny, c'est faire l'éloge de leurs mérites, de leurs vertus et de la dignité de leur vie. Leur hospitalité fut merveilleusement récompensée. Le repas était déjà préparé dans le verger du château. Tout à coup le vent se met à souffler, bientôt l'orage va éclater. Les serviteurs courent çà et là, ne sachant que faire des mets placés sur la table. Le serviteur de Dieu, ému du trouble de ses hôtes, lève la main, fait le signe de la croix, alors une averse de pluie tombe sans toucher ni la table ni les convives (2).

Louis de Mousson mourut vers 1071 et Sophie, son épouse, après avoir fondé le prieuré de Notre-Dame de Bar et comblé de libéralités l'abbaye de Saint-Mihiel pour le repos de l'âme de son époux, mourut vers l'an 1093 (3).

Thierry Ier succéda à son père Louis Ier de Mousson. Il gouverna notre pays et les terres qui lui échurent en partage,

---

(1) Tueffard, *Histoire des Comtes de Montbéliard*, p. 7.
(2) Léon Viellard, *Documents*, p. 122.
(3) Louis et Sophie eurent quatre fils et trois filles : Brunon mourut jeune, Thierry devint comte de Montbéliard ; Louis mourut sans postérité ; Frédéric eut la partie alsacienne du comté de Montbéliard, dont Ferrette devint le chef-lieu.

de 1070 à 1103 ou 1104. Comme ses parents, il sut apprécier la vie des cloîtres. Témoin, dès son bas âge, des bienfaits spirituels et matériels qu'ils répandaient autour d'eux, une de ses pensées fut de les multiplier. Une autre raison l'attacha à cette œuvre, dont la première initiation venait alors en grande partie des familles nobles, ce fut le désir d'avoir sa part dans les mérites, les prières et les bonnes œuvres des pieux habitants de ces maisons.

Pour satisfaire cette noble ambition, Thierry, dès les premières années de son règne, fonda, dans la forêt de Haguenau, à une demi-lieue l'une de l'autre, deux abbayes : l'une d'hommes, l'autre de femmes. La première fut celle de Sainte-Walburge, qu'il combla de libéralités ; la seconde, celle de Biblisheim, 1074. Celle-ci eut pour première abbesse sainte Gunthilde, fille du fondateur, née à Montbéliard. Dans l'accomplissement de sa charge, elle édifia toutes ses moniales et toute la contrée par la pratique héroïque des vertus de son état. Au témoignage des Bollandistes, elle s'illustra même par de nombreux miracles. A sa mort, arrivée le 21 février 1131, elle fut enterrée au milieu de l'église abbatiale. Puisse cette belle âme, l'honneur du catholicisme de notre région, ne pas oublier, du haut du ciel, une ville où elle a été initiée à la science des saints !

Non seulement il fonda des maisons religieuses, mais par ses générosités il procura la prospérité de celles qui existaient déjà. Les abbayes de Saint-Mihiel, du Grand Saint-Bernard, de Sainte-Croix, en Alsace, furent comblées de ses générosités.

La création des établissements religieux répondait aux besoins de l'époque, car rien ne servait mieux la civilisation chrétienne qu'une église, un autel et un prêtre. Cette œuvre essentiellement moralisatrice suscita le dévouement de nos premiers comtes de Montbéliard. Les fils de Thierry Ier, Renaud et Frédéric, imitant leur père, fondèrent, de son vivant, à Meroux, près de Belfort, le prieuré de Saint-Nicolas (1093). On comprend que de tels exemples impressionnaient le peuple et lui faisaient aimer une religion qui avait pour principaux appuis les maîtres du pays.

La foi chrétienne, qui, à ce moment, multipliait les asiles de la prière, arracha des populations entières à leur patrie et les envoya combattre contre les musulmans, maîtres de Jérusalem et du Saint-Sépulcre. Ces expéditions, où chacun pouvait espérer le salut de son âme, prirent le nom de croisades. A la première, en 1096, Louis de Mousson, fils de Thierry Ier, consacra sa foi et son courage. Escorté de quelques sujets de son père, ce jeune seigneur se distingua par ses talents militaires, commanda une partie de l'armée au siège d'Antioche et entra, avec les honneurs du triomphe, à Jérusalem, en 1099. Rentré dans son pays, il fut tué par ses serviteurs (1102). Son père le suivit dans la tombe un an ou deux ans après, mais avec eux ne finit pas l'œuvre chère à la famille. L'épouse de Thierry Ier était Ermentrude, fille de Guillaume II, comte de Bourgogne et sœur du pape, Calixte II. Devenue veuve, elle fonda elle-même le prieuré de Froidefontaine, près de Belfort. Cette fondation, datée du 1er mars 1105, fut faite par la comtesse, avec le consentement de ses deux fils, en vue d'obtenir le salut de son âme, le pardon de ses péchés et les mêmes faveurs pour tous ceux de sa famille. Si l'un de ses descendants fait opposition à son œuvre, elle demande à Dieu de le rayer du livre de vie.

On ignore la date de la mort de cette pieuse comtesse. Tout ce qu'on sait, c'est qu'elle fut inhumée auprès de son mari, dans la cathédrale d'Autun, dont ils avaient été l'un et l'autre les bienfaiteurs (1).

Les enfants de Thierry et d'Ermentrude furent au nombre de neuf : l'un des fils, Frédéric, eut le comté de Ferrette ; un autre, Thierry II, régna sur notre pays après avoir gouverné ensemble ces deux portions, pendant vingt ans, de 1103 ou 1104 à 1125 (2).

Thierry II, 1125 à 1162. A cette époque, les gouverneurs du pays, dont le caractère s'était adouci à l'école et au contact des moines, continuaient à fonder des abbayes. En 1133, Renaud III de Bourgogne, Thierry, comte de Montbéliard, Simon, comte de la Roche, et Hugues Paganus, seigneur de

---

(1) Léon Viellard, *Documents*, p. 179.

(2) Les autres enfants furent : Louis, qui s'était croisé ; il fut tué par ses sujets de Mousson ; Renaud, qui devint la souche des comtes de Bar ; Etienne, qui mourut cardinal de Metz ; Adèle, qui épousa Hermann, comte de Salm, et sainte Gunthilde ; Étienne de Montbéliard, évêque de Metz, en 1118, est encore nommé dans une charte de 1174.

Belmont, s'assemblèrent avec une nombreuse noblesse, sous la présidence de l'archevêque de Besançon, à l'ombre d'un chêne antique, sur le territoire de Longevelle et, là, donnèrent la charte de fondation du monastère de Lieu-Croissant, nommé plus tard les Trois-Rois. Les religieux étaient de l'ordre de Citeaux, illustré alors par saint Bernard, qui, par sa sainteté, son éloquence, exerça dans son siècle un empire extraordinaire.

C'est à Simon, comte de la Roche, que Lieu-Croissant dut sa fondation ; Eudes, son fils, le combla de ses libéralités.

Le comte Thierry, neveu du pape Calixte II, admirateur du bien réalisé par les moines autour de leur couvent, voulut doter son comté d'une abbaye. A quelque distance de son château, dans une des plus belles vallées du Doubs, sur la rive gauche de cette rivière et à la lisière d'une vaste forêt, il fonda l'abbaye de Belchamp, dont prit possession une colonie de douze religieux Prémontrés, venus de Corneux, sous la conduite de Firmin, qui en fut premier abbé. Ce fut entre les années 1143 et 1145 qu'eut lieu cette fondation si honorable pour son auteur et si utile à tout le comté. Cette maison, qui fonda le prieuré de Vaux-les-Vernois, fut « pendant quatre cents ans un foyer de piété et de science, l'asile des pauvres et du repentir, l'école des ignorants, le séminaire du ministère paroissial, la ferme-école du pays » (1). Cette belle mission, elle la remplit, en général, avec éclat, jusqu'au jour où elle devint la proie des ducs de Wurtemberg, successeurs indignes des nobles familles qui l'avaient fondée et comblée de bienfaits.

La foi du comte fut fertile en œuvres extraordinaires. L'église du château où reposait le corps de saint Maimbœuf (2) était vieille. Thierry II la rebâtit à ses frais et, à la place des religieux qui la desservaient, il y établit un chapitre composé de douze chanoines de l'ordre de saint Augustin. Vingt-quatre chapelains desservirent les vingt-quatre chapelles qui y furent successivement fondées avec des dotations indépendantes de celles de la collégiale. Huit confréries y furent établies, sous le patronage d'un saint, ayant chacune sa dotation. Quelle

---

(1) Abbé Bouchey, *Abbaye de Belchamp*, p. 9.

(2) Voir *Pièces justificatives* : Lieu du martyre de saint Maimbœuf.

satisfaction éprouvait le comte quand, aux grandes solennités, il voyait la pompe et l'éclat qui rejaillissaient, par suite de sa fondation, sur les cérémonies grandioses qui se déroulaient à l'église de Saint-Maimbœuf! Pour cette âme si catholique, c'était un spectacle qui réconfortait sa foi et sa piété.

Nos premiers comtes de Montbéliard, à l'imitation des princes qui mettaient leur gloire à posséder un grand nombre de vassaux, s'en créèrent une multitude dans leurs vastes domaines. Ils distribuèrent des alleux à ces petits seigneurs, tous de noblesse secondaire, sous le lien féodal. Ces derniers portèrent les titres de baron, de chevalier, d'écuyer ; leurs terres se nommèrent baronnie, fief d'écuyer, fief de chevalier.

Il y a peu de villages qui n'aient eu une famille de gentilshommes portant le nom du lieu qu'ils habitaient. Brevilliers, Bussurel, Echenans-sous-Montvaudois, Chagey, Champey, Chenebier, Tremoines, Verlans, dans la terre d'Héricourt ; Blussans, Beutal, Colombier-Fontaine, Colombier-Chatelot, Longevelle, Saint-Maurice, dans celle du Chatelot, en comptèrent un grand nombre. On connaît peu de détails sur leur vie. Leurs noms sont attachés surtout à des donations, à des actes de vente ou d'achat et à des reprises de fiefs.

Bussurel remonte à une haute antiquité. Des tuileaux et des pavés en mosaïque, trouvés sur son territoire, indiquent l'ancienneté du village. Un château féodal, dont il ne reste pas de traces aujourd'hui, servait de résidence aux seigneurs de l'endroit. Vers 1150, vivaient Barthélemy, gentilhomme du lieu, et Guy de Bussurel, qui fut témoin d'une donation à Lieu-Croissant par Henri de Montjustin.

Vers 1150, florissait à Échenans-sous-Montvaudois une famille dont la noblesse était rehaussée par l'éclat d'une grande piété. Othon d'Échenans, chevalier, avec la permission de son suzerain, fit une donation à l'abbaye de Belchamps. En vue du salut de son âme et des âmes de ses parents il lui donna un meix à Bavans, un moulin à Échenans, dont il se réserva une rente viagère. Quelque temps après, se voyant privé de postérité, il ajouta à ses premières largesses celles d'un meix à Tremoins, d'un autre à Mandrevillars et le restant de son alleu d'Échanans en prés, champs et bois (1).

____

(1) Léon **Viellard**, *Documents*.

Les villages du Châtelot eurent également des gentils-hommes qui en portaient le nom. De ce nombre fut Blussans. Ce village eut un château, dont on trouve à peine quelques vestiges. C'était sans doute la demeure de la famille noble de Blussans. Les premiers gentilshommes dont il soit fait mention dans les documents sont Pierre et Humbert de Blussans. En 1136, ils se désistèrent en faveur de l'abbé de Lieu-Croissant, Garnier de Blussans, de leurs biens de Mancenans et de la Grange-Courcelle. La même année, Pierre de Blussans, abbé de Saint-Vincent de Besançon, donna à l'abbaye précédente un meix situé à Blussans. Quelques-unes de ces terres n'étaient que des friches couvertes de buissons. Les religieux de saint Bernard défoncèrent ce sol improductif et y élevèrent de belles métairies (1). De tels exemples devinrent pour le peuple une source de régénération.

Colombier-Chatelot est très ancien. La grande voie romaine de Besançon à Mandeure longeait le Doubs sur son territoire ; il en reste encore quelques vestiges. On a retrouvé aussi dans ce village des tuileaux et des ruines de construction remontant à l'époque romaine.

Il y avait à Colombier-Châtelot une famille de gentils-hommes. Le premier qui soit connu est Vidon de Colombier-Châtelot, qui légua, vers 1150, aux religieux de Lieu-Croissant un canton de propriétés appelé *Chaux de la bonne fille* (Catina). Dix ans plus tard, c'était Henri de Colombier et son fils qui faisaient des largesses au même couvent. Ces donations furent confirmées, en 1187, par le pape Grégoire VII (2).

Longevelle-sur-le-Doubs est aussi très ancien. On y a découvert, en 1827, les vestiges d'une vaste villa romaine, la base d'une colonne d'ordre toscan, un vase en bronze, une médaille de César, etc. Non loin de là, on a encore retrouvé plusieurs tombeaux. Au XIIᵉ siècle, une famille de gentilshommes, portant le nom de ce village, y faisait sa résidence. Les premiers connus sont Bertin et Simon de Longevelle, père et fils, cités comme témoins dans une charte de 1140 (3).

(1) Plus tard on trouve dans la noblesse de Blusans : en 1184, Pierre et Martin, frères d'Harduin, sixième abbé de Lieu-Croissant ; en 1294, François de Blussans, fils de Martin ; en 1383, Martin de Blussans, tous bienfaiteurs de la même abbaye.

(2) Bulliard, *Mss. du Lieu-Croissant.*

(3) Mss. Duvernoy, t. I, p. 239. — Beurlin, *Les Villages du Châtelot.*

Saint-Maurice, comme tous les villages du Châtelot, remonte de même à une époque fort reculée, car là aussi on a retrouvé des traces de la domination romaine : vestiges de constructions, tuileaux, restes de bâtiments antiques. L'ancien nom de ce village a été changé contre celui qu'il porte aujourd'hui au moment de la formation de la paroisse, quand son église fut dédiée à saint Maurice. Il existait dans ce village un fief possédé par des gentilshommes portant son nom, qui constituèrent la première branche des seigneurs de Saint-Maurice-en-Montagne, habitant un château situé à Cour-Saint-Maurice, canton de Maîche. Le premier du nom fut Richard de Saint-Mauris (1), qui avait deux frères, Henri de Saint-Mauris et Albert de Saint-Mauris ; il vivait en 1060. Le cinquième du nom, par ordre généalogique, fut Jean II de Saint-Mauris, 1220, père de sept enfants, dont le cinquième, fut Conrad, chevalier, tige de la branche de Saint-Mauris-sur-le-Doubs, dite Sauvaget.

Le comte Thierry, qui donna jusqu'à sa mort des preuves de sa foi et de sa piété, fut le modèle de ses vassaux. A son exemple, ceux-ci donnèrent aux couvents des témoignages de leur attachement, les uns en favorisant leur prospérité, les autres en s'y consacrant à Dieu.

Dans la dernière partie de sa vie, il eut de grandes épreuves. Son fils unique, de même nom que lui, qui avait épousé Gertrude de Habsbourg, dont il n'eut point d'enfant, lui fut enlevé brusquement vers l'année 1140. Dans sa douleur, il invita les religieux de Belchamp et d'autres abbayes à prier pour

---

(1) 1º Enfants de Richard : Bernard. Bernard, chanoine de Besançon, mort en 1169 ; Hugues, chevalier ; Guillaume, religieux de Lieu-Croissant ; Rodolphe ; Guy, archidiacre ; Evrard, archidiacre ; Henri, chevalier.

2º Bernard eut : Pierre, Lambert et Jean, chanoines ; Vuillaume, religieux de Lieu-Croissant.

3º Pierre eut : Jean, Pierre, Conrad, Rodolphe, Humbert.

4º Jean, Iᵉʳ du nom, eut : Jean II, Humbert (1250) ; Richard, mort en 1254 ; Thiébaud (1230).

5º Jean de Saint-Mauris, IIᵉ du nom (1220), eut sept enfants : Richard II, Perrin, Odat, Guy (1241) ; Conrad, chevalier, tige de la branche de Saint-Maurice-sur-le-Doubs ; Virgile et Hugues.

6º Richard II de Saint-Mauris-en-Montagne épousa, vers 1250, Marguerite de Saint-Mauris, sa parente, descendante d'Albert, frère de Richard Iᵉʳ et père de Guy. Bernard, Vuillaume, Lambert et Corvain de Saint-Mauris, ce dernier religieux de Vaucluse, vers 1140. On ignore duquel des quatre premiers descendait l'épouse de Richard II.

l'âme de cet enfant. En retour, il leur octroya la franchise de tous les droits de péage et de vente dans ses terres.

En 1153, il eut un autre sujet de peine. Les terres de son pays furent ravagées par les troupes de Frédéric Barberousse, dans le passage qu'elles y effectuèrent en allant combattre Guillaume, comte de Mâcon. Il lui semblait que sa neutralité devait les préserver de toute dévastation.

Son affection pour Belchamp ne s'éteignit qu'avec sa vie. Avant de mourir, pour le salut de son âme et de celle de son fils, du consentement de son petit-fils, Amédée, et de son gendre, Eudes de la Roche, il donna encore à ce couvent une partie de la forêt de la Vouaivre d'Exincourt, 1162. Peu après il mourut plein de jours et de mérites.

CHAPITRE II

Après la mort de Thierry II, le gouvernement de nos deux
seigneuries passa, avec celui de tout le pays, entre les mains
des seigneurs de Montfaucon, dont le château était construit
sur une montagne des bords du Doubs, à une lieue de Besançon,
il n'en reste que des ruines. Le premier qui en jouit fut Amédée,
fils de Thierry de Montfaucon et petit-fils, par sa mère, Agnès,
de Thierry II de Montbéliard ; il régna de 1162 à 1195.

Le comte Amédée fut, comme son père, le protecteur et
le bienfaiteur des établissements monastiques. L'abbaye
de Belchamp reçut le droit de pêche et de pâturage sur ses
terres, la moitié des dîmes de Vezelois pour le repos de l'âme
de sa tante, Ermentrude ; l'abbaye de la Grâce-Dieu eut de
lui des biens sur la paroisse de Chaux-les-Passavant (1).

Les vassaux imitaient leur suzerain. Brevilliers était alors
tenu par trois gentilshommes : Garnier de Brevilliers, chevalier ; Guillaume de Bethoncourt, et Bancelin de Brevilliers.
Le premier, en 1176, et le deuxième, vers la même époque,
donnèrent à Belchamp tout ce qu'ils possédaient dans ce
village. Ces donations furent confirmées par le pape Luce III,
en 1182 (2). Quant à Bancelin de Brevilliers, il conserva son
fief et le transmit à ses héritiers. Parmi ses successeurs, les
anciennes chartes mentionnent Richard et Perrin de Brevilliers frères, 1296 (3). L'abbaye du Lieu-Croissant avait des
possessions dans ce village.

(1) Léon Viellard, *Documents*, p. 294, 299, 312.
(2) Léon Viellard. *Documents*, etc., p. 315.
(3) Il y eut encore : Margal de Brevilliers, père de Vuillemenot, père de
Perrin de Brevillers, bourgeois de Montbéliard (1384). Mss. Duvernoy,
t. LVIII, p. 197.

Champey possédait un château, flanqué de tours ; il était situé sur la hauteur où se trouve l'église actuelle et au pied de laquelle le village est bâti. On voyait encore, au XVIIe siècle, les ruines de ce château ; dans son emplacement on a découvert récemment des fondations très épaisses. Ce manoir était le centre d'un fief qui appartenait aux seigneurs d'Aroz, village du bailliage de Vesoul. Cette famille possédait des terres considérables ; les donations qu'elle fit aux maisons religieuses sont des témoignages non équivoques de sa brillante existence. Le premier seigneur de cette maison est Renaud Ier, chevalier, en 1089, père d'Evrard de Valons et de Renaud II, chevalier en 1140. Celui-ci fut le père d'Hugues, chevalier en 1180. On trouve ces gentilshommes avec le titre de sire d'Aroz et de Champey (1). Hugues donna au chapitre de Saint-Maimbœuf un meix, situé dans ce dernier village. En 1320, un prêtre de Chenebier, Humbert Aubry, le prit en amodiation pour le prix annuel de vingt sols.

Héricourt passe pour être une ville très ancienne. Un auteur fait dériver son nom du mot latin *orae*, à l'orée, à la frontière, et du mot *court*, qui vient de *curlis* ou *corlis*, habitation à la frontière. Héricourt et son territoire faisaient partie jadis du comté de Montbéliard, qui dépendait lui-même de l'empire d'Allemagne. Dans la seconde moitié du XIIe siècle, et sans doute déjà auparavant, il était possédé en fief par des seigneurs qui portaient son nom et qui étaient vassaux des comtes de Montbéliard. Le premier seigneur connu est Vallon de Oriécourt, qui vivait en 1173. Les derniers probablement furent Pierre d'Héricourt, 1300 ; Williame d'Héricourt, qui, en 1333, rendit hommage aux hoirs de Regnaud de Bourgogne et Henri d'Héricourt, dont la fille Jacquette, épouse de Philippe, dit Foraz, de Montbéliard, vendit, en 1361, à la confrérie de la Conception, établie à Saint-Maimbœuf, une rente à Saunot, provenant de son père, Henri d'Héricourt.

Sous le règne du comte Amédée eut lieu la troisième croisade, dont firent partie Philippe-Auguste, roi de France, Richard Cœur-de-Lion, roi d'Angleterre, et Frédéric Barberousse, empereur d'Allemagne. Thierry de Montfaucon-

______

(1) Suchaux, *Villages de la Haute-Saône*, bibliothèque de Besançon, généalogie de Saint-Maurice.

Montbéliard, archevêque de Besançon, enflammé du désir de voir le triomphe de la Croix sur les infidèles, voulut, malgré son grand âge, se rendre avec les nouveaux croisés dans les parages de Jérusalem, mais il prit avant son départ toutes les dispositions qu'il crut utiles au salut de son âme, dans le cas où il viendrait à succomber. Il fit des générosités à Belchamp. à Saint-Vincent et au chapitre de la Madeleine. Il fonda son anniversaire et celui de sa mère dans le chapitre de Saint-Etienne, déclarant que les chanoines l'avaient, comme une bonne mère, entouré, dès son enfance jusqu'à son élévation aux honneurs, de soins affectueux. Ce fut l'adieu de ce cœur vaillant aux chanoines de Saint-Etienne.

En Terre-Sainte, il couvrit d'honneur le nom des Montfaucon par l'invention des machines de guerre qui firent crouler les murs de Saint-Jean d'Acre. Malheureusement il mourut de la peste dans la Palestine, le 15 novembre 1190. La langue de la poésie chanta sa gloire : « Prélat tout dévoué à l'amour de Dieu, il priait pour les fidèles avec le cœur de la colombe et il combattait contre les infidèles avec la ruse du serpent (1). »

L'empereur d'Allemagne l'avait précédé de quelques mois dans la tombe (10 juin 1190). Après la mort du monarque, Etienne II, comte de Chalon et d'Auxerre, voulut s'emparer du comté de Bourgogne sur Otton Ier, fils de Frédéric Barberousse, avec le concours d'Amédée, comte de Montbéliard. Celui-ci mourut de la main du comte de Bourgogne, en voulant s'opposer à la création du bourg fortifié de Clerval, œuvre de son adversaire (1195) (2).

Après sa mort, Ossilie, veuve d'Amédée, fit à l'abbaye de la Grâce-Dieu, fondée par les Montfaucon, une donation en réparation des méfaits que son mari avait commis à l'égard de ce monastère.

---

(1) Ego Theodoricus... Jerosolimas partes ad subventionem crucis ad ire volens, dedi et concessi pro remedio anime mee Ecclesiæ Sti-Vincentii...
> *Quid de Archipresube dicam Bisuntino :*
> *Vir est totus deditus operi divino,*
> *Orat pro fidelibus corde columbino,*
> *Sed pugnat cum perfidis astu serpentino.*
> (L. VIELLARD, *Documents*, p. 343).

(2) La Bourgogne réunie à la monarchie carlovingienne, en 771, ensuite aux royaumes d'Italie, de Provence, des deux Bourgognes (896 à 1032), passa à l'empire sous Conrad le Salique (1032 à 1039).

Des deux fils d'Amédée, l'un, Richard II, devint comte de Montbéliard ; l'autre, Gauthier, obtint en partage la seigneurie de Montfaucon avec d'autres terres.

Ces deux seigneurs gouvernaient depuis cinq ans leurs domaines respectifs, quand leurs sujets eurent à souffrir les calamités d'une nouvelle guerre. L'empereur Henri VI venait de mourir (18 septembre 1197). Deux compétiteurs se disputèrent sa succession. Philippe de Souabe, frère du monarque défunt, et Otton de Brunswick, fils de Henri le Lion, comte palatin de Bourgogne. Le premier eut pour alliés Amédée de Tramelay, archevêque de Besançon, les évêques de Bâle et de Strasbourg. Au second s'allièrent Etienne II, comte de Chalon et d'Auxerre, et les deux frères, Richard de Montbéliard et Gauthier de Montfaucon.

Les derniers ravagèrent la partie septentrionale du comté de Bourgogne, brûlèrent l'abbaye de Luxeuil, envahirent les terres de l'archevêque. Le prélat les excommunia. Le comte Richard parvint à s'emparer de l'archevêque et le retint prisonnier pendant quelques mois dans son château de Montbéliard. Mais Philippe de Souabe finit par réduire à l'obéissance tous ses adversaires (1200).

Après la signature de cette paix, la noblesse de Bourgogne fit trêve à ses guerres privées pour employer son ardeur guerrière contre les musulmans. Ce fut en général un des beaux côtés des croisades dont la quatrième prit le nom de croisade des seigneurs : Richard et Gauthier en firent partie.

Celui-ci mourut pendant l'expédition, vers 1212, après avoir fondé, en Orient, une maison illustre que les historiens des croisades désignent sous le nom de *Maison de Montbéliard*.

Avant de retourner dans son pays natal, après la prise de Constantinople, 12 avril 1204, le comte Richard s'était fait céder par son frère Gauthier la baronnie de Montfaucon avec ses dépendances ; il transmit toutes ses terres à ses descendants.

Comme ses ancêtres, ce prince multiplia ses générosités envers les établissements monastiques, confirma une donation faite par sa famille à l'abbaye de Bellevaux, donna à celle de Lucelle les biens de Dâlotte, pour le remède de son âme et des âmes de ses ancêtres ; en 1223, il donna à Gérard de Rougemont, archevêque de Besançon, quatre meix et une vigne qu'il avait à Mandeure, et reconnut que tout ce qu'il possédait dans ce village, lui et ses successeurs le tiendraient en fief de nos archevêques. Telle fut l'origine de la souveraineté de ces prélats à Mandeure. Richard abandonna encore au même cinq meix situés à Bussurel, qu'il tenait d'Amédée de Tramelay, un des prédécesseurs du pontife (1).

Les familles nobles, à l'exemple de leur suzerain, firent également des largesses aux maisons religieuses. En 1199, Hugues de Champey, sire d'Aroz, confirma et renouvela les donations faites par ses ancêtres au monastère de Cherlieu et y joignit, du consentement d'Eluis, son épouse, et de leurs enfants, l'abandon de ses terres de Preigney et de Romain, près de Rougemont.

Pour soutenir les œuvres accomplies alors dans les couvents, il y avait émulation de générosités parmi les grands. L'avocat Otton de Montbéliard, en 1229, fit don à l'abbaye de Lure de deux meix au village de Mandrevillars, et en 1248, son fils, du même nom, fit un don d'une importance égale à celle de Belchamp (2).

Toutes ces donations faites aux enfants de saint Benoît, de saint Norbert ou de saint Bernard étaient inspirées à nos ancêtres par un sentiment de foi. L'espérance d'avoir part aux prières de ces religieux leur faisait accepter la mort avec une grande résignation.

Le patronage de l'église de Saint-Maurice, que le pape Innocent III avait confirmé à l'abbaye de Baume-les-Dames, en 1218, souleva néanmoins une contestation. Le trésorier de l'église de Saint-Jean en réclama la possession. L'abbesse et ses religieuses s'opposèrent à ses prétentions. Nicolas de Flavigny, archevêque de Besançon, concilia ce différend, en 1229. Il fut statué que le trésorier et ses successeurs feraient hommage pour cette église au monastère et à l'abbesse de Baume, et que, en compensation, les religieuses verseraient, chaque année, 60 livres entre les mains du grand trésorier (3).

Ce fut sous le règne de Richard, en 1199, qu'Amédée, archevêque de Besançon, donna l'église de Brevilliers à Bel-

---

(1) Tueffard, *Histoire des Comtes de Montbéliard*, p. 40. — Abbé Bouchey, *Histoire de Mandeure*, t. I, p. 306.
(2) Abbé Bouchey, *Belchamp.*
(3) Abbé Besson, *L'Abbaye de Baume.*

champ, en récompense des bons procédés dont l'abbé avait usé à son égard pendant son séjour au château de Montbéliard. Ce prince arriva au terme de sa carrière. Ses fautes, dues aux mœurs guerrières de l'époque où il vécut, n'obscurcissent en rien l'éclat de sa foi et de sa religion. Il leur donna un dernier hommage en fondant son anniversaire à l'abbaye de Lucelle. A cette fondation il assigna les dîmes d'Audincourt (1). Sa mort arriva en 1237.

Le comte Richard avait associé à son gouvernement dès 1233, son fils, Thierry III, dit le Grand Baron (1237 à 1282). Marié à Alix de Ferrette, le nouveau maître de nos deux seigneuries fut d'un caractère malheureusement trop belliqueux.

Avoué et, par conséquent défenseur de l'abbaye de Lure, il commença son règne par s'en emparer ; mais l'interdit jeté sur ses terres par l'archevêque de Besançon lui fit réparer sa faute. Il s'attaqua ensuite à l'abbaye de Murbach, mais l'abbé le fit prisonnier. Remis en liberté, il oublia ses engagements et entra encore une fois, les armes à la main, sur les domaines de ce monastère. C'est alors que les paysans, irrités du pillage et de l'incendie de leurs villages, s'attroupent, lui enlèvent son butin, le font prisonnier et le conduisent dans les prisons de l'évêque de Strasbourg. Il n'en sortit qu'après avoir donné des otages pour l'exécution du traité conclu avec le prélat (2). Il en vint ensuite aux mains avec son beau-frère, Ulric de Ferrette, au sujet de la succession de son beau-père, Frédéric II de Ferrette. La médiation de Jean de Chalon apaisa le différend (1236).

En 1238, afin de sceller son amitié à l'égard de l'évêque de Strasbourg, il lui fit don du château de Bélieu et de trois villages, avec, en outre, la partie de Mandeure qui lui appartenait (3). Lui-même reçut du prieur de Lanthenans, en 1247, la donation du village de Goumois, avec le droit de ratifier le choix du curé présenté par l'abbé. En échange, le prieuré recevait un cens annuel de 20 sols à prélever sur les ventes de Montbéliard (4).

A son caractère batailleur, Thierry III unissait un cœur

(1) L. Viellard, *Documents*, p. 407.
(2) Abbé Besson, *Abbaye de Lure*, p. 16.
(3) Celle-ci, vers le milieu du XIVe siècle, passa aux comtes de Thierstein ; en 1424, la comtesse Henriette en réunit le domaine utile au comté de Montbéliard.
(4) L. Viellard, *Documents*, p. 452.

des plus généreux. C'est à lui que Montbéliard fut redevable de la fondation d'un hôpital que le pape Innocent IV prit sous sa protection, avec la chapelle que le comte se proposait d'y construire (1249).

En 1255, il devint membre de la ligue du Rhin, dont le but était le maintien de la paix et la cessation du brigandage des seigneurs. Quatre ans après, dans une pénurie d'argent, il se reconnut homme-lige du comte de Champagne ; pour cet acte de vassalité il reçut chaque année cinq cents livres de son suzerain.

L'histoire de nos villages, gouvernés par Thierry III, n'a guère eu à enregistrer jusqu'ici que les noms des gentilshommes qui les habitaient, leurs reprises de fief et leurs donations. A Champey, Jean Malcchar, fils de Hugues, qui, suivant Duvernoy, avait épousé une fille de la maison de Bavans, fit hommage, en 1248, au comte Thierry des alleux qu'il tenait en tous biens, et en particulier des biens qu'il tenait à Bavans et à Etouvans, du chef de sa femme et pour lesquels il devait quarante jours de garde au château.

En 1256, il légua « en pure et perpétuelle aumône, à Dieu et à Notre-Dame, au monastère du Lieu-Croissant, pour le remède de son âme, de celles de ses père, mère et autres antécesseurs, après son décès », ce qu'il possédait aux îles de Fallon. En 1268, l'abbaye de Saint-Paul de Besançon reçut de lui « les meix et tenements » qu'il avait à Rougemontot pour réparer les maux subis par ce monastère de la part de toute sa famille (1). Où sont aujourd'hui les âmes qui, comme les nobles d'autrefois, confessent et réparent, par acte notarié, les torts qu'elles ont causés à autrui ?

Il y avait à Champey une autre famille de gentilshommes qui portait le nom du village ; elle habitait « une maison et une cheminée de pierres, fossilée en tours » et un bâtiment « appelé la grange, séant près du pont ». En 1258, elle comptait trois chevaliers : les frères Henri, Guyemard et Girard de Champey. A cette date ils firent un échange de terres avec l'abbaye de Belchamp (2).

(1) Hugues d'Aroz, seigneur de Champey, eut six enfants : Wiric d'Aroz, Richard, Jean, qui continua la postérité ; Renaud, Daminette et Guillaume d'Aroz.

(2) **Mss Duvernoy, t. XI, p. 297.**

Tremoins, dont Duvernoy fait dériver le nom de *Tra*, trois, et *meix*, habitations avec dépendances en terres, avait aussi une famille de gentilshommes qui habitaient un château-fort, bâti probablement sur l'éminence la plus rapprochée du village et qui subsista jusqu'au commencement du XVIe siècle. Dans le fief possédé à Tremoins par cette maison était comprise une partie du territoire de Coisevaux. Tenu d'abord par des seigneurs de la maison de Montjustin, il passa, vers le milieu du XIIIe siècle, dans les mains de seigneurs qui prirent le nom du village ; il appartenait, en 1250, à Guillaume de Tremoins, chevalier, marié à Catherine de Côtebrune. Sa mort arriva avant 1273. Ses deux fils, Thierry et Renaud, firent, à cette date, à Thiébaud IV de Neuchatel, à cause de son épouse, Marguerite, fille de Thierry III, hommage de leurs biens d'Etouvans, de Colombier-Fontaine et de Lougres (1).

Dans le Châtelot, le village de Beutal se partageait entre le comté de Montbéliard et la seigneurie. Le chapitre de Saint-Maimbœuf y possédait aussi des terres, des maisons et des sujets avec la justice inférieure. La partie du village qui sera donnée, en 1282, au sire de Neuchatel était un fief tenu par des gentilshommes portant son nom, possesseurs d'un château ayant tour et courtine. Ces féodaux avaient des terres considérables, des sujets, et droit de basse justice. Le premier gentilhomme connu de cette famille s'appelait Pierre de Beutal, chevalier ; il vivait en 1245. Ses fils, Jean et Amédée de Beutal, florissaient en 1270. A cette date, ils donnèrent une vigne à Hugues de Darnin, moyennant la somme de cinq sols estevenants.

Sous Thierry III, la deuxième branche des Saint-Mauris-en-Montagne s'établit à Saint-Maurice-sur-le Doubs, où elle fut désignée sous le nom de ce village avec le sobriquet de Sauvaget, provenant d'un de leurs fiefs appelé la *Côte-Sauvaget*. Les seigneurs du lieu habitèrent un château fort dont la possession était commune en grande partie à toutes les branches de la famille, mais où celle des Sauvaget fut principalement apanagée et domiciliée. Le premier fut Conrad de Saint-Mauris, du 6e degré, fils de Jean II de Saint-Mauris,

---

1) **Mss. Duvernoy,** t. I, p. 156.

qui vivait en 1256. Il eut quatre enfants. L'aîné, Jean III de Saint-Mauris-Sauvaget, continua sa postérité (1).

Ces gentilshommes s'acquittaient avec fidélité envers leur suzerain de leurs devoirs de vassalité et, à son appel, marchaient sous sa bannière dans ses expéditions militaires. Bien qu'il fît partie de la Ligue du Rhin, établie pour maintenir la paix entre les seigneurs, Thierry III fit la guerre à Ulric de Ferrette. Celui-ci lui réclamait une terre qu'il avait achetée de lui. Le comte de Montbéliard, au lieu de la lui livrer, marcha contre lui et fit prisonniers plusieurs chevaliers de Ferrette auxquels il fit payer une forte rançon (1267). Quatre ans après, Thierry accompagna Rodolphe de Habsbourg, quand ce dernier alla saccager l'abbaye de Lucelle, les villages et les monastères de l'évêché de Bâle, où se commirent des cruautés atroces. Que de persévérance il a fallu à l'Église pour adoucir les mœurs d'alors, triste héritage des temps barbares (2) !

Thierry III cependant touchait à la fin de sa carrière. Richard, son fils, était mort ; il avait même perdu ses deux filles, Sybille et Marguerite, épouses, la première d'un comte de Neuchatel, en Suisse ; la seconde, de Thiébaud III de Neuchatel, en Bourgogne. Son comté tombait forcément en quenouille. Auquel de ses deux petits-fils le laissera-t-il ? Sera-ce à Thiébaud IV ? Celui-ci pouvait l'espérer, d'autant mieux qu'il était jeune et vaillant et que rien ne lui semblait plus naturel que la réunion du comté de Montbéliard à ses États. Mais le vieux Thierry en avait décidé autrement.

Renaud de Bourgogne, frère puiné du comte palatin Othon, illustre par ses vertus guerrières, lui parut plus propre à lui succéder. Dans ce but, il lui ménagea la main de son arrière-petite-fille, Guillemette, fille du comte Amédée de Neuchatel, en Suisse, et de Jordanne d'Arberg, et il les désigna l'un et l'autre pour ses héritiers et successeurs.

Ce choix fut loin de contenter le sire de Neuchatel, qui se

____

(1) 2º Perrin de Saint-Mauris, écuyer, seigneur d'Abévillers, épousa Odette, fille d'Huguenin, dit Léon Camus Vouhey, de Montbéliard. Il était mort en 1336 ; 3º Marguerite de Saint-Mauris épousa, vers 1297, Claude de Faimbe, écuyer dudit lieu ; 4º Jean de Saint-Mauris, écuyer, présumé fils de Conrad.

(2) Tuefferd, *Histoire des Comtes souverains de Montbéliard*, p. 53.

croyait à la succession de Thierry II plus de droits qu'un seigneur étranger. Sans tenir compte des dispositions prises par le testateur, le 8 septembre 1280, il fit au palatin de Bourgogne hommage « de Montbéliard et de tout le droit, toute la raison et tout le partage qu'il a, peut et doit avoir à Montbéliard, en la terre et héritage de son aïeul » (1). Dès le lendemain, le comte Othon, par une contre-lettre, s'engagea à favoriser de tout son pouvoir le succès des revendications de son nouveau vassal.

Le mariage de Renaud et de Guillemette fut célébré à Montbéliard dans les premiers mois de l'année 1281. Thierry III mourut au commencement de 1282, après avoir fait des legs à l'évêché de Bâle, à l'église Saint-Maimbœuf et à celle de Lieu-Croissant. Il fonda son anniversaire et celui d'Alix de Ferrette, son épouse, dans l'abbaye de Belchamp (2).

Son successeur, Renaud de Bourgogne, régna sur notre pays de 1282 à 1321. Son premier souci, après la mort de son prédécesseur, fut d'apaiser par des concessions de terres et par des sommes d'argent, tous ceux qui prétendaient avoir des droits sur le comté de Montbéliard. C'est dans ce but qu'il céda à Thiébaud de Neuchatel, par un traité du 15 avril 1282, les seigneuries de Blamont et du Châtelot, à la condition que ce dernier les reprendrait de la maison de Montbéliard en arrière-fief et du comté de Bourgogne en fief direct.

La portion des biens échus à Thiébaud de Neuchatel, dans le pays de Porrentruy ou Ajoie, relevait de l'évêché de Bâle. Jean d'Isny l'avait lui-même donnée au comte Thierry en fief inaliénable et non transmissible ; elle était donc en caducité depuis la mort de celui-ci et devait rentrer dans le domaine de l'évêché. Loin de le reconnaître, comme il l'avait promis, le comte Renaud refusa de s'en dessaisir et en investit le sire de Neuchatel, moyennant cent livres estevenantes, qui lui furent comptées par son vassal. L'évêque, trop faible pour se faire rendre les terres de son évêché, réclama l'intervention armée de l'empereur.

Le 2 mars 1283, l'empereur arrive en personne sous les murs de Porrentruy, dont il assiège le château, où Renaud

---

(1) Arch. Nat. K, 1830.
(2) Abbé Bouchey, *Abbaye de Belchamp*, p. **26**.

s'était enfermé. La place est emportée, le 16 avril suivant, et le comte contraint de demander la paix à des conditions plus dures que celles qu'il n'avait pas voulu accepter.

Renaud fit alors alliance avec son frère Othon, Thiébaud IV de Neuchatel, le comte de Ferrette, l'abbaye de Luxeuil et la ville de Besançon et, au printemps de 1287, alla porter le fer et le feu aux environs de Porrentruy. Les gens du nouvel évêque, Pierre de Reichenstein, réunis à une troupe de nobles et de bourgeois de Bâle sous le commandement du comte Egimon de Fribourg, essuyèrent deux défaites sanglantes et perdirent beaucoup de prisonniers. L'évêque réclama de nouveau le secours de l'empereur. Rodolphe, à la tête de quatorze mille fantassins et de six mille cavaliers, escorté du baron d'Arlay et de ses vassaux, arrive de Berne à travers le Jura. Montbéliard est emporté, le comte Renaud forcé de relâcher, sans rançon, les prisonniers bâlois et les contrées voisines sont livrées au pillage pendant trois semaines (juillet 1288).

Enfin, en 1300, le nouvel évêque de Bâle, Pierre d'Aspelt, moins rigide que ses prédécesseurs, consentit à le laisser en possession des biens litigieux, ne réservant que les droits de son église, qui pourraient être établis par la suite. La convention ayant été ratifiée par l'empereur Albert, la paix n'éprouva plus d'atteinte.

Ce fut sous Renaud de Bourgogne que l'on commença à distinguer les quatre seigneuries de Blamont, Clémont, Héricourt et Châtelot par les noms des quatre villes ou forteresses qui en étaient les chefs-lieux.

La seigneurie d'Héricourt renferma la ville de ce nom et seize villages dont sept lui appartenaient entièrement (1), sept autres étaient mi-partie avec le comté de Montbéliard (2), et deux, avec la seigneurie de Granges (3).

Il paraît certain que, dans les premières années du xive siècle, le comte Renaud de Montbéliard acheta le fief d'Héri-

(1) Byans, Brevilliers, Chenebier, Echavanne, Saint-Valbert, Vyans, Verlans.
(2) Aibre, Bussurel, Champey, Coisevaux, Echenans-sous-Montvaudois Laire, Tremoins.
(3) Chagey et Luze.

court du seigneur qui le possédait alors pour le réunir à son domaine (1).

La situation d'Héricourt, au milieu d'une belle vallée qu'abrite un cercle de monticules, coupé au midi et à l'ouest par le cours de la Luzine, et à l'est par une petite prairie, les bois dont elle est entourée, la beauté et la fraîcheur du paysage qui l'environne, l'industrie qui, dans ces dernières années surtout, a pris de grandes proportions, tout cela fait d'Héricourt une des petites cités les plus remarquables de la région saônoise.

Le château, dont quelques auteurs font remonter la construction à la première partie du xiie siècle, est assis sur le versant méridional d'un coteau peu élevé et non loin de la Luzine, dont les eaux pouvaient être amenées facilement au pied de ses remparts. Les fondements de cet édifice s'appuient sur un banc de pierres calcaires dans lesquelles on a creusé les substructions qui en forment encore aujourd'hui la partie la plus monumentale. Son enceinte présentait un carré de 70 mètres, à faces presque égales, et était protégée par quatre fortes tours, reliées entre elles par un solide rempart. Un fossé profond l'environnait de toutes parts. Les murailles à créneaux et les tours à mâchicoulis, les fenêtres étroites, le pont-levis, la masse de ces bâtiments compacts donnaient à cette construction nouvelle dans la vallée de la Luzine un aspect sombre et en harmonie avec les mœurs et les besoins du temps.

Ce qui reste de cette demeure féodale, détruite plusieurs fois et toujours relevée sur sa base primitive, est encore imposant, et les nombreux souvenirs qui s'y rattachent offrent assez d'intérêt pour mériter une place modeste dans les annales du pays.

Renaud de Bourgogne affectionnait cette résidence. De 1282 à 1321, il y fit d'assez longs séjours. C'est là que, en 1296, il fit un premier testament. Dans le codicille qu'il y ajouta, en juin 1314, il avait assigné à sa femme Guillemette, comtesse de Neuchâtel-outre-Joux, pour son douaire, « les châtel et ville d'Héricourt et mille livrées de terre, dont cinq cents lui seront assises sur la cité et ville et appartenances, et sur les plus prochaines villes, finaiges et territoires, issues et appar-

(1) *Annuaire des communes de la Haute-Saône* (Héricourt).

tenances de lad. ville d'Héricourt, et le châtel d'icelle ne doit être compté ni estimé ».

Le comte augmenta le nombre de ses vassaux, ce qui lui donna le prestige d'un grand seigneur. A sa mort, on en comptait cent vingt. Aussi, dans le pays de Montbéliard, il n'y eut presque pas un village qui ne fût donné par Renaud en fief à un gentilhomme qui y construisit un château (1).

Le village de Chagey vit élever un de ces édifices sur son territoire. Il fut bâti sur une éminence peu élevée, à l'extrémité orientale du lieu. Il existe encore sur cette hauteur, qui porte le nom de Pierreville, des fondations d'une grande solidité qui ont appartenu évidemment à ce château. On y trouva, en outre, un grand nombre de fragments de tuiles antiques. Près de cet emplacement a été découvert, il y a quelques années, un puits qu'on a vidé, et au fond duquel on a trouvé une hache de forme ancienne, ainsi que de vieilles pièces de monnaie.

Dans ce château habitait une famille de gentilshommes qui portaient le nom du village ; leurs terres étaient de la mouvance envers le comté de Bourgogne. Le nom du seigneur de Chagey, au temps où vivait le comte Renaud, nous est inconnu. Nous savons qu'il devait la garde au château de Granges (2).

A Champey habitait, en 1290, Pierre, dit Malechar, sire d'Aroz et fils de Jean de Champey. Marié en premières noces à Mahaut de la Roche, il eut trois fils : Jean, qui continua la postérité, Guillaume et Jacques. De sa seconde femme, Jacquette, il eut trois filles. En 1308, il reprit de fief du comte Renaud tout ce qu'il avait à Verlans et à Coisevaux. En 1309, il traita avec l'abbaye de Belchamp la question de ses droits et de ceux de ses sujets dans le bois de Vaux. Il fut convenu que ces derniers auraient part au bois mort et que lui-même prendrait les chênes et les hêtres dont il avait besoin (3). En 1311, il fit un échange avec l'abbaye de Belchamp, à qui il donna deux maignies d'hommes à Aibre, avec le consente-

(1) Tuefferd, *Les Comtes souverains*, p. 111. — Duvernoy, mss, t. XIV, p. 121.

(2) Par suite d'un traité entre Renaud de Bourgogne et Jean de Montfaucon, en 1288, Luze et Chagey firent partie de la seigneurie de Granges.

(3) Mss. Duvernoy, t. XII, p. 138.

ment de Guillaume de Montjustin, dont il les tenait en fief, et il reçut un moulin que le monastère avait sur le territoire de Champey, avec un pré et un « curtil ». En 1312, il échangea avec le chapitre de Saint-Maimbœuf une terre qu'il avait à Voujaucourt, contre deux maignies d'hommes à Champey. Il fit son testament en 1322, nommant pour exécuteurs de ses volontés Jean de Trétudans, chevalier, et son frère Renaud, curé d'Abbenans. Il mourut avant 1333 (1).

Son fils Guillaume, moine de Saint-Vincent, fut recteur de l'Ermitage de Saint-Léonard, près de Besançon, retraite située sur le Doubs, un peu plus haut que la porte Taillée. Cette réclusorerie, comme on l'appelait encore, relevait de l'abbaye de Saint-Vincent. La distinction de ce religieux ressort de son intimité avec la famille si notable des Chifflet, de Besançon. L'un de ces derniers, Girard, l'institua son exécuteur testamentaire, 1328.

Le troisième fils de Pierre de Champey, Jacques, se fit moine à Vandœuvre. Quelle vive lumière projetait dans ces familles le flambeau de la foi !

Dans la seconde famille noble de Champey, nous trouvons, sous le règne de Renaud, Etevenin de Champey ou des Combottes, fils de Henri, qui mourut après 1325. Il vendit, en 1308, pour 10 livres estevenantes, au comte de Montbéliard, l'étang du Réchal, près de Coisevaux. Ses deux fils furent Geoffroy et Henri de Champey. De cette famille était également Guinchard de Champey, fils de Guyemard, qui épousa Jeannette de Couthenans. Lui et son beau-frère, Jean de Couthenans, devaient la garde au château de Granges. Huguenot de Coisevaux acheta du premier une propriété rapprochée de ce village. Girard de Champey, frère de Henri et de Guyemard, n'eut pas de descendance connue (2).

Le village de Chenebier, comme il a été dit plus haut, existait avant 1150. Son nom paraît dériver de *chêne*, arbre de nos forêts, et de *bie*, qui signifie ruisseau. Dans le XIe siècle, Chenebier, après avoir appartenu à l'abbé de Bithaine, se trouvait sous la domination des comtes de Montbéliard. Ils le donnèrent en fief, vers le XIIe siècle, à des gentilshommes

(1) Mss Duvernoy, t. XL, p. 205, t. XIV, p. 21.
(2) Mss. Duvernoy, t. I, p. 205, t. XII, p. 245.

qui étaient leurs vassaux. Deux seigneurs de Chenebier sont connus : ce sont Philippe de Chenebier, qui vivait en 1270 et mourut avant 1291. A cette date Marguerite de Chenebier, veuve de Philippe, vendit au comte Renaud la quatrième partie du village de Vacheresse paroisse de Moffans, consistant « en bois, prés, champs, et toute autre chose quelconque, au prix de 23 livres estevenantes ». En 1308, Jean de Chenebier, fils de Marguerite, vendit au même ce qu'il possédait au village de ce nom et lui rendit hommage pour ses terres de Chagey (1).

Au sud-est d'Héricourt était le village de Darnin, encore existant en 1393, bâti vraisemblablement à un endroit de la forêt appelée Montdanin. En 1313, Jean, sire de Belmont, donna à Renaud tout ce qu'il tenait de lui à Darnin « qui est du paroichage d'Héricourt » en reconnaissance de la permission qu'il en avait reçue de vendre son fief de Luze et de Chagey. Ce dernier fief, Jean l'avait obtenu dans la succession de son père Villiame, chevalier, dit d'Espinal, mort avant 1288. Il était, en l'année 1322, dans les mains de Henri de Montjustin ; en 1337, dans celles de Guillaume de Montjustin, qui en fit hommage à Henri de Montbéliard, et depuis passa successivement dans celles de Nant et de Mouthiers.

A la fin du xiiie siècle, le fief de Tremoins était aux mains de Villemin, issu de Thierry de Tremoins. En 1292, ce gentilhomme devint homme lige de Thiébaud IV de Neuchatel pour le moulin de Chamars et une maison dans la rue de l'Orme-de-Chamars, à Besançon. En 1298, il vendit au comte Renaud tout ce qu'il avait à Lomontot et à Médière pour 160 livres estevenantes. L'année suivante, il fit reprise au sire de Neuchatel des biens qu'il avait hérités de Thierry et de Renaud, son père et son oncle.

Le second fils de Thierry fut Jean de Tremoins, religieux au couvent de Belchamp. De 1277 à 1311 il porta la mitre abbatiale. La dignité avec laquelle il gouverna le monastère lui valut l'amitié du comte Renaud. Pendant son administration la maison jouit d'une grande prospérité. Il fit construire un moulin sur le ruisseau du Glan, au-dessus du village d'Audincourt, et jeter sur le Doubs un pont solide qui facilita

(1) Mss. Duvernoy, t. XII, p. 42.

les relations du pays avec l'abbaye, devenue le centre des travaux agricoles, de l'instruction et des œuvres religieuses de la région. L'abbé Jean de Tremoins mourut vers 1311 (1).

Entrons dans la seigneurie du Châtelot. Celle-ci doit son nom à un petit château dont l'existence n'est pas connue avant 1283 et qui a donné son nom à toute la seigneurie, démembrée alors, de l'ancien comté de Montbéliard, au profit de Thiébaud IV, seigneur de Neuchatel. Les ruines et surtout une haute tour qui a résisté à la destruction ordonnée par Guillaume, comte de Furstemberg, dans les premières années du XVIe siècle, sont situées au bord du Doubs, sur la pointe d'un plateau triangulaire. Au pied de cette éminence est le hameau du Châtelot, ancien chef-lieu, qui dépend aujourd'hui de la mairie de Blussanjeaux.

La seigneurie se composait de neuf villages dont cinq entiers : Blussanjeaux, avec le village du Châtelot, Colombier-Châtelot, Colombier-Fontaine, Longevelle et Saint-Maurice, et quatre mi-partis : Beutal, Blussans, Lougres et Montenois.

Elle est limitrophe du comté de Montbéliard, des seigneuries de Granges, de l'Isle, d'Héricourt, de Dampierre-sur-le-Doubs et de Lanthenans. Elle fut le théâtre d'une importante reprise de fief. Le 23 août 1293, au camp de Colombier-Fontaine, Adolphe de Nassau, empereur d'Allemagne, reçut l'hommage féodal d'Othon IV, comte de Bourgogne, en présence des grands vassaux de la province, des archevêques de Mayence, de Cologne et des évêques de Spire et de Bâle.

En 1294, le comte de Bourgogne confirma au sire de Neuchatel la surveillance de la voie romaine, depuis Pont-Charrot, entre Lougres et Bavans, jusqu'à Palente, banlieue de Besançon. Cela lui donnait le droit de percevoir des péages établis sur les chemins, à charge de veiller à la sécurité des voyageurs. Jusqu'alors les comtes de Bourgogne avaient eu la garde de l'abbaye de Lieu-Croissant. Othon IV la céda, ainsi que celle de Lanthenans et la haute justice des deux monastères, à Thiébaud IV de Neuchatel. Son titre de gardien lui donnait le droit d'être hébergé ainsi que ses gens, chaque fois qu'il se présentait dans ces deux monastères (2).

(1) Abbé Bouchey, *Abbaye de Belchamp*, p. 31.
(2) Bulliard, *Abbaye des Trois-Rois* (Mss Duvernoy, T). — Abbé Richard , *Neuchatel*, p. 111.

Les gentilshommes du Châtelot, devenus vassaux de Thiébaud IV, vécurent en bonne harmonie avec leur suzerain. La famille noble de Longevelle était représentée en 1275 et en 1293 par Humbert de Longevelle, écuyer, fils d'Eudon. En 1284, il fournit dénombrement à Thiébaud de Neuchatel, en qualité de seigneur du Châtelot, du fief qu'il possédait à Longevelle et à Colombier-Savoureux. En 1304, Henri, Huguenin et Joffroy de Velle reprenaient de Renaud de Bourgogne, comte de Montbéliard, les hommes qu'ils avaient dans la terre de Granges « et ce que les hoirs messire Humbert de Longevelle-sur-le-Doubs tenaient d'eux à Colombier-Savoureux ».

A Saint-Maurice-sur-le-Doubs résidait Jean III de Saint-Mauris-Sauvaget, chevalier, seigneur du lieu, de Colombier-Savoureux, Villars-sous-Ecot, etc., qualifié de chevalier en 1306, il eut sept enfants, dont Jean vi^e du nom (1).

Thiébaud de Neuchatel, seigneur du Châtelot, fut ambitieux, batailleur, tracassier. Avec l'argent qu'il possédait en abondance, il sut ranger grands et petits seigneurs sous sa dépendance. Il mourut avant le mois de mai 1308. Thiébaud V, son fils, fut son successeur (2).

Renaud de Montbéliard était d'un caractère très généreux. Il en donna bien des preuves. Il affranchit de la mainmorte la ville de Montbéliard en 1284. L'ingratitude que les habitants lui en témoignèrent ne l'empêcha pas d'accorder la même faveur aux villes de Lons-le-Saunier, 1293, et Belfort, en 1307.

Son dévouement pour les maisons religieuses fut payé de gratitude. Thiébaud de Faucogney, abbé de Luxeuil, lui donna pour sa vie durant, avec le consentement de ses religieux, les dîmes, les terres et les autres droits appartenant au prieuré de Saint-Valbert, excepté le patronage des églises d'Héri-

---

(1) Ses autres enfants furent : Catherine de Saint-Mauris, Huguenin de Saint-Mauris, Marguerite, épouse, en 1369, de Pierre d'Aigremont ; Jean de Saint-Maurice, curé de Lougres ; Isabelle, Agnès, rappelée dans le testament du curé de Lougres.

(2) Abbé Richard, *Recherches sur Neuchatel*, p. 119. Dans son testament, daté du dimanche avant la Toussaint 1300, il choisit pour lieu de sa sépulture l'église de Lieu-Croissant, il donna 25 livres de rente pour ses funérailles et 120 livres pour une chapelle où devait se dire une messe chaque jour pour lui et ses devanciers.

court et de Chagey. Il en jouit pendant 29 ans. Hugues de Bourgogne, son frère, bénéficia ensuite des revenus seuls de Chagey sa vie durant : il en fit la déclaration le lundi avant la Toussaint, en 1322 (1).

A Héricourt, dont il affectionnait le séjour, il fut atteint de la maladie qui le conduisit au tombeau. Le 14 mars 1321, peu de jours avant sa mort, il fit un second testament. Son fils Othenin n'étant pas capable, à cause de sa faiblesse d'esprit, d'administrer sa riche succession, il chargea son frère Hugues de la régir au nom de son fils, pendant cinq ans, à partir du jour de sa mort. Passé ce terme, si Othenin n'était pas encore en état de gouverner ses terres, elles seraient partagées entre ses quatre filles, de manière que les aînées, Jeanne, comtesse de Ferrette, et Agnès, dame de Montfaucon, eussent entre elles, en indivis, le comté et la baronnie de Mont-béliard, y compris Belfort et Héricourt ; les deux autres, Alix, femme de Jean II de Châlon, comte d'Auxerre, et Mar-guerite, qui épousa plus tard Guillaume d'Antigny, sire de Sainte-Croix, eurent en partage les domaines situés en aval de Besançon.

Quelle affection il avait pour ses sujets ? Avant de mourir il en donna une preuve dans les recommandations mémorables qu'il adressa à ceux de Belfort : « Allez, leur dit-il, allez demeu-rer où bon vous semblera, soumettez-vous à tout autre sei-gneur, saufz à un roy d'Alemaigne ou à ung duc de Hoste-riche, à leurs hoirs, à leurs successeurs ou à aultre home d'Alemaigne (2). »

Renaud de Bourgogne mourut vers la fin de l'année 1321. Il fut inhumé dans l'église de Baume-les-Messieurs, à côté de son épouse, qui l'avait précédé dans la tombe.

(1) Mss. Duvernoy, t. XIV, p. 49.
(2) *Revue d'Alsace*, 1873, p. 524.

CHAPITRE III

Jeanne de Montbéliard, gouvernante d'Héricourt. — Les Neuchatel. — Marguerite, dame d'Héricourt. — Franchises (1361). — Les Routiers. — Les gentilshommes de nos seigneuries. — Albert et Léopold, duc d'Autriche. — Thiébaud VI, seigneur d'Héricourt, etc.

Le comté de Montbéliard, administré, au nom d'Othenin, par Hugues de Bourgogne, frère du comte Renaud, eut à sa tête, dès 1332, Henri de Montfaucon, petit-neveu de Thierry III et fils de Gauthier II de Montfaucon. Quant à la seigneurie d'Héricourt, elle entra dans le lot de Jeanne, fille du comte Renaud. C'était une femme remarquable tant par les qualités de son cœur que par les lumières de son esprit. Aussi pieuse que bonne, elle visitait les malheureux, dotait des filles pauvres, prenait soin des écoles, enrichissait les églises. Elle rendit ses sujets heureux, tandis qu'elle-même eut beaucoup d'épreuves à supporter (1).

Elle perdit son mari, Ulric II de Ferrette, le 10 mars 1324. Elle en avait eu deux filles : Jeanne et Ursule. Jeanne avait épousé, en 1319, le duc Albert d'Autriche, auquel elle transmit le comté de Ferrette après la mort de son père. Ursule, la deuxième, devint l'épouse de Hugues, comte de Hohenberg. Quant à leur mère, Jeanne, elle se remaria, vers la fin de 1325, à Rodolphe Hesse, marquis de Bade, et en eut deux filles, Marguerite et Adélaïde, qui épousèrent les frères Frédéric et Rodolphe, dits Wecker, marquis de Bade. Jeanne ayant perdu son second époux, en 1337, se remaria une troisième fois avec Guillaume de Katzenellenbogen, dont elle n'eut point d'enfants (2).

En 1325, Jeanne apposa son sceau sur un acte de conciliation entre Vaux et le Vernois d'un côté, Champey et les Com-

(1) *Revue d'Alsace*, 1859.
(2) Tuefferd, *Histoire des Comtes de Montbéliard*, p. 113.

bottes, de l'autre. Les sujets de Belchamp résidant sur les territoires de Vaux et du Vernois réclamaient des droits à la pâture et au bois mort de Champey et des Combottes ; les habitants de ces dernières localités élevaient des prétentions analogues sur les terres des deux premiers villages. Pour apaiser le différend, qui menaçait de s'envenimer, des deux côtés on choisit trois prud'hommes pour le trancher. Etevenin des Combottes, fils de Henri de Champey, et deux autres personnages soutinrent les intérêts des sujets de Belchamp ; et Monin Cuene, chanoine de cette abbaye, Gurnel Rendu et frère Thomassin, les deux du Vernois, défendirent la cause des sujets de Champey et des Combottes. Quelle heureuse époque où des gens en procès en confient la décision à des arbitres pris dans la partie adverse ! Quel hommage rendu à l'honneur de tous ! Les uns et les autres, ayant consenti à ce qu'on désirait d'eux, jurèrent sur les Saints Évangiles « de s'informer sur les droits de chaque partie ». Leur décision satisfit tout le monde. Ayant évoqué leurs souvenirs de trente ans, ils déclarèrent que les deux parties avaient des droits réciproques sur l'usage « de la morte-pâture et du bois mort » des quatre villages et que jamais on n'avait perçu d'amende sur une partie au profit de l'autre. Jeanne de Montbéliard et Pierre de Champey, chevalier, scellèrent de leur sceau cet acte d'arbitrage, et des deux côtés on en reçut un exemplaire revêtu de cette formalité.

En 1327, le 14 décembre, Raoul de Hesse, marquis de Bade, ordonna à tous les vassaux du comté de Montbéliard de faire dans le mois suivant reprise de leurs fiefs à Henri de Montfaucon. Dans le nombre étaient : Jean Malechar, sire de Champey, et Jean de Saint-Mauris. Six ans après, le 14 avril 1333, le même Raoul recommanda aux 121 vassaux ayant appartenu au comte Renaud de se trouver à Châtenois quinze jours après la Pentecôte en vue de faire reprise de leurs fiefs, à cause du partage qui devait en être fait entre les héritiers. Les féodaux d'Héricourt et du Châtelot compris dans cet ordre étaient : les hoirs de Henri de Champey, Jean et Cueret de Bussurel ; les hoirs de Pierre de Champey, Othenin de Chagey, Jean de Longevelle et Jean de Saint-Mauris (1). Ce partage eut lieu

(1) Mss. Duvernoy, t. XIV, p. 14 et 21.

à Granges le 3 mai, avant le terme fixé pour cette reprise de fief. A ce moment, l'état d'Othenin était désespéré.

Dans les comptes de la mi-carême de la seigneurie d'Etobon, en 1332, figurent les villages de Moffans, Chenebier, Luze et Genéchier. Les tailles des villages s'élevèrent à 50 livres 4 sols. Cette somme, grossie du produit de l'étang du Réchal, des amendes, des impôts établis par Henri de Montfaucon, s'éleva en tout à 91 livres 14 sols 11 deniers. La dépense fut de 111 livres 1 denier ainsi répartis : 14 livres pour un pont-levis devant la porte du bourg ; 11 livres pour un cheval ; 30 livres 3 sols pour l'achat de 33 corsats ; 33 livres 12 sols 5 deniers pour la réception à Etobon du duc de Bourgogne ; 13 livres 11 sols pour les soldats qui l'escortèrent ; 60 sols pour les domestiques et le bailli logés à Belverne ; 36 deniers pour six douzaines de planches achetées par le maire de Chenebier « pour manteler » la tour de la première porte du bourg ; 112 sols pour le paiement de « six sergens », qui demeurèrent 28 jours à Etobon. Chacun d'eux eut 8 deniers par jour (1).

Dans l'hiver de 1333 à 1334, on conduisit à Etobon, pour l'usage de la garnison bourguignonne qui s'y trouvait, 19 bichots 4 quartes de blé « sur cent quinze chevaux » ; peu après, 9 bichots 11 pénals 1 quarte sur soixante et onze chevaux, et enfin 5 bichots d'avoine sur vingt chevaux. La garnison reçut de plus trente-cinq muids de vin de Chariez. Eudes IV. duc de Bourgogne, suzerain du château et de la terre d'Etobon, comme on le voit, traitait humainement ses soldats.

A cette époque, il avait besoin d'hommes aguerris. La reine Jeanne, princesse de Bourgogne et épouse de Philippe le Long, roi de France, avait institué par testament sa fille Jeanne, épouse du duc Eudes, héritière de ses États et n'avait laissé qu'une pension modique à ses deux autres filles, Marguerite, mariée au comte de Flandre, et Isabelle, épouse de Guigues VIII, souverain du Dauphiné. Ceux-ci réclamèrent à main armée. Ils avaient pour alliés les barons comtois entre autres Thiébaud de Neuchatel et Raoul Hesse, époux de Jeanne d'Héricourt ; Hugues de Bourgogne, nommé par son neveu Eudes gardien du comté de Bourgogne, fut vaincu dans

---

(1) Dans ce compte, il s'agit de la livre estevenante, qui valait 20 sols, le sol 12 deniers.

les environs de Besançon et emmené prisonnier au château de Rougemont, en Alsace, d'où il ne sortit qu'en payant une rançon de 20,000 livres. Il mourut la même année, 1331.

Eudes résolut de mettre à la raison ses vassaux comtois. Le parlement et la chambre des comtes furent fixés à Dole et des baillis énergiques reçurent la mission de redresser les torts des justices seigneuriales (9 février 1333). Eudes IV divisa la province en deux ressorts principaux : Amont et Aval, qui avaient chacun un bailli à leur tête. Le bailliage d'Amont comprenait la partie septentrionale du comté et avait Vesoul pour chef-lieu ; celui d'Aval, composé de toute la partie méridionale, avait pour siège Poligny. Eudes créa enfin les franchises et les commandises. Les franchises ou bourgeoisies du prince donnaient aux sujets qui en jouissaient le droit de décliner la juridiction seigneuriale pour celle du souverain et, par là, de se soustraire à la tyrannie du seigneur immédiat. Les commandises ouvraient aux officiers du duc les terres des barons jusqu'alors fermées à toute juridiction étrangère. Ces innovations, qui favorisaient les vilains, exaspérèrent la noblesse (1).

Une nouvelle ligue fut organisée par Jean de Chalon-Arlay, de concert avec la commune de Besançon, Henri, comte de Montbéliard, le sire de Neuchatel et Thiébaud VI, son fils, et d'autres seigneurs. Elle se révéla par les incendies de Salins, de Pontarlier, du prieuré de Vaux, près de Poligny, de l'abbaye de Baume-les-Moines, par le sac de celle de la Charité et de plusieurs villages des environs de Dole. Eudes parut enfin avec 9,000 cavaliers et de nombreux fantassins : les confédérés se replièrent sur Besançon ; le duc les y suivit. La milice de Besançon et ses alliés se laissèrent envelopper dans les champs de Saint-Ferjeux par les troupes ducales ; ils furent cernés dans une vaste combe, d'où ils ne purent sortir qu'en perdant un millier d'hommes. Depuis, la combe Bochard changea son nom contre celui de Male-Combe, c'est-à-dire combe du Malheur.

A la prière de l'archevêque de Besançon, le duc accorda une trêve à la ville. Mais quant aux fauteurs de l'aventure, Jean de Chalon et le comte Henri de Montbéliard, ils furent,

(1) Mss. Bulliard.

par une sentence arbitrale du roi de France, rendue à Vincennes, condamnés à tenir prison pendant un mois au Louvre, puis à être incarcérés pendant quelques jours dans un des châteaux du duc Eudes. Ils optèrent pour la forteresse de Montereau. Les autres barons devaient tous subir des châtiments proportionnés à leur culpabilité, à la suite desquels le duc Eudes devait leur accorder pardon (1336-1337) (1).

Sur ces entrefaites mourut Thiébaud V de Neuchatel. Sa mort arriva avant le 13 juin 1337. Son fils, Thiébaud VI, marié à Jeanne de Chalon, fille du comte d'Auxerre, lui succéda dans le gouvernement du Châtelot et de ses autres terres. Déjà mêlé aux précédentes querelles des barons comtois avec le duc Eudes, il n'accepta pas les conditions de l'arbitrage du roi de France. Il persista dans sa révolte contre le duc de Bourgogne.

La seigneurie d'Etobon, fief du duc Eudes, fut le théâtre de ses invasions, paraît-il. En 1342, elle fut ravagée par ses soldats. C'est pour cette raison que le duc remit aux sujets une partie des amendes et redevances, à titre d'indemnités des pertes souffertes par eux (2).

Thiébaud de Neuchatel fut cependant obligé de se soumettre. Le 3 juillet 1343, il vint trouver le duc Eudes à Poligny et, là, en présence de Jean de Chalon, comte d'Auxerre, il dut, le genou en terre, demander pardon à son suzerain. Ce pardon ne lui fut accordé qu'à des conditions fort rigoureuses. Il dut renoncer à la garde de Lieu-Croissant et du prieuré de Lanthenans, et au titre de vicomte de Baume. Il fut condamné à augmenter son fief envers le duc de Bourgogne de 150 livrées de terre, c'est-à-dire d'une somme de 150 livres, à prendre sur ses possessions de l'Isle. Mais cette paix ne fut pas de longue durée.

L'esprit batailleur de notre seigneur du Châtelot fut très funeste à ses sujets. Philippe de Valois, roi de France, venait d'être battu à Crécy par Edouard d'Angleterre (1346), et une partie de la noblesse française avait péri dans le combat. Jean de Chalon crut que le moment était favorable pour s'affranchir de la suzeraineté du comte de Bourgogne. Réuni

(1) Castan, *La Franche-Comté*; Mss. Bulliard. — Clerc, *Essai...*
(2) *Montbéliard agrandi*, p. 218.

à Thiébaud de Neuchatel et au sire de Faucogney, aidé en outre par les Anglais, il entra en campagne. De leur côté, les partisans du duc Eudes coururent aux armes. Les villes bâties sur les bords de la Saône, aux environs de Gray, furent réduites en cendres. Le château de Mantoche tomba sous le marteau des démolisseurs, et un combat sanglant se livra sous les murs de Montmorot. Otton de Granson, sire de Pesmes, lieutenant du duc Eudes, ravagea au milieu de l'hiver les environs de l'Isle, défendus inutilement par Thiébaud de Neuchatel. Toutes les terres de cette seigneurie et celles du Châtelot, jusqu'à Dambelin, offrirent l'aspect de la plus affreuse désolation. Les hostilités paraissaient engagées pour longtemps, lorsque Philippe, roi de France, par une sentence rendue à Vincennes, imposa la paix au duc Eudes et à ses adversaires (1347) (1).

Pendant toutes ces luttes, Jeanne de Montbéliard, gouvernante de la seigneurie d'Héricourt, animée d'une grande foi, s'occupait de fondations pieuses. Dans la chapelle du château de Granges, elle fonda, en 1324, quatre messes par semaine. Les dîmes qu'elle avait dans la paroisse et le produit du tabellioné en firent la dotation. Elle se réserva, ainsi qu'à ses héritiers, la présentation du chapelain.

Ses sujets de Belfort lui furent redevables d'une institution fort appréciée à cette époque, ce fut l'érection dans leur église d'une collégiale, composée de douze chanoines. Pour l'établir, elle commença par dégager cette église de l'autorité du chapitre de Montbéliard en obtenant, comme dédommagement pour celui-ci, le patronage de l'église de Tavey (1342). Cet obstacle étant écarté, elle fonda et dota elle-même le nouveau chapitre, œuvre qui porta l'empreinte de son amour pour ses sujets. Elle obtint de l'archevêque l'institution de trois messes par jour dans la collégiale : la première, à voix basse, à l'aube du jour, pour les travailleurs ; la seconde, pour les paroissiens, à l'heure de Prime, par le chanoine-prévôt ou son chapelain, avec chants, les jours de fête, et à voix basse les autres jours ; la troisième, à l'heure convenable, par les chanoines, avec les chants indiqués par la solennité du jour (24 mars 1342). Quel zèle pour le culte divin ! Quelle

(1) Mss. Bulliard, Chevalier, *Histoire de Poligny*, t. I, p. 179.

sollicitude pour le salut des ouvriers ! Un pareil apostolat, exercé par l'autorité civile la plus recommandable et la plus respectée, fut sans doute pour les catholiques d'Héricourt d'une grande édification (1). Cet exemple survécut à la comtesse Jeanne. Jusqu'à l'introduction du protestantisme, tous nos seigneurs, malgré leur amour des batailles, seront entièrement attachés à la religion catholique.

La piété et la justice marchent toujours de pair. C'est à Jeanne que fut dû à Héricourt l'établissement d'un bailli. Celui-ci était chargé tout à la fois de la haute administration et de la justice dans les seigneuries.

Nous trouvons devant ce tribunal la décision du différend suivant : Un certain Adam et son fils Huguenin, d'Echenans-sous-Montvandos, avait acensé, en 1308, les terres que possédait en ce village l'abbaye de Belchamp. En 1342, ils revendiquèrent la propriété d'un champ du monastère. Ce litige fut remis au jugement de Henri de Velle et de Guillaume de Nant. Pour le trancher, ils en appelèrent au témoignage des prudhommes du village. Après les avoir entendus « à la justice d'Héricourt, le 28 mars (n. s.) 1343 » ils « imposèrent un silence perpétuel » à Adam et à Huguenin. Cette décision est frappante de laconisme. Elle contraste étonnamment avec les sentences des tribunaux de nos jours (2).

Sous le règne de Jeanne de Montbéliard, la seigneurie d'Héricourt fut accrue de quelques villages. La terre d'Etobon, fief du comté de Bourgogne, était entrée dans l'apanage du comte Renaud. En 1281, un an avant son mariage, il en disposa par donation en faveur de son frère Hugues, à la condition que si Hugues mourait sans enfants cette seigneurie ferait retour à lui et à sa postérité. Cette réserve profita au donateur. N'ayant pas d'héritier direct, Hugues, par son testament de 1312, légua Etobon et ses dépendances à Renaud et à ses enfants, avec obligation de les tenir en fief du comté de Bourgogne, comme il les tenait lui-même. Parmi les villages qui en faisaient partie, six furent donnés, en 1346, à Jeanne de Montbéliard par la libéralité d'Eudes, duc de Bourgogne. Ce furent Chenebier, Echavenne, Genéchier, Luze, Champey et

____

(1) *Revue d'Alsace*, 1873.
(2) **Mss. Duvernoy, t. XIX, p. 66.**

Cöisevaux ; le fief de Luze relevant de Granges fut excepté. En même temps d'autres villages furent distraits de la même seigneurie pour être annexés à celle de Granges : tels furent Moffans, Faymont, Lomontot, Vacheresse, Frotey et Andomay (1).

Le comte de Katzenellebogen mourut en 1347. Jeanne de Montbéliard, restée veuve pour la troisième fois, songea, par mesure de prudence, à faire le partage de ses biens entre ses quatre filles. C'était, comme elle le disait elle-même, afin que chacune de ses filles sache ce qu'elle devra faire après la mort de leur chère mère ; que Dieu lui prête longue vie !

Elle choisit à cet effet quatre seigneurs, puis, leur ayant fait prêter serment de bien et loyalement se conduire, elle les chargea de diviser en quatre parties égales tout le pays qui formait ses domaines. Les quatre seigneurs firent donc quatre lots des biens de Jeanne, puis les filles de la comtesse se réunirent au château d'Altkirch, le 26 août 1347 ; elles y tirèrent au sort les lots, dont leur mère jouit jusqu'à sa mort.

Dans ce partage, Marguerite, épouse de Frédéric, marquis de Bade, obtint la seigneurie d'Héricourt ; celle de Belfort échut par moitié à Alix ou Adélaïde, unie à Rodolphe Vecker, frère de Frédéric, et à Ursule, femme de Hugues, comte de Hohenberg. Le comté de Ferrette forma le lot de Jeanne, sœur aînée de ces dernières, mariée à Albert, archiduc d'Autriche (1).

La peste de 1349, venue d'Orient, enleva la moitié des habitants du comté de Bourgogne. Le fléau s'étendit successivement à Poligny, Arbois, Salins, Besançon, Baume-les-Dames, l'Isle-sur-le-Doubs, Montbéliard, Héricourt, et enfin dans la contrée tout entière. La population affolée se porta à d'horribles excès. Dans beaucoup de localités on assomma les juifs, que le peuple accusait d'avoir empoisonné les fontaines.

Dans les villes, dans les champs, sur les chemins, on n'apercevait que des malades au teint livide, aux regards mourants, et dont la face était couverte de bubons noirs, rouges, ou bleuâtres. Les corps, exposés devant les portes des maisons ou jetés par les fenêtres, se corrompaient à l'air et propageaient la

(1) *Montbéliard agrandi*, p. 278.
(1) *Revue d'Alsace*, 1859, p. 91.

contagion. Eudes, duc de Bourgogne, en fut victime (1349). Jeanne, sa femme, l'avait précédé de deux ans dans la tombe.

La riche succession du duc Eudes échut à Philippe de Rouvres (1), son petit-fils, qui régna, sous la tutelle de Jeanne de Boulogne, sa mère, veuve de Philippe de Bourgogne. Cette princesse épousa, le 19 février 1350, Jean de Valois, duc de Normandie, héritier présomptif de la couronne de France. Peu de temps après son mariage, le duc de Normandie, sous le nom de Jean, monta sur le trône de France, devenu vacant par la mort de son père Philippe de Valois (1350).

Le 17 avril de cette année, il avait désarmé les seigneurs franc-comtois en faisant droit à leurs griefs. Et pour cimenter cet accord il les invita, le 23 août 1350, à concourir à sa défense et à celle du royaume de France attaqué par les Anglais. Cette invitation fut renouvelée en 1352. Henri, comte de Montbéliard, devait lui amener 40 hommes d'armes, Thiébaud de Neuchâtel 20, et Girard de Montfaucon 25 (2). La prise de Saint-Jean-d'Angely ayant été suivie d'une trêve, la noblesse comtoise rentra dans ses foyers.

Mais quand cette noblesse fougueuse, qui ne rêvait que plaies et bosses, se vit condamnée au repos par le rétablissement momentané de la paix, elle n'eut rien de plus pressé que de se diviser et de chercher des querelles. Des amis, d'anciens alliés s'armèrent les uns contre les autres pour de frivoles questions de chemins, de rivières, de fours banaux. Ce furent d'une part : Thiébaud, comte de Blamont en Lorraine, le comte Henri de Montbéliard, les seigneurs de Villersexel, de Montfaucon, de Belvoir, la comtesse de Fribourg, dame de Saint-Hippolyte ; de l'autre : Thiébaud VI de Neuchatel, seigneur du Châtelot ; le comte Louis de Neuchatel-outre-Joux, Jacques et Louis de Vienne, Guillaume de Granson et Thiébaud de Faucogney. Les établissements religieux furent encore rançonnés pendant ces luttes qui ne prirent fin qu'en 1354. Alors les deux partis nommèrent chacun trois chevaliers pour exposer leurs griefs à Jean d'Arlay et à

(1) Le duc Eudes eut deux fils : Jean, mort en bas âge, et Philippe, marié à Jeanne de Boulogne, mort d'une chute de cheval en 1346. Son fils prénommé Philippe, comme son père, fut qualifié de Rouvres, parce qu'il était né au château de ce nom, près de Dijon. (Mss. Bulliard.)

(2) Mss. Duvernoy, t. XV, p. 142.

Geoffroy de Charny, qui se réunirent à Beure, près de Besançon, pour terminer ces différends (1354) (1).

Quoique le sire de Neuchatel fût mêlé à toutes les prises d'armes des barons comtois, néanmoins il ne perdit pas de vue les pauvres et les malades de ses terres. Pour eux il fonda, en 1351, l'hôpital de Blamont, auquel il accorda, entre autres dotations, le patronage des églises de Lougres, Dampierre-sur-le-Doubs, Roche, Colombier-Fontaine, Villars-sous-Ecot, Vit-les-Belvoir, Montécheroux, Montenois et la dîme d'Hérimoncourt. Il lui permit de moudre et de cuire gratis à ses moulins et à ses fours le blé de l'hôpital et de prendre dans ses forêts le bois qui lui serait nécessaire (2).

Dans cette période de l'histoire, les paroisses s'administrent en liberté sous la direction et la tutelle des évêques et du curé. Le village n'a ni vie, ni mouvement, ni action propre. Mainmortable et corvéable, il reste absolument passif entre les mains du seigneur, qui en dispose à son gré. Ces conditions furent adoucies, pendant 23 ans, pour la seigneurie d'Héricourt, par le gouvernement de Jeanne de Montbéliard. Dévouée aux intérêts religieux et matériels de ses sujets, elle sut leur faire aimer son autorité, aussi, quand elle mourut, le 2 mai 1349, elle emporta dans la tombe leurs regrets unanimes.

Après la mort de Jeanne, Marguerite, sa fille, épouse de Frédéric, marquis de Bade, fixa sa résidence ordinaire à Héricourt et, dès lors, elle ne fut plus appelée que la dame d'Héricourt. Elle était généreuse et magnifique, dit Duvernoy, non pas peut-être au delà des exigences de son rang, mais plus que ne lui permettaient les ressources dont elle disposait. Pour faire face à ses goûts dispendieux, elle consentit à des aliénations de terres et de droits (3).

Au mois de mars 1360, elle vendit à Thomas de Beurnevesin, gentilhomme de l'évêché de Bâle, le village d'Echenanssous-Montvandois, pour le prix de six cents florins de Florence, ce qui engagea l'acquéreur à construire une forteresse sur le plateau du Montvandois, où il fixa sa résidence. Deux ans après, elle vendit à son oncle, le comte de Montbéliard, le

(1) Mss. Bulliard.
(2) Archives du Doubs, E, 402.
(3) Mss. Duvernoy, t. XL.

village de Semondan et sa portion dans le château et la chatellenie d'Etobon, fief de Bourgogne (mars 1362).

Dans l'intervalle de cette double vente, elle se créa un titre impérissable à la reconnaissance de ses sujets. Par un acte daté du 15 mars 1561 (v. s.), Marguerite « a affranchi et acquitté pour elle ses hoirs et pour ceux qui auront cause d'elle, ses hommes et femmes de la terre de la châtellenie et seigneurie d'Héricourt, affranchis pour eux, pour leurs successeurs, du droit de mainmorte qu'elle avait sur ses hommes et femmes de la châtellenie et seigneurie d'Héricourt à toujours mais selon les us et coutumes du comté de Ferrette » (1).

Quand s'établirent nos seigneuries, les terres avaient été partagées entre les Gallo-Romains et les Bourguignons. Ces derniers eurent le tiers des esclaves et les deux tiers des terres. On croit avec raison que, lors de ce partage , le capitaine eut plus que le soldat et moins que les officiers supérieurs. Les notables acensèrent leurs terres aux conditions de mainmorte, soit en y attirant des colons étrangers, soit en y laissant les serfs qui les cultivaient déjà, comme cela eut lieu pour les terres que les nobles bourguignons donnèrent aux monastères qui se fondèrent. Ces nouveaux venus ne les possédaient pas en toute propriété, ils ne pouvaient ni les vendre, ni les louer, ni les échanger, ni les léguer à leur famille ; le produit des récoltes était versé dans les mains des vrais propriétaires, qui ne leur donnaient que la nourriture et le vêtement. A ce salaire obligatoire ajoutaient-ils quelques dons en récompense d'un travail bien exécuté ? Il est permis de le croire, surtout depuis que l'esprit de ces maîtres subissait l'influence du christianisme.

Du Xe au XIIe siècle, la mainmorte prit de grands accroissements. Parmi les soldats bourguignons qui, lors du partage au VIe siècle, n'avaient obtenu qu'une part assez restreinte, les uns s'en dessaisirent en achetant à ce prix la part des grands vassaux, les autres s'offrirent à labourer en plus de leur champ celui du soldat qui se dévouait à la défense de la patrie ; et alors on convint des tributs que le soldat pouvait lever sur le cultivateur et ses descendants, jusqu'à la remise de ces mê-

_____
(1) *Documents inédits de la Franche-Comté*, t. I, p. 509.

mes champs au premier maître, si la postérité du colon venait à s'éteindre. De là cette foule de mainmortables qui se retiraient à l'ombre du château de leur seigneur, le plus souvent bâti au sommet d'une colline, sur le penchant de laquelle ils élevaient leurs petites habitations. C'est là qu'ils trouvaient un abri contre les dangers certains que les guerres entre seigneurs leur faisaient courir continuellement.

La mainmorte, née des besoins de l'indigence, dit Dom Grappin, a commencé par être l'état civil d'une personne qui, se trouvant dénuée de tout, avait reçu des fonds de terre, sous des conditions plus ou moins onéreuses (1).

Quoi qu'on ait dit ou écrit contre le régime de la mainmorte, il paraît néanmoins qu'il ne donnait pas rien que des fers, si l'on en juge par le cas de Jacques Beucler, de Damvant, sujet de Montbéliard. Cet homme, devenu en 1713 acquéreur, à Villars-les-Blamont, d'une maison à laquelle était attachée la condition de mainmorte, demanda au duc que cette condition ne retombât ni sur lui ni sur ses enfants, à moins qu'il ne lui donnât 300 francs. Pour cette somme qui lui fut donnée, Beucler et sa famille devinrent mainmortables. A partir de ce moment, il ne put aliéner ses biens sans l'agrément du prince. Cela constitua pour lui un obstacle à leur dissipation, ce qui, dans bien des cas, est un avantage. Dans le cours d'un siècle, combien ne voit-on pas de cultivateurs devenir les fermiers des fonds qu'ils possédaient en propre, perdre un patrimoine hérité dans des conditions très favorables ? La mainmorte supprimait cette source d'amertume encore assez fréquente aujourd'hui ; l'intelligence pratique est loin d'être égale chez tous les hommes. Autrefois les moins favorisés de ce côté avaient dans la mainmorte un bouclier qui les protégeait contre les vicissitudes d'une mauvaise gestion agricole.

Les charges qui pesaient sur les mainmortables comprenaient la taille, la corvée, la gîte aux chiens, la banalité des moulins et des fours, etc.

La taille était une taxe arbitraire, levée sur les serfs à raison de leur personne ; en principe, elle était due par l'homme et non par la terre ; si le sujet voulait s'y soustraire, elle retombait sur le fonds. On la percevait à termes fixes et l'agent

____

(1) Dom Grappin, *Origine des droits de mainmorte.*

chargé de la percevoir ne pouvait l'augmenter sans un ordre du seigneur (1).

La corvée consistait en un travail gratuit fait pour le seigneur. Le cultivateur était tenu à trois journées de charrue pendant l'année : en Carême, aux sombres et aux regains ; les foins, les regains et la moisson l'obligeaient également à trois journées de travail.

Chaque sujet pouvait être assujetti à porter les messages du seigneur, travailler aux réparations du château, amener les matériaux nécessaires à ces travaux et l'affouage quand il en était requis.

Les sujets du Châtelot devaient aller chercher le vin de leur seigneur au Val de Montmartin ou ailleurs.

Tout chef de famille était obligé à son tour à la garde du château en temps de paix et au service militaire en temps de guerre.

Quant à l'impôt de la *gîte aux chiens*, au début de l'établissement des droits de mainmorte, les chiens de chasse du seigneur étaient nourris par les habitants des villages sur le territoire desquels se faisait la chasse. Cet entretien ne tarda pas à être remplacé par l'impôt appelé la gîte aux chiens.

La dîme, ou dixième partie, était la part de blé, d'avoine et de cire que le seigneur prélevait sur la récolte annuelle faite par ses sujets. Mise en adjudication au mois de juillet, cette dîme était livrée à la Saint-Martin par le plus offrant et dernier enchérisseur après le battage des gerbes. La cire constituait un impôt assez faible.

Le seigneur percevait encore l'impôt des poules. Tout sujet de la seigneurie d'Héricourt lui en donnait une chaque année ; chacun de ceux du Châtelot en devait deux, cependant les mainmortables de Blussans n'étaient imposés que pour une par ménage. Un cens foncier de six poules, appelé ménalde, frappait tout le village de Lougres. La mairie d'Eschenans-sous-Montvaudois était redevable de 31.

Une contribution spéciale pesait sur Lougres et Montenois ; elle consistait en dix-huit pains blancs, que ces villages payaient au seigneur à Noël. Trois étaient réservés à celui qui les conduisait à destination.

Le droit de banalité des moulins et celui des fours étaient

(1) Paul Riandey, *Organisation financière de la Bourgogne.*

encore au profit du seigneur, chaque famille lui donnait deux quartes de blé pour l'un et l'autre objet.

L'affranchissement des sujets de la terre d'Héricourt par « la dame Marguerite » n'abolit nullement ces redevances, les sujets durent les payer après comme avant. La faveur dont ils furent l'objet consista à les rendre propriétaires de la maison où ils avaient reçu le jour, et des terres cultivées jusque là par leurs parents et par eux-mêmes. Dès lors, ils eurent le droit d'échanger, de vendre, d'agrandir le patrimoine que la charte d'affranchissement venait de constituer à chacun d'eux. La dame Marguerite octroya cette charte moyennant la somme de deux cent cinquante livres : c'était peut-être à peine vingt sols par famille. Elle se réserva de plus l'héritage des bâtards, morts sans postérité légitime, et, dans toute hérédité collatérale, la meilleure bête ou le meuble le plus précieux, ou bien le paiement de cinq sols, au choix. Ce droit féodal prit le nom de douvot. L'acte libérateur de cette noble dame, depuis longtemps désiré par tous, fut accueilli par les sujets avec une reconnaissance qui ne fut dépassée que par la joie que chaque mainmortable ressentit à la vue du petit fief dont il devenait seigneur et maître. C'était pour lui la réalisation du rêve de toute sa vie.

Un affranchissement personnel avait précédé l'acte de 1361. Le comte Renaud avait, en 1324, affranchi Estevenin, dit Lignaige, d'Héricourt, moyennant une redevance annuelle d'une livre de cire. C'était un témoignage de gratitude qu'il lui donnait pour [les soins qu'il avait reçus de lui, médecin très habile. La même faveur avait été aussi accordée, en 1330, à une famille de Bussurel et à tous ses biens, moyennant une cense annuelle de 15 sols au bénéfice du chapitre de Montbéliard, pour l'anniversaire de Jean de Bussurel, auteur de cet affranchissement.

Nos seigneurs n'échappèrent pas alors aux tristes conséquences des guerres dont la Franche-Comté fut le théâtre. Leurs maîtres, Henri de Montfaucon, comte de Montbéliard, et Thiébaud VI de Neuchatel, seigneur de Châtelot, y jouèrent souvent le principal rôle. A leur exemple, les autres barons comtois se montrèrent très indépendants. Le roi Jean n'en put tirer le moindre secours contre les Anglais. Quand ce prince, **le 9 septembre 1356, fut fait prisonnier par eux à Poitiers,** seul Jean de Chalon lui resta fidèle, mais le sire de Neuchatel et celui de Faucogney se firent les alliés des Anglais. Le roi d'Angleterre, Edouard III, n'ayant pu s'emparer de Reims dont il convoitait la prise afin de s'y faire couronner roi de France, dirigea son armée sur la Bourgogne. Pour la préserver du pillage, la reine de France, Jeanne, traita avec le monarque anglais. Moyennant une rançon de 340,000 francs, Edouard, le 11 mars 1360, garantit les deux Bourgognes de toute insulte. Mais cet engagement ne fut pas tenu. Le traité de Bretigny, passé entre la France et l'Angleterre, ouvrit les frontières de notre pays à une invasion qui fut désastreuse pour lui.

Les soldats que ce traité laissa dans l'inaction y pénétrèrent sous le nom de Routiers, de Tard-Venus ou d'Ecorcheurs. La principale bande comptait plus de 15,000 de ces bandits anglais, allemands, brabançons. Avec tout ce ramassis apparut la peste, qui exerça pendant trois ans ses ravages dans les deux Bourgognes. Elle emporta rapidement la reine de France et Jeanne de Bourgogne, sa fille. Philippe de Rouvres en mourut également, le 21 novembre 1361, au moment où il venait d'amener au château de Rouvres Marguerite de Flandre, fille du comte de Flandre, Louis de Mâle, qu'il avait épousée quelques mois auparavant.

Après sa mort, le roi de France, Jean le Bon, qui avait une tendresse particulière pour son fils, Philippe le Hardi, donna le duché de Bourgogne en apanage à ce jeune prince. Quant à la Franche-Comté et l'Artois, ils échurent à Marguerite de Flandre, deuxième fille de Philippe le Long et veuve de Louis II, comte de Flandre, mort à Crécy, en 1346. C'était l'aïeule de Marguerite, femme de Philippe de Rouvres.

Les Routiers, enhardis par la mort du jeune duc de Bourgogne, avaient paru dans le comté et leurs ravages s'étendirent jusqu'aux environs de Lons-le-Saunier. Jean de Bourgogne, descendant de Jean de Châlon l'Antique, usurpant le titre de comte de Bourgogne, leva l'étendard de la révolte contre sa suzeraine et entraîna Gray et Jussey dans son parti. Henri, comte de Montbéliard, que la comtesse Marguerite avait mis à la tête de ses troupes, vainquit le rebelle et l'obligea à renoncer à ses prétentions. Les Ecorcheurs n'en continuaient pas moins leurs ravages. Vesoul fut pris par eux, toutefois le comte de Montbéliard les expulsa de Beaujeu et des environs.

Aux Ecorcheurs qui ruinaient le comté vint se joindre la guerre étrangère. Le 15 janvier 1363, Charles IV, empereur d'Allemagne, avait accordé à son petit-neveu, Philippe le Hardi, l'investiture de la Franche-Comté, à la sollicitation de Philippe de Valois, son frère. Marguerite, aidée de sa noblesse, voulut résister à son ennemi et aux chefs des Ecorcheurs, Armand de Cervolles, Jean et Thiébaud de Chauffour, que le duc avait pris à sa solde. Déjà le comte de Montbéliard, proclamé gouverneur du comté, était avec quelques barons comtois à Villersferlay, sur la Loue, quand Charles V, frère aîné de Philippe, offrit la paix, avec promesse de faire évacuer les grandes compagnies des forteresses qu'elles occupaient.

Les hauts barons du comté acceptèrent les propositions du roi de France, à l'exception de Henri, comte de Montbéliard, et de Jean de Neuchatel-outre-Joux, son neveu. Mais celui-ci fut battu par le duc de Bourgogne et fait prisonnier à Pontailler, dont il s'était emparé en 1364. Ce jeune seigneur fut conduit à Châlon et transféré au château de Semur, où il demeura captif jusqu'à sa mort, arrivée cinq ans après.

Pendant que Jean de Neuchatel défendait Pontailler, son oncle, Henri de Montfaucon, comte de Montbéliard, à la tête de quinze cents Allemands, s'était avancé jusqu'à Châtillon-sur-Seine. Le duc, à la tête d'une foule de chevaliers, l'attaqua, le poursuivit à travers le comté de Bourgogne et le repoussa jusqu'au delà du Rhin. A son retour, il promena à loisir le fer et le feu dans les Quatre-Terres : Blamont, Clémont, Héricourt, le Châtelot et ensuite dans le comté.

Les Routiers, pendant ce temps-là, continuaient leurs ravages. Ayant tenté, mais en vain, d'escalader les murs de Besançon, ils furent poursuivis par Jean de Vienne, seigneur de Roulans, le futur amiral de France, qui leur fit subir une sanglante défaite près de Chambornay-les-Belvaux. Cet échec rendit leurs chefs plus accommodants : ils consentirent à quitter la province moyennant une rançon de 28,000 florins (1364-1366).

Les fléaux qui sévissaient depuis quarante ans sur notre pays l'avaient presque dépeuplé ; c'est à peine s'il y restait 100,000 habitants (1).

(1) Mss. Bulliard.

Ces luttes entre seigneurs, auxquelles prit une grande part Thiébaud VI de Neuchatel, causèrent de graves préjudices au Châtelot, dont il était propriétaire. Pour se venger de lui, ses adversaires y exercèrent des représailles. Les sujets d'Héricourt, quoique appartenant à des maîtres amis de la paix, furent eux-mêmes victimes de toutes ces luttes. Au passage des troupes, qui, comme la peste, ne respectaient aucun territoire, leurs biens furent pillés, leurs maisons incendiées. Marguerite d'Héricourt, leur souveraine, malgré son grand cœur, ne put soulager toutes les infortunes.

Le 15 septembre 1366, l'année même de sa mort, elle fit son testament. Ce monument de ses dernières volontés respire les sentiments d'une grande piété. Pour être plus sûre d'avoir des prières après son trépas, elle exprima le désir d'être inhumée dans le cloître de Vinheim, chez les religieuses de Sainte-Claire, diocèse de Constance. Pour les frais de ses funérailles, elle leur légua 150 florins, 60 pour la fondation de son anniversaire et un drap d'or pour une chasuble ; au lecteur des Augustins de Bâle, de même qu'à son confesseur, elle fit un legs de 20 florins, un autre de 5 à chacune des églises de Belfort, d'Héricourt et de Florimont. Toutes les personnes attachées à son service furent aussi l'objet de ses bienfaits. Par le même testament, elle donna à sa fille Marguerite, épouse de Geoffroy, comte de Linange, la forteresse, le châtel et la ville d'Héricourt avec toutes leurs dépendances.

On peut dire que Marguerite d'Héricourt, marquise de Bade, héritière du caractère généreux de sa mère, fut pour ses sujets une véritable providence.

L'année suivante, 1367, mourut aussi Henri, comte de Montbéliard, dont la vaste et riche succession échut à son fils, Etienne. Le second de ses fils, Louis, entra dans les ordres et devint archevêque de Besançon. Il mourut en 1362, n'ayant occupé le siège archiépiscopal que neuf mois. On dit de lui qu'il brillait également par sa naissance, par sa beauté et par ses vertus (1).

Les documents de l'époque parlent très peu des divers gentilshommes de nos seigneuries. A part leurs noms et ceux

____

(1) Generis nobilitate fulgens, corporis venustate et virtutum ornamentis.

des membres de leur famille; ils laissent dans l'ombre leurs actions petites ou grandes. Les vassaux résidant dans la terre d'Héricourt étaient pourtant nombreux au XIVe siècle. Parmi eux nous trouvons Jean, fils de Pierre, sire d'Aroz, seigneur de Champey, marié à Clémence de Fallon, fille de Jean de Fallon et de Clémence de Chemilly. En 1335, il reprit du comte Henri de Montbéliard ce qu'il avait à Etouvans. Ses sœurs furent Isabelle de Champey, épouse de Ferry de Châtillon-Guyotte ; Jeannette, mariée à Jean de la Chapelle ; Béatrice, dont le nom seul est connu. Il fut sans doute également le père de Jean de Champey, prêtre. Le nécrologe de l'hôpital du Saint-Esprit de Besançon, qui le désigne comme doyen d'Ajoie, nous apprend qu'à sa mort, arrivée en 1360, il légua 50 livres estevenantes à cette maison, tant pour l'entretien des pauvres que pour la célébration de son anniversaire (1).

Les seigneurs de Champey, sires d'Aroz, descendants de Jean II, disparurent alors de ce village, qui faisait partie de la seigneurie d'Héricourt depuis 1346. A tous les degrés, ils s'étaient distingués par de grandes largesses envers les établissements religieux. Chacun d'eux, avant de mourir, avait rendu hommage à la foi catholique par des fondations d'anniversaires. Tous vivaient, agissaient sous l'empire de l'Évangile. Leur fief, aliéné on ne sait par lequel de ces seigneurs, était, en 1528, entre les mains de Jean de Melligny, seigneur de Dampierre-sur-le-Doubs.

En 1342, Henri de Ronchamp acheta de Nicolas de Bussurel, écuyer, ce quil possédait en ce lieu en hommes, meix et autres choses, et des filles de Richard de Bussurel, dont il a été parlé plus haut, un pré de franc-alleu de deux fauchées, situé à Bussurel : la vente fut faite pour 12 livres estevenantes qu'ils devaient aux Lombards de Montbéliard (2).

Vuillaume de Montjustin possédait, à Chagey, un fief, dont il fit, en 1337, la reprise au comte Henri de Montfaucon, comte de Montbéliard. Dans cet acte, il reconnaît qu'il doit la garde au château de Granges.

A Verlans, nous trouvons une famille de gentilshommes portant le nom du village. Le premier que l'on connaît est

1) Abbé Guillaume, *Histoire de Salins.*
(2) Mss. Duvernoy, t. I, p. 200.

Guy ; il vivait en 1332. Nous trouvons Jean en 1349 ; Etevenin, 1371 ; Ginnet, 1372 ; Perrin, 1380 ; Thiébaud, 1391. Leurs noms seuls sont connus (1).

Le dernier gentilhomme de Tremoins, Jean, fils de Guillaume, dit Joly, vivait en 1336 ; il était marié à Odatte, fille de Thiébaud de Bavans.

Après la mort du comte Renaud, la suzeraineté du Châtelot passa à Jeannette de Ferrette, sa fille aînée. Dans le partage qu'elle fit de ses biens, en 1347, elle la transmit à Alix, marquise de Bade, la plus jeune de ses quatre sœurs. Thiébaud VI de Neuchatel la reprit de fief de cette dernière, devoir que remplirent à son égard ses vassaux du Châtelot.

A Beutal, la famille noble de ce lieu était, en 1337, représentée par Marguerite de Beutal ; nous ignorons quel fut le nom de son mari. A cette date, elle reprit du sire de Neuchatel ce qu'elle possédait au village de Beutal. Elle eut deux fils : Perrin de Beutal, qui fut témoin du mariage de Mahaut de Neuchatel avec Jean d'Arberg, seigneur de Valengin, et Jehannat de Beutal, maire de l'Isle-sur-le-Doubs, en 1341.

En 1333, vivait aussi au Châtelot Jean de Longevelle, possesseur d'un fief au village de ce nom, à Montenois et à Lougres. Son frère, Perrin de Longevelle, dit Broigne, reprit à la même date, de Thiébaud VI, le fief qu'il avait au dit lieu. Isabelle de Longevelle, dont nous ne connaissons pas le degré de parenté avec les deux premiers, épousa en 1344 Jacques de Saunot. Jeannette, fille de Perrin, épousa Etevenin de Chaux en Montagne. Elle avait à Longevelle un fief que Jean de Trevillers, dit le Siblotet, reprit du sire de Neuchatel, en 1377 (2).

Marguerite d'Héricourt, marquise de Bade, fut une insigne bienfaitrice des sujets de la seigneurie. Sa fille Marguerite, épouse de Geoffroy de Linange, et héritière de cette terre, n'en jouit pas longtemps. En 1368, le comte Etienne de Montbéliard fit alliance avec Enguerrand de Coucy, comte de Soissons et seigneur de Belfort, en querelle avec les ducs d'Autriche, Albert et Léopold, ses cousins, pour refus de la part de ces princes de lui payer la dot de sa mère, Catherine d'Autriche,

<hr>

(1) Mss. Duvernoy, t. I, p. 151.
(2) Mss. Duvernoy, t. I, p. 263 ; t. LVIII. — *Cartulaire de Neuchatel*, (bibliothèque de Besançon, collection Droz, n° 24).

fille de Léopold Ier. Aux deux premiers s'allia Geoffroy de Linange. Le 25 novembre 1368, Enguerrand de Coucy s'engagea à payer 21,000 francs pour l'appui du comte Etienne.

L'année suivante, Valéran de Thierstein et Alice de Bade, sa femme, fille de Jeanne de Montbéliard, vendirent à ce dernier, pour 2,000 francs, leurs droits de suzeraineté sur la terre du Châtelot et sur d'autres domaines. En exécution de cet acte, les vendeurs sommèrent Thiébaud de Neuchatel de prêter foi et hommage au comte de Montbéliard pour ces terres que le sire de Neuchatel tenait primitivement d'eux. Il s'y refusa et devint naturellement l'allié des ducs d'Autriche.

Albert et Léopold, irrités de voir Geoffroy de Linange se mêler à leur querelle de famille, entrèrent dans la terre d'Héricourt, assiégèrent la ville et, malgré les efforts réunis de Coucy et du comte Etienne, s'en emparèrent, le 9 août 1369. Les vaincus se vengèrent sur Thiébaud en exerçant des ravages sur ses terres. Pont-de-Roide fut occupé et pillé pendant plusieurs jours.

Pour punir le comte de Montbéliard de s'être mêlé à leurs affaires, Léopold, par acte passé le 3 août devant le château d'Héricourt, usant du droit de retour lignagier, reprit en faveur de son frère Albert, pour 2,000 florins d'or, les fiefs que le comte de Thierstein avait vendus au comte Etienne ; puis, le 21 du même mois et, toujours devant Héricourt, les deux frères cédèrent la suzeraineté de ces fiefs au sire de Neuchatel pour la même somme, à condition qu'il les servirait pendant deux ans avec dix cavaliers armés, et qu'il leur accorderait l'entrée dans tous ses châteaux propres ou tenus en fief. Cette cession irrita le comte de Montbéliard, qui entra en hostilité contre Thiébaud VI.

Pendant trois ans, les deux adversaires commirent de grands dégâts sur les terres l'un de l'autre. En vue de mettre fin à leur querelle, en avril 1372, ils choisirent quatre arbitres, s'engageant par écrit à se soumettre à leur décision et à ne pas se faire la guerre sans s'être défiés un an à l'avance, sous peine d'être infâmes et de payer 2,000 florins d'or à son adversaire. Ils ne tinrent pas leurs engagements et la guerre continua jusqu'en 1375 (1).

____

(1) Mss. Bulliard. Duvernoy, Tuefferd, *Histoire des Comtes*, p. 178.

Enfin, le 30 août de cette année-là, à la demande du comte Etienne, eut lieu une suspension d'armes, suivie d'une paix définitive. Les terres en litige furent cédées en toute souveraineté et affranchies de tout hommage à Thiébaud de Neuchatel. De son côté, celui-ci paya au comte de Montbéliard 2,000 florins et renonça à ses prétentions sur les villages de Servin, Vellevans et Randevillers. Deux arbitres tranchèrent les autres difficultés existant entre eux. La grange, entourée de fossés et située à Dampierre-sur-le-Doubs, appartint au comte de Montbéliard, tandis que le château fort du même lieu fut cédé au sire de Neuchatel avec la possession exclusive du pontenage de Bavans. Dès lors Thiébaud VI eut la suzeraineté sur tout le partage qui lui fut adjugé à Dampierre et sur les terres du Châtelot, Blamont et autres lieux (1).

A la conclusion de cette paix, les ducs d'Autriche gardèrent la propriété de la seigneurie d'Héricourt.

Un des premiers actes accomplis par eux, en qualité de seigneurs du pays, fut en faveur de l'abbaye de Lure. Dans le cours des dernières guerres, elle avait été dépouillée du village de Tavey. Par l'entremise des ducs d'Autriche, les religieux en recouvrèrent la possession (1373). Dans la charte qui répare l'ancienne iniquité, les dernières guerres, les malheurs de Lure, le triste état de son territoire sont rappelés comme une plaie qui saigne encore (2). Les ravages accumulés par les guerres déprimèrent les habitants de la seigneurie d'Héricourt. Dans l'espoir de se soustraire à de nouvelles calamités, seize d'entre eux furent admis, sur leur demande, dans la bourgeoisie de Montbéliard, où ils se retirèrent avec leurs familles. Ils venaient des villages de Byans, Bussurel, Saint-Valbert, Tavey, Tremoins et Vyans. Alors le pays offrait un triste aspect de désolation ; des villages et des campagnes inhabités, portant les traces de l'incendie, de grandes terres en friche, quelques paysans avec leurs enfants et leurs femmes, habitant, comme des bêtes fauves, au milieu des ruines : telle était la situation de nos deux seigneuries.

Les ducs d'Autriche, pour aider les bourgeois d'Héricourt à réparer leurs ruines, leur accordèrent une faveur d'un grand

(1) Abbé Richard, *Recherches sur Neuchatel*, p. 157.
(2) **Mss. Duvernoy**, t. XVI, p. 104.

prix. Dans une charte du 17 février 1374, Albert et Léopold « déclarent les bourgeois, leurs descendants et leurs biens francs et quittes de toutes tailles, exactions, impositions, services et servitudes, quels qu'ils soient, moyennant le paiement annuel de 12 deniers par toise de maison, mesurée sur la façade qui regardait la rue ; ils permettent à chaque bourgeois de disposer à sa volonté de ses meubles et immeubles, abolissent le droit de prélever au profit du seigneur le meilleur meuble de la succession des personnes mortes sans enfants ».

Ces concessions n'avaient d'autre but que la prospérité des Héricourtois. Ils devaient, disent les princes, « croître et monter en personnes, en biens, en profits et en honneurs ».

Les ducs autorisèrent l'élection annuelle d'un magistrat, composé de neuf membres, chargés de gouverner la communauté et d'administrer la justice : ce fut le tribunal de la mairie. Ils se réservèrent d'établir un maire qui présiderait aux délibérations et recevrait dans toute l'étendue de la terre les droits arrivant au domaine (1). Ces franchises devinrent la base du régime municipal et de liberté, sous lequel les bourgeois de la ville d'Héricourt ont prospéré pendant plusieurs siècles.

A côté du tribunal de la mairie, s'éleva bientôt après (si même son existence n'est pas contemporaine ou peut-être antérieure) une institution semblable en faveur des habitants de la terre ; c'était la justice de la prévôté. Elle était composée de cinq prudhommes, choisis parmi les maires les plus intelligents des communes rurales, et d'un prévôt, qui n'avait que voix consultative. Celles des sentences susceptibles d'appel, rendues par ces juges, tant de la mairie que de la prévôté, étaient portées à la cour du bailli, magistrat chargé tout à la fois de la haute administration et de la justice en dernier ressort. Du XIVe au XVIIe siècle, cette charge a toujours été confiée à des personnes de race noble.

Les ducs d'Autriche établirent Guillaume de Roppes, écuyer, gouverneur d'Héricourt. C'est lui qui, au nom de ses maîtres, affranchit, en 1376, Henri de Coisevaux de la taille, de la corvée, de la banalité, pour une livre de cire payable chaque année. Il ne fut astreint qu'au service militaire (2).

---

(1) En 1282, Besancenin, de Frahier, était maire d'Héricourt. *Arch. Hte-Saône, H 593.*

(2) **Mss. Duvernoy, t. XVI, p. 88.**

Les ducs d'Autriche ne gardèrent pas longtemps cette seigneurie. Au mois de novembre 1377, ils la vendirent à Thiébaud VI, sire de Neuchatel, au prix de 11,200 florins, et sous la réserve de rachat et de droit d'ouverture au château, pour eux et leurs gens, à toute réquisition. Il paraît qu'un contrat postérieur en assura la possession définitive à l'acquéreur. Celui-ci, le 29 avril 1378, confirma les franchises accordées depuis quatre ans aux habitants du chef-lieu.

Deux ans après, Thiébaud était en guerre avec Jean de Mandeure, écuyer, qui refusait de remettre en ses mains les villages d'Echenans-sous-Montvaudois et de Mandrevillars ou de lui en faire les devoirs de fief. Jean les possédait, dès 1364, en vertu d'un acte de vente que lui en avaient fait Thomas et Hugues de Beurnevésin, père et fils. Thoma avait épousé Jeanne de Granges, veuve de Guillaume de Mandeure, chevalier, et mère de Jean. Le possesseur des deux villages précédents, trouvant, à tort ou à raison, les prétentions de Thiébaud VI mal fondées, eut la malheureuse idée d'armer ses vassaux. Défait dans un combat, livré à Genéchier, près d'Eschenans, il tomba entre les mains de son ennemi, qui le retint prisonnier. Il n'obtint sa liberté qu'en se déclarant homme-lige et féal du sire de Neuchatel. Le vaincu paya encore 500 livres estevenantes pour frais de guerre. Dans la suite, Jean de Mandeure, pour se soustraire au joug que lui avait imposé Thiébaud VI, se reconnut vassal du comte Etienne de Montbéliard, avec obligation de faire six semaines de garde au château de Granges. Telle fut l'origine du fief possédé à Mandeure par la maison de Montbéliard (1).

Thiébaud VI, devenu seigneur d'Héricourt, ne se dépouilla pas de son caractère chevaleresque. En 1380, les Flamands, accablés par les taxes que leur imposaient les prodigalités de Louis de Mâle, comte de Flandre, se révoltèrent contre lui et le chassèrent de Gand. Victorieux à Nivelle, le comte était battu à Bruges par Arteweld, chef des Gantois. Il demanda des secours au roi de France et au duc de Bourgogne. Hugues de Châlon, Etienne, comte de Montbéliard, et le sire de Neuchatel soutinrent le comte de Flandre à la journée de Rosebecq, 27 novembre 1382, où les révoltés furent anéantis.

(1) Abbé Bouchey, *Mandeure*, t. I, p. 343.

La comtesse Marguerite, maîtresse du comté de Bourgogne, était morte au mois de mai précédent. L'autorité de Louis de Mâle, son fils et son successeur, fut reconnue à Dole le 30 juin 1382, mais le comté ne lui fut pas longtemps soumis.

Après leur victoire, ses alliés s'étaient vengés des Flamands. Les cruautés exercées sur eux par les Français et les Bourguignons ranimèrent l'insurrection. Les vaincus demandèrent du secours aux Anglais, qui leur envoyèrent une armée. Charles VI, roi de France, revint en Flandre, s'empara d'Ypres et de Bergen et entama des négociations avec les révoltés. Comme elles tardaient à aboutir, le duc de Berry, oncle du monarque français, impatient de retourner à Paris où l'appelaient ses plaisirs, en attribuait la lenteur à Louis de Mâle. Dans une altercation soulevée à ce sujet, il poignarda le comte palatin, le 20 janvier 1384. Cette mort fit passer la Franche-Comté, les comtés d'Artois, de Flandre et de Nevers sur la tête de Philippe le Hardi, oncle du roi de France, et époux de Marguerite, fille du comte poignardé. Un an après, le nouveau souverain, par la loyauté de son caractère, avait fait disparaître toute trace de révolte dans les Flandres (1).

Après avoir pris part à cette guerre en pays étranger, Thiébaud, seigneur d'Héricourt, prit les armes contre un de ses vassaux. En 1387, Henri, sire de Beurnevesin, lui refusa le devoir féodal. Le sire de Neuchatel se hâta d'armer quelques vassaux qu'il envoya contre ce minuscule seigneur. La prise de sa forteresse, l'incendie de sa maison, la dévastation de sa terre, la perte de tout son bétail, l'emprisonnement du châtelain, tel fut le châtiment du vassal en révolte. Quelque temps après, le 2 novembre, Henri se déclara homme-lige de Thiébaud pour sa forteresse et ses terres de Luze, avouant même que son seigneur l'avait châtié à juste titre.

Dans nos seigneuries Thiébaud comptait de nombreux vassaux, tous très fidèles à leur suzerain. Othénin de Chagey, qui vivait vers 1333, tenait en fief Couthenans du seigneur de Bevenges. Il eut trois fils : Renaud, Thiébaud et Pierre de Chagey.

Le premier, marié à Isabelle de Grandfontaine, fit, en 1368, une reprise de fief au comte Etienne de Montbéliard pour ses

(1) Mss. Bulliard, *Résumé de l'Histoire de Bourgogne*, p. 44.

terres de Chagey, avouant qu'il devait, pendant six semaines, la garde au château de Granges. En 1391, il fit hommage à Henri de Châlon-Arlay pour les terres qu'il avait à Boussières. Thiébaud de Chagey, son frère, seigneur de Chagey en partie, épousa Guillemette, fille de Jacques de Longevelle. Il mourut avant 1380. A cette date, sa veuve vendit au comte Etienne différents meix et héritages, situés à Crevans. Son beau-frère, Pierre de Chagey (1), curé de Bavilliers, fut témoin de cette vente. Plus tard, Agnès de Voujaucourt, femme de feu Richard Crolière, reprit du comte Etienne ce que Guillemette, sa tante, possédait à Banvillars et à Botans (1396).

A cette époque existait dans la paroisse de Chagey une institution religieuse que l'on peut considérer comme la preuve de la foi des catholiques d'alors à un dogme, proclamé longtemps après par l'Église : c'est la confrérie de la Conception de Marie. Son existence est constatée par un don que lui fit, en 1392, une femme de Luze, mariée à Philippe Gadachet, de Montbéliard. Par testament, elle lui donna un florin d'or et autant à la fabrique, avec 2 livres de cire. Ses largesses, dont furent gratifiés en outre ses quatre frères et une nièce, tous résidant à Luze, s'étendirent à l'hôpital de Montbéliard, à celui du Saint-Esprit, à Besançon, aux Cordeliers et aux Dominicains de cette ville, au chapitre de Saint-Maimbœuf, qui lui dut la fondation d'une chapelle, à l'abbaye de Belchamp et à neuf églises du pays (2). Les églises, les autels, la splendeur du culte divin ont inspiré en tout temps des actes de générosité aux vrais fidèles. Ceux qui ornent les temples, donnent encore aux pauvres.

La famille noble de Chaampey, de la mouvance d'Héricourt, vit à cette époque la crosse abbatiale de Belchamp tenue successivement par deux de ses enfants.

Geoffroy de Champey, fils d'Etevenin des Combottes, épousa Alice, fille de Renaud de Banvillars. Il mourut avant 1404, laissant deux fils et une fille : Othenin, Renaud et Jeanne. Othenin vendit à Horry de Lamboing, qui avait épousé sa sœur Jeanne, veuve d'un gentilhomme de Romain,

---

(1) Dans cette famille était un prêtre, en 1351, Messire Hugues de Chagey, notaire public et juré de la cour de Besançon. Mss. Duvernoy, t. XIV, p. 8.

(2) Bibliothèque de Besançon, *Test. de l'officialité*, t. I.

sà part des terres de Champey, notamment « une maison et une cheminée de pierres, fossilée en tours et pont-levis », mouvant du sire de Neuchatel.

En 1381, Nicolas, sire de Dampierre-sur-le-Doubs, dans son testament, gratifia « Renaud II de Champey de six florins » (1). Ce dernier, sans désignation du lieu d'origine, figure dans la liste des abbés de Belchamp de 1367 à 1403. année de sa mort. Comme il mourut un an avant Geoffroy, après une carrière longue et honorable, il est à présumer qu'il était frère de celui-ci et fils, par conséquent, d'Etevenin des Combottes. Son administration commença par une terrible catastrophe ; l'année de son avènement l'église et les bâtiments de l'abbaye furent consumés par le feu du ciel. Réparer tant de désastres devint l'œuvre arduc à laquelle le nouvel abbé consacra son zèle. Beaucoup de familles lui vinrent en aide par de riches présents. Sous ce rapport, ses parents se signalèrent. Ceux-ci donnèrent au couvent tout ce qu'ils possédaient à Courcelles-les-Montbéliard, à Allanjoie et à Montbéliard. Trente ans plus tard, en 1399, quand les cloîtres et l'église furent complètement rétablis, les religieux, réunis capitulairement, leur accordèrent une rente viagère en céréales et en argent.

Après la mort de Renaud II, ce fut Renaud III, son neveu, qui obtint la mitre abbatiale ; il avait été prieur du Vernois et de Belchamp et, dans l'intervalle, curé de Chèvremont. Ces fonctions, remplies à la satisfaction des religieux et pour le plus grand avantage de l'abbaye, lui valurent l'honneur de succéder à son oncle. A une époque où de tels honneurs, en général, ne s'accordaient qu'au mérite et à la vertu, la gloire de Belchamp rejaillit, par ses abbés, sur la famille noble de Champey et sur le village qui avait été leur berceau (2).

Henri de Champey, frère de Geoffroy, eut pour unique enfant Béatrice de Champey, qui épousa Pétremand de Miécourt, seigneur de Bourogne. En 1403, elle fit reprise au seigneur de Neuchatel de ce qu'elle possédait dans la terre d'Héricourt et à Bourogne. Plus tard, elle échangea ses posses-

(1) Bibliothèque de Besançon, *Test. de l'officialité.* t. I.
(2) Mss. Duvernoy, t. XVIII, p. 196. — Abbé Bouchey, *Abbaye de Belchamp.*

sions de Champey avec Alix d'Antigny, femme de feu Nicolas Noblot, écuyer de Montbéliard. En 1446, le seigneur de Neuchatel en reçut l'hommage d'Othenin Noblot, fils d'Alix (1).

Dans l'église de Champey se trouvait une chapelle en l'honneur de la sainte Vierge. Aucun document ne nous fait connaître à laquelle des deux familles nobles fut due cette fondation. Toutes deux ont fait l'honneur de cette paroisse par la noblesse, l'élévation et la générosité de leurs sentiments catholiques.

Au xive siècle, vivait à Colombier-Châtelot une famille de gentilshommes portant le nom du village : c'étaient les Vuillemenot de Colombier-Châtelot. L'existence de cette famille en ce lieu est sans doute antérieure à la première mention qu'en font les documents, car son château était alors habité par des personnages titrés. Le fils du précédent seigneur, Girard, vendit, en 1367, à Jean de Saint-Mauris tout ce qu'il avait de franc-alleu à Colombier-Fontaine, en meix, hommes, rentes, vergers, arbres, etc., pour 10 petits florins de Florence. Le temps du rachat au profit du vendeur fut fixé à quinze ans. Dans son testament, à la date de 1349, Jean de Saint-Mauris, curé de Lougres, fait un legs à Agnès de Colombier-Châtelot, sa sœur. On peut supposer à bon droit que cette légataire était l'épouse de Girard de Colombier-Châtelot.

A la même époque vivait, à Colombier-Fontaine, Vuillemenot, qui portait le nom de ce village. A sa mort, son héritage échut à son fils, Guillaume, qui en jouit jusqu'en 1423, année où il mourut. Sa succession passa à Guillaume de Mathay. Thiébaud de Saint-Mauris-Berchenet, qui habitait ce village, eut la recette des revenus de ce fief (2).

A Saint-Maurice, Jean de Saint-Mauris, dit Sauvaget, quatrième du nom, fut homme d'armes dans les armées de Bourgogne, sous la bannière de Vienne, en 1359, écuyer de Thiébaud VI de Neuchatel, seigneur de Saint-Maurice-sur-le-Doubs, l'Isle, Colombier-Fontaine, Villars-sous-Ecot, etc. Il épousa, vers 1380, Marguerite de Dambelin, dernière de

______

(1) Mss. Duvernoy, t. LVIII, p. 196. Les sujets du seigneur étaient : Jean Deur, Perrin Amyot, Perrin Valot, Henri Valot, Jean Robert et Jean Dufour.

(2) Mss. Duvernoy, t. LVIII.

cette famille, dont les biens entrèrent dans celle de Saint-Mauris. Il eut trois fils : Jean de Saint-Mauris, dit Sauvaget, Perrin et Thiébaud (1).

Jean de Saint-Mauris, dit Berchenet, quatrième du nom, co-seigneur de Saint-Maurice-en-Montagne et de Saint-Maurice-sur-le-Doubs, avait des propriétés à Longevelle, Beutal et Montécheroux, qu'il avait héritées de son père et de Jean de Trévillers, dit Siblotet, son oncle. Il en possédait d'autres dans les deux premiers villages, de même qu'à Lougres, Bretigney et Colombier-Châtelot, qui dépendaient de sa seigneurie de Mathay. En 1389, il reprit toutes ces terres de Thiébaud VII de Neuchatel. A sa mort, il fut enterré dans l'église de Mathay (2). Dans le Châtelot, la famille de Beutal donna le jour à un abbé de Luxeuil qui illustra la mitre abbatiale de ce monastère. Jeannat, fils de Perrin, écuyer, eut pour fils Guillaume de Beutal, qui fut nommé par le pape abbé de Luxeuil, en 1382. La *Gallia christiana* fait de lui un éloge remarquable : « Il construisit l'hôpital de Remiremont, bâtit l'église de Luxeuil, le cloître du monastère, une grande tour et trois petites au château de Baudoncourt, enrichit le couvent d'une châsse et d'une croix en argent. » Les annales de Luxeuil l'appellent le père des pauvres, la règle vivante de la vie religieuse, le modèle de toutes les vertus (3). L'église de Luxeuil suffirait à elle seule à immortaliser le nom glorieux des de Beutal.

Parmi les autres seigneurs qui firent leurs devoirs de féauté au sire de Neuchatel pour leurs possessions dans nos seigneuries, nous trouvons : Guillaume Mouchet, de Besançon, marié à Alix de Dampierre, pour plusieurs fiefs, à Colombier-Fontaine, (1385) ; Henri de Velle, pour la succession de Jean de Trévillers, dit le Siblotet, pour ses fiefs au même lieu ; Jeanne de Vienne, dame de Naut, pour cinq maignies d'hom-

---

(1) Perrin de Saint-Mauris, écuyer, fut homme d'armes dans les armées de Bourgogne, en 1417, sous la bannière de Montaigu, son suzerain. Thiébaud, écuyer, seigneur, en partie, de Saint-Maurice-sur-le-Doubs, Villars-sous-Ecot, épousa, en 1430, Claudine d'Andelot, fille de Jean, sire d'Andelot, et de X. d'Usue.

(2) Ipse erat tutela pauperum, norma religionis, omnis virtutis exemplar. *Gallia Christiona*, IV, p. 587.

(3) Ses enfants : Thiébaud de Saint-Maurice-en-Montagne, Béatrice et **Henri.**

mes, à Luze, (1393) ; Jean de Montjustin, pour plusieurs maisons, tant à Colombier-Fontaine qu'à Saint-Maurice.

Avec l'agrément de Thiébaud VI, à qui elle en laissa la collation, Catherine de Dampierre, femme de Richard de Scey, donna les dîmes de Colombier-Fontaine à la chapelle de la Vraie-Croix, de l'Isle.

Avant de mourir, nos seigneurs laissèrent tous des témoignages de leur foi et de leur piété. Thiébaud VI, seigneur d'Héricourt et du Châtelot, fonda dans l'église des Trois-Rois, où sa famille avait sa sépulture, deux messes solennelles, l'une quotidienne pour le repos de son âme, et l'autre, chaque samedi, en l'honneur de Notre-Dame.

Vers cette époque, un grand désastre mit le deuil dans plusieurs familles de gentilshommes de notre pays. Sigismond, roi de Hongrie, menacé par Bajazet, sultan des Turcs, fut secouru par un grand nombre de seigneurs bourguignons et comtois. Le 30 septembre 1396, les armées en vinrent aux mains, à Nicopolis ; la bataille eut une issue déplorable pour les croisés. L'élite de la noblesse chrétienne y périt. Henri d'Orbe, fils du comte Étienne de Montbéliard, Thiébaud VII de Neuchatel, Jean de Vienne (1) et une foule d'autres guerriers comtois se trouvèrent parmi les morts. Thiébaud VII mourut quatre ans avant son père, laissant trois enfants qu'il avait eus d'Alix de Vaudémont : Thiébaud VIII et deux filles, Marguerite et Jeanne. Thiébaud VI, seigneur d'Héricourt, mourut en 1400.

La mort de Henri d'Orbe, fils unique du comte Étienne, fut une perte irréparable pour le comté de Montbéliard. En lui s'éteignit le nom des Montfaucon, dont l'illustration se prolongea cependant jusqu'à la mort de Henriette de Montfaucon, sa fille. Par son testament du 31 octobre 1397, année de sa mort, le comte partagea ses terres entre ses quatre petites-filles, enfants d'Henri d'Orbe : Henriette obtint le comté de Montbéliard, les seigneuries de Porrentruy, de Granges, de Clerval et de Passavant. Pour le plus grand malheur de tout notre pays, ses fiefs passèrent à la maison de Wurtemberg par son mariage avec le comte Eberhard IV,

(1) Jean de Vienne, amiral de France, était le troisième descendant des de Vienne de la branche de Roulans.

fils d'Eberhard III. Sa sœur Jeanne, fiancée à Louis de Châlon-Arlay, fils du prince d'Orange, eut la baronnie de Montfaucon et plusieurs autres terres ; Marguerite, fiancée à Humbert de Villersexel, eut les terres situées en Suisse. Quant à Agnès, assez mal partagée, elle devint l'épouse de Thiébaud VIII, sire de Neuchatel.

Renaud de Bourgogne, comme nous l'avons rapporté, disait à ses sujets de Belfort : « Allez demeurer où bon vous semblera ; soumettez-vous à tout autre seigneur, saufz à un roy d'Alemaigne ou à un duc d'Hosteriche, à leurs hoirs, à leurs successeurs ou à ung autre homme d'Alemaigne. » Que de sagesse dans ce conseil ! Quelle connaissance avait du cœur et du génie allemands le comte Renaud de Bourgogne ! Henriette de Montfaucon était une femme d'une rare distinction ; son caractère noble, généreux, chevaleresque, vraiment comtois, méritait une alliance mieux assortie que celle avec un hobereau allemand. En épousant un Wurtemberg, elle allait, à son insu, ternir le riche patrimoine des vertus et des gloires de sa race. Quand ses deux fils l'auront emprisonnée dans le château de Wurtingen, le souvenir des conseils de son bisaïeul maternel n'aura plus qu'un résultat, celui d'éveiller dans son cœur de lugubres pressentiments sur l'avenir de son beau comté de Montbéliard.

CHAPITRE IV

Les sujets, leur état. — Les paroisses, les curés. — Confrérie de la
Conception à Chagey. — Thiébaud VIII, seigneur d'Héricourt. — Les
guerres, le duc de Bourgogne, les Anglais, les Écorcheurs, etc.

Avant de poursuivre le récit des faits et gestes de nos
gouverneurs, donnons un aperçu sur l'ensemble de la vie
matérielle et ecclésiastique des sujets de nos seigneuries.

Dans les reprises de fief, les habitations des cultivateurs
étaient désignées par ces mots : *maisons de chaix et de grange*.
Ces demeures étaient assez misérables. Toutes comprenaient,
dans la même bâtisse, le logement pour les personnes, la grange
et l'écurie pour le bétail, ces dernières pièces séparées de la
demeure des personnes par un corridor ou un porche. La pièce
habitée par la famille était faite de bois et de terre glaise.
Au centre était une ouverture nommée *thiuez*, par où pénétrait un peu d'air et de lumière ; elle donnait également
issue à la fumée. Cette ouverture, qu'on appelait la cheminée
(en patois : tchemna), plus tard élargie, occupa une place
considérable dans l'habitation. Au sommet, un volet, établi
en balancier, s'ouvrait et se fermait à volonté au moyen
d'une corde, c'était la louène. Enterrés dans le sol, ces loge-
ments, dans lesquels on descendait par quelques marches
d'escalier, avaient l'aspect des misérables réduits des sauvages. Ils étaient recouverts soit en chaume, paille de seigle,
soit en bois, au moyen d'ancelles.

Le mobilier de ces habitations n'était pas luxueux. Il consistait en quelques coffres de bois assez grossièrement taillés,
dans lesquels on renfermait le linge, les vêtements et souvent
les provisions de bouche. Au xvie siècle, après la mort d'un
Thieulin, de Blussans, l'inventaire note : « quatre linceulx »,
deux chemises, un vêtement de drap, un autre de droguet,
un lit, une couchette d'enfant, un pot de cuivre, un autre de

fer, deux marmites, une crémaillère, trois faucilles, huit écuelles de bois, un bassin, une faux, une arche et un pétrin. C'était l'ameublement d'une famille qui cultivait 77 quartes de terre et récoltait de six à sept voitures de foin (1). Une ou deux planches suspendues servaient à entreposer la vaisselle, on y déposait aussi les miches de pain.

Au lieu de pommes de terre, qui alors étaient inconnues, les paysans de nos seigneuries faisaient de la bouillie de millet leur principale nourriture. Un particulier en récoltait chaque année de 5 à 8 quartes. En 1552, un traité de droits curiaux, passé à Chenebier, stipulait que les paroissiens en donneraient à volonté au curé. Tous les légumes de jardin entraient également dans l'alimentation de nos ancêtres, de même que le lard, qui constituait à peu près la seule viande en usage dans nos villages. Des beignets de différentes formes, des boulettes de pâte beurrée de la grosseur d'une savonnette, des quartiers de fruits séchés au four trouvaient également place sur la table des paysans.

Le pain différait de qualité à raison du bien-être plus ou moins grand des familles. Chez les unes, c'était le pain de boige, mélange d'avoine, de vesces, de pois, de fèves ; chez les autres, le seigle y entrait pour une partie, quelques-unes usaient d'un pain composé de seigle et de blé. Le pain blanc se vendait aux jours de foire.

Le vin, dans les villages où la vigne n'était pas cultivée, se vendait dans les cabarets. On y buvait, on y dînait lors du renouvellement du magistrat dans les villes, de l'élection du maire et des échevins dans les villages. Dans la vie privée, un mariage, un baptême, un enterrement donnaient occasion à de copieuses libations. Il y avait des règlements de police qui avaient pour objet d'empêcher tout désordre, fixaient l'heure de l'ouverture et de la fermeture des auberges, mais ils étaient très mal observés, d'autant plus qu'un maire avait le privilège d'y boire à toute heure. Le jus des fruits sauvages remplaçait le vin dans quelques familles.

Dans les temps anciens, l'habillement était simple : les hommes étaient vêtus de peaux de bêtes, de là le nom de pelletier, donné à l'ouvrier qui les confectionnait. Dans le moyen

(1) **Archives du Doubs. Supplément, E, 2081.**

âge, l'habillement se composait d'une étoffe grossière, fabriquée dans les campagnes, sous le nom de droguet. Mis en usage sans avoir été teint, privé de la préparation exigée par la propreté, il excitait des démangeaisons et provoquait des éruptions cutanées. De là ces maladies épidémiques connues sous le nom de lèpre, ladrerie, peste, si fatales aux populations d'autrefois.

Les communes rurales avaient à leur tête un maire. Cette institution paraît fort ancienne. Un titre de l'an 1332 signale un maire à Chenebier. Cette charge n'était pas rétribuée. Celui qui en était revêtu jouissait de l'exemption des tailles, des corvées, des charruages et des quartes de four, mais il payait les dîmes, comme tout autre citoyen. Il avait dans ses attributions l'ordre public, la police, la voirie, la surveillance des intérêts du seigneur et des biens communaux. Les revenus des communes provenaient de la vente des bois, de la location des terrains communaux, du défrichement de quelques coins de bois, des intérêts de l'argent prêté, des impositions mises parfois sur les habitants. Cette magistrature était alors, comme aujourd'hui, l'objet de beaucoup d'intrigues.

A côté du maire étaient les échevins, qui avaient pour attributions, à leurs risques et périls, les comptes des recettes et des dépenses de la communauté. Chaque année, les habitants, réunis sous le *Tillol*, en vérifiaient l'exactitude. Cette comptabilité passait en dernier lieu sous les yeux du bailli du seigneur ; un bon régal, payé par la commune, en suivait toujours la vérification.

Quant aux paroisses, elles vivaient sous l'autorité de l'archevêque de Besançon et celle du curé. Tout ce qui touchait au spirituel et à la discipline était du ressort du premier pasteur. Il déléguait son autorité à un vicaire général, qui prenait une part active à l'administration. Souvent ce délégué avait le titre d'évêque suffrageant ; il faisait la visite des paroisses, la consécration des églises et donnait la confirmation.

Le tribunal de l'officialité siégeait à la cour archiépiscopale. Tous les curés en étaient justiciables pour ce qui concernait la discipline ecclésiastique et l'administration de leur paroisse. Les plaintes des paroissiens, les doléances des pasteurs, les prétentions des patrons étaient soumises au jugement de l'official. C'est lui qui lançait les monitoires, après avoir entendu les parties. Les curés manquaient-ils quelque office obligatoire, ils étaient condamnés sur le témoignage des échevins de la paroisse. Les églises, les presbytères avaient ils besoin de réparations, les paroissiens étaient condamnés à les faire, après que l'autorité en avait reconnu la nécessité.

L'autorité de l'archevêque était soutenue par celle du synode diocésain, institution qui fonctionna régulièrement depuis le XIe jusqu'au XVIIIe siècle. Présidé par l'archevêque, le synode se tenait deux fois l'an, au printemps et en automne. En faisaient partie, six abbés, quinze doyens ruraux, et, à tour de rôle, cinq curés de chaque décanat. Ce qui concernait la conduite et l'honnêteté des clercs, la décence du culte, l'uniformité des cérémonies, la liturgie diocésaine et les confréries, était l'objet de ses délibérations. Les doyens ruraux, à leur retour de ces réunions, étaient chargés d'en promulguer les décisions dans leur décanat respectif et de les y faire observer.

L'institution des doyens paraît remonter à Hugues Ier. Cette dignité était personnelle ; elle n'était pas attachée à la cure dont le décanat portait le nom. Les titulaires étaient choisis parmi les prêtres les plus recommandables par leur foi et leur instruction. Deux fois par an, ils devaient réunir ceux de leur doyenné qui avaient charge d'âmes, leur faire par eux-mêmes ou leur faire faire par un autre un discours sur les vertus et les devoirs des ecclésiastiques, concerter avec leurs confrères les mesures qu'il était à propos de prendre pour le bien de l'église et de la religion.

C'est par l'entremise des doyens ruraux que les curés recevaient communication des ordres de leur supérieur hiérarchique. A l'inexistence des postes on suppléait par un moyen assez simple. Chaque doyen avait, à Besançon, une maison désignée où l'on déposait tout ce qui lui était adressé. C'est là que prenait ce dépôt l'un ou l'autre des voyageurs qui, tous les jours, venaient de chaque coin du diocèse pour chercher des dispenses, des absolutions, des testaments ou d'autres pièces émanant de l'officialité. On comprend que ces allées et venues rendaient très facile la correspondance des curés avec le chef-lieu du diocèse.

L'installation d'un curé dans une paroisse dépendait du

patron, qui présentait le sujet, et de l'archevêque, qui agréait le prêtre présenté. En 1426, Othon Vernet, de Montbéliard, curé de Brevilliers, vint à mourir. Pour le remplacer, Jean Vaulcher, d'Alle, abbé de Belchamp, patron de cette église, présente à l'archevêque Thiébaud de Rougemont, messire Jean Doccart, qui est agréé par le prélat.

Les devoirs du curé envers ses paroissiens lui étaient tracés par les statuts synodaux. Il était tenu à la résidence, à la célébration des offices, à l'éducation des enfants, aux soins des malades, des pauvres, à l'étude, à l'instruction des fidèles et au bon exemple. Ce sont les mêmes devoirs qui sont imposés encore aujourd'hui à tout curé. Une fois installé dans sa paroisse, il devait donner à l'Ordinaire la liste exacte des revenus et des charges de son église. Défense lui était faite de les aliéner. La tenue des registres des baptêmes, des mariages et des enterrements entra plus tard dans ses attributions.

Avant le XVIe siècle, malgré le respect dont le curé était entouré, parfois il était victime de la rudesse des mœurs de l'époque ; mais, en général, on le vénérait comme le représentant de Dieu, comme un ministre de paix et de consolation. Il était l'ami de toutes les familles, il partageait leurs joies et leurs deuils. Les paroissiens ayant charrue et attelage étaient tenus de labourer les champs de la cure, sans percevoir de ce travail que la *nonne*, ou la nourriture quotidienne.

Dans nos deux seigneuries, les églises étaient fort petites. C'étaient d'anciennes chapelles, voûtées ou non, construites aux XIe et XIIe siècles. Plus tard, on y ajouta la nef, qui n'avait qu'un plafond. Les clochers étaient d'assez pauvres monuments ; leur forme était celle d'une tour carrée, basse et disgracieuse, terminée par un toit écrasé.

L'ornementation de ces églises était très modeste. L'église qui possédait un missel, quatre chasubles, un calice et un ciboire d'argent, une statue ou un tableau représentant le saint patron, était regardée comme parfaitement montée. Encore se servit-on pendant longtemps de calice d'étain. Celui de Chenebiez était de ce métal. Mis sous la garde de l'église de Frahier, à l'époque de la protestantisation du village, en 1565, il fut rendu, en 1865, à la fabrique catholique. Depuis lors qu'est devenu ce vénérable témoin d'un glorieux passé ? On l'ignore, malheureusement.

Pour l'instruction et la formation des prêtres, il existait alors différentes écoles. Dès les premiers siècles du christianisme, nos évêques de Besançon en avaient établi une près de l'église cathédrale, dont ils furent les premiers maîtres. Plus tard, le bienheureux Hugues Ier en fonda une seconde dans l'abbaye de Saint-Paul et une troisième à Sainte-Madeleine. C'est là qu'étudiaient les jeunes clercs de la ville et sans doute quelques jeunes gens des familles riches de la province. A ceux-là étaient réservées les dignités capitulaires et la direction des paroisses importantes du diocèse.

Le clergé paroissial, qui était le plus nombreux, recevait dans les presbytères ruraux les premières notions de la langue latine. Il trouvait des maîtres dans la collégiale de Montbéliard, dans l'abbaye de Belchamp, dans les prieurés de Saint-Valbert, de Dannemarie et de Vaux-les-Vernois. Ces maisons, jouissant du patronage de quelques églises de nos seigneuries, ne pouvaient consciencieusement y présenter pour les pourvoir que des sujets capables de remplir dignement les fonctions du ministère. Que les religieux de nos abbayes aient travaillé en conséquence à l'instruction des clercs qu'ils réservaient à leurs églises, à défaut d'autres maîtres, c'était leur devoir.

Héricourt, comme Belfort et Montbéliard, posséda de très bonne heure une école qui fut du nombre de celles que Jeanne, dame de cette ville, se plaisait à visiter, comme nous l'apprend son histoire. L'abbaye de Luxeuil, peu éloignée de nos deux seigneuries, a possédé en tout temps une école très renommée dont les maîtres attiraient de très loin à leurs leçons les jeunes gens des familles aisées. Les aspirants au sacerdoce ont toujours été pour les Bénédictins la phalange privilégiée, la plus digne de leur dévouement.

D'après la règle de Chrodegand, évêque de Metz, on enseignait de bonne heure aux étudiants ecclésiastiques à lire, à écrire, à chanter ; plus tard, ils apprenaient la grammaire, la dialectique, la théologie. Avant leur ordination, tous allaient subir un examen à la ville épiscopale. La forme et l'étendue de ces examens ont varié ; mais toujours les évêques ont dû s'assurer que ceux à qui ils imposaient les mains étaient capables de remplir les principaux devoirs du ministère. Si le niveau des études fut, à certaines époques, extrêmement bas, nous en trouvons la cause dans les multiples invasions, les guerres entre seigneurs, entre provinces, dans les passages des bandes d'aventuriers, de pillards, dans les incendies fréquents des villes, des villages, les pestes et les famines. Au milieu de tous ces fléaux qui se succédaient les uns aux autres à des intervalles très rapprochés, qui donc pouvait se liver à des études sérieuses et prolongées ? Une année ne suffisait pas à réparer tant de ruines.

Les noms des premiers curés de nos paroisses ne sont pas plus connus que les faits qui se rattachent à leur ministère. Jusqu'au milieu du XVe siècle, les annales sont à peu près muettes à cet égard ; les exceptions sont très rares. Dans la seigneurie d'Héricourt, la chronique cite comme curés : à Chagey, Jean, 1359 ; Jean Marchaut, 1412 ; Guyard, de Quers, 1416 ; Aimé Vallé, 1438 ; à Brevilliers, Guillaume de Ferrières, 1343 ; Othon Vernet, Jean Doccart, 1426 ; à Tremoins, Jean de Brognard, 1401 ; à Vyans, Guillaume Bavelier, de Saunot, 1415 ; à Tavey, Nicolas Cornuey, 1439 ; dans le Châtelot, à Beutal, Huguenin Gay, de Montjustin, 1439 ; à Lougres, Jean de Dambelin, 1419 ; Jean de Saint-Mauris, dit Sauvaget, 1439 ; à Saint-Maurice, Guillaume Guilloz, 1435 ; à Longevelle, Henri de Belfort, 1341. Héricourt, alors, n'a pas d'histoire religieuse. Le premier curé de cette paroisse qui soit mentionné sans désignation de nom était, avec celui de Châlonvillars, au nombre des prudhommes qui assistèrent, en 1296, Thiébaud d'Asuel, bailli de Montbéliard, dans une sentence rendue par ce juge au sujet d'un meix de Brevilliers, réclamé par Belchamp (1). Le premier que les documents désignent par son nom, à notre connaissance, est Hugues Aibre, de Montbéliard, en 1438, date à laquelle ce curé fit, avec ses paroissiens d'Héricourt, un traité de droits curiaux relatif aux offrandes et aux charruages. Une semblable convention se fit, plus tard, dans la plupart des paroisses, au grand profit de la bonne harmonie entre curés et fidèles.

A Chagey, la confrérie de la Conception, dont il a été

(1) Mss. Duvernoy, t. XII, p. 131.

parlé plus haut, vit se refroidir la ferveur de ses associés. Pour la rallumer et procurer l'accroissement du culte de Dieu, comme aussi le bien des âmes, les notables du lieu : Guyard, de Quers, curé ; Jean Clerget, Thierry, fils de Guillaume, seigneur de Chagey, avec plusieurs autres personnages et un délégué de l'abbé de Luxeuil, promulguèrent un règlement qui fut obligatoire pour tous les membres de la confrérie. Les statuts prescrivaient la célébration d'une messe chaque samedi, la solennité de la Conception, fête patronale, une cotisation pour messes en faveurs des défunts, l'élection annuelle de deux prieurs et la reddition des comptes une fois l'an. Pour que la fête fût célébrée avec toute la piété convenable, des indulgences furent attachées au chant de chaque partie de l'office, et même à une prière d'une heure à l'église. De l'institution de cette confrérie, qui existait aussi à Montbéliard, en 1361, on peut conclure, en toute vérité, que la foi des catholiques à l'Immaculée Conception de Marie était en honneur chez tous les ancêtres des protestants du pays de Montbéliard (1416).

Après cet exposé sur la vie matérielle et ecclésiastique des sujets de nos seigneuries, reprenons le récit des événements.

Au commencement du XVe siècle, la seigneurie d'Héricourt appartenait par indivis à Humbert de Neuchatel, évêque de Bâle, et à son neveu, Thiébaud VIII, dont le père, frère du précédent, avait succombé à Nicopolis. L'évêché de Bâle était fort endetté ; le prélat recourut à des emprunts, auxquels son neveu fournit de notables appoints, en engageant notamment la ville et la châtellenie de Saint-Ursanne. Plus tard, en 1413, obligé de faire face à de nouvelles dépenses, il engagea encore la moitié de la seigneurie d'Héricourt, qui lui appartenait personnellement, avec les villages de Roche-d'Or, Chenevez, Grandfontaine, Reclère et Damvant. Quand il mourut, en 1418, les possessions de l'évêché étaient réduites à Delémont, Rienne, le château d'Erguel et le val de Saint-Imier ; le reste était entre les mains de ses créanciers. Avant la mort du prélat, son neveu administrait déjà les deux seigneuries d'Héricourt et du Châtelot.

Thiébaud VIII était uniquement un soldat. En 1409, il campe sous les murs de Paris, au service de Jean sans Peur, qui le gratifia de dons très riches. En 1417, il est l'un des capitaines qui font capituler le château de Nogent. Chevalier banneret, il présente à une montre d'armes, faite en 1417, à Beauvais, par le maréchal de Bourgogne, une compagnie de trois chevaliers, deux écuyers bannerets, quatre chevaliers bacheliers, cent vingt-neuf écuyers, vingt-sept hommes de traits et un trompette : en tout cent soixante-dix-huit hommes. En 1419, Jean sans Peur, duc et comte de Bourgogne, lui alloue 6,000 francs pour ses services dans la guerre contre les Anglais. Peu après, quand le duc se rencontre avec le Dauphin, au ponceau de Pouilly, près Melun, pour faire serment de combattre l'Angleterre, Thiébaud est parmi les seigneurs qui accompagnent le duc et jurent le traité.

Vers 1423, homme d'âge mûr, passé maître aventurier, il en remontre à un des rudes chefs que la Bourgogne a pris à son service pour combattre les Français, Perrenet Grasset, le conquérant et le châtelain de la Charité-sur-Loire. Neuchatel attaque Grasset sur la route de Dijon et le détrousse. Le vainqueur des Français, qui ne respecte rien, qui menace son maître de livrer sa prise aux Anglais, et qui est assez connu pour effrayer par ses menaces, est cependant dompté par Thiébaud. Invité par le duc à une conférence, il s'excuse, il n'ose plus, dit-il, entrer en Bourgogne (6 novembre 1425).

Thiébaud et une quantité de gens de guerre, sous les ordres de Louis de Châlon-Arlay, envahissent le Sundgau, en 1424, pour soutenir le margrave Bernard de Baden-Bade, contre lequel s'était formée une ligue de seigneurs et de villes d'Allemagne. Mais au moment où les Bourguignons entraient en Alsace, dans le dessein de saccager le pays et de faire le siège de Delle et de Belfort, Catherine de Bourgogne, landgravine d'Alsace, et les Bâlois marchèrent contre eux et les forcèrent de se retirer. Louis de Châlon était à Montbéliard avant le 10 juillet.

Ces exploits donnaient du crédit à Thiébaud VIII, seigneur d'Héricourt et suzerain de nombreux vassaux. Il avait de plus pour lui ses domaines, ses alliances et son lignage. Par ses gageries, il avoisine immédiatement la seigneurie d'Autriche. Il est l'oncle paternel de Montaigu, le cousin germain de Haltstat de Vir-au-Val, le beau-frère d'Eberhard de Wurtemberg et du prince d'Orange par son mariage avec Agnès de Montbéliard (1).

(1) L. Stouff, *Catherine de Bourgogne.*

Sous la bannière du sire de Neuchatel, combattait Robert de Chagey, son vassal pour les terres de Boncourt, héritage qui venait de sa mère Isabelle. Ecuyer distingué, nous le trouvons, en 1409, au nombre des chevaliers qui envoient leur défi à Bâle et marchent à la rencontre des milices de la ville avec les Bourguignons, sous la conduite de Vergy, pour soutenir la landgravine d'Alsace, sœur de Jean sans Peur, duc de Bourgogne. En 1414, il est au nombre des vingt-sept autres écuyers dans la montre d'armes de Jean de Montureux, près d'Auxonne. En 1417, il assiste à une autre montre d'armes, faite à Beauvais par le maréchal de Bourgogne Sa terre de Chagey est reprise par lui en 1404 d'Henriette de Montbéliard, à cause de la seigneurie de Granges, dont elle était un fief. Guillaume de Chagey, son frère, reprit de Jean de Chalon-Arlay l'héritage paternel, situé à Boussières (1).

La valeur du fief de Robert, à Chagey, était étonnamment modeste. Cette terre se composait de seize journaux de champ, trois fauchées de pré, auxquels s'ajoutait une maison avec ses dépendances. Membre du conseil des prud'hommes, ce gentil-homme avait, à ce titre, sa quote-part d'un terrain traversé par la Luzine, dont ces magistrats avaient la jouissance. Que de cultivateurs, aujourd'hui, sans avoir de particule à leur nom, ont un patrimoine plus étendu (2)! Le testament de Robert de Chagey est de 1424.

Deux autres familles nobles possédaient encore chacune un fief à Luze et à Chagey. Celui de Catherine, fille de Châtait de Granges, écuyer, veuve de Jean de Montferrand, comprenait, en 1405, cent cinquante-sept journaux, dont cinquante-deux étaient en friche, par suite de la peste et de la guerre. Celui de la famille de Nant, outre les bois, le moulin d'Epenat, renfermait cent quatre-vingt-six journaux de terre « arrible » et quarante-deux fauchées de pré, le tout inégalement réparti entre dix-sept sujets de serve condition, taillables et corvéables. La comtesse Henriette donna, en 1424, au duc de Bourgogne, le dénombrement de ce fief, alors aux mains de Jean de Nant, archevêque de Paris (3).

(1) Mss. Duvernoy, t. LVIII, p. 203.
(2) Archives du Doubs, E, 1062.
(3) En 1424, les sujets de ce fief étaient : Le grand Thierry, Perrin Henry, Bichel, le fils à la Rousse ; Vuillemin, fils de Jean Henry ; Bichey, le Pelle-

Thiébaud VIII, seigneur d'Héricourt et du Châtelot, de Neuchatel et d'autres lieux, possédait par engagement Sainte-Ursanne et autres terres de l'évêché de Bâle. Il refusa de les rendre au successeur de son neveu, Humbert de Neuchatel, mort le 13 juin 1418, quoique le prix de la terre lui en eût été offert. Réduit à employer la force, après avoir épuisé les moyens de conciliation, le nouvel évêque de Bâle donna le commandement de ses troupes au comte de Thierstein, qui, en trois jours, fit là conquête des possessions de l'évêché, pénétra dans le comté de Bourgogne, dévasta Beveuges, possession d'Henri d'Accolans, et la terre de Villersexel.

Thiébaud, mal préparé à une attaque si subite, sollicita et obtint une trêve. Pendant ce temps-là, il équipa ses sujets et, à la tête de cinq cents hommes, vint brûler la ville d'Essing. La trahison lui ouvrit le bourg de Florimont, dont il égorgea la garnison en partie. De sa part, ce fut un acte de barbarie. Les représailles furent promptes. Avant la Fête-Dieu de 1525, les troupes de Bâle se saisirent du bourg de Clémont ; le château résiste, mais l'ennemi brûle les villages voisins et marche quelque temps après contre Héricourt. Le siège commence le samedi après la Toussaint. Quatre grosses pièces de canon, des bombardes, des machines de toutes sortes, menacent les murailles ; déjà les échelles sont mises en mouvement pour l'assaut, lorsque la garnison se retire au château en brûlant la ville. Toute la puissance de l'artillerie dirigée contre cette forteresse produit un tel ravage que, le jour de la Saint-Martin, la garnison, réduite à traiter, ouvre les portes et sort au lever du soleil. Des quinze tours qui flanquaient le château et la muraille, sept sont abattues, les autres minées. L'ennemi détruit une partie des murs et pille les habitants.

Thiébaud tomba entre les mains des Bâlois. Devenu leur prisonnier, il fut forcé d'accepter les conditions du vainqueur Jean de Neuchatel, et le sénat de Berne rétablit la paix entre les belligérants. Thiébaud rendit pour 10,000 francs les terres de l'évêché de Bâle, et sa rançon fut fixée à 8,400 florins. C'était à peu près l'équivalent de ce qu'il avait reçu pour l'abandon des terres forcément restituées par lui.

tier, Perrin le Houtier, la fille Amey, Vuillemin le François, Girard Tanchel, Henri Choufflot, Thiébaud Guiot, Perrin Belverne, Girard Pequegnot, Bertold Loïcal, Perrin Flamusse, Jean Martin.

La guerre, à ce moment, sévissait avec fureur entre la France et l'Angleterre. Jean sans Peur, duc de Bourgogne, venait d'être assassiné à Montereau, 10 septembre 1419. Philippe le Bon, pour venger la mort de son père, se jeta, de fureur, dans le parti anglais ; il y fut suivi par toute la noblesse bourguignonne, acte assez peu honorable pour elle. Le nouveau duc, en décembre 1420, signa avec Henri V, roi d'Angleterre, le traité de Troyes, dans lequel il reconnaissait Henri comme régent de France et héritier présomptif de Charles VI. Mais, en livrant la France aux Anglais, Philippe le Bon avait aussi condamné la Bourgogne et la Comté à subir de grands malheurs. Après la mort du roi d'Angleterre, arrivée au bois de Vincennes, le 31 août 1422, et celle de Charles VI, le 8 octobre suivant, notre pays, envahi par les Français, vit ses terres ravagées et ses habitants maltraités. Le prix des denrées était en même temps devenu si excessif que, dans beaucoup de localités de la Comté, les villageois durent manger du pain mêlé d'argile. Pour comble de malheurs, la peste vint s'ajouter à la famine. Une partie de la population disparut.

Pour comprendre les extrémités auxquelles certaines contrées étaient réduites, il suffira de dire que les habitants de Blussans, Blussangeaux et du Châtelot, poussés par la faim, s'étaient portés en armes sur le hameau de la Prétière, dans le but de s'emparer des vivres qu'ils pourraient y trouver. Les premiers paysans chez lesquels ils se présentèrent leur ouvrirent leurs maisons sans résistance, mais les autres, qui avaient eu le temps de se concerter, leur fermèrent leurs portes, décidés à défendre leurs provisions. Malheureusement leur faiblesse, en dépit de leur vaillance, succomba devant les attaques de leurs agresseurs, et le meurtre suivit le pillage.

Lorsque les religieux du Lieu-Croissant eurent connaissance de ces excès, ils citèrent les plus coupables d'avoir à comparaître par-devant eux pour s'entendre condamner aux peines portées par les lois. Non seulement les rebelles résistèrent à cette injonction, mais ils osèrent maltraiter les huissiers du monastère. Ils récusèrent le droit des religieux et, quand ils comparurent devant les officiers de la justice de Neuchatel, ce fut pour être acquittés.

Ce jugement outrageait la morale. On comprend que les religieux se soient empressés d'en donner avis à Philippe, duc de Bourgogne, qui leur octroya sur-le-champ un mandement de maintenue dans la haute justice et seigneurie de la Prétière (1425). La sentence des juges de Neuchatel fut mise à néant, et les assassins subirent le châtiment de leurs crimes (1).

Le château de Saint-Maurice-sur-le-Doubs était habité, en 1417, par Jean de Saint-Maurice, dit Sauvaget, cinquième du nom. Epoux en premières noces de Marguerite de Trévillers et, en secondes noces, de N. d'Epenoy, sa carrière se passa dans les armées de Bourgogne. Il possédait des fiefs à Saint-Maurice-sur-le-Doubs, Dambelin, Mesandans, Montmartin, Colombier-Fontaine et Villars-sous-Ecot. Il eut deux fils : Claude, qui a continué sa postérité, et Annet de Saint-Mauris, mort chanoine de la métropole, en 1449.

Les sires de Neuchatel possédaient, dans la rivière du Doubs, deux pêcheries qu'ils avaient données à la famille Pescherot, de Colombier-Châtelot. Ceux-ci, en retour, devaient fournir à leur seigneur, et dans le lieu de sa résidence, deux services de poissons, le mercredi, le vendredi et le samedi de chaque semaine, aux vigiles de certaines fêtes, aux Quatre-Temps et pendant le Carême. Le prix de chaque service était de trois sols estevenants ; celui qui les portait au château avait, de plus, la réfection corporelle. Comme privilège, les Pescherot jouissaient de l'affranchissement de la taille et des autres servitudes. Arriva cependant le moment où cette charge fut remplie avec négligence. En 1434, Jean d'Arguel, bailli de Thiébaud de Neuchatel, rendit, avec le consentement des Pescherot, une sentence qui les rappelait à leurs devoirs (2).

Les familles nobles de la seigneurie d'Héricourt s'éteignaient. De ce nombre fut celle de Chagey, car, en 1439, Humbert de Bussières, écuyer à Granvillars, reprit de la comtesse Henriette le fief tenu à Chagey par Renaud et Guillaume de Chagey.

Dans le même village, en 1432, Henry d'Accolans reprit de Thiébaud de Neuchatel une partie du fief de Nant, situé à Luze et à Chagey. Il le tenait de Jeanne, fille de Vaucher de Chauvirey, époux d'Anne de Nant.

---

(1) Bulliard, *Mss. de l'Isle-sur-le-Doubs*, p. 60.
(2) **Archives du Doubs, E, 496.**

A ce moment, une partie du fief de Champey était entre les mains d'Alix d'Antigny, épouse de Nicolas Noblot de Montbéliard ; elle en fit hommage au sire de Neuchatel en 1421 ; l'autre appartenait, par acquisition, à Henri Lambois, écuyer, époux de Jeanne de Romain ; il le reprit du même, en 1423.

Renaud Oudriot de Tavannes, devenu possesseur du fief de Beurnevesin, le reprit de Thiébaud de Neuchatel, en 1423. Il devait l'ouverture de sa maison à son suzerain (1).

Dans les trente premières années du XVe siècle, les nobles du comté de Bourgogne et les seigneurs de la Haute-Alsace firent à chaque instant des incursions sur les terres les uns des autres. En 1428, ces derniers envoyèrent encore au duc de Bourgogne « leur défi de feu et de sang ». Jean Louis, sire de Montjoie, et Jean de Neuchatel y répondirent. Tous deux, à la tête de 2,500 soldats, pillèrent et brûlèrent le pays pendant huit jours, et enfermèrent, à la suite de cette expédition, soixante notables dans les cachots de Montjoie, mais Jean de Thierstein alla mettre le siège devant cette forteresse, la prit d'assaut et la garda jusqu'en 1440 (2).

Philippe le Bon, duc de Bourgogne, qui avait embrassé le parti des Anglais, au grand mécontentement des Bourguignons, ajouta à cette faute une autre plus grave encore, qui était en même temps un crime et une honte : ce fut de livrer Jeanne d'Arc aux Anglais, ses alliés. Quelle échancrure, ce jour-là, il fit à sa couronne ducale ! Son fils devait l'expier cruellement. Cependant des difficultés, survenues entre le duc et ses alliés, l'engagèrent à se réconcilier avec Charles VII, roi de France. Le traité d'Arras, en 1435, cimenta cette réconciliation, qui, pour notre Franche-Comté, fut cause de grands désastres.

Les soldats du roi de France, laissés sans emploi par suite de ce traité, se mirent à courir, au nombre de 12,000, la Normandie, la Picardie, la Champagne, la Lorraine, l'Alsace et les deux Bourgognes. Ramassis d'aventuriers cherchant dans la guerre des moyens d'existence, ces pillards, sous le nom d'Ecorcheurs, répandaient partout l'épouvante, s'emparaient

(1) Cartulaire de Neufchatel.
(2) L. Stouff, *Catherine de Bourgogne.*

des bourgades et des châteaux, se livrant aux excès de la plus cruelle sauvagerie.

De la Lorraine, ils pénétrèrent en janvier 1439 dans les terres de Luxeuil et de Faucogney, où ils pillèrent, massacrèrent et incendièrent. De là, ils passèrent en Alsace. Du 22 février au 1er mars, ils étaient autour de Bâle. Le voisinage de Strasbourg les subit pendant dix jours. Quelques bandes portèrent la désolation jusqu'à Francfort. Ils se réunirent ensuite dans le Sundgau, marquant partout leur passage par des massacres, des incendies, le vol des églises et des monastères ; ils brûlèrent plus de cent dix villages.

Vers le 20 mars, ils firent irruption dans la contrée qui s'étend de Colmar à Montbéliard. Montreux, Chèvremont, Pfaffans, Granvillars furent le théâtre de la plus effrénée inhumanité. Dans ce dernier village, ils massacrèrent cinquante enfants (1). Une bande, sous les ordres de Gilles de Saint-Simon, brûla Chamabon ; Dâlotte eut le même sort. Les gens de la comtesse Henriette avaient marché sans succès contre ces envahisseurs (2).

En remontant vers la Bourgogne, à leur sortie du pays de Montbéliard, les Ecorcheurs, qui étaient sous les ordres de Blanchefort de Chabannes et de Chapelle, arrivèrent, vers Pâques, dans les villages de Saint-Loup, Corbenay, Augeux. Tous ces endroits et ceux des environs furent horriblement maltraités. Pour comble de calamités, la peste joignit ses maux à ceux de ces bandits.

L'empereur d'Allemagne, Frédéric III, ayant demandé du secours au roi de France contre les Suisses, ce monarque lui envoya les Ecorcheurs, sous la conduite du Dauphin, depuis Louis XI. Au commencement du mois d'août 1444, le fils de Charles VII quitta Langres avec une armée de 30,000 hommes, ignoble ramassis de toutes les nations. Dans sa marche vers Bâle, cette armée s'avançait par détachements à travers presque tous les villages qui forment aujourd'hui les arrondissements de Vesoul et de Lure. Le Dauphin était encore à Luxeuil au 15 août que, déjà, Blanchefort était à Granvillars. Pendant les mois de juillet, d'août et de septembre, les villages de Saint-

(1) Tuetey, *Les Ecorcheurs.*
(2) Abbé Bouchey, *Abbaye de Belchamp*, p. 37.

Loup, de Luxeuil et de Faucogney subirent de lamentables déprédations ; pas un village, pas un hameau ne fut épargné. Pour obtenir de l'argent, les barbares soumettaient les habitants à d'horribles tortures. La méchanceté humaine peut difficilement être portée plus loin. Les détachements se succédaient les uns aux autres dans les mêmes lieux. Quinze jours après que le Dauphin eut quitté Luxeuil, le sieur du Plessis y entra avec ses barbares. A leur départ d'un endroit, il n'y restait ni une obole ni un morceau de pain. Deux otages, l'un emmené des environs de Saint-Sauveur jusqu'à Lyoffans, l'autre conduit de Velleminfroy jusqu'à Bavans, ne nous disent que trop que les villages d'Héricourt et du Châtelot furent ravagés et ensanglantés par ces êtres féroces dans leur marche vers l'Alsace.

Le Dauphin s'arrêta, le 17 août, à Dampierre-sur-le-Doubs. Sa résolution était d'occuper Montbéliard pendant un an et demi. Il en fit la demande, menaçant de s'en emparer par force en cas de refus et de tout tuer. Le bailli Erard de Neuveroche lui livra « traîtreusement » (1) une ville où se trouvaient de grandes munitions de guerre. L'ennemi l'occupa probablement le 18 du même mois et, le 23, le général en chef en sortit pour se diriger sur Bâle en y laissant une garnison de 2,000 hommes, sous les ordres de Louis de Beuil, fameux capitaine routier. Celui-ci, pendant que le Dauphin s'activait vers Bâle, se mit à parcourir tous les villages du pays ; ses hommes allaient par troupes détachées.

A quels excès se livrèrent les Ecorcheurs dans les pays qu'ils traversèrent ? Un Alsacien, présent à Montbéliard au moment de leur arrivée, en a parlé en termes émus dans une lettre qu'il écrivit, le 19, au corps de la ville de Strasbourg : « J'ai vu et entendu raconter des actes de cruauté et d'atrocité comme jamais personne n'en a vu ni entendu, et il serait impossible de se figurer les genres de supplices auxquels ils soumettent les pauvres gens qu'ils tiennent en leurs mains ; tout mon corps frémit chaque fois que cela me revient en mémoire (2). »

Les scènes atroces qui eurent lieu dans le pays de Montbéliard n'étaient que la reproduction de celles qu'avaient subies les sujets des terres de Luxeuil et de Faucogney. Non

(1) Archives du Doubs, *Comptes de l'Abbaye de Saint-Paul* 1444.
(2) Tuetey, *Les Ecorcheurs*, t. I, p. 211.

seulement les Ecorcheurs les dépouillèrent, les rançonnèrent, les tuèrent, mais, par un raffinement de barbarie, ils attachaient leurs victimes jusqu'à ce qu'elles mourussent de faim ; ou bien ils les clouaient par les pieds et les mains aux murs, aux portes des maisons, les faisaient rôtir devant le feu ; les uns étaient roués de coups, les autres pendus ; quelques-uns furent enfermés dans des coffres, où ils étouffèrent ; ils sautaient sur la poitrine des uns, fendaient la joue des autres ou leur coupaient un doigt à coups d'épée, comme nous l'apprennent les enquêtes (1).

Ce fut sous les murs de Bâle que, le 26 août, se livra la bataille de Saint-Jacques, où 2,000 Suisses luttèrent héroïquement contre les forces du Dauphin ; ils périrent presque tous les armes à la main, après avoir fait un horrible carnage de leurs ennemis. Après ce combat, l'Alsace fut occupée, et ses habitants maltraités, torturés jusqu'au mois d'avril 1445. Pendant ce temps-là, Montbéliard eut à loger et à nourrir 2,000 Ecorcheurs, commandés d'abord par **Louis de Beuil** et, au mois de janvier, par **Joachim Rouhaut**.

Thiébaud IX, le maître de nos deux seigneuries, incapable de s'opposer au passage d'une armée pourvue d'un matériel formidable, prit soin de faire occuper toutes les forteresses du pays. Le 26 août 1544, il envoya au château d'Etobon (2) un détachement commandé par Saint-Jean de Méry et confia la garde d'Héricourt à Jean de Rosières. Des garnisons furent établies à Granges, Blamont, Vaucluse, Belvoir, Passavant, Clerval et l'Isle-sur-le-Doubs.

Tant que les terres de Bourgogne furent exposées aux ravages des ennemis, **Thiébaud IX**, nommé maréchal de Bourgogne, en 1644, se tint en permanence à leurs côtés. En décembre de cette année, il est à l'Isle-sur-le-Doubs et à Passavant ; en février 1445, à Clerval et à Blamont, en mars à Gray, à

(1) Tuetey, *Les Ecorcheurs* t. II.
(2) Vuillemin Curie, bourgeois de Montbéliard, eut pendant plusieurs années le gouvernement et la garde du château d'Etobon, ainsi que la charge de receveur. Au mois de mars 1446, il fut incarcéré pour avoir proféré des injures contre Richard Barthol, curé d'Etobon, qu'il avait accusé de mensonge, en présence du bailli, et traité de mauvais prêtre. Cette affaire, qui vint aux assises du bailli, ne paraît pas avoir eu de suite. Elle ne fut toutefois pas étrangère au retrait des fonctions exercées par le sieur Curie.

Blamont et à Passavant ; en avril à l'Isle, à Rougemont, à Besançon, à Faverney et à Port-sur-Saône ; en mai à Montjustin, à Baume-les-Dames et à Rougemont.

Pendant leur séjour à Montbéliard, les Ecorcheurs continuèrent à se livrer à des excès inouïs. Ils attaquèrent la forteresse de Neuchatel, le château de Mandeure, et prirent Héricourt. L'invasion se répandit dans toute la Franche-Comté. Au mois d'avril 1445 le maréchal écrivait à la duchesse de Bourgogne : « Les Routiers, chaque jour, courent en vos pays, prennent bétail, corps d'hommes, boutent feu et font tout le mal qu'ils peuvent. Ceux qui étaient en Allemagne sont à présent logés en vos terres de Bourgogne. » Il y eut de nombreux et forts engagements où les Ecorcheurs périrent par milliers, poursuivis par l'indomptable courage du sire de Neuchâtel, qui en pendit autant qu'il en prit. Enfin, au mois de novembre, les Français abandonnèrent Montbéliard, mais les plaies faites aux Bourguignons et aux Comtois furent lentes à se cicatriser (1).

La famille de Neuchatel était, à ce moment, au comble des honneurs. Thiébaud IX, né vers 1412, fut créé chevalier de la Toison d'Or, en 1437 ; bientôt après il préludait à sa brillante carrière militaire par des combats journaliers contre les Écorcheurs. Fier des hautes qualités de son fils, Thiébaud VIII lui donna, en 1439, en toute propriété, la châtellenie de Blamont. Deux ans auparavant, il avait épousé Bonne de Chateauvillain, de laquelle il eut onze enfants.

Jean de Neuchatel, seigneur de Montaigu, était mort en 1433. N'ayant pas eu d'enfant de son mariage avec Jeanne de Guistelle, il institua pour son héritier Jean II de Neuchatel, autre fils de Thiébaud VIII, à charge de relever le nom de Montaigu. Cette clause testamentaire, il pouvait la rendre brillante, car, dès 1440, il était lieutenant-général du duché de Bourgogne, et onze ans plus tard il fut chevalier de la Toison d'Or. Son père, le sachant possesseur de nombreuses terres, donna tous ses biens à Thiébaud IX. Il en résulta entre les deux frères une brouille qui dura toute leur vie, malgré les tentatives de réconciliation qu'entreprit à leur

____

(1) Tuetey, *Les Ecorcheurs*, t. I. — Edouard Clerc, *Les Etats-Généraux*, .I, p. 104.

égard l'archevêque de Besançon, Charles de Neuchatel, fils de Jean II de Montaigu.

La comtesse Henriette de Montbéliard était loin, paraît-il, de trouver dans ses deux fils, Louis et Ulrich de Wurtemberg, les sentiments nobles et élevés de sa famille. Vraiment chevaleresque, avait-elle la vision anticipée des ruines religieuses que les descendants de ces princes accumuleraient dans un pays où ses ancêtres s'étaient couverts de gloire, en tenant haut et ferme le drapeau de la foi catholique ? On ne peut expliquer autrement l'intention de la comtesse de les priver de ses États de Montbéliard. Pour lui ôter le pouvoir de le faire, les deux fils dénaturés l'emprisonnèrent au château de Wurtingen, le 30 avril 1441. Un traité intervint entre les deux parties, le 13 octobre de l'année suivante, sous la médiation de Thiébaud VIII et d'autres seigneurs. Il portait que le comté de Montbéliard et ses dépendances seraient assurés à la comtesse pendant sa vie, sous la réserve qu'à son décès il passerait à ses fils, à l'exclusion d'Anne de Wurtemberg, leur sœur, mariée au comte de Katzenelbogen. En proie à la douleur, humiliée de la conduite de ses fils à son égard, la comtesse quitta le Wurtemberg, pour se fixer à Montbéliard, d'où sa générosité rayonna sur le comté et sur la seigneurie d'Etobon. Dans le village de ce nom, sa mémoire se perpétue dans une fontaine que les habitants appellent *la Comlôse*.

Victime de l'ingratitude de ses fils, cette dame magnanime reporta ses sympathies sur la famille des Neuchatel. Par son testament du 8 février 1444, elle fit un legs à Henri, second fils de Thiébaud IX, dont elle avait été la marraine et à qui elle avait donné son nom, elle lui laissa toute sa vaisselle d'argent, avec une somme de trois mille florins. Elle mourut le 15 février de la même année et fut inhumée dans le caveau de l'église Saint-Maimbœuf, à côté des illustres sires de Montfaucon-Montbéliard.

Sa sœur, Agnès, femme de Thiébaud VIII, était morte en 1439, et, l'année suivante, son mari épousa, en secondes noces, Guillemette de Vienne, veuve d'Antoine de Vergy.

Les terres de Neuchatel, pendant l'invasion des Écorcheurs, avaient été ravagées par la garnison de Montbéliard. Philippe le Bon condamna les deux fils de la comtesse Henriette à payer à Thiébaud une indemnité de mille florins, sans préjudice du legs fait par leur mère à Henri, petit-fils de Thiébaud VIII. Les deux princes ne se pressant pas de s'en acquitter, le maréchal déclara qu'il garderait les places de Granges, Clerval et Etobon jusqu'au paiement intégral de tout ce qui était dû à sa famille. Enfin, par un traité conclu le 11 octobre 1446, cinq mille florins lui furent promis et payés l'année suivante (1).

Cette année-là, mourut Jeanne de Romain, épouse de Henry de Lambois. Jacquot de Diesse, neveu de ce dernier, reprit de Thiébaud de Neuchatel la partie du fief de Champey qui avait appartenu à Henri de Champey, et Othenin Noblot, de Montbéliard, fils de Nicolas Noblot, remplit le même devoir féodal pour l'autre partie, autrefois fief d'Othenin de Champey.

Sous le régime féodal, les couvents avaient pour leurs sujets mainmortables beaucoup de condescendance. Outre qu'ils ne devaient jamais les céder à des seigneurs laïques, ils les admettaient dans leurs cloîtres, où ils vivaient sur un pied d'égalité avec tous les religieux, obtenant les premières charges quand ils les méritaient. En 1448, Aimé Vallé, curé de Chagey, déclare que le prieur de Saint-Valbert, à cause du patronage de sa cure, dont il est possesseur, a droit à deux parties des oblations, mortuaires et délivrances. Cet acte, signé par quatre habitants de la paroisse, fut rédigé par « Mgr le prieur de Fouchécourt, Jean Mabile », originaire d'une famille de Chagey, sujette du prieuré de Saint-Valbert. Devenu bénédictin de Luxeuil, ses mérites l'élevèrent à la plus haute dignité d'un autre prieuré, plus important, qui appartenait à ce monastère. Dans les abbayes, les distinctions sociales disparaissaient devant le talent et la vertu (2).

Thiébaud VIII, et, après lui, Thiébaud IX, pleins d'affection pour leurs sujets d'Héricourt, leur en donnèrent des témoignages fréquents. Le premier les autorisa à s'imposer entre eux et sans son consentement pour les affaires publiques et nécessaires. Les bourgeois forains de neuf villages de la seigneurie participèrent à la répartition de ces impôts

____

(1) Duvernoy, *Ephémérides*, p. 389.
(2) Archives Haute-Saône, E. 270.

(1445). Quelques années plus tard, il leur accorda la permission de cuire leur pain dans leurs propres fours, moyennant le paiement, à la Saint-Martin, et par ménage, de deux quartes de froment, d'une seule pour une veuve, et, pour la ville entière, de quatre livres de cire.

Thiébaud VIII, prévoyant sa fin prochaine, s'y prépara, à l'exemple de ses prédécesseurs, par de bonnes œuvres. Il déchargea les religieux de Vaucluse du droit de chasse, à la condition qu'ils célébreraient, à perpétuité, une messe pour lui et sa famille, le vendredi des Quatre-Temps avant Noël. Il donna aux abbés et religieux de Belchamp une vigne de vingt ouvrées dans la côte de Saint-Symphorien, de Mathay, à charge par eux de célébrer tous les ans, au jour de la fête de ce saint, une grand'messe dans l'église de Mathay, et de dire ensuite deux messes, l'une du Saint-Esprit et l'autre de la Vierge. Il mourut le 26 mars 1455 et fut inhumé dans la chapelle de la Vraie-Croix de l'Isle-sur-le-Doubs. De sa seconde épouse, qui vécut jusqu'en 1472, il avait eu trois enfants (1).

Plus fier de son épée que de sa fortune, Thiébaud IX, alors dans tout l'éclat de sa renommée, poursuivait sans répit le cours de ses exploits guerriers, pour le triomphe de l'ordre. Dans la crainte de voir les Écorcheurs s'établir à Bregille et attaquer Besançon, les gouverneurs de la ville avaient fait brûler ce village, dont l'archevêque était usufruitier. Le pape condamna les Bisontins à payer une indemnité au prélat. Le peuple s'y refusa, disant que les gouverneurs seuls, cause du mal, devaient le réparer. La sédition devint si violente qu'ils quittèrent la ville, le 14 décembre 1451, laissant leurs maisons au pouvoir des pillards. A cette nouvelle, le duc de Bourgogne charge Thiébaud, nommé par lui gardien de Besançon, d'apaiser les troubles. Le maréchal de Bourgogne essaie de rétablir l'ordre, mais en vain, il est même contraint de sortir de Besançon, pour échapper à la mort. Il y rentre au milieu de juillet suivant, accompagné de gentilshommes et de 1.200 cavaliers. Cette fois il se rend maître des mutins, dont quatre sont condamnés à mort.

(1) Antoine, seigneur de Clemont, de l'Isle ; Henri, curé de Gy et ensuite chanoine de la cathédrale, et Bonne, qui fut mariée deux fois.

En 1468, les Gantois ayant refusé de payer les gabelles au duc de Bourgogne, leur souverain, le sire de Neuchatel, après une lutte à Grave, les oblige à se soumettre.

Cependant les familles nobles devenaient, dans nos seigneuries, de plus en plus rares. Humbert de Bussurel, dernier gentilhomme de ce nom, possédait un fief en ce lieu, en 1451. Il mourut. Son domaine, dont une partie fut ensuite tenue successivement par les d'Epenoy et par les de Mathay, l'autre possédée par les de Grammont, devint en entier, à la fin du XVIe siècle, la propriété du comte Frédéric. La famille de Bussurel avait fourni plusieurs prêtres au chapitre de Saint-Maimbœuf de Montbéliard (1).

Dans le Chatelot, Jacquot de Beutal, l'un des six enfants de Guillaume de Beutal et de Catherine de Saint-Maurice, épousa Adeline de Vesoul, de laquelle il eut Agnès de Beutal. Par son testament de 1463, il accrut la dotation de la chapelle de Sainte-Catherine, fondée par ses prédécesseurs dans l'église paroissiale de ce village. Sa fille unique, dernière héritière de cette maison, par son mariage avec Girard de Saint-Mauris, dit Berchenet, porta dans cette famille les terres de Beutal, Bretigney et Longevelle.

Nicolas de Beutal, frère du précédent, embrassa l'état religieux dans l'abbaye de Goailles, dont il fut abbé.

Un deuil plongea dans la désolation la famille du sire de Neuchatel. Son fils aîné, Thiébaud, né en 1438, mourut en 1462. La même année, Thiébaud IX émancipa son fils, Henri, devant le bailli de Gray, le maria à Jeanne de Châlon-Arlay et lui donna la seigneurie d'Héricourt, fief vacant par la mort de son frère aîné (2).

Les franchises accordées, en 1361, par Marguerite d'Héricourt aux sujets de la seigneurie permirent à l'initiative privée, dégagée des chaînes de la mainmorte, d'arriver à un remarquable état de prospérité intellectuelle et matérielle. Pour ne citer qu'un exemple, la famille Bichin de Luze, d'une très humble origine, acquit peu à peu un rang prépondérant dans le pays. Dans les multiples dénombrements des habitants de Luze et de Chagey, donnés à leurs suzerains par

(1) Mss. Duvernoy, t. I, p. 249.
(2) Bulliard, *L'Isle-sur-le-Doubs*.

les seigneurs de ces deux villages, nous trouvons, en 1413, Jean Bichin, qui fut sans doute la souche de tous ceux qui portèrent le même nom. Parmi eux, on doit citer Renaud Bichin, qui, en 1455, fonda son anniversaire à l'église du Saint-Esprit, à Besançon ; un autre Renaud, peut-être fils du précédent, marchand à Besançon, en 1486 ; Jean Bichin, fils de Jacquot Bichin, qui, en février 1487, donna 20 francs à l'abbaye de Belchamp pour l'anniversaire de son père.

Le 28 octobre 1463, Thiébaud IX fit son testament. Bien qu'il eût six fils et quatre filles (1), il avait prévu le cas où tous ses enfants mourraient sans postérité. A défaut donc d'héritiers mâles dans sa famille, il choisit les mâles de la branche cadette de Neuchatel-Montaigu. Il désigna ensuite les femmes de la branche aînée de Neuchatel, puis la maison de Cusance et les descendants d'Henriette de Montbéliard, sa tante maternelle, puis les Châlon, comtes de Tonnerre, et enfin la maison de Vaudémont.

En 1467, Charles le Téméraire, devenu duc de Bourgogne, par la mort de son père, investit Thiébaud IX de toute sa confiance et lui confirma le titre de maréchal de Bourgogne. L'année avant sa mort, le sire de Neuchatel fit sa dernière campagne militaire. Les Liégeois, excités par les agents de Louis XI, s'étaient révoltés contre Charles le Téméraire. C'est à Péronne, pendant qu'il négociait avec son adversaire, que le duc de Bourgogne connut cette rébellion. Dans sa fureur il fit enfermer le roi de France dans la tour du château. Louis XI, aidé des conseillers du duc, apaisa Charles le Téméraire, mais avant d'être rendu à la liberté il dut aller réprimer les Liégeois. Leur ville fut prise et, pendant le pillage qui s'ensuivit, Thiébaud IX fut chargé de garder Louis XI et de le rendre témoin du sac de cette malheureuse ville, trompée par ses fourberies (31 octobre 1468).

(1) Enfants vivants de Thiébaud IX : 1º Henri, né en 1440, seigneur de Châtel-sur-Moselle, Neuchatel, Blamont et Héricourt, époux de Jeanne de Châlon ; 2º Claude, seigneur du Fays ; 3º Guillaume, seigneur de Montrond ; 4º Antoine, abbé de Luxeuil et évêque de Toul, en 1459 ; 5º et 6º Louis et Léonard, prêtres ; 7º Jeanne, épouse de Gérard, seigneur de Longwy, Givry et Binans ; 8º Agnès, religieuse de Remiremont, en 1463 ; 9º Marguerite, abbesse de Baume-les-Dames ; 10º Catherine, abbesse de Remiremont, puis de Baume.

Deux des fils de Thiébaud, Henri et Claude, furent faits chevaliers après la prise de cette ville. Le 4 septembre de l'année suivante, le maréchal mourut et fut enterré à l'abbaye du Lieu-Croissant. Bonne, son épouse, lui survécut cinq ans encore ; elle fut inhumée à côté de lui.

CHAPITRE V

Dans nos deux seigneuries, la guerre exerçait ses ravages
à des intervalles très rapprochés. En 1469, Sigismond, duc
d'Autriche, avait vendu au duc de Bourgogne, Charles le
Téméraire, le comté de Ferrette, avec la Haute-Alsace et le
Brisgau. Pierre de Hagenbach, favori du duc, en fut nommé
grand bailli. Il s'y comporta en vrai tyran. Sigismond,
informé de son odieuse conduite, que Charles osa aller encourager en personne (1), se hâta de rembourser à celui-ci les
sommes d'argent qu'il en avait reçues. Il les fit consigner à
Bâle, notifia au duc l'acte de rachat, et, sans attendre la réponse, se mit en possession de son infortunée province (mars
1474) (2).

En ce temps-là, les folles ambitions du duc Charles, qui
songeait à rétablir un royaume de Bourgogne, réunirent
contre lui tous ceux qu'alarmaient ses projets. Dès le 30 mars
précédent, l'empereur, l'empire, l'archiduc d'Autriche, le
duc de Lorraine, les Suisses, les évêques de Bâle et de Strasbourg, la ville et le comté de Montbéliard avaient signé un
traité d'alliance et formé contre lui une ligue formidable.
Il était stipulé qu'aucune paix ne serait faite avec lui tant
qu'il n'aurait pas rendu à la liberté le comte Henri de Montbéliard, qu'il avait pris et gardé en prison, pendant que ce
prince traversait le Luxembourg, et ne lui aurait pas rendu
ses terres de Granges, Clerval et Passavant, dont il s'était

(1) Duvernoy, *Ephémérides*, p. 00.
(2) Besson, *Abbaye de Lure*, p. 2..

saisi. Une garnison de troupes confédérées, principalement de Suisses, fut établie à Montbéliard et à Delle.

Le duc, fort de l'alliance de la maison de Neuchatel, avait essayé de s'assurer la première de ces places, en envoyant Claude de Neuchatel, seigneur du Fays et gouverneur du Luxembourg, avec Olivier de la Marche, sommer le gouverneur de lui en ouvrir les portes (11 mai 1474). Repoussé de ce côté, Charles donne l'ordre au sire du Fays de laisser dans le comté de Montbéliard les compagnies de Jean d'Igny et d'Antoine de Linanges pour le ravager, puis de se joindre, avec le reste de ses troupes, à Étienne de Hagenbach (22 juin).

Mais le féroce Pierre de Hagenbach, ayant commis de nouveaux actes de violence, avait été saisi, jugé et décapité à Brisach, le 9 mai, en présence de l'archiduc et des députés suisses (1). Étienne, son frère, après cet acte de justice, fit une irruption soudaine en Alsace, aidé du corps d'armée de Claude de Neuchatel. Un grand nombre de villages, situés entre Belfort, Dannemarie et Delle, furent saccagés et presque détruits, les récoltes foulées aux pieds, les habitants égorgés ou pendus aux arbres, les couvents et les églises pillés (2).

Poussés par la soif de la vengeance, les confédérés décidèrent de marcher contre Charles le Téméraire et ses alliés inhumains. Le 30 septembre, le comté de Montbéliard et la seigneurie d'Etobon entrèrent dans l'alliance formée contre le duc de Bourgogne. Des soldats confédérés furent installés à Montbéliard et au château d'Etobon. Le 24 octobre, les Suisses envoyèrent à leur tour une déclaration de guerre au duc. La campagne commença par le siège d'Héricourt qui appartenait à Claude de Neuchatel. Les contingents de la Forêt Noire, de Bâle, de Zurich, d'Uri, de Schwitz, d'Unterwald, de Zug, de Glaris, de Lucerne, d'Appenzel, de Rotweil

(1) Henri d'Accolans épousa en 1410 Jeanne de Chauvirey, fille de Vaucher de Chauvirey et d'Anne de Nant. De ce mariage naquit Marguerite d'Accolans, épouse de Pierre de Hagenbach. Elle eut deux filles, Marie de Hagenbach, qui épousa Antoine de Monthureux (1497-1518), et Philiberte de Hagenbach, mariée à Thiébaud de Grandvillars. Marguerite de Grandvillars, fille de ces derniers, épousa Jean de Mouthiers, seigneur de Cubry, 1496. Elle porta dans cette famille les biens de Nant et d'Accolans.

(2) Duvernoy, *Ephémérides*, pp. 167, 231, 311.

se réunirent, le 31 octobre 1474, à ceux qui étaient venus de Berne, de Strasbourg et d'autres États alliés. Cette armée, évaluée à 18,000 hommes et commandée par Herter de Herteneck, fils d'un ancien bailli de Montbéliard, commença le siège de la ville, le 8 novembre.

Après avoir fait jouer l'artillerie, pendant quelques jours, on employa le bélier de Bâle contre les murailles et les tours dont elles étaient flanquées.

Le duc Charles n'en fut pas plus tôt informé, qu'il détacha de sa grande armée, vers la place assiégée, le comte de Romont, prince de la maison de Savoie, avec 15,000 hommes portés à plus de 30,000 par des renforts successifs, parmi lesquels se trouvèrent 5,000 fantassins qui, le matin, avaient quitté Passavant, sous les ordres de Claude de Neuchatel. Les confédérés suisses et allemands, avertis par des patrouilles, de l'arrivée des Bourguignons, confièrent aux Alsaciens la garde du camp, pour empêcher les sorties de la garnison d'Héricourt, le reste de l'armée fut divisé en deux corps : les Suisses, commandés par Félix Keller, de Zurich, devaient s'avancer, en masses profondes et à pas lents, à la rencontre de l'ennemi ; les Autrichiens, qui formaient la cavalerie, se tiendraient en réserve derrière les Suisses.

Le comte de Romont avait placé ses troupes dans une forte position, entre un étang à sa droite et un bois à sa gauche. Les alliés engagèrent le combat, le 13, vers l'heure de midi. Leur impétuosité fut si irrésistible que l'effroi ne tarda pas à se mettre dans l'armée bourguignonne ; son infanterie fut rompue, sa cavalerie essaya en vain de la rallier, la déroute de l'armée du duc fut complète, il perdit 2,000 hommes et, en outre, 200 furent brûlés dans les chaumières où ils s'étaient réfugiés. Les soldats de Faucogney furent particulièrement éprouvés ; seulement un sur dix survécut au désastre. Cinq gentilshommes bourguignons furent faits prisonniers ; les voitures de bagages, de vivres et de munitions de guerre furent brûlées en partie (1). Bientôt après eut lieu la reddition d'Héricourt, dont les défenseurs étaient au nombre

(1) L'endroit où se livra cette bataille n'a pu être déterminé jusqu'ici. Duvernoy la fixe à Raynans, village du canton de Montbéliard ; Mgr Besson, dans son mémoire historique de l'abbaye de Lure, dont le sentiment a été accepté par d'autres auteurs, met cette bataille entre Chenebier et

de 400. La capitulation fut conclue le 18 octobre ; eux et leurs chefs, Étienne de Hagenbach et le sieur d'Asuel, obtinrent leur libre sortie. La ville et le château furent remis à Sigis-

Chagey, à droite de l'étang dit de la Forge. A notre avis ces deux auteurs sont dans l'erreur.

1° Une partie de l'armée bourguignonne, d'après les documents, au matin du 13 novembre, quitta le château de Passavant, construit sur une hauteur entre Champagney et Plancher-Bas. Elle y était arrivée la veille au soir. Pour se rendre de là à Raynans, elle devait suivre d'abord des routes étroites, raboteuses, défoncées, les abandonner ensuite pour s'avancer par monts et par vaux, ou par des chemins très détournés, en l'absence d'une voie directe. Or, par cet itinéraire, il était impossible à une armée, accompagnée de voitures de munitions et de provisions de bouche, de franchir une distance de six à sept lieues dans le laps de temps indiqué par les documents. Du point de départ à celui d'arrivée marqué par Duvernoy, une journée entière de marche était à peine suffisante. Et après la bataille comment les Bourguignons, en ne donnant même à la lutte qu'une durée de deux heures, seraient-ils rentrés le soir au château de Passavant ? Raynans ne fut donc pas le théâtre de la bataille en question.

2° Elle ne fut pas davantage livrée entre Chenebier et Chagey. Le général bourguignon, d'après Mgr Besson, rangea son armée à droite d'un étang. Mais en 1474, l'étang dont il parle n'existait pas encore. Un document des archives du Doubs (E 1058) nous apprend qu'il fut créé én 1586.

3° Où donc la placer ? Dans les environs immédiats de Chenebier où alors étaient de nombreux étangs, entre autres Frénotte, Guidoz et l'étang Prince, chacun d'eux contenant à peu près deux hectares, les deux premiers situés à quelque distance d'une forêt très vaste. Sur d'autres points du territoire, peu éloignés des bois de la commune, se trouvaient aussi à cette époque d'autres étangs où la bataille en question a pu être livrée.

Son emplacement dans les environs immédiats de Chenebier s'accorde avec le temps qui a dû s'écouler entre le point de départ de l'armée bourguignonne, Passavant, et l'heure où commença l'action, vers midi ; il correspond également à la distance parcourue, après la bataille, par une partie de chaque armée ; la cavalerie de l'armée victorieuse ayant poursuivi, *pendant deux heures*, l'armée vaincue *jusqu'à Passavant* (1), d'où celle-ci était partie le matin. A cause de la brièveté des jours au 13 novembre, il est difficile d'admettre que cette bataille ait été livrée à une distance plus grande de Passavant que celle que nous lui assignons.

Les documents disent que les chaumières du village, à côté duquel eut lieu la bataille, furent brûlées et, avec elles deux cents soldats qui s'y étaient réfugiés. Or un document de 1488 (Arch. Haute-Saône, E, 556) nous apprend que le moulin de Chenebier était venu « *en ruines par les guerres depuis longtemps* et que le seigneur d'Héricourt donne au fils de Jeanmaire la permission de refaire, à ses dépens, le moulin qui avait appartenu à ses ancêtres, en un pré, dit le pré de Charmoy ».

Ce moulin, dont la ruine obligeait les habitants de Chenebier à aller à Luze, à une lieue et demie de chez eux, faire moudre leur grain avait été brulé avec les chaumières où restèrent 200 soldats,

De tous ces détails historiques, on peut conclure que la bataille en question fut livrée dans les environs immédiats de Chenebier.

(1) **Barante,** *Histoire des Ducs de Bourgogne*, t. X, p. 250.

mond, qui y laissa une garnison, sous les ordres du comte de Thierstein. Le butin fut partagé entre tous les confédérés.

De là leur flot se répandit aux environs. Le château de Mandeure fut pris et occupé ; la forteresse de Pont-de-Roide fut assiégée et démolie et la Franche-Montagne envahie. Le château de Maîche fut cerné et obligé de se rendre ; les confédérés se partagèrent le butin enlevé aux montagnards. Pendant un an un capitaine leur commanda en maître, faisant des excursions lointaines, jusqu'aux environs de Clerval, emmenant les bestiaux des campagnes, quelquefois les hommes (1).

L'année 1475 fut désastreuse pour la Franche-Comté. Le 28 février, Blamont fut pris, pillé et brulé ; Clémont et Rochedanne subirent le même sort (2).

Au mois de mai, les Bourguignons pénétrèrent dans le comté de Montbéliard et brûlèrent plusieurs villages entre la ville et Porrentruy (3).

Deux mille Suisses s'emparèrent de l'Isle-sur-le-Doubs et n'épargnèrent que les femmes, les enfants, les vieillards et les prêtres. Les habitants de Granges ne furent sauvés qu'en livrant tout ce qu'ils possédaient (4).

Pendant ce temps-là, une armée de confédérés alsaciens et suisses avait fait irruption dans les montagnes du Doubs et pris Pontarlier. A cette nouvelle, les Bourguignons coururent assiéger cette ville et la reprirent d'assaut. Obligés de fuir, les ennemis y mirent le feu. L'armée bourguignonne les poursuivit et leur infligea une sanglante défaite sous les murs du bourg de la Rivière. Pendant leur fuite, les confédérés perdirent beaucoup de monde à travers les gorges et les défilés du fort de Joux, tout en laissant derrière eux la plus affreuse désolation. La ville de Pontarlier, son château, les villages voisins, tout le val du Sauget, Montbenoît, son abbaye, n'offrirent pendant longtemps que l'image de la dévastation et de la mort (5).

Le 31 juillet, un corps de confédérés mit le siège devant

<hr>

(1) Ed. Clerc, *Hist. des Etats*, t. I, p. 153.
(2) Duvernoy, *Ephém.*, p. 72.
(3) Id., *loc. cit.*, p. 161.
(4) *Société d'Emulation de Montb.*, XXIII, p. 339.
(5) **Ed. Clerc**, *Histoire des Etats*, t. I, p. 155.

Blamont, qui appartenait à Claude de Neuchatel. Le 3 août, la garnison, malgré une brillante résistance, brisée enfin par la violente attaque de renforts venus aux assiégeants, fut obligée de capituler. La ville et la seigneurie furent données à l'évêque de Bâle (1).

Au mois de février 1476, les garnisons réunies d'Héricourt et de Montbéliard, marchant sur Montbozon, se saisirent du château et du village, firent 150 prisonniers, levèrent une contribution de 400 florins, enlevèrent les meubles et en chargèrent plusieurs voitures (2).

Le 8 mars, l'Isle-sur-le-Doubs fut pris une seconde fois par les soldats de Montbéliard, qui dévastèrent ce village, déjà si éprouvé. Les 150 prisonniers qu'ils y firent ne furent mis en liberté qu'après avoir payé une forte rançon. Quelques jours après, trente cavaliers, venus de la même ville, attaquèrent devant Granges deux cents Bourguignons, sortis de cette place, et les massacrèrent presque tous. Peu après, Clerval et Baume-les-Dames furent également pris, pillés et en partie réduits en cendres par les garnisons de Belfort, d'Héricourt et de Montbéliard. Toutes les contrées qui s'étendent de cette dernière ville jusqu'au voisinage de Besançon furent mises à feu et à sang (3).

Au mois d'octobre, l'abbaye de Belchamp fut brûlée par un parti de trois cents Bourguignons. Mais ceux-ci furent à leur tour attaqués et vaincus par des soldats de Montbéliard ; les uns furent tués, les autres prirent la fuite (4).

Rien de plus triste et de plus affligeant, dit Gollut, que la conduite des Suisses dans cette guerre : ils ne reculèrent ni devant les profanations des lieux saints ni devant l'exhumation des cadavres, afin de les dépouiller des modestes linceuls qui les recouvraient.

Charles le Téméraire, dont l'ambition valait tant de ruines et de douleurs à ses sujets, réunit les débris de son armée à la Rivière et marcha contre les Suisses, bien que ces monta-

(1) Duvernoy, *Ephém.*, p. 281.
(2) Duvernoy, mss., t. XIX. — Barante, *Hist. des Ducs de Bourg.*, t. X, p. 250.
(3) Duv., mss., t. XIX, p. 57. — *Société d'Emul. de Montb.*, t. XXIII, mss. — Bulliard, *L'Isle-sur-le-Doubs.*
(4) Abbé Bouchey, *Abbaye de Belchamp.*

gnards se fussent jetés à ses genoux pour lui demander grâce. Le voyant inflexible, tous les cantons s'unirent pour défendre leur indépendance. Les grandes batailles de Granson (18 février 1476), de Morat (22 juin), anéantirent les armées bourguignonnes. René de Vaudémont voulut profiter du désarroi où était le duc de Bourgogne pour reconquérir son duché de Lorraine. Charles se précipita sur Nancy, mais ses troupes furent vaincues, le 5 janvier 1477, et on trouva son cadavre, la tête prise dans les glaçons. « Vous avez fait moult de maux et de douleurs », lui dit René en lui prenant la main. L'histoire, en ratifiant cette parole, peut ajouter : Philippe le Bon, en livrant Jeanne d'Arc aux Anglais, alluma le bûcher de Rouen ; le fils expia le crime du père dans les glaces d'un étang.

La famille de Neuchatel fut punie de sa fidélité au duc défunt par la perte des seigneuries de Blamont, Clémont et Héricourt, qui appartenaient à Claude et à Henri de Neuchatel, fils de Thiébaud IX, et par celles du Châtelot et de l'Isle, possédées par Bonne et Antoine de Neuchatel, frère et sœur du même Thiébaud. Un traité signé à Zurich, le 28 mai 1477, attribua à l'évêque de Bâle Blamont, Clémont et Pont-de-Roide. Quant à Héricourt et l'Isle, ils furent abandonnés à l'archiduc Sigismond, qui les céda immédiatement à Ulric et à Henri de Rameck, gentilshommes attachés à sa personne, à la condition de lui rendre foi et hommage.

Un deuxième traité du 30 juin 1478 rendit à la maison de Neuchatel les trois fiefs cédés à l'évêque de Bâle. Celui-ci conserva toutefois Grandfontaine, Reclère et Damvant. En 1480, Sigismond restitua à Claude de Néuchatel les seigneuries de l'Isle, d'Héricourt et du Châtelot. Cet acte fut confirmé, le 6 décembre 1483, par l'empereur Maximilien.

La Franche-Comté, après la mort de Charles le Téméraire, devint l'apanage de Marie de Bourgogne, sa fille, qui épousa Maximilien d'Autriche, pour avoir un protecteur contre Louis XI, roi de France. A la mort de cette princesse, en 1479, le comté de Bourgogne fut abandonné à la France, comme dot de Marguerite d'Autriche, fille de Maximilien et de Marie de Bourgogne, que le traité d'Arras avait fiancée à Charles VIII, fils de Louis XI. Mais le nouveau roi de France ayant répudié la princesse pour épouser Anne de Bretagne, Maximilien, outré de colère, entra en armes dans la Franche-Comté, afin de reprendre la dot de sa fille. Le traité de Senlis, en 1493, rendit le comté de Bourgogne à ses propriétaires, Marguerite d'Autriche et Philippe le Beau, son frère, qui eut la gloire d'être le père de Charles-Quint.

Héricourt et la seigneurie de ce nom subirent pendant longtemps les désastreuses conséquences de l'ambition de Charles le Téméraire. Les bourgeois de la ville avaient été tellement « foulés et détruits » que dans une requête présentée à Maximilien les survivants exposèrent que « si quelque aide ou provision n'y était mise, leur ville était en voie de brief demeurer inhabitée ». Le monarque, par un diplôme daté de Worms, le 8 novembre 1495, leur accorda l'exercice de toute espèce d'industrie et la liberté du commerce dans tous les lieux « de ses pays et obéissances ». On ne peut douter que cette faveur n'ait contribué à effacer la trace des malheurs qui avaient excité des plaintes si touchantes (1).

Il est probable que ce diplôme contribua à développer, dans le pays, l'art du tisserand, déjà exercé à Luze dès le XIVe siècle, comme l'indiquent ces expressions recueillies dans un dénombrement de 1405 : « Jean Berchin, fils au tisserand de Luze (2) ». Antérieurement à cette date, cet art existait déjà, car beaucoup de familles, en prenant le nom de Tisserand, ont voulu garder le souvenir d'une profession qui était ou avait été en honneur chez elles. Mais on peut présumer que le diplôme de l'empereur donna un plus grand encouragement à cette branche d'industrie. Les « linceulx » mentionnés au XVIe siècle dans les actes de partage entre parents ou dans les inventaires faits à la suite de décès lui en étaient redevables. Plus tard, il arriva que chaque village compta plusieurs ouvriers tisserands. Les toiles fabriquées par eux, avec du fil tiré de la quenouille, au moyen du fuseau, par les habiles ménagères d'alors, servaient à deux ou trois générations. Malheureusement, ces reliques de famille sont remplacées aujourd'hui par les produits si justement appelés *came-lote*.

Dans la dernière partie du XVe siècle, et plus tard encore, la

____

(1) Duvernoy, mss., t. XL.
(2) Duvernoy, mss. t. XVII, p. 106.

question des limites des pâturages souleva entre quelques localités de vives contestations, dont personne ne pouvait prévoir la fin. Sur l'intervention de personnages conciliants, il arriva qu'un arbitrage fut accepté par les partis adverses avec serment de leur part de s'en rapporter à la décision des arbitres. En 1462, les habitants de Chagey et de Luze, grâce à cette mesure de conciliation, virent la bonne harmonie se rétablir entre eux à propos d'un pâturage qui les divisait (1).

Entre Goux et Châtelot un débat semblable s'éleva, en 1489. Bonnet, curé de Saint-Maurice, et Renard, curé de Dambelin, avec le concours des prud'hommes de chaque village, réconcilièrent les parties. A raison d'un petit empiètement de la part des sujets de Goux, il fut décidé qu'ils paieraient à perpétuité une livre de cire à ceux du Châtelot, ou cinq livres une fois pour toutes (2).

Messire Jean Bonhotal, curé de Chenebier et d'Étobon, en 1499, concilia un différend du même genre entre Chenebier et Échavanne (3). Le choix des curés, pour apaiser ces querelles de clocher à clocher, avait sa raison dans l'impartialité dont ils faisaient preuve. Plus tard, entre les habitants de Saint-Valbert et ceux de Couthenans, la délimitation des pâturages était vivement discutée. Les opposants en appelèrent à l'arbitrage de messire Chardoillet, curé d'Héricourt. Sans tenir compte des liens spirituels qui l'attachaient à ses paroissiens de Saint-Valbert, il se prononça contre eux. Aujourd'hui, dans quel tribunal trouvera-t-on une semblable équité ?

Primitivement les curés d'Héricourt et de Chagey donnaient au prieur de Saint-Valbert, collateur de leurs deux églises, le tiers des offrandes. Un accord intervenu avec ce dernier avait fixé sa part à six francs pour chaque église. Pierre Maibrey, curé de Chagey, en 1481, et Pierre Barbier, curé d'Héricourt, en 1482, s'engagèrent à lui payer cette somme.

Le premier de ces prêtres était originaire d'Eschenans-sous-Montraudois ; le second, de Durnes (4).

<hr>

(1) Arch. Doubs, E, 1058. Les arbitres furent : Henri Carmien, prêtre de Senargent ; Jean Aubry, d'Eschenans, notaire de la cour archiépiscopale ; Jeanmaire, de Chenebier ; Perrin Boichot, d'Eschenans ; Jean Jeannat, d'Héricourt ; Ethicon, de Couthenans ; Girard de Mathay, écuyer.

(2) Id., *loc. cit.*

(3) Arch. Haute-Saône, E, 556.

(4) Durnes, canton d'Ornans.

A la date précédente, Antoine de Montureux, seigneur de Chagey, par suite de son mariage avec Marie de Hagenbach, dame de Montureux, vendit le bien d'un mainmortable, décédé sans héritier, à Perrin Bichey, à la condition que l'acquéreur accepterait un accroissement de ses charges et de ses tailles et bâtirait sur le meix, dans le laps de quatre ans, une maison au prix de six florins du Rhin. Vingt ans après, ce seigneur affranchit de la mainmorte tous ses sujets de Chagey.

A la fin du XV⁰ siècle, les familles nobles du Châtelot étaient réduites à deux : celles de Beutal et de Saint-Mauris. Agnès de Beutal, dernière du nom, habitait le château de Beutal avec son époux, Gérard de Saint-Mauris-Berchenet, branche de Mathay, fils de Thiébaud de Saint-Mauris en Montagne. Gérard de Saint-Mauris eut pour fils Jean, marié, en 1483, à Gillette d'Orsans (1).

La possession des fiefs relevant des Saint-Mauris était commune, en grande partie, à toutes les branches. Ainsi Thiébaud de Saint-Mauris-Berchenet, troisième du nom, était seigneur du château-fort de Mathay, du fief de Longevelle, en partie, Colombier-Fontaine, et co-seigneur de Saint-Maurice-en-Montagne et de Saint-Maurice-sur-le-Doubs. En 1483, il reprit du sire de Neuchatel tout ce qui lui appartenait dans ces villages.

C'est un dénombrement des sujets de Jean de Saint-Mauris-Berchenet, seigneur de Beutal, qui nous fournit peut-être le premier document sur l'existence, au XV⁰ siècle, d'une école à Héricourt. L'exactitude de cette pièce est affirmée en ces termes par le recteur :

(1) Familles des Saint-Mauris-Berchenet, de Mathay :

1° Berchin de Saint-Mauris, 1348, père de Jean de Saint-Mauris et de Perrin, seigneur de Péseux ;

2° Jean de Saint-Mauris, père de Thiébaud, Béatrice, Henri.

3° Thiébaud de Saint-Mauris, premier du nom, père de Thiébaud, Gérard, Jean, curé, Pierre, chanoine.

4° Thiébaud de Saint-Mauris, deuxième, père de Bonne, Adrien, Jeanne, Marguerite, Henriette.

5° Adrien de Saint-Mauris, père de

6° Thiébaud de Saint-Mauris, III, père de

7° Jean de Saint-Mauris, époux en 1517, de Françoise de Grammont, père de

8° François de Saint-Mauris, dernier des Saint-Mauris-Berchenet.

« Girard Perdrix, clerc, maître d'école à Héricourt, certifie les informations et déclarations cy-devant escriptes être deheument informées et examinées sur la seigneurie de noble Jean Berchenet, seigneur de Beutal, Coisevaux, Champey et Verlans.

« Témoin mon seing manuel cy mis, le 19 mai 1501.

« Girard PERDRIX (1) ».

Cette école, placée sous la direction des prêtres de la familiarité d'Héricourt, remontait sans doute à l'époque où les candidats à la prêtrise étaient formés au ministère sacerdotal dans la maison presbytérale. Elle était une des écoles dont Jeanne de Montbéliard, gouvernante de la seigneurie, dès 1322, se plaisait à prendre soin.

Au château de Saint-Maurice-sur-le-Doubs vivait, dès 1473, Claude de Saint-Maurice, seigneur de ce lieu, de Châtelot, Côte-Sauvaget et l'Isle. Ecuyer dans les armées de Bourgogne, il épousa une personne dont le nom est inconnu.

Dans le cours du XVᵉ siècle, les sires de Neuchatel avaient reçu et envoyé beaucoup de défis de guerres. Leurs sujets, attachés à des maîtres qui leur prodiguaient de réels témoignages d'affection, s'étaient enrôlés avec empressement sous leur bannière pour en défendre l'honneur. Cet esprit guerroyeur, dont les Francs-Comtois n'étaient pas ennemis, exposa nos seigneuries à de nombreux désastres. A de très courts intervalles, des maisons nouvellement reconstruites étaient réduites en cendres ; à un bien-être obtenu, grâce à un labeur de quelques années de paix, succédaient la pauvreté, la misère et la désolation. Sous les règnes de Thiébaud VIII et de son fils, comme du reste dans les règnes précédents, que de fois furent rebâtis nos villages !

Mais les maisons se réédifiaient vite et à peu de frais, car à cette époque il est très rare que les documents parlent de maisons en pierres. Néanmoins les habitants de nos seigneuries, bien qu'ils aient souvent subi des pertes, demeurèrent fidèles à leurs seigneurs à cause de leur attachement

---

(1) Arch. Nat., K, 2280. Selon Auguste Chenot, cette école ne date que de 1556. Pour ce pasteur l'enseignement n'a commencé qu'à Luther !!!

aux principes de la vraie foi et de la générosité de leur caractère. Il n'y eut pas un membre de cette famille de Neuchatel qui n'ait doté un couvent ou une paroisse de quelque fondation. Claude de Neuchatel, seigneur d'Héricourt, en 1484, suivit les exemples de sa famille et fonda deux messes à Belchamp.

CHAPITRE VI

Succession des Neuchatel. — Ulric de Wurtemberg, gouverneur de Montbéliard, et Guillaume de Furstemberg, seigneur d'Héricourt. — Amis
et ensuite ennemis. — Guerre des paysans. — Revenus de nos deux
seigneuries. — Guillaume de Furstemberg les vend.

Par son testament, Thiébaud IX de Neuchatel avait
institué ses trois fils, Henri, Claude et Guillaume, ses héritiers universels, et, après eux, leurs descendants mâles ;
à ceux-ci le testateur avait substitué Jean II de Montaigu,
son frère, et sa postérité masculine ; à leur défaut, les mâles
de la maison de Cusance, et finalement, les descendants, des
deux sexes, issus de sa tante, la comtesse Henriette de Montbéliard, c'est-à-dire les maisons de Wurtemberg, de Châlon-
Auxerre et de Vaudémont, dans cet ordre successif.

En moins d'un an, la mort moissonna les trois fils de
Thiébaud IX, descendants mâles de la branche aînée de Neuchatel. Henri mourut en 1504 ; Claude et Guillaume en 1505.
Ce dernier laissait deux filles : Elisabeth et Bonne. La substi-
tution établie par le testament du maréchal se trouva ouverte
en faveur de Ferdinand et Jean, les deux seuls fils encore
survivants de Jean II de Neuchatel-Montaigu, mort en 1504.
Mais, contrairement aux vues du testateur, qui avait voulu
exclure de tout partage dans ses biens les deux filles issues
de sa race, Guillaume avait institué pour héritières univer-
selles, comme c'était son droit, ses deux nièces, Bonne et
Elisabeth, filles de son frère Claude, mariées, la première à
Guillaume, comte de Furstemberg, et la seconde à Félix de
Verdemberg. Sans perdre de temps, les deux comtes se mirent
immédiatement en possession de la plupart des biens qui
composaient cet opulent héritage, au grand mécontentement
des prétendants.

Le comte de Montbéliard existant alors était le fameux
Ulric de Wurtemberg, prince très méchant, dit un auteur

protestant. Les quatre terres de Neuchatel, qui enveloppaient son comté, étaient si bien à sa convenance qu'il ne put pas résister à la tentation d'en devenir maître. Pour lui, traiter avec les Neuchatel n'était pas ce qui pressait le plus ; à ses yeux le meilleur titre de propriété, même en fait d'immeubles, c'était la possession, le droit du plus fort. En conséquence, un mois après la mort de Guillaume de Neuchatel, il lança sur Blamont et la seigneurie un corps d'armée composé de sujets du comté et de la terre de Riquewihr, auxquels se joignit une troupe de soldats venus des cantons de Berne et de Zurich, avec qui il venait de renouveler alliance pour douze ans, sous le commandement de son bailli, Jean de Bubenhofen. La résistance était impossible, l'expédition eut un plein succès (septembre 1505).

Cependant Jean et Ferdinand de Neuchatel-Montaigu s'étaient pourvus par-devant Philippe, roi de Castille et comte de Bourgogne, à l'effet d'obtenir la restitution des terres dont Guillaume de Furstemberg et Félix de Verdenberg s'étaient emparés. La restitution avait été ordonnée et, en cas d'opposition, ces terres devaient être remises sous séquestre. Dans l'intervalle, l'audacieuse équipée d'Ulric vint empirer la situation, en ajoutant une nouvelle usurpation à la première. Il en comprit la portée et les dangers. Se sentant incapable de lutter à la fois contre le roi d'Espagne, contre le parlement de Dole, contre les comtes de Furstemberg et de Verdenberg et contre les seigneurs de Neuchatel-Montaigu, il se mit en devoir de négocier avec ceux-ci un traité d'acquisition. Par ses intrigues il parvint à gagner Ferdinand, l'un des deux frères.

Jean, l'autre frère, se montrait moins empressé de livrer l'héritage paternel à l'ambition d'Ulric. Il céda cependant aux instances et par un traité conclu à Stuttgart, le 4 mai 1506, Jean et Ferdinand vendirent au duc, pour la somme de 6.000 florins, tous leurs droits sur Blamont, Clermont, Héricourt et Châtelot. La moitié du prix stipulé fut payée le jour même et Ulric se mit en possession de Blamont. Les sires de Cusance et l'empereur protestèrent.

Sur un rapport de son procureur général, l'empereur Maximilien, en sa qualité de comte de Bourgogne, adressa deux mandements à son bailli d'Amont (30 mars et 3 avril

1506). Dans l'un, il lui représente qu'Ulric a pris possession de la place, terre et seigneurie de Blamont, sans en avoir obtenu la permission ni de lui ni du roi Philippe de Castille, de qui relève ce fief. Pour punir ce vassal de sa rébellion, il ordonne à son bailli de prendre cette place de vive force et de la réduire à son pouvoir (1).

Sans plus s'inquiéter de l'empereur que du bailli d'Amont, Ulric ne songea qu'à affermir sa domination sur sa nouvelle conquête, en éteignant les prétentions de la maison de Cusance. Le 4 septembre 1507, moyennant 4.000 florins, il acheta de Claude de Cusance, seigneur de Belvoir, et de Marc de Cusance, seigneur de Saint-Julien, frères, tant en leur nom qu'en celui de leur oncle, Ermenfroid de Cusance, seigneur d'Arcey, les droits éventuels qu'ils avaient sur les Quatre-Terres, en vertu du testament de Thiébaud IX. Cette acquisition de Blamont par un prince allemand fut pour la seigneurie de ce nom la cause du plus lamentable désastre qu'elle ait subi dans le cours des siècles.

Douze jours auparavant, le 23 août, le bailli d'Amont, Claude Carondelet, avait expédié à ses officiers subalternes un mandement pressant l'exécution des ordres de Maximilien. On ignore si la confiscation de Blamont eut lieu. On croit plutôt qu'Ulric, s'en voyant sérieusement menacé, eut peur et se hâta de la prévenir par une soumission complète, quoique tardive. Il rendit ses devoirs à l'empereur, rentra dans ses bonnes grâces et fut reconnu par lui, après sa double acquisition des sires de Neuchatel et de Cusance, légitime seigneur de la terre de Blamont. Maximilien n'y avait mis que deux conditions : son consentement impérial et une reprise de fief. Tout ayant été réglé selon ses désirs, Ulric, pleinement réconcilié avec lui, devint bientôt son allié, son ami et son neveu.

Au cours des négociations précédentes, les comtes de Furstemberg et de Verdenberg se partagèrent les seigneuries que leurs épouses tenaient de leur oncle Guillaume de Neuchatel. Celles d'Héricourt, Clémont, Châtelot et l'Isle entrèrent dans le lot de Guillaume de Furstemberg.

La famille de Furstemberg était originaire du duché de

_____

(1) Arch. Doubs, E, 380.

Bade. Elle portait le nom d'un village de ce grand-duché, situé à 13 kilomètres nord-ouest de Constance, qui a été fort longtemps la résidence des comtes de cette famille (1). Guillaume de Furstemberg était d'un caractère affable, généreux et énergique. En prenant possession de ses domaines il fixa sa résidence à Héricourt. Alors les habitants n'étaient pas encore sortis du malaise produit par les dernières guerres. Leur nouveau seigneur leur fit un don de joyeux avènement. Pour les aider à faire face aux dépens que leur causait l'entretien des murailles et des portes de la ville, Guillaume leur accorda, pendant dix ans, le droit de vin et de sel. Cette faveur contribua à lui gagner le cœur de ses sujets.

Pendant que la succession des Neuchatel était en litige, il se fit, à Héricourt, une modeste convention qui nous fait sans doute connaître le côté matériel de l'existence des chapelains de la Familiarité. Elle fut signée entre messire Jean Crèmet, le 17 novembre 1506, la veille ou l'avant-veille de sa première messe, d'une part, Pierre, son frère, et Henri George, son beau-frère, d'autre part. En voici la substance :

Messire Jean Crèmet aura le vivre et le couvert chez son frère ou son beau-frère, à son choix ; quand il voudra, il résidera dans une chambre convenablement aménagée de la maison paternelle ; là il y aura un bois de lit que le jeune prêtre choisira parmi ceux de la famille, un traversin, un oreiller et quatre linceuls, une arche de bois, « une channe » et deux pots d'étain, un plat, deux assiettes et « deux channettes » ; il aura en plus tout le linge qui lui sera offert à sa première messe, dont tous les frais seront à la charge du frère et du beau-frère, de même que les dons qu'il fera à messire Pierre Faivre, curé de Tavey, et à Henri Chargepol, d'Héricourt.

De son côté, messire Jean Crèmet renonce à tous les biens, meubles et immeubles, laissés par le père et la mère des contractants, peu importe où ils soient, de même qu'au titre de rente que leur père lui a constitué, sans qu'il puisse le faire valoir ou les molester à ce sujet ; à cette condition, ils le déchargent de toutes les dettes du père et de la mère, tout en réclamant à leur profit les offrandes et les oblations en argent

____

(1) Bulliard, mss.

qui se feront à sa première messe, à l'exception du linge, qui demeurera en la possession du jeune prêtre.

En 1510, messire Jean Crèmet exerçait le ministère à Baume-les-Dames (1).

La succession des biens de Neuchatel avait rendu Ulric de Montbéliard et de Furstemberg ennemis l'un de l'autre. Nos deux seigneurs finirent cependant par se réconcilier. Le comte de Montbéliard, paraît-il, se dessaisit de ses prétentions sur les terres de son rival. Maximilien, empereur d'Allemagne, profita de leur réconciliation pour réaliser le projet de recouvrer le duché de Bourgogne. Déjà il s'était assuré le concours des Suisses. Au mois d'avril 1513, les troupes allemandes étaient réunies dans les environs de Montbéliard sous les ordres du duc de Wurtemberg et de Guillaume de Furstemberg. Seize mille Suisses, le 24 août, passèrent par Montbéliard et se joignirent aux Allemands à Besançon. Peu après, sous les murs de Gray, cette armée fut renforcée par des soldats francs-comtois que commandait de Vergy, maréchal de Bourgogne.

Avec cette armée forte de 40.000 hommes, l'empereur avait dessein de s'emparer du duché de Bourgogne, de le restituer à son petit-fils, Charles-Quint, et, ensuite avec 54.000 Anglais, de tenter la conquête des provinces de France les plus voisines de l'Angleterre. Les confédérés se portèrent sur Dijon et en commencèrent le siège. Louis de la Trémoille s'y était enfermé avec mille lances et six mille hommes d'infanterie. Avec un si faible contingent, il considérait la résistance comme très difficile. Il ne désespéra cependant pas de sauver la ville.

La mésintelligence commençait parmi les confédérés ; la Trémoille en tira profit. Par un traité avec les Suisses, il leur promit 400.000 écus ; le duc de Wurtemberg et le comte de Furstemberg obtenaient une indemnité de 10.000 couronnes, mais le paiement n'en fut jamais fait (3 septembre).

Déçus dans leurs espérances par l'avarice des Suisses, Ulric et Furstemberg, à leur retour de Dijon, se saisirent de plusieurs châteaux et terres appartenant au duc de Longueville-outre Joux : Soie, Châtenois, Gouhenans, Montbis

____

(1) Arch. Haute-Saône, E, 554.

Courchaton, Vauvillers, Châtillon-sous-Maîche, Vercel et Vennes, partout ils commirent des déprédations. La restitution de ces places n'eut lieu qu'en 1516, à la suite de l'intervention de Marguerite d'Autriche.

Dans ces entrefaites, Guillaume de Furstemberg fut affligé d'un grand deuil. Son épouse, Bonne de Neuchatel, mourut au mois d'avril 1515, laissant par testament à son époux tous ses biens en héritage. Le 14 mai, en qualité d'héritier, il se fit prêter serment par les bourgeois de la ville, réunis sous les halles. Tous s'acquittèrent de ce devoir au milieu des témoignages d'une sincère affection, déclarant que depuis qu'il était leur seigneur il avait agi à leur égard « en toute justice, raison et équité » (1). Ce témoignage, qui est d'une grande valeur, fait l'éloge du comte de Furstemberg.

Sous l'autorité seigneuriale de Guillaume de Furstemberg, la vie paroissiale de la ville d'Héricourt se fortifia par la réforme introduite dans la familiarité de l'église du lieu. Nous ne connaissons pas à quelle date reculée remontait cette importante institution. Ce que nous savons, c'est qu'elle existait au xve siècle. Son emplacement est signalé dans un écrit de 1562 : « Il y avait une maison près de l'église et devant le château en laquelle étaient deux demeurances séparées, l'une pour le curé, l'autre pour le recteur d'école et ses clercs (2). »

À l'époque où nous sommes, cette antique institution avait besoin d'être rappelée à sa première discipline. Hélas ! les ministres de l'Eglise de Dieu n'ont souvent été que des instruments humains, laissant apercevoir plus ou moins les infirmités de leur nature. Bernardin Labouquet, vicaire général d'Antoine de Vergy, archevêque de Besançon, par un acte du 20 juillet 1514, voulut faire revivre la discipline dans cette petite communauté de prêtres, présidée par le curé Guillaume Magnin, du prieuré de Moûtiers-Haute-Pierre (3). Dans le préambule de son ordonnance, il en reconnaît la nécessité en ces termes : « Les Saints-Canons avaient établi pour les clercs et les ecclésiastiques une règle qu'ils devaient garder et obser-

---

(1) Arch. Haute-Saône, E, 448.
(2) Archives Nat., K, 2277.
(3) Arch. Haute-Saône, E, 556. A la date précédente, la familiarité comprenait cinq prêtres : Guillaume Mangin, Jean Tatitot, Guillaume Georges, Jean Poinsard et Jean Aubry. Le premier mourut en 1522.

ver avec la plus grande fidélité, mais nous croyons et nous remarquons que dans la plupart des collèges beaucoup, au mépris d'une institution si remarquable, s'abandonnent à l'indolence, d'autres, par une conduite évidemment scandaleuse, se mettent dans l'obligation d'en être expulsés, couvrant ainsi d'opprobre leur personne et celle des ecclésiastiques, ce qui pour nous met en évidence l'altération de notre ordonnance. » Alors, pour remédier à cet état de choses, la nouvelle ordonnance établit la vie commune entre le curé et les chapelains, donnant à chacun d'eux le droit de recevoir sa part des revenus attachés à l'église pour sa participation aux services divins. Etablie sous le nom de familiarité, cette institution reçut le privilège de personne civile, apte à recevoir des legs et des donations, à soutenir ses intérêts en justice par un procureur, etc. Pour en être membre, il fallait être né à Héricourt, avoir été baptisé dans l'église du lieu, être prêtre et appartenir à la bourgeoisie de la ville. Faute d'un nombre suffisant de prêtres nés à Héricourt, le curé, avec l'assentiment des maîtres-bourgeois, pouvait admettre dans la familiarité des sujets nés ailleurs ; leur admission les obligeait aux mêmes devoirs que les premiers et leur donnait part aux mêmes avantages matériels. Tous assistaient au chœur en surplis, surmonté d'un camail noir. Une absence non justifiée les privait du jeton de présence. Ils étaient tenus de célébrer à leur tour « religieusement, modestement et canoniquement » les messes et les offices fondés. Tout familier devait, sous peine d'être parjure, se prêter de bonne grâce à l'administration des sacrements et à la défense des droits de l'église. Un chapelain chicaneur, vicieux, désobéissant, refusant de faire à son tour les fonctions du ministère, devait être chassé de la familiarité (1).

C'est sous cette constitution que fut placé, au commencement du XVIᵉ siècle, le clergé de la paroisse d'Héricourt. La discipline à laquelle il fut soumis projeta ses rayons non seulement dans la ville, mais encore dans toute la seigneurie. Un chapelain, et quelquefois deux, dirigeait l'école de la ville, où se préparaient les candidats à la prêtrise. Pour assurer leurs progrès et cultiver leur vocation, ces « clercs » logeaient

(1) Arch. Haute-Saône, E, 274.

sous le même toit que leur maître et remplissaient à l'église les fonctions de lévite et de chantre. Le compte de la seigneurie de 1523 en parle en ces termes : « Le receveur a payé à messire Pierre Pequegnot, prêtre, procureur et familier en l'église d'Héricourt, 5 livres, 6 sols, 5 deniers pour la messe de Notre-Dame » qui se disait chaque samedi ; « a payé au même 6 livres, 6 sols pour avoir chanté avec ses clercs la messe et le *Salve Regina* » (1). Chaque jour, après des heures d'un travail bien soutenu, ces jeunes lévites saluaient la Mère du Sauveur et mettaient sous sa protection leur foi, leurs études et les familles de la ville.

Cette école, grâce au dévouement de ses maîtres, donna à l'âme de ses élèves une forte constitution catholique, dont l'influence se répandit sur les familles de la ville. Ce qui le prouve, c'est que le protestantisme, à son entrée à Héricourt, fut impuissant à s'attacher la génération qui, à sa naissance, avait échappé à sa souillure.

Guillaume de Furstemberg, tout en applaudissant à cette restauration de la vie religieuse dans ses domaines, favorisait, selon son pouvoir, l'accroissement du bien-être matériel parmi ses sujets. En 1515, il accorda aux habitants de Beutal, au prix de 20 francs, la jouissance du regain de l'étang du lieu, se réservant toutefois la faculté de le remettre en eau sans opposition de leur part (2). L'année suivante, il accorda à ses sujets de Saint-Maurice la permission de défricher deux portions de bois et de les réduire en terres labourables, à la condition de payer une fois six bichots d'avoine (3).

Les bons rapports entre Guillaume de Furstemberg et le duc Ulric furent de courte durée. Le premier ayant manifesté des intentions hostiles, le duc de Wurtemberg envoya son frère Georges renforcer la garnison de Montbéliard et celle de Blamont. Georges fit arrêter et mettre en prison quelques bourgeois de la première ville. Reconnus coupables d'avoir comploté contre leur seigneur, ils furent exécutés devant le

---

(1) Arch. Haute-Saône, E, 22. Ont été recteurs de cette école : en 1523 messire Pierre Pequignot, d'Echavanne ; en 1527, Pierre Carmien ; en 1530, Regnault Receveur ; en 1533, le même et Mathieu Médecin ; en 1538, Jean Darey et Hugues Gueulot.
(2) Arch. Doubs, E, 368.
(3) *Id., loc. cit.*, E, 915.

Grand-Pont (1516). Leur faute était d'avoir formé le projet d'empoisonner Bubenhofen, bailli de Montbéliard, et, au milieu de la panique que cet événement aurait produite dans les esprits, de livrer au seigneur d'Héricourt le château et le chef-lieu du comté.

Pendant que le clergé d'Héricourt se rangeait sous le code d'une exacte discipline, le prieuré de Saint-Valbert tombait en décadence. Jacques de Châtillon, déjà prieur en 1480, avait loué, en 1508, tout le bénéfice pour trois ans, au prix annuel de 140 francs, à messire Girard Valot, de Luze. Ce prêtre était tenu d'y résider, d'y célébrer deux messes par semaine, puis le dimanche et les jours de fête. Six ans après, le prieuré fut réuni par le pape Léon X à la mense conventuelle de l'abbaye de Luxeuil, avec l'agrément de Guillaume de Furstemberg. La bonne tenue de la maison en souffrit. Les bâtiments, faute d'entretien, tombèrent en ruines et les services accoutumés ne se firent plus à l'église (1).

Pour parer aux suites d'un tel abandon, le seigneur d'Héricourt donna l'ordre à Jean Masson, de Goux, son procureur, de saisir le temporel du prieuré, fondé, disait-il, par ses prédécesseurs (1517).

Tout en s'occupant de l'administration de la seigneurie, le comte de Furstemberg ne perdait pas de vue son voisin de Montbéliard. Le duc Ulric venait d'être chassé du Wurtemberg, à cause de l'oppression qu'il exerçait sur ses sujets (1519). Le seigneur d'Héricourt en profita pour étendre ses domaines. Admis dans la bourgeoisie de Bâle, il avait reçu une garnison de cette ville à Héricourt, pour laquelle il avait engagé aux Bâlois la seigneurie de l'Isle-sur-le-Doubs. Le 8 mai de cette année, avec une compagnie de 1.500 lansquenets, il s'empara de Granges. Après la prise de cette place, il ordonna aux habitants de prêter serment à son drapeau. Les hommes du village se disposaient à obéir. Alors les femmes, indignées de l'exigence du comte et de la pusillanimité de leurs maris, poussèrent le cri : Vive Bourgogne ! puis saisirent le drapeau d'Héricourt et l'auraient déchiré, si on ne l'eût arraché de leurs mains.

Après avoir exercé de grands ravages dans la seigneurie

(1) Duvernoy, t. XXI.

de Granges, les lansquenets allèrent à Montjustin ; de là, ils poussèrent leur excursion jusqu'à Bougnon. De retour de cette expédition, qui ne fut signalée que par des pillages, Furstemberg s'empara du château d'Etobon, qu'il réduisit en cendres ; il prit également celui du Magny-d'Anigon, puis les villages de Clairegoutte, Belverne, Couthenans, Villars-sous-Ecot, le Vernois, Mambouhans ; partout il commit beaucoup de déprédations, emmenant hommes et bétail. La ville de Montbéliard, protégée par une garnison de Soleure, fut épargnée. Etobon fut repris par les troupes d'Ulric à la fin de 1519, mais Guillaume de Furstemberg garda la seigneurie de Granges.

L'agitation continua. En 1521, le canton de Bâle envoya soixante hommes pour tenir garnison à Héricourt, à la demande de Furstemberg, chargé d'exercer contre Ulric la déclaration du ban impérial, auquel il avait été soumis. Enfin la régence d'Einsisheim, les évêques de Bâle, de Strasbourg, les cantons de Lucerne, Berne et Soleure, en mars 1523, arrêtèrent, par une trêve de trois mois, les armements préparés par Ulric contre Guillaume de Furstemberg. Les hostilités entre les deux adversaires ne furent pas reprises. En 1525, Georges de Ow, bailli de Montbéliard, reprit Granges et la seigneurie avec le concours des bourgeois de Montbéliard (1).

L'affranchissement de la seigneurie d'Héricourt par Marguerite de Bade n'avait pas compris Echenans-sous-Montvaudois et Luze, fief alors d'un autre seigneur. En 1520, Guillaume de Furstemberg accorda cette faveur à ces deux villages de même qu'à ses sujets du Châtelot. Ceux-ci durent payer une somme de 500 écus d'or.

Veut-on connaître les redevances totales payées au seigneur d'Héricourt par les sujets des deux seigneuries ? Le premier document qui nous les fait connaître en détail est de 1523. Il est intitulé *Compte des seigneuries d'Héricourt et du Châtelot*. Là sont inscrites les recettes et les dépenses par le receveur de Guillaume de Furstemberg. Les premières provenaient des tailles, des dîmes, de la gîte aux chiens, des corvées, de la banalité des moulins et des fours. Elles étaient

(1) Duvernoy, mss., t. XX, p. 15.

dues par soixante-sept taillables de la seigneurie d'Héricourt, et quatre-vingt-huit de celle du Châtelot, non compris cinq sujets de la première seigneurie habitant le comté, dont les recettes sont à part.

Au lieu de tailles, les bourgeois d'Héricourt payaient à leur seigneur, à la Saint-Michel et à l'Annonciation de la sainte Vierge, douze deniers par chaque toise de maison, mesurée sur la façade de la Grande-Rue. En 1523, pour soixante-trois maisons, presque toutes en bois, la taille générale fut de 12 livres, 5 deniers (1). Les soixante-sept taillables des villages suivants payèrent 95 livres, 11 sols, 3 deniers, ainsi répartis par commune.

Brevilliers, 14 taillables : 20 livres, 18 sols ; Byans, 1 taillable : 3 livres, 6 sols ; Bussurel, 8 taillables : 9 livres, 17 sols ; Coisevaux, 5 taillables : 5 livres, 6 deniers ; Verlans, 2 taillables : 2 livres, 8 sols ; Laire, 3 taillables : 4 livres ; Luze, 10 taillables : 16 livres, 18 sols ; Mandrevillars, 4 taillables : 6 livres, 4 sols ; Vyans, 3 livres, 4 sols ; Chenebier, 8 taillables : 9 livres, 11 sols ; Echavanne, 9 taillables : 10 livres, 4 sols, 9 deniers ; Tremoins, 2 taillables, 4 livres.

Des sujets taillables, non inscrits parmi les soixante-sept corvéables, tels que ceux de la mairie d'Échenans et d'autres encore, payèrent 41 livres, 6 sols. La recette totale des tailles fut donc de 136 livres, 17 sols. 3 deniers.

Dans la seigneurie du Châtelot les tailles, en 1523, s'élevèrent à 138 livres, 6 sols, 10 deniers, ainsi répartis :

Beutal, 14 taillables : 11 livres, 7 sols, 10 deniers ; Blussans, 13 taillables : 27 livres, 3 sols, 4 deniers ; Blussangeaux et Colombier-Châtelot, 8 taillables : 16 livres, 4 sols et 6 deniers ; Colombier-Savoureux, 6 taillables : 4 livres, 2 sols, 1 denier ; Longevelle, 21 taillables : 30 livres, 14 sols, 6 deniers ; Lougres, 15 taillables : 29 livres, 4 sols, 1 denier ; Montenois, 4 taillables : 6 livres, 14 sols, 5 deniers ; Saint-Maurice, 7 taillables : 12 livres, 10 sols, 1 denier.

L'impôt de la gîte aux chiens. Au début des droits de mainmorte, les chiens de chasse du seigneur étaient nourris par les habitants sur le territoire desquels la chasse avait lieu. Cet entretien fut remplacé par l'impôt appelé la gîte aux

____

(1) La livre estev. valait 20 sols ; le sol, 12 deniers.

chiens: En 1523 il fut de 4 livres, 3 deniers pour la seigneurie d'Héricourt, ainsi répartis par commune.

Brevilliers, 18 sols ; Luze, Mandrevillars, Genéchier et les sujets de Nans, 13 sols ; Echavanne et Chenebier, 9 sols, Byans, Laire, Coisevaux et Tremoins, 29 sols ; Bussurel et Vyans, 6 sols, 9 deniers ; Echenans, 7 sols, 6 deniers ;

Dans le Châtelot, Blussans et Blussangeaux seuls, au début, payèrent cet impôt ; mais dans le cours du XVIe siècle tous les villages y furent astreints. Même quelques-uns d'eux durent élever aux frais de la communauté deux ou trois chiens de chasse pour le seigneur, les sujets furent encore obligés « de chasser, d'aider à chasser et de ramener les chiens » (1).

Dîme. La dîme était la portion de grain ou de cire prélevée par le seigneur sur la récolte annuelle ; elle se composait de la dixième partie. Mise aux enchères dans chaque commune au mois de juillet, celle de froment et d'avoine lui était livrée en grains avec la dîme de la cire par le plus offrant et dernier enchérisseur. En 1523, la première produisit 24 bichots, 1 quarte, 8 coupes dans la seigneurie d'Héricourt ainsi répartis par village :

Champey, 2 bichots, 19 quartes ; Byans, 2 bichots ; Coisevaux, 3 bichots ; Laire, 3 bichots, 9 quartes ; Brevilliers, 17 quartes ; Tremoins, 5 quartes, 8 coupes ; Echenans-sous-Montvaudois, 3 bichots, 18 quartes ; Luze, 6 bichots, 3 quartes ; Beurnevesin, 2 bichots, 2 quartes.

La dîme de l'avoine dans la même seigneurie produisit 25 bichots, 6 quartes, 8 picotins, ainsi répartis :

Champey, 4 bichots, 19 quartes ; Byans, 2 bichots ; Coisevaux, 3 bichots ; Laire, 3 bichots, 9 quartes ; Brevilliers, 17 quartes ; Tremoins, 5 quartes, 8 picotins ; Echenans-sous-Montvaudois, 3 bichots, 18 quartes ; Luze, 6 bichots, 3 quartes ; Beurnevesin, 1 bichot, 2 quartes ; le Fresnoy (Frénotte) 5 quartes (2).

Les territoires de Chenebier et d'Echavanne étant alors réfractaires à la culture du blé, les habitants payaient la dîme du seigle. Des dix-sept sujets résidant dans ces villages, en 1523, le seigneur reçut 17 quartes de ce grain.

(1) Arch. Doubs, E, 367.
(2) Le bichot contenait 24 quartes, la quarte, 24 coupes. La quarte valait 27 litres, 2 décilitres. Le bichot de blé se vendait 5 francs, celui d'avoine, 3 fr. 18 sols.

D'après le compte de la même année, 88 taillables du Châtelot livrèrent à la recette du domaine 6 bichots, 7 quartes de froment et 10 bichots, 13 quartes d'avoine ; le tout fut donné en paiement du pâturage des bois, et pour l'acquit des corvées.

Autrefois l'apiculture était florissante dans nos seigneuries La cire entrait pour une faible partie dans les redevances perçues par le seigneur. Cette charge pesait sur la famille agricole, sur les pâturages, sur les moulins, sur les terres acensées du seigneur et sur la bourgeoisie d'Héricourt. En 1523, les 160 sujets des deux seigneuries en livrèrent 158 livres au domaine (1).

Tout sujet de la seigneurie d'Héricourt donnait par année une poule au seigneur ; les sujets du Châtelot lui en donnaient deux, à part ceux de Blussans, où chaque famille n'en livrait qu'une seule. Un cens foncier de six poules, appelé *ménalde*, frappait en plus la commune de Lougres ; la mairie d'Echenans-sous-Montvaudois en devait 31 et 5 tombaient à la charge de cinq sujets d'Héricourt habitant le comté de Montbéliard. En 1523, la recette du domaine reçut 277 poules.

La corvée consistait en un travail gratuit auquel les sujets étaient tenus au profit du seigneur. Il y avait les corvées de charrue, de faux, de faucille, les charrois de matériaux pour la réfection du château d'Héricourt et des fortifications, les transports d'affouage. Tous, en temps de guerre, devaient le guet et la garde de la place, l'ost et la chevauchée, c'est-à-dire le service militaire à pied ou à cheval.

Les corvées de faux, de faucille et de charrue étaient alors remplacées par une redevance de blé et d'avoine. Dans la seigneurie d'Héricourt 50 corvéables s'acquittèrent de toute corvée au moyen de 50 quartes de froment et autant d'avoine ; les 17 de Chenebier et d'Echavanne fournirent pour corvées chacun une quarte de seigle et une d'avoine.

Dans le Châtelot, les dix sujets de Blussans seuls faisaient les corvées des trois saisons : carême, sombre et regain, estimées, en tout, à 4 livres 15 sols et ils payaient de plus une cense de charrue de 3 livres 15 sols. Chacun d'eux donnait donc 17 sols au seigneur, en corvées agricoles.

---

(1) La livre de cire se vendait alors 5 gros ; le gros valait 1 sol 1/2.

Le transport des vins du val de Montmartin à Héricourt n'était plus qu'à la charge des sujets du chapitre de Montbéliard à Beutal. Guillaume de Furstemberg en avait affranchi les siens.

Un impôt spécial pesait sur les sujets de Lougres et de Montenois. Le lendemain de Noël, ils devaient trois « reçaux » en pains blancs. Quinze étaient pour le seigneur et trois appartenaient au sujet qui les conduisait au château d'Héricourt.

Maintenant, si nous estimons, d'après leur valeur en argent, de 1523, les redevances payées en nature par les dix sujets de Luze au seigneur d'Héricourt, en y ajoutant le montant des tailles et celui de la gîte aux chiens, nous obtiendrons le résultat suivant :

Tailles :	16 livres, 18 sols.
Dîmes du blé :	30 livres, 12 sols, 6 deniers.
Dîmes de l'avoine :	18 livres, 9 deniers.
Blé des corvées :	2 livres, 1 sol, 8 deniers.
Avoine des corvées :	1 livre, 12 sols, 6 deniers.
Service du guet :	1 livre.
Poules : dix, à 3 sols l'une :	1 livre, 10 sols.
\Gîte aux chiens :	5 sols, 6 deniers.
Cire : dix livres à 7 sols, 6 deniers l'une :	3 livres, 15 sols,
Total :	75 livres, 15 sols, 11 deniers.

La part d'impôt de chaque sujet eût été de 7 livres, 11 sols, 7 deniers, si la superficie des terres cultivées et le rendement des moissons eussent été les mêmes pour tous.

Telles étaient, toute proportion gardée et en les évaluant au prix de l'argent alors en cours, les charges de nos ancêtres des seigneuries d'Héricourt et du Châtelot au temps des dîmes et des corvées. Étaient-elles plus lourdes que celles d'aujourd'hui ? Chacun pourra en juger au moyen du tableau ci-dessus. L'homme des champs avait encore alors à sa disposition d'autres ressources qui étaient complètement à l'abri des exigences du fisc seigneurial : c'était l'élevage du gros et du menu bétail. Les étables, qui furent toujours un sujet de légitime fierté pour le cultivateur, en abondaient. Les prairies et les pâturages de tous genres facilitaient singulièrement l'entretien de ces bestiaux. Les bénéfices réalisés par leurs ventes étaient une source de richesses relatives pour la famille agricole, d'autant plus que ses dépenses étaient fort restreintes. Pour elle, le luxe des habits n'était pas ruineux alors, comme aujourd'hui. Le chanvre récolté chaque année et travaillé dans les longues soirées de l'hiver par la mère et ses filles, la toison des brebis, tout cela se changeait en vêtements. Le tisserand du village, au moyen de sa navette, habillait solidement et à peu de frais toutes les personnes de la maison. La table n'était pas luxueuse. L'élevage des porcs fournissait au sujet de nos seigneuries une boucherie saine et abondante. Leur chair salée et fumée agrémentait les plats de légumes que le « curtil » produisait en abondance.

Nos communes étaient toutes tributaires des bons vignobles comtois. Courchaton, Chariez, Gy, Rougemont, le Val de Montmartin, Besançon, Arbois, Salins, etc., sont inscrits dans les comptes de nos seigneuries comme ayant été les crus où nos maîtres achetaient leurs vins. Guidés par leur exemple, les cabaretiers des villages n'allaient pas faire leurs provisions ailleurs. En 1524, la pinte de vin, c'est-à-dire 1 litre 15 centilitres, se vendait 1 sol 3 deniers ½. Si l'usage du fruit de la vigne n'était pas quotidien chez nos ancêtres, les jours où ils le dégustaient pouvaient les dédommager de son abstinence, quelle qu'en ait été la durée.

A notre humble avis, il est difficile de constater, en étudiant les documents historiques de notre pays, que la situation natérielle de nos ancêtres était, à l'époque qui nous occupe, au-dessous de celle de leurs descendants. Ignorant les raffinements du luxe sous tous les rapports, à l'abri des haines de l'esprit de parti, fomentées aujourd'hui par les luttes électorales, leur grande richesse était de se contenter de ce qu'ils avaient et en général de jouir entre voisins, pendant leur vie, de l'union, de la paix et d'une bonne camaraderie. Cette jouissance est un trésor inappréciable. Où le trouve-t-on aujourd'hui ? Aussi les doléances que certains auteurs, et même quelques candidats aux élections, jettent sur le sort des paysans du XVIe siècle, sont exagérées en ce qui concerne nos deux seigneuries. Mais ce bien-être matériel était atténué par le mauvais état des habitations.

Les comptes de nos seigneuries, en 1523, nous apprennent quelles furent pour le seigneur ses recettes d'argent, de blé, d'avoine et de seigle. Outre la dixième partie des récoltes reçue de ses sujets, il perçut de plus une redevance soit de blé, soit d'avoine pour l'usage des fours, des moulins et des halles et une autre pour l'acensement de ses terres. La recette générale s'éleva :

En argent, à 492 livres, 9 sols ; la dépense, à 870 livres, 9 sols ;

En blé, à 84 bichots, 5 quartes ; la dépense, à 68 bichots, 8 quartes ;

En avoine, à 64 bichots, 10 quartes, 2 picotins ; la dépense, à 42 bichots, 5 quartes ; en cire, 158 livres ; dépense, 16.

En seigle, à 22 quartes.

Les recettes n'entraient pas toutes dans le trésor du comte. Elles payaient en argent et en céréales les fonctionnaires et les ouvriers, au service du domaine, En 1523, la dépense en argent dépassa de 378 livres la recette. Le boni des dîmes du blé, de l'avoine, de la cire n'égala pas ce déficit. Le blé ayant été à 5 livres le bichot ; l'avoine, à 3 livres 18 sols ; la cire, à 7 sols, 6 deniers la livre, il fut réduit à 165 livres, non compris le bénéfice de la vente du seigle. Le comte de Furstemberg le combla sans doute avec les revenus de ses autres terres (1).

L'année suivante, tout le pays ressentit les premières agitations que soulevèrent les déclamations de Luther en Allemagne, et celles de Guillaume Farel, dans le comté de Montbéliard. On y vit des révoltés, des mutins, armés de pied en cap ; l'appât des biens des seigneurs, des couvents, des hommes de travail et d'ordre avait excité leurs convoitises. Ne rien faire et bien vivre, fut, en tout temps, le rêve des hommes déprimés intellectuellement et moralement.

Notre seigneurie entendit les menaces de ces Jacques Bonhomme, comme nous l'apprennent les comptes du receveur, en 1524 : « Du 3 mai 1525 au 22 juillet, les mutins étaient assemblés au quartier de par de çà pour surprendre le château et la ville d'Héricourt, comme ils firent de la ville de Belfort (2). » « Un nombre de gens à cheval » se réunirent à cette occasion à Héricourt. Cette petite armée, comme il est à

(1) Arch. Doubs, B, 1769.
(2) Arch. Haute-Saône, E, 22.

croire, se porta contre les rebelles du Val de Chaux et de Montreux, puisque, d'après le même document, elle les contraignit à « réparer les dommages » faits au seigneur et à ses sujets. La prise d'armes de Guillaume de Furstemberg profita donc à d'autres. Nous le concluons du fait que le receveur et le prévôt de la seigneurie allèrent au « lieu d'Anguessey (Einsisheim) devers les régens pour leur mettre en mains l'argent relevé des mutins du Val de Chaux » (1).

Les vaincus, dans l'intention de faire croire à leur victoire, publièrent la mort de Furstemberg. A fin de contredire à ce bruit, le seigneur d'Héricourt donna un rendez-vous dans sa ville à ses sujets. C'était tout à fait familial. Tous s'y rendirent au jour indiqué et là, au milieu de copieuses libations, dues à la générosité de leur maître, ils constatèrent avec joie qu'il était en parfaite santé.

Treize sujets de la seigneurie d'Héricourt, dont huit du seigneur de Franquemont, à Tremoins, et cinq autres habitant le comté s'étaient joints aux bandes de mutins. En punition de leur rébellion, ils furent condamnés à payer 52 francs au domaine (2).

Ce soulèvement des paysans dans notre pays, causé par Ulric de Montbéliard et par les déclamations furibondes de Farel contre la religion catholique et ses partisans, entraîna des pertes considérables dans toute la région. Ceux qui prêtèrent l'oreille à ces apôtres de l'anarchie furent les premiers à en subir les désastreuses conséquences. C'est presque toujours à ses dépens que le peuple s'insurge contre l'ordre établi.

Dans le Châtelot, les deux familles nobles qui pendant leur existence s'étaient illustrées par l'honorabilité de leur vie s'éteignirent à cette époque. Thiébaud de Saint-Mauris, fils de Claude, épousa Jeanne, fille de Jean Girardot, de Citey-les-Gy ; il en eut quatre enfants, qui moururent en bas âge. Ayant fixé sa résidence à l'Isle-sur-le-Doubs, il vendit à Nicolas de Bout, son cousin germain par alliance, quelques-unes de ses terres de Saint-Maurice et notamment l'emplace-

(1) Arch. Haute-Saône, E, 22.
(2) Voir la guerre des paysans dans *Le Protestantisme du pays de Montbéliard*, p. 62.

ment du vieux manoir féodal, qu'avaient habité ses devanciers. Cette maison était en ruines. La dernière transaction signée par lui est du 28 novembre 1528. Deux ans après, son épouse était veuve. En Thiébaud de Saint-Mauris finit la branche des Saint-Maurice-sur-le-Doubs. Leurs fiefs du Châtelot entrèrent les uns après les autres dans les propriétés du domaine.

A Beutal vivait Marc de Saint-Mauris-Beutal, fils de Jean. Chevalier en 1524, il épousa deux ans après Pierrette de Cléron, dont il eut Claude, mort jeune, et Anne de Saint-Mauris. Cette dernière épousa en premières noces Guillaume de Melligny, en deuxième noces, Simon de Grammont-Vezet et, en 1563, Jean de Gilley, baron de Marnoz, seigneur de Franquemont.

A Chagey, seigneurie de Granges, se trouvait un meix donné par le comte Henri de Montbéliard à un de ses officiers, en récompense de ses loyaux services. On l'appela le meix Velleperrot, du nom du donataire. Possédée, en 1500, par Hugues de Velleperrot, il fut vendu, en 1526, par Morigné de Velleperrot à Brinnighoffen, écuyer, châtelain d'Héricourt et seigneur de Danjoutin (1).

Le 15 mars 1524, Guillaume de Furstemberg vendit à l'archiduc Ferdinand, frère de Charles-Quint, pour une somme de 20.000 francs, les seigneuries d'Héricourt, du Châtelot, Clémont, Neuchatel, Pont-de-Roide, l'Isle-sur-le-Doubs et autres terres. Il ne reçut que la moitié du paiement ; pour l'autre, il se retint les seigneuries de Clémont, du Châtelot et d'Héricourt. Quant aux autres terres, Ferdinand en fit prendre immédiatement possession. L'acquéreur, malheureusement, ne conserva pas longtemps ces propriétés. Le 20 août 1525, il les revendit pour 35.000 francs à Gabriel de Salamanque, comte d'Ortembourg, son grand trésorier.

Au mois d'octobre, Ferdinand écrivit à Guillaume de Furstemberg de remettre à Gabriel d'Ortembourg les seigneuries qui étaient encore entre ses mains. Celui-ci refusa de le faire jusqu'à ce qu'il eût été entièrement payé. Le 4 juin 1527, l'archiduc Ferdinand, étant à Augsbourg, fit, avec Gabriel d'Ortembourg, une nouvelle convention qui était à peu

(1) Duvernoy, mss., t. LVIII.

près la confirmation de l'acte du 20 août 1525. Il reçut en échange les biens que ce seigneur possédait dans la Basse-Autriche et la remise des terres d'Héricourt, du Châtelot et autres, fut stipulée pour le 1er juillet 1527.

C'est à cette date que Ferdinand, roi de Hongrie et de Bohême, manda à Jean Masson, de Goux, son lieutenant à Héricourt, de relever tous les sujets des terres vendues de leur serment de fidélité et de le prêter au comte d'Ortembourg.

On peut dire que Guillaume de Furstemberg, pendant qu'il était en possession de nos seigneuries, fut, à cause de son caractère franc, généreux et affable, aimé de ses sujets. Il se comporta avec eux non pas en seigneur mais en ami. Après la vente de ses terres il entra dans les armées du roi de France, puis dans celles de Charles-Quint, où il se fit remarquer comme un officier de grande valeur. Il mourut sans postérité, en 1549.

CHAPITRE VII

Gabriel d'Ortembourg, seigneur. — Achète Luze et Chagey. — Les étangs. — Prieuré de Saint Valbert. — Les Wurtemberg et nos seigneuries. — Mort du comte d'Ortembourg. — Ses fils. — Charles-Quint les prend sous sa protection. — Désordres réprimés par eux, etc.

Le nouveau seigneur d'Héricourt, Gabriel d'Ortembourg, était richement titré. Dans les comptes de nos seigneuries il est qualifié de « baron de Freynstein et Carlspach, chambellan héréditaire de Carinthie, conseiller de Sa Majesté l'empereur et roi des Romains, sous-protecteur de l'évêché de Gurck, capitaine de Goritz, grand bailli, capitaine et gouverneur des pays d'Alsace ».

Notre nouveau seigneur était le gendre du marquis de Bade ; c'est en cette qualité qu'en 1533 il lui fit envoyer de sa cave trois poinçons de vin.

A peine fut-il propriétaire de nos deux seigneuries, Gabriel d'Ortembourg rattacha à celle d'Héricourt un fief de Bourgogne, enclavé dans cette terre. Il fit l'acquisition de Luze et de Chagey, appartenant à Simon et à Jean de Mouthiers, au prix de huit cents écus d'or. Cette somme servit en grande partie à payer les dettes des vendeurs. Ceux-ci donnèrent 150 écus à Jean Poinsard ; 58 à Brinnighoffen, capitaine d'Héricourt ; 45 à Jean Masson, lieutenant, et 225 au chapitre de Saint-Maimbœuf ; il ne leur en resta que 322 (1).

Ce fief, d'après l'acte de vente, relevait, pour de rares sujets, d'Héricourt, et pour la plus grande partie, de Granges, car jusqu'alors toutes les reprises de fief de ce domaine s'étaient faites au seigneur de Granges. L'année qui suivit l'acquisition, le comte d'Ortembourg fit la reprise de Luze et de Chagey, « qui sont, est-il dit dans l'acte, du ressort de Granges » (2).

(1) Arch. Doubs, E, 1058.
(2) Arch. Nat., K, 2291.

Une donation affermit les titres du comte à la possession de ses seigneuries nouvellement acquises. La veuve de Christophe de Longwy, Anne de Neuchatel, héritière de Ferdinand, et possédant, à ce titre, des droits sur les seigneuries d'Héricourt, Clémont, Châtelot et l'Isle, les céda au comte d'Ortembourg, en reconnaissance des services rendus à son mari (3).

Les étangs dans la seigneurie d'Héricourt étaient nombreux. Le domaine en possédait un à Byans, un autre à Brevilliers et un troisième à Beutal. Leur pêche occupait beaucoup d'ouvriers, à en juger par la somme d'argent dépensée pour les deux premiers. En 1530, ce travail coûta 24 livres, 3 deniers, 6 engroignes tant pour les journées des pêcheurs que pour celles employées au nettoyage des étangs ; le pain mangé dans la circonstance fut fait avec la farine de six quartes de froment. La journée d'un ouvrier se payait alors 1 sol, 6 deniers. Deux cent cinquante carpes furent vendues 16 francs le cent, à peu près 3 sols, 2 deniers ½ la pièce. En 1530, les deux étangs précédents rapportèrent 904 livres, 17 sols, 1 denier. Pour les réempoissonner, on acheta six mille trois cent cinquante alevins, dont 4.150 à Granges et 2. 200 dans le val de Melisey, à 1 franc le cent. Neuf voitures furent employées à leur transport.

Le territoire de Chenebier, avec ses vallées étroites dominées par des coteaux escarpés, s'est toujours prêté à la création de vastes étangs. Autrefois il y en avait beaucoup, comme le prouvent les nombreuses chaussées encore subsistantes. Une famille Menigoz, de Chalonvillars, aussi riche de considération que de biens-fonds, en possédait quatre au xvie siècle : la *Goulle Osmée* (en patois la Goutte-en-Mâ), de dix fauchées, encore existant ; *Frénolle*, de même contenance ; deux carpières, chacune d'une fauchée, l'une d'elles était en la Combotte. En 1576, Guillaume Menigoz, agissant au nom de ses deux frères, vendra ces quatre étangs à Georges Handloz, d'Einsisheim, au prix de 700 florins et 4 florins de vin.

Alors les transactions ne se faisaient jamais sans la réserve de quelques pots de vin à vider entre les parties. Cet usage, qui remontait à l'époque de l'affranchissement des communes,

(3) Arch. Doubs, E, 1052.

en 1361, était pour le peuple un des beaux côtés de la liberté de vendre et d'acquérir.

La Luzine, très poissonneuse autrefois, était louée au profit du seigneur : de Chenebier à Luze, 4 sols, de Luze à Héricourt, 18 sols, d'Héricourt à Bussurel, 24 sols, de Bussurel à Montbéliard, 27 sols (1540).

La pêche du Doubs, dans la seigneurie du Châtelot, divisée en deux sections, valut au domaine, en 1523, 30 livres, 18 sols, 9 deniers. Le poisson fourni par les pêcheurs au château d'Héricourt paya le prix de la location.

Après la saisie des revenus du prieuré de Saint-Valbert par Guillaume de Furstemberg, Jacques de Chatillon, prieur, vint l'habiter. C'est lui qui, en 1518, avait donné l'état des revenus de cette maison. Voici en quoi ils consistaient :

Saint-Valbert : 5 bichots par moitié, 5 livres de cire, 4 francs de vin ; Héricourt : 22 bichots par moitié, 22 livres de cire, 4 francs de vin ; Chagey : 6 bichots par moitié, 7 livres de cire, 2 francs de vin ; la Chapelle : 7 bichots par moitié, 7 livres de cire, 2 francs de vin ; Désandans : 6 bichots par moitié et 18 quartes, 7 livres de cire et 2 francs de vin.

Les moulins de Saint-Valbert : 5 bichots, 10 livres de cire, une quarte de « piley » (millet), 120 livres de chenevis.

D'autres parts : 2 bichots par moitié.

Prés, 12 francs ; tailles, 30 francs ; patronage des églises de Chagey et d'Héricourt, 10 francs ; les bois, 3 francs et 20 poules.

Le comte d'Ortembourg maintint la saisie de ces revenus. Cette mesure détermina les Bénédictins de Luxeuil à faire les réparations demandées aux bâtiments du prieuré. A cet égard un marché qui fut passé entre leur procureur et Jean Roy, maçon de Sancey, les fixa à la somme de 110 florins, chacun de 24 sols bâlois (1528). Mais le comte d'Ortembourg ne considéra pas les réparations faites comme suffisantes. Avant de lever la saisie des revenus de la maison, il exigea un travail plus complet. Enfin, en 1534, grâce à la médiation des comtes de la Roche et de Varax, un traité de conciliation fut conclu entre le seigneur d'Héricourt et François de la Palud, abbé de Luxeuil. Alors le comte d'Ortembourg consentit à cette levée de séquestre, à condition que les bâtiments dont les réparations avaient été commencées seraient achevés par le prélat dans l'espace de trois ans et qu'un religieux résiderait au pricuré pour y faire les offices (1).

L'année suivante, Claude de Mailleroncourt, religieux de Luxeuil, fit, à l'occasion de ces réparations, une visite à cet établissement. Le journal de son voyage renferme des détails intéressants, notés jour par jour, depuis le mardi 23 février, jour de son départ de Luxeuil, jusqu'au 16 mars, jour où il rentra à son abbaye (2).

Le goût des exercices militaires était en honneur chez les hommes de notre pays. Le comte d'Ortembourg, loin de le combattre, prit à tâche de le stimuler. En 1530, à Héricourt, devant le château, il y eut une montre d'armes à laquelle prirent part les sujets des seigneuries d'Héricourt, de Clémont et du Châtelot. Elle se fit sous la présidence du comte, assisté de Henri Brinnighofen, capitaine, et de Thiébaud de Saint-Moris, seigneur de Mathay. Après l'appel, les soldats, précédés du drapeau de la seigneurie, s'avancèrent « en bel et triomphant ordre » près de la tuilerie « où d'un bon cœur et parfaite volonté » ils prêtèrent serment à Bernard d'Ortembourg, à son fils Ferdinand et à ses frères absents (3).

En 1531, le comte fit faire des exercices de tir à la suite desquels les plus habiles tireurs reçurent des récompenses. Il y eut des « chausses » à gagner, six au tir de l'arbalète et autant à celui de la couleuvrine. Parmi les lauréats figure messire Pierre Noblot, de Champey, curé de Chagey (4).

Tout seigneur, ayant un château-fort pour résidence, jouissait du droit de le faire garder par ses sujets. A Héricourt, cette charge était remplacée par une petite redevance que le maire de chaque commune levait sur les sujets. En 1540, elle fut de 15 francs. Cette somme fut donnée à Jean Dargent, d'Héricourt, pour le guet de l'année entière. Mais la garde du château et de la ville était renforcée, quand, dans le voisinage, il y avait passage de lansquenets allant en France ou retournant en Allemagne.

Depuis quelques années, l'agriculture prenait du développement. En 1531, Gabriel d'Ortembourg permit aux habi-

---

(1) Duvernoy, mss., t. XXI.
(2) Voir *Pièces justificatives*, N, 2.
(3) Arch. Nat., K, 2303.
(4) Arch. Haute-Saône, E, **22**.

tants de Colombier-Savoureux de défricher certains cantons
de bois et de les réduire en terres labourables. Cette concession se fit moyennant le paiement d'une gerbe sur onze.
Adrien de Saint-Moris-en-Montagne et Hennemand de Brinnighofen, alors bailli d'Héricourt, furent témoins de cet acte.

Bernard d'Ortembourg avait des voisins ambitieux, accapareurs, peu soucieux de la probité territoriale. C'étaient les
princes Ulric et Georges de Montbéliard. Une note, trouvée
aux archives dur Doubs, signale dans le premier une grande
défiance à l'égard de ces hargneux personnages. Voici le propos qu'elle met sur les lèvres d'Ulric :

« Et sur quelque jactance qu'il entendit avoir été dite par
le comte de Wurtemberg que les quatre seigneuries lui compétaient à bon droit, de quoi il se servirait en temps et lieu,
quand il verrait la saison à ce propice.

« Le comte d'Ortembourg, pour être purgé et éclairé desd.
jactances, fit assigner lcd. de Wurtemberg en la chambre
impériales en vertu de la loi de diffamation.

« Mais le duc de Wurtemberg ne voulut comparoir et maintint que les trois seigneuries, Héricourt, Châtelot et Clémont,
n'étaient pas de la Chambre impériale (1). »

Les relations entre Montbéliard et Héricourt, on en comprend le motif, étaient empreintes d'hostilité. Les Wurtemberg commirent même des actes de violence envers d'Ortembourg. La dîme, sur un canton de Bussurel, dit la *Combe-Robert*, fut levée, en 1535, au préjudice du seigneur d'Héricourt, par l'appui de cent hommes d'armes de Montbéliard.
Depuis, cet exploit fut renouvelé ; le receveur d'Héricourt,
dans ses comptes de chaque année, constate que son maître
a été dépouillé de ces dîmes, parce qu'il est en procès dans la
Chambre impériale de Spire avec le comte Georges de Wurtemberg « qui les a fait relever avec force et violence » (2).

Dans le château d'Héricourt les deuils se succédèrent de
près. En 1531, mourut l'épouse du comte. Dans les comptes
de la seigneurie il est dit que, cette année, il fut acheté douze
aunes de drap noir pour faire deux robes, l'une au capitaine,
l'autre au ecceveur-généra¹, afin de « porter le deuil de ma

(1) Arch. Doubs, E, 1059.
(2) Arch. Haute-Saône, E, 22.

très redoubtée Dame ». Le receveur de Clémont donna 6 sols au curé de Montécheroux et autant à celui de Dampjoux pour chanter des messes à l'intention de la défunte.

Sept années plus tard, mourut Bernard d'Ortembourg. Sa mort est mentionnée en ces termes dans les comptes du receveur de Clémont, rendus à la fin de 1538 « à très honorés et redoubtés seigneurs, Messieurs les enfants et héritiers universels de mond. seigneur, décédé pendant l'année du présent compte, duquel Dieu ayt son âme » (1). Le comte d'Ortembourg laissait quatre fils : deux majeurs, Ferdinand et Bernard ; deux mineurs, Ernest et Ermenfroid.

La mort du comte d'Ortembourg fut un vrai deuil pour les sujets de nos seigneuries. Défenseur de leurs intérêts matériels, il le fut également de leurs intérêts religieux menacés par ses voisins d'une destruction complète. L'empiètement de ces derniers sur le terrain théologique, approuvé par tous les transfuges du catholicisme, devait la réaliser avant peu. Montbéliard intriguait. C'est pourquoi les fils du comte défunt, depuis lors, vécurent dans les émotions de la terreur. On peut en juger par l'augmentation de leurs dépenses militaires. En 1540, l'entretien des soldats s'éleva à 1.106 livres, 6 sols, 2 deniers. La ville se mit sur un pied de défense. « Des gentilshommes et des compagnons de guerre » arrivèrent à Héricourt « pour la garde et la sûreté dud. lieu depuis le décès de mond. seigneur »; ainsi s'exprime le receveur. L'alarme était dans la seigneurie. Neuf veilleurs, payés chacun 25 francs avec un bichot de froment, firent la garde. Un bombardier d'Allemagne demeura à Héricourt, depuis le 9 février 1540 jusqu'à la Circoncision. Les tuteurs des jeunes d'Ortembourg connaissaient la perfidie des ennemis de leurs pupilles.

Au XV⁰ siècle, la famille Bichin, de Luze, comme nous l'avons vu, était arrivée par un labeur intelligent à une place notable dans la commune. Quelques-uns de ses membres, sortis de leur village, firent bonne figure dans la bourgeoisie bisontine. L'un d'eux, Jean Bichin, était inscrit, en 1492, parmi les étudiants de Dole. Au siècle suivant, cette famille, continuant à grandir en bien-être et en considération, vit les écoles du pays s'ouvrir à d'autres de ses enfants. Ceux-ci

____

(1) Arch. Doubs, *Supplément*, E, 1230.

arrivèrent aux premiers emplois de nos seigneuries. En 1528, Perrin Bichin, qualifié d'homme honorable, est procureur à Héricourt, et Perrin Bichin, greffier de la justice. Gaspard est procureur fiscal, en 1531. Des honneurs plus grands étaient réservés à cette famille. Jean Bichin, procureur et receveur-général de nos seigneuries, fut anobli, en 1542, par Ferdinand, roi des Romains. Ce titre fut confirmé deux ans après par l'empereur Charles-Quint à lui et à ses descendants des deux sexes. Dans sa descendance nous troûvons Jacques de Bichin, seignêur de Pompierre, et les Richard de Cendrecourt.

Parmi les correspondants du cardinal de Granvelle il y a Servois Bichin, docteur en médecine et attaché à la personne de l'illustre homme d'État. De retour en Franche-Comté, il se fixa à Baume-les-Dames, où il mourut dans les sentiments de la foi catholique. Un prêtre de cette famille, messire Servois Bichin, fut curé de Chagey en 1535.

Le travail dirigé par l'esprit d'ordre et de religion éleva ainsi une famille aux honneurs. C'est un fait fréquent dans toute la France de voir les paysans s'élever ainsi à la bourgeoisie et parfois à la noblesse.

Les jeunes comtes, remplis d'une juste défiance à l'égard d'Ulric, demandèrent à Charles-Quint de prendre « sous sa protection et spéciale sauvegarde » les seigneuries d'Héricourt, Clémont et Châtelot et tous leurs autres biens. L'empereur, aux termes d'un mandement adressé de Worms, à la date du 5 août 1545, donnant son assentiment à cette demande, s'engage « à défendre ces seigneuries de toutes forces, violences, oppressions et molestations indues ». Dès ce moment les armes du monarque furent élevées dans les villages de chaque seigneurie. Mais une fois Charles-Quint mort, ce porte-respect fut dépourvu de tout prestige (1).

Cette protection de l'empereur était bien nécessaire, car Ulric de Wurtemberg n'avait abandonné aucune de ses prétentions sur les seigneuries de l'Isle, Châtelot, Clémont et Héricourt, bien que la cession qui lui en avait été faite par Jean de Montaigu, le 4 mars 1506, fut restée jusque là sans effet. Le comte de Montbéliard, las de voir cet état de choses et refusant de reconnaître la juridiction des tribunaux du

(1) Arch. du Doubs, E.

comté sur les dites terres, supplia Charles-Quint de nommer un arbitre, afin de régler définitivement les difficultés existantes entre lui et le comte d'Ortembourg.

L'empereur renvoya les parties devant la Chambre impériale de Spire pour la décision à intervenir au sujet d'Héricourt, Châtelot et Clémont, mais il fit toute réserve au sujet de la seigneurie de l'Isle, qui dépendait notoirement du ressort de Dole (1).

Après la mort d'Ulric, son fils Christophe intenta un procès aux comtes d'Ortembourg, devant la Chambre de Spire, pour obtenir la restitution des terres de l'Isle, Clémont, Héricourt et Châtelot. Christophe étant mort, l'instance fut continuée par Louis, son fils

De graves désordres règnaient alors dans nos seigneuries. Les fils de Bernard d'Ortembourg y remédièrent par une ordonnance très sévère. Le préambule nous fait connaître la gravité du mal. Il débute en ces termes : « Plusieurs, très cupides de s'enrichir au détriment de nos pauvres sujets, exercent dans l'ombre plusieurs genres d'usure. Avant la maturité du blé et de l'avoine ils en achètent une grande quantité à un prix dérisoire. A l'arrière-saison, ils revendent ces grains quatre fois de plus. D'autres accaparent les grains, ou aux halles, ou à domicile, et retirent de leur marché un bénéfice double et même triple ; il y en avait même qui prêtaient de l'argent ou du blé, en exigeant de leurs débiteurs, parfois devant notaire, l'engagement de leur rendre plus qu'ils n'avaient reçu. »

Outre l'usure, l'ivrognerie, au mépris des édits publiés contre elle par Bernard d'Ortembourg, était pour les familles une autre cause de ruine.

Des jeunes gens fréquentaient habituellement les tavernes, où ils « s'ingurgitaient de vin », de là des dépenses qu'ils ne payaient qu'en volant leurs parents et une vie de désœuvrement, source de disputes, de débats, de blasphèmes et d'évocation du diable. Pour comble de désordres, des pères de famille jouaient toute la nuit aux cartes, dilapidant ainsi le pain de leurs femmes et de leurs enfants, et les réduisaient à la plus grande disette.

(1) Arch. Nat., K, 1748.

Contre de tels désordres les comtes d'Ortembourg, après avoir pris l'avis du bailli, du capitaine et des autres officiers, publièrent, en 1545, les édits suivants :

Défense d'acheter du vin et du blé avant les récoltes, à peine de confiscation du prix donné et obligation d'en rendre la plus-value dans les années de cherté.

Défense de prêter à usure, à peine de tout perdre et d'être puni arbitrairement.

Défense d'acheter du grain plus qu'il n'en faut et ordre de vendre le grain et le vin au prix courant.

Défense aux aubergistes de donner à crédit pour plus de cinq sols, sous peine de perdre la créance et d'être condamnés à trente sols d'amende, autant de fois que la défense sera violée.

Défense de recevoir les enfants de famille et les étrangers, ceux-ci après neuf heures du soir, de les laisser jouer aux cartes, de s'enivrer, sous peine de cent sols d'amende, la première fois, du double la seconde fois, et de la prison, la troisième fois. L'amende sera partagée par égales parts entre les pauvres, le fisc et le dénonciateur.

Les dégâts faits dans les vergers et les jardins subiront la même peine.

Enfin le législateur impose à tous les officiers de prêter, le lendemain de la fête de saint Jean-Baptiste, le serment de dénoncer les contrevenants à ces édits (1551).

De cette ordonnance on peut conclure que l'usure et l'ivrognerie accumulaient des désastres dans nos seigneuries. En les combattant par une pénalité si sévère le seigneur d'Héricourt exerçait l'acte d'un sage administrateur. On ne peut que le louer d'avoir recherché au profit de ses sujets le bien-être matériel et moral que l'égoïsme et la rapacité étaient en train de compromettre. Cette réforme, appuyée par l'autorité religieuse, était la seule capable de faire renaître chez des sujets, un moment égarés, des habitudes d'ordre, de sobriété et de justice (1).

La seigneurie de Champey, appartenant à Claude de Diesse, fut vendue en 1550 à Jean d'Andelot, seigneur de Joinville. L'année suivante, l'acquéreur en fit la reprise de fief aux

(1) Arch. Nat., K, 1940.

comtes d'Ortembourg. Il n'en jouit pas longtemps. En 1556, la tutelle de Jean et de Gaspard d'Andelot, ses deux fils mineurs, fut établie à Dole (1).

En 1552, les d'Ortembourg renforcèrent la garnison d'Héricourt. Ils se crurent obligés de protéger la ville contre les tentatives de Sébastien Schertel, qui, à la tête de soldats enrôlés dans les environs de Bâle, traversa le comté de Montbéliard, la seigneurie de Granges et la Bourgogne, pour aller rejoindre le roi de France, Henri II, sous les murs de Metz. L'entretien de cette garnison fut très onéreux pour les comtes d'Ortembourg. A leur demande, leurs sujets se prêtèrent de très bonne grâce à en supporter la charge. Héricourt et le Châtelot fournirent un subside de 255 livres, 8 sols, 4 deniers (2).

Quelques années après, les comtes eurent à intervenir pour réprimer une mutinerie de leurs sujets d'Héricourt, à laquelle n'étaient pas étrangers leurs voisins. L'un des maîtres-bourgeois fut emprisonné, l'ordre se rétablit ensuite. Pour le consolider, ils renouvelèrent la publication des franchises de la ville, en 1556, et exercèrent avec une grande fermeté l'autorité qu'ils tenaient en mains.

A ce moment déjà, l'abbaye de Belchamp avait subi un grand bouleversement ; le comte Georges de Montbéliard, frère du fameux Ulric, voleur de grand chemin, en avait expulsé les religieux et volé les biens (1552). La cure de Brevilliers et les biens qu'elle possédait dans ce village et à Échenans-sous-Montvaudois revenaient en toute justice à Renaud Mailley, abbé du monastère. A sa demande, le gouverneur et le conseil d'Héricourt lui en garantirent la possession, à la condition, acceptée par lui, d'assurer la célébration du culte divin dans l'église de Brevilliers. Messire Jean Receveur, d'Héricourt, religieux de Belchamp, pourvut à ce service.

En 1554, l'abbé voulut s'assurer la perception des dîmes de Brevilliers et d'Échenans. Mais le comte de Montbéliard l'avait prévenu. Incontinent après le brutal coup de main qui lui avait livré Belchamp, il avait nommé un receveur de ses biens, dont les attributions s'étendaient aux dîmes de

(1) Archives Nation., K, 2280.
(2) Arch. Haute-Saône, E, 22. — Davernoy, mss., t. XXII.

Brevilliers et d'Echenans. Celles-ci avaient même été louées pour un prix qui en dénote l'importance (1). L'abbé de Belchamp cita les amodiataires par devant la justice d'Héricourt. Guyon de la Mothe, greffier de la chancellerie de Montbéliard, eut beau protester au nom du prince, son maître, et arguer de l'incompétence d'Héricourt, l'affaire fut jugée, comme elle devait l'être, en faveur de l'abbé de Belchamp (2).

En 1558, le prieuré de Saint-Valbert fut amodié à Hugues Sacqueney, capitaine d'Héricourt, et à Jean Bichin, de Luze, receveur de la seigneurie. D'après le marché, ils durent donner 250 francs annuellement aux religieux de Luxeuil, faire les réparations qui n'excéderaient pas une dépense de 5 sols tournois et entretenir au prieuré un prêtre chargé du service religieux.

(1) Celles de Brevilliers : 6 bichots 1/2 par moitié, avec 6 livres 1/2 de cire ; celles d'Eschenans : 4 bichots et 21 quartes avec 5 livres de cire. — Abbé Bouchey, *Abbaye de Belchamp*, p. 56.

(2) Archives Nation., K, 2298.

CHAPITRE VIII

Nos seigneuries à la veille du protestantisme.

———

Jusqu'à l'occupation des seigneuries d'Héricourt et du Châtelot par le luthéranisme, les habitants n'avaient qu'une même pensée sur tout ce qui touche à la foi, ils étaient soumis aux mêmes pratiques sur le terrain des observances chrétiennes. Cette atmosphère d'unité donna à la religion une influence et une autorité prépondérantes sur l'esprit, l'âme et le cœur du peuple. Pour lui, la religion était la source et la gardienne de sa vie présente et future, l'église paroissiale en était le centre. Un état d'âme si général, source de tant de bien-être moral, était dû au ministère des prêtres et des religieux, dont l'enseignement constituait alors, comme de nos jours, une grande partie de leurs devoirs.

Les prédicants luthériens, en abordant nos seigneuries, n'eurent rien de plus pressé que de déclamer contre le prêtre catholique et sa négligence à dispenser sur les dogmes et la morale une instruction digne de ce nom, l'accusant d'avoir amené dans les masses une ignorance toujours croissante des vérités chrétiennes, en même temps qu'un oubli complet des devoirs religieux. C'est l'accusation que Pierre Toussain, surintendant des églises luthériennes de Montbéliard, fit, en 1561, contre les prêtres de nos seigneuries. Dans un mémoire fameux, adressé aux tuteurs du jeune Frédéric, sur la doctrine prêchée par lui dans l'église d'Héricourt, il leur dit que le peuple de cette ville, faute d'instruction, « ignorait tout à fait les articles de foi... les dix commandements et l'oraison que le Christ a enseignée » (1).

Tout d'abord on peut s'inscrire en faux contre cette accusa-

———

(1) Arch. Haute-Saône, E, 275. *Populus Hericuriensis, defectu doctrinæ, articulos fidei prorsus ignoraret.... decem præcepta quoque....,* **Oratio quam nos docuit Christus eam non intelligeret.**

tion, car son auteur était un apostat et tout apostat, comme un sale oiseau, tient à salir le nid qu'il a abandonné. Mais pour répondre à Pierre Toussain, il importe de chercher si son accusation repose sur des faits et si le peuple dans nos terres était oui ou non instruit de sa religion et jusqu'où était poussée cette instruction.

L'obligation imposée au clergé d'enseigner et d'instruire est aussi ancienne que l'Église. « Enseignez », a dit Jésus-Christ aux apôtres et à leurs successeurs. Depuis saint Ferréol et saint Ferjeux, premiers apôtres du diocèse, ce ministère, d'une importance capitale, n'a cessé d'y être en honneur. C'est grâce à la prédication que les païens de notre région ont abandonné le culte des idoles pour embrasser la religion de Jésus-Christ. Nos premiers évêques, afin d'avoir des continuateurs de leur mission, ont même établi autour de leur cathédrale des écoles pour y former, sous la règle du renoncement et de la vie commune, des ouvriers apostoliques, capables d'enseigner les vérités de l'Évangile. Saint Prothade, archevêque de Besançon de 613 à 624, exigea l'uniformité de cet enseignement par une prescription qui se résume en deux points : « Faire d'abord la lecture ou le prône, ensuite le sermon » (1). Cette règle fut dès lors pour les curés la directrice de leurs prédications. Renouvelée par Hugues Ier dans les synodes diocésains (1031-1066), et, depuis ce prélat, répétée deux fois chaque année aux prêtres des paroisses, elle reçut une nouvelle promulgation dans le synode tenu à Besançon, en 1480, sous la présidence de Charles de Neuchatel, archevêque de Besançon. Les statuts de cette mémorable assemblée furent très nombreux. Leur objet comprenait la conduite et les devoirs du prêtre dans les moindres détails de sa vie et de son ministère, le Symbole des Apôtres, le Décalogue, les Sacrements, la Prière. Toutes ces matières furent traitées avec une précision, une clarté et une piété admirables.

Dans le recueil de ces doctrines il y a un chapitre intitulé *De la vie et de l'honnêteté des clercs*, où on lit ces prescriptions : Que les clercs soient assidus à la lecture des saintes Écritures et à la prière, parce que l'étude sainte et la prière dévote sont les armes des clercs ; leur devoir est de vivre

---

(1) **Rituel de Saint-Prothadè.**

vertueusement et de bien instruire, car si leur enseignement est bon et leur vie mauvaise ils remettent leur condamnation entre les mains de Dieu.

Le synode de 1480 ne laisse nullement ignorer aux curés la double obligation qui pèse sur eux en vertu de leur ministère : Étudier l'Écriture et prier. La première, bien remplie, les mettra à même de distribuer aux fidèles la nourriture céleste qui les fera vivre chrétiennement. La seconde attirera à leur enseignement la grâce qui le fera fructifier dans les cœurs pour la gloire de Dieu et le salut des âmes. Ces armes, victorieuses en tout temps, furent celles dont les Souverains Pontifes, les évêques et les docteurs de l'Église ont, d'une manière pressante, prescrit l'usage aux ministres de la prédication. Qui veut la fin veut les moyens.

Pour la manière et le temps d'instruire, voici la prescription du synode : « Que les curés, par commandements, par avertissements et par exhortations déterminent leurs paroissiens à se réunir à l'église paroissiale le dimanche et aux principales fêtes ; que le mari et son épouse, ou au moins l'un des deux, reçoivent l'aspersion de l'eau bénite et le pain bénit, et, si la chose peut se faire commodément, qu'ils conduisent avec eux leurs enfants, afin que toujours ils soient instruits dans la foi catholique, dans la doctrine de notre sainte mère l'Église, *en écoutant les paroles de la sainte prédication*, les recommandations du curé ou du recteur de l'église et que tous ne se retirent qu'à la fin de la messe. »

Observons que ces prescriptions n'étaient pas une nouveauté. Mgr de Neuchatel, dans la préface du livre où elles sont renfermées, déclare qu'il ne fait revivre que des règlements ecclésiastiques, transmis par la tradition des siècles précédents. Toujours les curés antérieurs à la date de 1480 avaient, chaque dimanche, enseigné, exhorté, prêché leurs paroissiens. En cela ils avaient rempli un devoir attaché à leurs fonctions de prêtre. Et alors ils ne prêchaient pas dans le désert, car les sujets de nos seigneuries, qu'il ne faut pas comparer, pour les pratiques de la foi, à beaucoup de catholiques de nos jours, se rendaient tous aux offices du dimanche, où ils écoutaient avec respect, après le chant de l'Évangile, l'explication qu'en donnaient les curés.

Cette sollicitude de Mgr de Neuchatel pour l'instruction

de ses diocésains prouve que ce n'est pas le protestantisme, œuvre de révolte, de passion, de haine et d'injustice, qui a inauguré la prédication de l'Évangile et l'enseignement religieux dans nos seigneuries. Dès l'origine de l'Église, évêques et prêtres eurent à cœur l'accomplissement de cet ordre de Jésus-Christ : Enseignez toutes les nations.

Après avoir rappelé aux curés le devoir de la prédication, le synode aborde la doctrine des sacrements. Il en donne un résumé théologique si exact, si complet, si intelligible, que ministres et sujets des sacrements y trouvaient la notion vraie de ce qu'ils devaient faire, les premiers pour les administrer dignement, les seconds pour les recevoir pieusement et participer aux grâces qu'ils confèrent. Aucun détail dans l'exposition des devoirs du prêtre et des fidèles, relatifs à ces sources de la grâce divine, n'est oublié. L'autorité archiépiscopale donne même un certain développement à ce traité des sacrements pour fournir aux curés, à défaut de livres qu'ils ne possédaient pas et qu'ils n'avaient pas les moyens d'acheter, les connaissances strictement nécessaires de cette partie de la théologie. Pour peu d'explication que ces derniers aient donné à leurs paroissiens sur ce précis de la doctrine des sacrements, il est certain que ces âmes, grâce à la foi et à la piété qui les animaient, retiraient de leur réception les biens spirituels les plus abondants.

Il est à remarquer que le cours des siècles n'a apporté aucun changement à la doctrine des sacrements. Qu'on les étudie dans leur institution et leur administration, dans les dispositions nécessaires à leur réception, dans leurs effets, ce que les curés de 1480 enseignaient, la théologie d'aujourd'hui l'enseigne encore, la seule différence se trouve dans les démonstrations plus scientifiques qu'elle y apporte de nos jours. Quant à leur usage, il est le même à présent qu'alors. S'agit-il de la communion ou de la réception du sacrement le plus auguste et le plus divin ? Les statuts synodaux de 1480 font un devoir aux curés d'avertir fréquemment leurs paroissiens, arrivés à l'âge de discrétion, de recevoir aux principales fêtes, avec une conscience exempte de péchés graves, « le sacrement du Corps du Christ » ou pour le moins, chaque année à Pâques. Cette doctrine n'a pas varié jusqu'à nos jours.

L'instruction des curés aux fidèles, en vue d'une bonne

confession, s'étendait encore aux péchés capitaux, aux œuvres de miséricorde, soit corporelles, soit spirituelles. Éclairer les consciences, les prémunir contre tout ce qui pouvait les souiller, étaient au nombre des œuvres pastorales. Les statuts sur ces différents points théologiques étaient bien propres à les stimuler et à écarter l'erreur de leur direction.

Le peuple, dit Pierre Toussain, ignorait les dix Commandements de Dieu et l'Oraison dominicale. Les statuts de 1480, en traitant sommairement la doctrine de chacun d'eux, indiquent deux choses : ce qu'ils prescrivent et ce qu'ils défendent. La loi du Sinaï ne s'étend pas à autre chose. Mais comment nos ancêtres auraient-ils pu ignorer ces dix préceptes ? Leur transgression ayant toujours été une des principales matières de la confession, les curés ont eu pour devoir de les faire connaître en détail à leurs paroissiens. Les premiers, responsables de la sentence d'absolution qui confère à des pénitents bien disposés le pardon de leurs péchés, les instruisaient à l'avance des différents manquements dont ils pouvaient se rendre coupables contre chacun des préceptes du Décalogue. Ils y étaient même obligés en qualité de ministres du sacrement, afin de ne pas exposer un rite sacré à la nullité ou à la profanation. Les seconds, pénétrés de foi et de crainte de Dieu, pleins de respect et d'estime pour les sacrements, ne négligeaient aucune des conditions requises pour recevoir les grâces qui y sont renfermées. En conscience, ils étaient tenus de connaître les dix préceptes afin d'accuser les fautes commises contre leur inobservation.

Il était même impossible aux sujets de nos seigneuries d'ignorer les dix préceptes. Dans toutes les familles, la prière, si elle était personnelle le matin, le soir se faisait en commun. Cette pratique, telle que nous l'avons vue dans notre enfance, était depuis des siècles une des formes du culte privé sur laquelle très peu de chrétiens transigeaient. Alors la récitation du Décalogue, qui en faisait partie, constituait une promulgation quotidienne de la loi éternelle qui rappelait à tous leurs devoirs envers Dieu, envers leur prochain et envers eux-mêmes. Sa répétition de chaque jour la gravait d'une manière inoubliable dans toutes les mémoires.

Que le peuple ait ignoré le Décalogue et l'Oraison dominicale, comme l'en accuse Toussain, cette ignorance était impossible. Car outre que le fidèle les récitait tous les jours au foyer domestique, le dimanche au prône, conformément aux statuts, ces prières étaient récitées à haute et intelligible voix par le curé et toute l'assistance. De plus, à ce moment, le chapelet était dans les mains de tout catholique. Or ce formulaire de prières a toujours été composé d'un *Credo*, de six *Pater*, d'autant de *Gloria* et cinquante-trois *Ave Maria*. Longtemps avant le protestantisme il existait dans nos seigneuries. Espérant jeter le ridicule sur le chapelet et sur ceux qui en faisaient usage, les prédicants huguenots l'appelèrent Patenôtre (de *Pater noster*) et Patenôtriers, les catholiques, comme en font foi les documents de l'époque. L'ironie était assez anodine. Et ce sont ces catholiques qui sont accusés d'ignorer des prières qu'ils récitaient à la maison, à l'église et sur les chemins qui conduisaient à un but de pèlerinage. Que faut-il penser de l'auteur d'une telle accusation ?

Avant le protestantisme, les évêques et les prêtres ne laissaient nullement grandir le peuple dans l'ignorance de la religion. Des explications claires et nettes lui étaient même données sur le caractère de la dévotion aux saints et sur la nature du culte rendu à leurs images.

Dès le premier siècle de l'Église, les fidèles ont recouru à la dévotion aux saints pour obtenir les bienfaits de Dieu par Jésus-Christ Notre-Seigneur. Les fêtes des fondateurs et des patrons de l'Église, celle du saint de chaque paroisse, étaient, à l'origine, des jours d'action de grâce et de prières solennelles. En ce jour, en vue d'obtenir leur protection, tout chrétien célébrait leurs louanges, redisait leurs miracles, rappelait leurs bienfaits, publiait les témoignages de leur assistance. Le fidèle se recommandait à eux, comme saint Paul s'était recommandé aux prières des premiers chrétiens (1) et comme nous le faisons nous-mêmes, quand nous implorons le secours de celles de nos frères qui sont sur la terre. Aux saints ils disaient : Priez pour nous, et à Dieu : Ayez pitié de nous.... Écoutez-nous. Leur esprit savait parfaitement reconnaître la différence qui existe entre ces deux formules. Il faut être prédicant ou historien protestant pour accuser les catholiques de l'ignorer.

(1) Saint Paul aux Thessaloniciens, chap. v, v. 25.

Un manuel de prières imprimé, en 1530, dans le diocèse, prouve que les catholiques d'alors connaissaient la vraie théologie sur l'invocation des saints. Voici comment ils s'adressaient à Marie Immaculée :

« O glorieuse Empérière du ciel et de la terre, Marie, mère de Jésus, qui devant la création du monde étois d'icelluy préélue à être sa mère, qui de la macule originelle as été par luy préservée en ta sainte conception, je te prie, glorieuse Dame qu'il te plaise me donner de tellement honorer icelle conception que je puisse avoir l'amour de ton fils et de toy acquérir. O estoille de mer plus belle que la lune ne que le soleil, te plaise me enluminer de ta grâce ; Lys de virginité incomparable, te plaise me donner grâce de résister et vaincre les tentations de la chair ; miroer de la Trinité sans macule, cité de Dieu, porte du ciel et fontaine de miséricorde, vuilles pour moy être advocate envers ton benoist cher enfant en telle manière qu'il me donne son paradis. Ainsi soit-il ! »

Dans cette prière il n'est pas un mot, pas une expression qui fasse tort au culte d'adoration qui n'est dû qu'à Dieu. Par elle le chrétien, rendant hommage aux titres de gloire et d'honneur de la Mère Immaculée de Jésus, en appelle à son intercession pour obtenir d'elle que « son benoist cher enfant » lui donne le paradis. Cette prière n'est que le ravissant écho de ces paroles de l'Évangile : « Toutes les nations m'appelleront bienheureuse ». Seule une raison orgueilleuse et égarée peut s'opposer à ce concert universel.

Le même manuel renferme des prières que le fidèle adressait à des saints en particulier, demandant à chacun d'eux la grâce de pratiquer la vertu spéciale par laquelle il s'était surtout distingué ou de lui faire éviter le vice contraire. Ce qui impliquait quelque connaissance de l'histoire religieuse, celle des vertus évangéliques et des obstacles à vaincre pour arriver au salut.

Voici comment il invoquait :

Saint Jean-Baptiste : Priez Jésus-Christ que vous avez baptisé dans le Jourdain de me pardonner mes péchés ;

Saint Jean l'Évangéliste : Qu'il te plaise me garder et défendre de la venimeuse tentation du diable ;

Saint Pierre : Obtenez-moi un amour pour Jésus-Christ à l'épreuve de toute injure et de toutes douleurs ;

Saint Paul : Préservez-moi des maladies qui pourraient faire perdre la grâce de Dieu ;

Saint Étienne : Faites-moi la grâce de supporter les injures et de les pardonner ;

Saint Laurent : Faites que Dieu ne me punisse pas selon mes iniquités ;

Saint Nicolas : Préservez nos âmes de la mort du péché comme vous avez préservé des condamnés de la mort temporelle ;

Saint Antoine : Gardez-moi des tentations du diable, du monde et de la chair.

Saint Roch : Préservez-moi des épidémies ;

Sainte Marguerite : Faites que je méprise les vanités mondaines ;

Sainte Barbe : Préservez-moi de la foudre, de la mort subite et de la mort sans confession ;

Sainte Apolline : Délivrez-moi de l'insanien mal de dents.

Ces prières simples, naïves, pieuses, sont empreintes d'un amour sincère envers Dieu et d'une grande charité envers le prochain, comme aussi de la crainte d'encourir la disgrâce de Dieu par le péché et par le désespoir que peuvent causer les fléaux temporels. Elles renferment la vraie notion de la vie chrétienne dont la base repose sur la possession de la grâce sanctifiante et sur la haine du péché qui en est la ruine. Impuissants par eux-mêmes à conserver des biens aussi précieux, les catholiques recouraient à l'intercession des bienheureux pour obtenir leur protection dans la lutte contre le péché, leur plus redoutable ennemi, et participer un jour à leur félicité. Ils savaient que ce n'était pas plus renverser le fondement du salut, de prier ces saints vivant avec Dieu que de les prier vivant avec nous.

L'esprit de nos ancêtres n'était pas moins éclairé sur le culte qu'ils rendaient à la Croix et aux images. En les suspendant aux parois des murs de leur chambre et en s'agenouillant devant elles pour faire leurs prières, commettaient-ils un acte répréhensible ? Pas plus que ceux qui de nos jours donnent dans leur salon une place d'honneur aux portraits d'un père, d'une mère. Blâmer un décor si cher aux affections de famille serait un acte vraiment insensé. C'est l'acte que commettent ceux qui condamnent nos ancêtres de s'être agenouillés devant les images des saints pour faire leurs prières, car en le faisant ils honoraient l'apôtre, le martyr, le confesseur ou la vierge. Ils y trouvaient un livre dans lequel ils pouvaient lire aussi bien que le savant dans un in-folio. Cette vue donnait à leurs prières plus de dévotion et d'amour.

De même nos ancêtres avaient la vraie notion du culte de la Croix. Ce n'était ni à la pierre, ni au bois, ni à la toile ou au papier qu'il était adressé, la matière n'ayant jamais été l'objet d'un culte religieux dans l'Église, mais il s'adressait, comme de nos jours encore, à la personne du Fils de Dieu, à Jésus-Christ, mort sur la croix pour tous. En reconnaissance de son amour à l'égard des chrétiens et en témoignage de sa royauté sur toutes les nations de la terre, nos ancêtres érigeaient des croix sur le bord des chemins, sur la plus belle place de la paroisse. Par ce monument ils payaient au Roi des rois, au Maître de la terre, de l'air et des mers, le tribut de leur vassalité, et, en qualité d'humbles sujets, ils lui demandaient de bénir et de protéger contre les fléaux, qui pouvaient les frapper, leurs personnes, leurs maisons et leurs terres, et le Christ, du haut de la croix, étendait les bras en signe d'approbation et de protection.

Cette croix ainsi élevée en plein air avait encore une signification autorisée par la coutume de l'époque. Les seigneurs alors suspendaient leurs armoiries au milieu des villages situés dans leurs fiefs. Les armoiries du Christ ne sont autres que la croix ; elles publient la gloire acquise par sa victoire sur les puissances infernales. Nos ancêtres, sujets du Christ, élevaient ces glorieux trophées sur les terres et dans les lieux où sa souveraineté était reconnue et adorée. Les considérer comme des objets d'idolâtrie, c'est une aberration qui ne se trouvera jamais que dans un esprit obscurci par un abject crétinisme.

L'enseignement populaire dans le temps qui précéda le protestantisme recevait un fort appoint dans les représentations des mystères qui se donnaient dans les villages, quelquefois même dans les églises, quand elles étaient empruntées aux scènes de l'Évangile. En ce dernier cas, le synode de 1480 les autorise dans le lieu saint. Ces représentations dramatiques sur les principaux événements et sur la vie du Sauveur faisaient les délices de nos ancêtres, parce qu'elles délectaient leur foi et leur piété. Les fêtes de Noël, de l'Épiphanie, après avoir été célébrées à l'église, revivaient dans des scènes où les anges, les bergers, les rois-mages, suivant l'ordre de l'Évangile, venaient à tour de rôle, avec les paroles du texte sacré, offrir leurs hommages à l'Enfant de la crèche. Dans le jeu de ces mystères il y avait des entr'actes où l'attention des assistants prenait un délassement agréable dans quelques refrains de ces vieux noëls, si pleins d'une foi naïve.

Dans le siècle dernier on voyait encore çà et là des réminiscences de ces anciens drames. Trois adultes, costumés à l'orientale, soi-disant, allaient dans nos villages, chantaient, de maison en maison, la chanson dite des rois-mages, pendant que l'un d'eux faisait tourner une étoile suspendue au bout d'un bâton. Les portes s'ouvraient et de petits dons encourageaient ces petits apôtres de Notre-Seigneur.

Le drame du Vendredi saint, puisé dans l'Évangile, était une vraie prédication. Sa représentation faisait arriver sur la scène les auteurs de la condamnation et du crucifiement de Jésus. Chacun d'eux répétait sur le théâtre les paroles que l'Évangile mettait sur les lèvres. L'attitude, le geste, l'accent, tout dans l'acteur cherchait à reproduire le personnage dont il jouait le rôle. En voyant défiler successivement le traître, les soldats, les juges, Pilate, Hérode, etc., les bourreaux de la flagellation, du couronnement d'épines, du crucifiement, en entendant leurs cris de haine, leurs injures, l'assistance, composée d'âmes foncièrement croyantes, avait le cœur pénétré de compassion et d'amour pour le Sauveur et de haine pour ses ennemis.

Tout cela aidait à imprimer les vérités et les faits de l'Évangile et de l'histoire dans l'imagination des foules qui en étaient témoins et à donner à ces faits et à ces vérités une réalité vivante.

Pour mieux apprécier l'état mental de nos ancêtres à l'égard du système religieux antérieur au protestantisme, consultons les testaments de l'époque. Ce qui les inspirait c'était l'existence du purgatoire et l'efficacité des bonnes œuvres pour les morts. L'enseignement de ces vérités fait encore partie intégrante de la foi chrétienne. Son expression dans les testaments est faite avec un accent catholique qui rend hommage à l'influence que la religion dut avoir sur les esprits et les âmes du peuple de nos seigneuries.

De ces documents il résulte que, jusqu'à l'abolition violente du catholicisme, la religion était une réalité vivante pour nos ancêtres du pays de Montbéliard, et qu'en fait, l'ordre moral était fondé sur une appréciation vraie de la fraternité chrétienne et sur la doctrine biblique de l'efficacité des bonnes œuvres pour le salut.

Voici, au point de vue de l'instruction religieuse, la préface d'un testament catholique de la seigneurie du Châtelot, à la date du 8 décembre 1558, sept ans avant l'introduction du protestantisme.

« Au nom de Notre-Seigneur. Amen Je Jehan Jacquin, de Colombier-Châtelot, sain de sens, pensée et entendement... j'ai fait, condit et établi, fais, condis et établis mon testament et ordonnance de dernière volonté en la manière que s'ensuit. Et premièrement, l'âme de moy, dès maintenant pour quand elle partira de mon corps, je rends et recommande à Dieu, mon Créateur, qui l'a faite et formée à sa semblance, à la glorieuse Vierge Marie, sa mère, à Mgr Saint Maurice, mon benoist patron et à toute la cour céleste du paradis.

« Item je élis la sépulture de mon corps au cimetière dud. Saint-Maurice, au lieu où sont inhumés mes prédécesseurs.

« Item je veux et entends mes obsèques chrétiennes, pain annuel et autres prières accoutumées, estre faictes et célébrées en l'église dud. Saint-Maurice bien et convenablement au su et bon avis de mes bien aimés neveux et héritiers. Je veux et entends qu'au jour de mes dites obsèques soient convoquées six hommes d'église qui diront chacun une basse messe pour le remède et salut de mon âme, de mes prédécesseurs et successeurs pour lesquelles seront payés à chacun d'eux quatre blancs, monnaie forte pour une fois, avec réfection corporelle. Item je donne et lègue aux trois châsses principales ayant quêtes en ce diocèse, à chacune un sol estevenant pour une fois, afin que je participe aux bienfaits et suffrages des maisons dont elles sont envoyées (1). »

Que de vérités évangéliques sont exprimées dans ce préambule ! Le testateur, simple cultivateur, reconnaît que Jésus-

(1) Archives du Doubs, E, 500.

Christ, Fils de Dieu fait homme, est son seigneur et son Sauveur et c'est sous son autorité et son inspiration qu'il se dispose à formuler l'expression de ses dernières volontés. Il confesse ensuite que son âme est immortelle, indépendante de son corps, auquel elle est unie, et créée à la ressemblance de Dieu.

Quand elle entrera dans son éternité, il la recommande à Dieu, son Créateur, à la Sainte Vierge, mère de Jésus, au patron de sa paroisse et à tous les saints du Ciel. Membre de la société spirituelle appelée la communion des saints, il prie les élus, qui déjà jouissent du bonheur éternel, de lui tendre une main secourable pour lui obtenir une place à leur côté. Et de sa foi sortent ensuite un acte de reconnaissance envers Dieu, le distributeur de tout bien, et un souvenir affectueux pour ses prédécesseurs, à côté desquels il veut dormir son dernier sommeil.

Racheté par Jésus-Christ, il proclame sa foi dans la rémission des péchés par son sang. Dans la crainte que son âme ne soit jetée, après sa mort, dans le lieu « d'où l'on ne sort qu'après avoir payé jusqu'à la dernière obole » (1), selon la parole du Christ, il veut qu'on offre pour elle, sur les autels, la Victime sans tache, afin que le juste Juge, à la vue du sang de son Fils, se laisse fléchir en sa faveur. Voilà pourquoi il demande qu'on appelle six prêtres à ses obsèques pour célébrer la messe en présence de son corps. Sachant de plus que l'aumône rachète les péchés, il ordonne à ses héritiers de donner un sol, en son nom, aux trois châsses qui, dans le diocèse, recueillent des secours en argent pour les malades et les pauvres des hôpitaux, par lesquels elles sont envoyées.

Cette dernière clause se trouvait dans presque tous les testaments. Henri Valiton, de Brevilliers, donne 10 blancs à chacune d'elles (2). Quelques-uns contenaient des legs aux fabriques. Pierre Rebillard, de Chenebier, donne un *coupol* de seigle à l'église et Pierre Colin, d'Échavanne, deux *coupols*, à la condition, exprimée par tous deux, « que les paroissiens prient pour le salut de leur âme ». C'est le même esprit de foi et de piété qui a dicté la clause suivante du testament de Jean

---

(1) Saint Matthieu, ch. v, v. 26. Non exies inde, donec reddas novissimum quadrantem.
(2) Arch. Haute-Saône, E, 383.

Girardin, d'Héricourt (1) : « Je veux et ordonne mon office être fait en l'église le plus tôt que bonnement se pourra après mon trépas, auquel je veux être convoqués treize prêtres qui diront messes tant pour le salut de mon âme que pour mes prédécesseurs ». Quelques testaments font des legs au confesseur. Marguerite Bichin, de Luze, épouse d'un bourgeois d'Héricourt, est à sa dernière heure, en 1528. Alors l'église de la paroisse était au début d'une réédification. Désirant y contribuer, elle signale dans son testament la promesse de son mari de payer, pour elle, la façon d'une des fenêtres du chœur (2). A cette bonne œuvre elle ajoute un don de trois gros pour son confesseur, Pierre Pillot, de Luze (3).

Tous ces documents ne laissent aucun doute sur le degré d'instruction religieuse de nos ancêtres d'avant la révolte huguenote. Dieu, Jésus-Christ, l'immortalité de l'âme, l'Eucharistie, le sacrifice de la messe, le salut par la Rédemption, l'expiation des péchés par le sang divin, ces vérités fondamentales leur étaient familières ; la reconnaissance envers Dieu, la résignation devant la mort, l'humilité, l'espérance, la charité envers Dieu et envers le prochain, toutes ces vertus jaillissent de l'expression de leurs dernières volontés. Leur testament constituait l'épitaphe la plus chrétienne, la plus intelligente qui convenait à leur tombe.

Le principe d'association était parfaitement compris et mis en pratique dans les paroisses. Le peuple se groupait en confréries et sociétés religieuses. A Chagey, comme nous l'avons vu, était la confrérie de la Conception de la Sainte Vierge, à Héricourt il y en avait deux, celle de Saint-Christophe, instituée en 1420 et soumise, en 1456, aux règlements d'une constitution approuvée par Quentin Ménart, archevêque de Besançon, et celle de Sainte-Lucie, établie en 1516. Cette dernière paraît avoir été une confrérie en l'honneur du Saint Sacrement, car dans le dénombrement des paroisses et des revenus des églises de nos deux seigneuries, en 1562, on

____

(1) Ard. Haute-Saône E, 454.

(2) A la fenêtre du fond du chœur fut placée une verrière, vrai chef-d'œuvre d'art qui représentait la Croix. Les enfants du prédicant, Jean Larcher, la brisèrent à coups de pierre. Arch. Nat., K, 2182.

(3) Arch. Haute-Saône, E, 1557. Messire Jean Pillot, du même village et de la même famille, était chapelain de Saint-Maimbœuf, en 1508.

lit cette note : « Les deux messes basses de la Confrérie de Sainte-Lucie sont rétribuées par six livres de cens ; cette somme se paie par les gens du Sacrement, d'Héricourt ». Le dimanche matin, les associés assistaient à une messe dite pour eux et ensuite à une procession autour de l'église. A Saint-Maurice, la confrérie de Saint-Nicolas avait été instituée pour cette paroisse et celle de Colombier-Savoureux. La raison des confréries était l'entretien de l'ornementation des autels, spéciaux à chacune de ces associations, les frais de lampe et de luminaire, la célébration des obits et fêtes. Les premières dépenses d'une confrérie étaient pour les funérailles des membres et pour le service des messes, que l'on avait coutume de faire dire pour les défunts. La fraternité unissait fortement entre eux les confrères, les plus faibles étaient soutenus par les plus forts. Les personnes de mauvaise réputation, les semeurs de discorde n'étaient pas admis à en faire partie et les membres qui la déshonoraient en étaient chassés.

Chaque année, un banquet, sous la présidence du prieur de la confrérie, réunissait tous les confrères. Les frais étaient payés par le trésorier, qui recueillait les cotisations annuelles de chaque confrère. Cet usage faisait revivre ces repas, nommés agapes, que les premiers chrétiens faisaient, soit dans les lieux saints, soit dans les catacombes, au jour de fête d'un martyr. L'union, la paix, la concorde, assaisonnées d'une douce gaieté, ne faisaient de tous les convives qu'un cœur et qu'une âme, comme chez les premiers chrétiens. Il faut avouer que ces groupements de catholiques, unis ensemble par les liens puissants de la religion, sous la même bannière, inspiraient force et courage aux âmes et les fortifiaient contre les défaillances morales.

CHAPITRE IX

Les pèlerinages dès les temps les plus reculés étaient pratiqués avec ardeur. Nos ancêtres d'avant la Réforme y attachaient une grande importance. Qu'ils aient obtenu quelquefois du saint qu'ils allaient invoquer une grâce spirituelle, une faveur temporelle, il n'est pas permis d'en douter. Les mendiants ne vont que là où ils reçoivent l'aumône. Dans nos pays, avant le protestantisme, il y avait plusieurs centres de pèlerinage : Sainte-Radegonde, de Châlonvillars, Saint-Maimbœuf, de Montbéliard, Saint-Martin, le grand thaumaturge, de Chagey. Il y avait de plus trois sanctuaires où la Sainte Vierge donnait audience à la piété des fidèles : Bondeval, Ronchamp, Clerval. Certaines églises paroissiales, dont le saint patron avait le renom d'accorder des grâces spéciales, de guérir des infirmités particulières, devenaient elles-mêmes des rendez-vous de pèlerins. Les personnes atteintes d'un mal d'yeux allaient à Chenebier invoquer saint Léger et laver l'organe malade à la fontaine du saint.

La piété de nos ancêtres franchissait parfois les limites de nos seigneuries. A Besançon, se trouve le tombeau des saints Ferréol et Ferjeux, apôtres de la Comté. En tout temps ce centre de pèlerinage a vu de nombreux visiteurs. A la cathédrale de Saint-Étienne, chaque année, le Saint Suaire était exposé à la vénération des fidèles. Que de catholiques de tous nos villages allaient, sans tenir compte de la distance, rendre leurs hommages à cette insigne relique de la Passion de Jésus-Christ ! Les fruits de ces voyages étaient merveilleux. Les braves gens de nos campagnes entraient en contact avec des personnes d'une foi éclairée. Les conversations roulaient sur les choses saintes et sur les faits historiques touchant le saint ou le mystère, cause du pèlerinage. Aussi, au retour de ces enthousiastes expéditions, les âmes, sous l'influence des enseignements et des bons exemples reçus, se sentaient

plus dégagées des liens de la torpeur morale et plus entraî-
nées à l'accompliss ment des devoirs du christianisme.

A la veille de la Réforme, comme à toutes les époques, une
grande partie de l'instruction religuese était donnée à la
maison par les parents aux enfants. C'est là que les pratiques
journalières, ayant pour but d'ordonner et de sanctifier la
vie domestique, formaient chez les jeunes gens des habitudes
de solide piété et de crainte de Dieu. Le succès de cette formation était plus prompt et plus durable qu'à l'école et à
l'église. C'est pourquoi la religion débordait dans la vie populaire, où tout contribuait à lui donner de la force, de la stabilité,
du lustre et à éclairer l'esprit de la jeunesse.

Trois fois par jour la cloche tintait l'*Angelus*. Dans cette
pratique, que de faits évangéliques rafraîchissaient la mémoire
et le cœur des fidèles : l'ambassade de l'archange Gabriel à
Marie, son message céleste, le dialogue entre lui et la Vierge
immaculée, le consentement de l'humble fille donné à la demande du Ciel, l'Incarnation du Fils de Dieu, l'aurore de la
régénération du genre humain par la ruine du péché, etc.
L'Angelus est une hymne de louanges et d'actions de grâces
en l'honneur de Dieu, une humble prière à Marie, invoquée
comme la Mère admirable de la famille chrétienne : « Voilà
votre mère ». Que l'enfer et ses suppôts repoussent son culte,
on en comprend la raison.

Nos ancêtres ne commençaient et ne finissaient leurs
repas que par la prière. Les enfants, dès leur bas âge, sous la
direction de parents chrétiens, apprenaient que tous les biens,
le pain du corps comme le pain de l'âme, sont des dons de
la main de Dieu. Instruits par les paroles et surtout par les
exemples des auteurs de leurs jours, ils priaient Dieu, avant
et après le repas, de bénir cette action, afin qu'elle contribuât
à la gloire de son saint nom et au salut de leur âme. Pour eux
rien n'était terre à terre, ils surnaturalisaient tout, jusqu'à
donner au pain qu'ils mangeaient des ailes qui élevaient à
Dieu leur cœur et leur âme de chrétiens.

Nos dignes ancêtres témoignaient en mille manières de
leur affection pour tous les usages religieux. Au xvie siècle,
c'était une coutume généralement suivie par le peuple d'assister à la messe chaque jour et d'y porter le chapelet qu'il récitait dévotement. Sa foi à la présence réelle, son amour et son

respect pour l'Eucharistie ne lui permettaient pas de laisser le prêtre offrir seul un sacrifice où Jésus applique, surtout aux âmes qui y assistent en de saintes dispositions, les mérites du sang qui a coulé pour tous sur le Calvaire. La doctrine eucharistique, si clairement et si abondamment exposée par saint Thomas dans l'office de la Fête-Dieu, entretenait sa dévotion pour un si grand mystère. Les explications simples que lui en donnait le curé allaient droit au cœur des fidèles. Tous, sous les saintes Espèces, apercevaient avec les yeux de la foi Celui qui au Cénacle avait dit sur le pain : « Ceci est mon corps ». Nous en trouvons, à la Fête-Dieu de 1544, la preuve dans les villages de la seigneurie de Blamont. Depuis trois ans le culte catholique y était aboli. Qu'arriva-t-il ? La population, frémissante sous le poids de ses chaînes, parcourut processionnellement, entre deux haies de branchages d'arbre, les rues du village, chantant les hymnes et les chants liturgiques de la vieille religion. L'âme de ces démonstrations n'était pas l'ignorance des vérités catholiques.

Et le culte de l'ange gardien ne donnait-il pas un rayon de lumière à l'esprit de l'enfant ? Le bon ange, si rapproché de nous, après Dieu c'est lui qui s'occupe le plus de notre salut. Gardien assigné par Dieu à chacun de nous, c'est avec un zèle vigilant qu'il remplit sa mission. Si nous le prions avec respect et pureté de nous éclairer de ses lumières, de régler nos actions et de nous servir de bouclier contre les traits de nos ennemis, alors, pour obéir à l'ordre qu'il a reçu de Dieu, « il nous gardera dans toutes nos voies » (1). La dévotion à l'ange gardien, avant la Réforme, était si enracinée dans tous les cœurs que quelques enfants de l'école d'Héricourt récitaient encore une prière à l'ange gardien, en 1619, cinquante-six ans après l'introduction du protestantisme dans cette ville.

Avant la Réforme, la religion était intimement liée à tous les actes de la vie civile. La plupart des transactions recevaient l'empreinte du cachet religieux. Le paiement des dîmes, des tailles, des acensements avait son échéance non pas à une date mensuelle, mais à une fête de l'Église. La Saint-Martin, la Chandeleur, Notre-Dame de mars ou l'Annon-

______

(1) Psaume xc : Ut custodiant te in omnibus viis tuis.

ciation, la Saint-Jean-Baptiste, l'Assomption, la Nativité de la sainte Vierge, celle de Notre-Seigneur, etc., étaient les jours fixés aux taillables, aux corvéables, aux censitaires pour s'acquitter de leurs redevances envers leurs débiteurs ; preuve que la connaissance de la religion, de sa doctrine et de ses fêtes leur était si familière que l'empreinte s'en retrouvait jusque dans l'échéance de leurs paiements.

Pour nos ancêtres du pays de Montbéliard dont la foi catholique inspirait les détails de leur conduite, combien étaient nombreux les foyers d'instruction ! Tous, considérés dans leur ensemble, répandaient dans leur esprit des lumières qui leur rendaient aimables le *Credo*, le Décalogue, les sacrements et la prière. Aussi l'enseignement de ces doctrines, donné par une centaine d'organes différents, était non seulement accepté avec empressement par eux, mais aimé et pratiqué avec fidélité. En un mot, c'était le phare lumineux qui les éclairait pendant leur vie et les consolait à la mort.

Après cet exposé sommaire sur le zèle déployé par le clergé d'avant la Réforme pour instruire et éclairer les fidèles et sur la multiplicité des foyers d'instruction renfermés dans les pratiques journalières, nous pouvons affirmer que le catholique d'alors, si attentif à écouter les leçons de ses maîtres, avait une instruction religieuse supérieure, en largeur et en hauteur, à celle de beaucoup de protestants d'aujourd'hui, dont tout le bagage en vérités évangéliques consiste à nier et à renier. Pour eux tout le dogme se réduit au mot de Luther : « Péchez fortement, mais croyez plus fortement. »

Ce qui prouve très bien le degré d'instruction des sujets de nos seigneuries, ce sont les fondations faites par eux. Tout ce qui touchait au culte était l'objet de leurs générosités et ils ne donnaient qu'à bon escient. Entretenir les églises, fournir l'huile de la lampe, la cire du saint sacrifice, les vêtements sacerdotaux, fonder des oratoires, des chapellenies, des messes, des anniversaires, établir des revenus au profit des confréries, des fabriques, des curés, c'est sous ces différentes formes que s'exprimaient une partie de leurs sentiments de foi.

Dans l'église d'Héricourt il se fit en 1537 une fondation remarquable sous tous les rapports, c'était après la réédification de cet édifice. Le fondateur était aussi distingué par sa foi, ses richesses, sa générosité que par le prestige de son crédit : c'était Jean Poinsard, lieutenant du bailli de la seigneurie. Issu d'une famille qui, au xvie siècle, avait donné deux prêtres à la familiarité d'Héricourt, il avait eu pour père un ancien administrateur de la ville, qui, en 1517, avait fondé trois messes pour lui et pour les siens. Élevé à une si bonne école, Jean Poinsard fut anobli par Charles-Quint, qui sut apprécier les qualités de l'esprit et du cœur de l'ami des comtes d'Ortembourg. Homme de foi, il voulut en donner à Dieu un témoignage très important en prenant à sa charge la construction d'une des quatre chapelles de l'église du lieu.

En vertu d'un marché passé entre lui et deux maçons de Saint-Maurice, le 12 juillet 1537, ces ouvriers s'engagèrent à faire dans l'année « une chapelle belle et triomphante de douze pieds de long et douze pieds de large », au prix de 25 francs, de 1 bichot de blé et de 5 tines de vin.

L'autel de saint Sébastien avait été en tout temps le centre d'une grande dévotion à cet illustre martyr. Le lundi de chaque semaine, une grand'messe y était célébrée à l'intention des bourgeois ; il y avait ensuite procession autour de l'église, au chant des litanies des saints. Ce fut pour faire revivre dans toute leur ancienne ferveur ces actes de piété que le lieutenant fit sa fondation. Il voulut que tous les lundis de l'année une messe fût célébrée en l'honneur de saint Sébastien, à l'autel déjà érigé par lui et consacré, en même temps que la nouvelle église, par Mgr Tassard, suffragant de l'archevêque, le 8 septembre 1530. Il enrichit la chapelle de vases sacrés, d'ornements et de la fondation de trente-sept messes « pour son salut et celui des siens ». Deux cents livres estevenantes furent versées à cette intention (1).

Jean Poinsard possédait des propriétés à Chenebier, où il faisait parfois un petit séjour (2). Un étang appelé la *Lieutenande* lui appartenait. Son affection pour l'église du village le détermina à y fonder six messes, que le curé du lieu devait dire le mardi de chaque semaine du carême (3). Par testament il donna 10 sols estevenants à la confrérie Saint-Christophe.

(1) Duvernoy, mss., t. XXI, p. 38. — Arch. Haute-Saône, E, 272, 274.
(2) Arch. Nat., K, 2298.
(3) **Arch. Haute-Saône, E, 271.**

Tous les prêtres originaires d'Héricourt, Girard Perdrix, Guillaume Georges, Henri Leblanc, Jean Crèmet, Jean Tatitot et la plupart des familles du lieu fondèrent des anniversaires. Quand le protestantisme entra dans la paroisse, il y en avait soixante et onze très bien dotés.

A Chagey, en 1508, Jean Maréchal donna à la confrérie de la Conception une fauchée de pré. Jean Bichin, de Luze, et Girard Tournier, de Chagey, par reconnaissance, lui assurèrent une messe, le lundi après la fête du 8 décembre. La même confrérie reçut, en 1524 et en 1525, la donation de trois champs et, en 1531, une rente de 10 livres bâloises et une autre de 7 gros, 3 blancs.

Vers 1555, messire Pierre Pequegnot, d'Échavanne, curé de Chenebier, donna par testament à l'église une rente annuelle de 5 francs, 6 gros, 5 niquets.

En 1538, Martin Pâris, de Bians, s'obligea à payer chaque année une cense de 4 sols à la fabrique de Tavey.

Pierre Valley, de Champey, fonda, en 1528, son anniversaire à l'église de ce village. A Aibre, l'année qui précéda la suppression définitive du culte catholique dans cette paroisse, 1550, deux familles constituèrent une rente de 2 francs au profit de la fabrique de Tremoins, espérant sans doute que le flambeau de la foi continuerait à y briller.

Dans le Châtelot, en 1502, Pierre Ménétrier, curé de Beutal, fonda son anniversaire à la chapelle de la Vraie-Croix, de l'Isle, par la constitution d'une rente de 10 sols, payables sur une maison en bois qu'il possédait en ce lieu.

Voici une paroisse entière qui s'unit dans l'œuvre d'une fondation de messes, c'est Saint-Maurice-sur-le-Doubs. Le 24 février 1546, ses deux échevins, au nom de tous les habitants, acensent, par main de notaire, un terrain communal au prix de 1 livre 10 sols. Cette rente perpétuelle fut consacrée, avec le consentement du curé Saulget, à la célébration de quatre messes et à celle d'un office, appelé vigile, le tout à la dévotion de la communauté de Saint-Maurice. L'un des services religieux fut fixé à la veille de la Conception de Notre-Dame, dévotion, depuis des siècles, chère à tous les Comtois.

En 1553, Nicolas Pariton, curé de Colombier-Savoureux, fonda des messes à l'église de la Vraie-Croix, de l'Isle. Les cent francs donnés à cette intention reposaient sur une maison de ce dernier village.

Combien d'autres fondations, dont les titres ont disparu, se firent dans les églises de nos deux seigneuries jusqu'à la suppression violente du culte catholique ! D'autres, non moins nombreuses, furent établies par nos ancêtres dans les monastères ou collégiales du voisinage. Leurs auteurs avaient la même foi que les catholiques de nos jours. Ils savaient que ces œuvres, consenties en vue du culte de Dieu, les mettraient, comme la veuve de l'Évangile, sous le couvert de la miséricorde et de la bienveillance de Dieu.

Au reste tous les revenus de nos paroisses, fruits de dix siècles de christianisme, étaient dus à ces sentiments profondément gravés dans l'âme des fidèles. Ceux-ci donnaient pour la gloire et l'honneur de Jésus-Christ, leur Dieu et leur Sauveur. Ces revenus n'étaient pas dans toutes les paroisses d'une valeur uniforme ; les curés cependant, quoique nés dans les familles aisées de la campagne, en étaient satisfaits. Voici quels étaient les revenus des cures et des fabriques de notre pays au moment où le protestantisme y pénétra.

Héricourt. — Familiarité : Argent : 92 livres, 14 sols, 3 deniers. Froment : 15 bichots, 8 quartes, 8 coupes. Avoine : 4 bichots, 12 quartes, 8 coupes. — Cure : Argent : 171 livres, 14 sols, 3 deniers. Froment : 4 bichots, 22 quartes, 4 coupes. Avoine : 4 bichots, 22 quartes, 4 coupes.

Vyans. — Argent : 34 livres, 3 gros, 5 niquets. Froment : 5 bichots, 10 quartes, 16 coupes. Avoine : 4 bichots, 16 quartes, 16 coupes. — Fabrique : Argent : 2 livres, 4 sols. Cire : 1 livre.

Tremoins, Coisevaux, Verlans. — Cure : Argent : 23 livres, 4 sols. Froment : 4 bichots. Avoine : 4 bichots. — Fabrique : 16 gros, 10 niquets.

Chagey. — Cure : Argent : 9 livres, 7 gros ½. Froment : 1 bichot, 16 quartes, 6 coupes. Avoine : 1 bichot, 16 quartes, 6 coupes. — Fabrique : Argent : 9 livres, 7 gros ½. Avoine : 1 quarte (1).

---

(1) « Il y a une maison presbytérale près de l'église, à laquelle le curé actuel a joint une cheminée en pierres, comme aussi a fait un étang pour nourrir 50 carpes. »

Chenebier. — Argent : 8 livres, 4 gros, 2 niquets. Seigle : 7 bichots, Avoine : 7 bichots (1).

Brevilliers. — Cure : Argent : 11 livres, 9 gros, 2 niquets. Froment : 2 bichots, 16 quartes. Avoine : 2 bichots, 16 quartes. — Fabrique : Argent : 15 livres, 4 gros, 8 niquets. Froment : 20 quartes. Avoine : 20 quartes. — Vingt anniversaires fondés.

Champey. — Église membre de celle de Saunot : Argent : 8 livres, 4 gros. Froment : 4 bichots, 4 quartes. Avoine : 4 bichots, 4 quartes (2).

Colombier-Savoureux. — Cure : Argent : 13 fr. 8 gros ½. Froment : 4 bichots, 9 quartes. Avoine : 4 bichots, 9 quartes.

Saint-Maurice et Colombier-Châtelot. — Cure : Argent : 31 francs, 3 gros, 1 niquet. Froment : 5 bichots, 6 quartes. Avoine : 5 bichots. 6 quartes.

Blussans, Blussangeaux et Châtelot. — Cure : Argent : 12 francs, 3 gros. Froment : 1 bichot, 12 quartes. Avoine : 1 bichot, 8 quartes.

Beutal et Longevelle. — Cure : Argent : 21 francs, 1 gros, 7 niquets. Froment : 7 bichots, 7 quartes ½. Avoine : 7 bichots, 7 quartes ½.

Lougres. — Cure : Argent : 7 francs, 11 gros, 11 niquets. Froment : 1 bichot, 17 quartes. Avoine : 1 bichot, 9 quartes (3).

Tels étaient les revenus des curés et des églises quand le protestantisme força l'entrée de nos paroisses. Ce patrimoine, fruit de la foi vive et généreuse des catholiques, n'aurait jamais dû, pour raison d'opposition de doctrine, être utilisé à son profit. Avec les idées qu'il préconisait et prêchait, avec ses diatribes contre la messe et le clergé, il avait pour devoir de détourner ses yeux et surtout ses mains d'un argent mis en réserve pour la subsistance des prêtres, pour rétribuer leurs services religieux et fournir les honoraires des messes dites au profit des âmes du purgatoire, afin, comme le dit l'Écriture, « qu'elles soient délivrées de leurs péchés » (4). Car c'est à cette doctrine biblique que les catholiques de nos

(1) Un étang qui appartenait à l'église fut vendu à de Brinnighofen, capitaine d'Héricourt.
(2) Arch. Nat., K, 2297.
(3) Arch. Nat., K, 2193.
(4) II Machabées, ch. XII, v. 46.

seigneuries s'étaient conformés, en fondant les messes que les documents ont enregistrées. En niant cet enseignement de l'Église, le protestantisme ne pouvait considérer ces œuvres pieuses que comme des supercheries sacerdotales et leurs revenus que comme un bénéfice résultant de manœuvres superstitieuses et par conséquent frauduleuses. Dans cette soi-disant persuasion, s'il avait eu la moindre notion de la probité et de l'honnêteté, alors saisi d'indignation contre des pratiques qu'il repoussait du pied, un devoir de conscience s'imposait à lui : c'était de restituer un bien mal acquis, d'abord aux donateurs, s'ils avaient encore vécu, et, en cas de mort, à leurs héritiers. Cette restitution était due en toute justice par les fameux introducteurs du protestantisme dans nos seigneuries, et, à leur défaut, par les pasteurs luthériens, bien résolus à ne conniver en rien avec l'ancienne Église qu'ils condamnaient. Malheureusement, la conduite des uns et des autres ne répondit nullement, sous ce rapport, comme sous beaucoup d'autres, à la haine qu'ils avaient pour elle. Ils s'empressèrent de se faire les joyeux complices « des rongeries papistiques ». C'est en ces termes qu'ils désignèrent certains revenus perçus par les curés. Mais, tout en les appelant d'un nom odieux, ils en firent leur pain bénit.

Il est vrai que les curés au début de leur ministère dans nos seigneuries, à cause d'un traitement plus que modeste, reçurent de leurs paroissiens de petits dons en nature, des offrandes aux cérémonies funèbres ou aux bénédictions demandées par les fidèles. L'autorité du temps changea ces coutumes en une règle générale à laquelle se soumirent les paroisses. Si parfois le curé était porté à exagérer le casuel établi par l'usage, la bonne harmonie n'en souffrait nullement. Un traité intervenait à cet égard entre le curé et ses paroissiens ; des deux côtés il était conclu avec une grande aménité et le désir de vivre en paix. Une convention de ce genre fut faite, en 1513, à Chagey (1), en 1523, à Tavey (2) et, en 1542, à Chenebier (3).

(1) Arch. Haute-Saône, E, 268. Curés de Chagey : au début de 1507, Pierre Maibrey ; même année, Pierre Noblot, de Champey ; en 1532, Servois Bichin, de Luze ; en 1553, Antoine Dodelier, de Corcelles.

(2) Arch. Haute-Saône, E, 280. Curé : Horry-Noblot.

(3) *Ibid.*, E, 271. Curé : Claude Pechelin, de Goux-les-Dambelin, expulsé, en 1541, de Belverne par le protestantisme.

Nos deux seigneuries, voisines des villages où le luthéranisme régnait, depuis 1541, par la toute-puissante autorité des princes de Wurtemberg, subissaient inévitablement la contagion de ses doctrines, réduites à très peu de chose. Les foires de Montbéliard et d'Héricourt étaient le rendez-vous de tous les sujets hostiles à la religion. Les négociants huguenots de Besançon, les d'Anvers, y achetaient du blé, y vendaient des étoffes ; ceux de Bâle, de Strasbourg, de Neuchatel y affluaient avec des voitures chargées de marchandises et de livres hérétiques. Les conversations ne roulaient pas seulement sur la vente ou l'acquisition des objets de commerce. les discussions religieuses, alors à l'ordre du jour, en faisaient en partie les frais, car il est à observer que, dès le début de la Réforme, tout homme conquis par elle se faisait l'apôtre audacieux de ses erreurs et de ses lubies.

Dans ces grands rendez-vous ouverts au public, la question religieuse, sur laquelle les passions se débattaient alors, subissait des chocs opposés. En ces circonstances les prédicants, nouvellement installés dans les villages du comté, se mêlaient à la foule, vendaient et achetaient du bétail, leur culte était exalté, le catholicisme déprécié, condamné. Pour ébranler la fidélité des sujets catholiques d'Héricourt et du Châtelot, les partisans du protestantisme leur faisaient entrevoir la conquête prochaine de leurs terres par les Wurtembergeois, car personne n'ignorait que le duc Ulric s'était vanté de les annexer à son comté, quand il le jugerait bon. Tout en étant très attachés aux comtes d'Ortembourg, les habitants n'étaient pas sans appréhension à cet égard. Nous en trouvons la preuve dans le testament de Pierre Colin, dit Pochard, d'Echavanne, à la date du 3 juin 1560 : « J'ordonne, dit-il, que chaque année soit célébrée dans l'église de Chenebier par le curé... une basse messe de requiem... et ce à perpétuité, *tandis que le curé continuera à dire la messe* (1). » Ces derniers mots n'expriment-ils pas dans le testateur la crainte de l'envahissement de la paroisse de Chenebier par les prédicants luthériens, ennemis de la messe ?

Cette crainte produisit ses malheureux effets surtout dans le recrutement du clergé. Les fabriciens de l'église d'Héri-

---

(1) Arch. Haute-Saône, E, 271.

court s'en plaignirent dans une lettre à l'archevêque de Besançon, le 29 janvier 1550. « S'ils n'ont plus, comme autrefois,
disent-ils, trois ou quatre chapelains, si le curé est seul pour
le service de leur église, la cause doit en être attribuée « à l'ad-
« versité des temps et à la damnable secte luthérienne (1). »

Le but de la lettre des fabriciens était de justifier leur curé
au sujet des fondations non acquittées. Celles de Jean Poinsard, entre autres, étaient en souffrance. Le lieutenant s'en
était plaint à l'autorité ecclésiastique. Dans ses plaintes il
disait que, contrairement à l'acte de fondation, le curé ou les
vicaires célébraient la messe de saint Sébastien « non à l'autel
stipulé, mais au grand autel », qu'ils ne tintaient pas la petite
cloche pour l'annoncer à la paroisse et que les pauvres ne recevaient pas, conformément à la lettre de fondation, les deniers
des offices non célébrés. Sa fondation pourtant était revêtue
de toutes les sanctions. Elle avait été approuvée des maîtres-
bourgeois, excepté, dit-il, par Henri Perdrix, « ennemi et
malveillant du fondateur, dépourté de son office depuis trois
ans ». Et c'est à son ordre, dit Jean Poinsard, « contre le gré
de ceux qui le remplacent », que la messe de saint Sébastien
est dite par le curé au grand autel. La vengeance de l'ancien
maître-bourgeois sur l'auteur de cette fondation était peu
honorable. Pour l'exercer il alla jusqu'à abuser de la vieillesse
du curé d'Héricourt. Le lieutenant avait l'esprit plus chrétien.
Reconnaissant que ce prêtre, vieillard sans défense, ne pour
vait se faire payer par les débiteurs, il s'offre à le rétribuer
lui-même et à fournir le luminaire et le vin de la messe.

A la réception de la lettre de Jean Poinsard, le curé d'Héricourt est cité à comparaître devant l'officialité de Besançon.
C'est messire Servois Gremillot, de Vyans, vicaire de Brevilliers, qui lui en signifia l'acte, le 2 mai 1552. Ce même jour,
Léonard Felicque, curé d'Héricourt, pria, par lettre, le secrétaire de la régalie de soutenir sa cause devant l'official.
Deux raisons, lui dit-il, doivent le justifier : 1º Personnellement, il s'est acquitté du tiers des fondations de Jean Poinsard. 2º En ce moment, chose dure et pénible pour lui, il est
seul homme d'église à Héricourt, bien que, depuis longtemps,
il cherche sans succès un prêtre qui puisse le soulager « en sa

(1) Arch. Haute-Saône, E, 274.

débilité ». Besançon agréa cette justification. Depuis, et conformément au désir du lieutenant, Claude Savouhot et Claude Vuillemin, fabriciens, eurent la charge de percevoir les revenus de cette fondation, au grand dépit des mauvais débiteurs (1).

Nos deux seigneuries, personne ne l'ignorait, étaient convoitées par les Wurtemberg et par le protestantisme de Montbéliard. Pour briser les liens qui attachaient les sujets au catholicisme, quand l'heure de l'esprit du mal aura sonné, ces ambitieux préparèrent leurs armes dans l'ombre. La diminution des vocations sacerdotales seconda leurs menées secrètes. Privée, dans sa direction, de prêtres originaires de la paroisse, l'école d'Héricourt eut à sa tête, en 1555 ou 1556, un personnage très équivoque que les manœuvres clandestines des Montbéliardais, au courant des qualités du sujet, y avaient appelé. Ce recteur des écoles s'appelait Claude Amaignes, né à Authonne, vers Romays, évêché de Genève, village calviniste. C'était contre lui une présomption assez défavorable. L'infiltration huguenote commençait donc dans une maison où jusqu'alors les prêtres de nos paroisses avaient été initiés aux études ecclésiastiques. Pendant six ans, le rôle de cet homme fut marqué au coin de l'hypocrisie, caractère alors très commun parmi les apôtres protestants. Afin de n'éveiller aucun soupçon d'hétérodoxie dans l'esprit des bourgeois, il garda un extérieur tout catholique ; le matin il chanta la messe avec ses clercs ; le soir, à l'église, il fit entendre, de concert avec eux, la mélodie du *Salve Regina* ; à Pâques, il reçut la communion après avoir fait sa confession ; cette dévotion, il la pratiqua aux principales fêtes de l'Église, suivant l'usage d'alors. Cette conduite, il la garda jusqu'au jour où, la conquête de nos seigneuries par les comtes de Montbéliard étant un fait accompli, il jeta son masque pour devenir quelques années après prédicant luthérien à Chagey. En attendant ce moment, les enfants d'Héricourt furent sous la garde du loup, revêtu de l'habit de berger.

Cinq ans avant la prise de cette ville par les Montbéliardais, il s'y passa une aventure qui exhalait une odeur fortement hérétique. Le 26 octobre 1556, cinq hommes du lieu entrèrent

(1) Arch. Haute-Saône, E, 274.

pendant la nuit dans l'église avec des épées à la main, abattirent la lampe, allumèrent les cierges du grand autel, chantèrent par dérision des chants populaires ; prenant ensuite des cierges et la lanterne de l'église, ils s'avancèrent à travers la ville en poussant des cris sauvages. En punition de leur profanation, nos bonshommes furent condamnés par la justice à se tenir debout, pendant la messe du dimanche, 4 novembre, devant le crucifix, un cierge d'une main, une pinte d'huile de l'autre, et à donner le tout à la fabrique. Malgré le souffle de révolte que Montbéliard excitait dans nos deux seigneuries contre la religion catholique, jamais il n'aurait pu en ébranler la solidité, tant elle était attachée par les fibres du cœur à la conscience des sujets. Pour en venir à bout, il faudra tenir les corps sous le poids de l'oppression, de la tyrannie, des amendes et saturer les esprits de mensonges, de calomnies contre l'Église romaine. Ce dernier travail sera exécuté avec délices par les prédicants et les pasteurs luthériens.

CHAPITRE X

Anne de Neuchatel, fille de Ferdinand de Neuchatel-
Montaigu, mariée à Christophe de Longwy, seigneur de
Longepierre, devint l'héritière universelle de Thiébaud IX,
son grand-oncle. El'e mourut au mois de juin 1530, laissant
trois filles qui s'unirent à trois frères de la maison de Rye :
Jeanne, l'ainée, à Marc, seigneur de Dicey ; Antoinette, à
Joachim, sire de Rye, et Louise, à Gérard de Balançon.
Marc eut pour fils Claude-François de Rye, qui épousa Fran-
çoise-Marie, fille de Joachim et d'Antoinette.

Deux pensées préoccupaient ce jeune seigneur. Il voyait
avec une profonde douleur une partie du patrimoine de ses
aïeux dans des mains étrangères. La leur arracher serait un
titre d'honneur dont il pourrait s'enorgueillir. Exerçant
par sa famille une haute influence dans le comté de Bourgogne, riche, d'un caractère impétueux et passionné, téméraire
jusqu'à l'audace, il ne voyait dans ses vues d'ambition que
des chances favorables, et la fortune commença par sourire
à toutes ses espérances.

La surprise d'Héricourt, qu'il méditait depuis quelque
temps, s'accomplit, le 15 mars 1561, sans obstacle sérieux.
En ce jour, le capitaine Sacquency, qui commandait cette
place pour les comtes d'Ortembourg, s'était rendu au marché
de Montbéliard pour acheter la provision de beurre de sa
garnison. Claude de Rye, en ayant été instruit, s'embusqua,
avec quinze cavaliers armés, à la lisière d'un bois qui borde
la route que Sacquency devait suivre à son retour. C'était
entre Montbéliard et Bussurel. Arrêté par eux et menacé
de mort s'il ne procure à de Rye et à ses complices l'entrée
immédiate d'Héricourt, le capitaine promet tout et consent

à ce que son valet, qui conduisait un cheval chargé de provisions, prenne les devants sous l'escorte de deux cavaliers.

Quand ils furent à la porte de la ville, les gardes l'entr'ouvrent pour laisser passer le domestique de Sacqueney, mais le cheval, avec les paniers suspendus à ses côtés, reste embarrassé entre les deux ailes. Les cavaliers, qui l'avaient accompagné, profitent de cette circonstance pour se saisir de la porte, tuent le portier et un des soldats de garde (1).

Le dimanche 16 mai, pendant que les protestants de Montbéliard étaient au prêche, le bruit de la surprise d'Héricourt arriva dans la ville. Quelle émotion dans les cœurs ! quelle agitation parmi les Montbéliardais ! La première pensée qui vint à l'esprit des conseillers de la régence fut de réprimer l'entreprise de Claude de Rye, qui avait la témérité de troubler les espérances des Wurtemberg sur la pacifique conquête des trois seigneuries : Héricourt, Clémont et le Châtelot. Des mesures militaires furent prises à la hâte pour arrêter de tels empiétements. La régence appela aux armes les bourgeois de la ville et les sujets du comté. Cinq cents hommes tant cavaliers que fantassins répondirent à l'appel. Ces soldats, sous la conduite du gouverneur, Jacques Heckly, du prévôt, Etienne Girardot, et du procureur, Charles Mercier, se rendirent rapidement à Bussurel et ensuite à Brevilliers, villages de la seigneurie. Les sujets durent comparaître devant cette force armée. Le procureur les requit d'avoir à prêter serment à la maison de Wurtemberg. Tous s'y refusèrent. Le procureur insista, fit des menaces. A la fin, cédant à la terreur, ces braves paysans prêtèrent le serment qu'on leur imposait.

Le lendemain et les jours suivants, les mêmes personnages parcoururent à la hâte presque tous les villages de Clémont et du Châtelot, pressant partout l'accomplissement de la même formalité, mais dans tous les lieux où ils parurent ils purent se convaincre que la conquête des cœurs serait plus difficile que celle des terres.

De son côté de Rye ne restait pas inactif. Pour consolider sa petite conquête, il commença par faire prêter serment aux

(1) Duvernoy, mss., t. XXIV. Le soldat tué fut Richard Chassard, de Bussurel. De Rye donna quelques quartes de blé à la veuve.

bourgeois d'Héricourt et à quelques sujets des environs. Il rassembla ensuite des soldats. Il lui en vint des terres de Neuchatel, d'Héricourt et du comté de Bourgogne ; il se pourvut en même temps de vivres et de munitions.

A Montbéliard on était dans un état fébrile. Les conseillers de la régence écrivirent à une quantité de personnages. Leurs lettres eurent pour but d'élever des plaintes contre l'acte de Claude de Rye.

Le 19 mars, Heckly de Steineck, gouverneur de Montbéliard, et Hector Voglmann, secrétaire, avertirent de Vergy, gouverneur du comté de Bourgogne, et le parlement de Dole de la prise d'Héricourt par de Rye. Dans la lettre aux conseillers du parlement, présumant que la chambre impériale de Spire, devant laquelle les trois seigneuries étaient en litige, les adjugerait aux Wurtemberg, ils les supplièrent, avant de faire usage des armes défensives, auxquelles Claude de Rye les forçait à recourir, de vouloir bien leur déclarer si un tel fait d'armes était approuvé par eux. Ils les préviennent en outre que les princes, tuteurs du jeune comte Frédéric de Montbéliard, avertis par eux de ce qui se passe, délibéreront sur un acte « pouvant amener, à notre regret, disent-ils, un grand inconvénient contre l'ancienne paix, amitié et bonne voisinance ».

Abandonner aux Montbéliard ce qu'ils convoitaient chez leurs voisins était pour ceux-ci le seul moyen de vivre en paix avec eux. L'histoire le constate (1). Depuis longtemps ils ambitionnaient les possessions des comtes d'Ortembourg, qui étaient à ces derniers par droit d'acquisition et sur lesquelles la maison de Montbéliard n'avait aucun droit, puisque, d'après l'historien Tuefferd, Ulric s'était dessaisi des biens de la succession des sires de Neuchatel (2). Mais avant d'agir contre Claude de Rye ils tenaient à sonder les intentions des gouverneurs du comté de Bourgogne.

Le 29 mars, de Vergy répondit aux conseillers de la régence que, s'il avait connu la prise d'armes du seigneur comtois, il s'y serait opposé. De son côté le parlement, à la même date, leur écrivit « que non seulement il n'avait pas donné son

(1) Bailly-Briet, *Montbéliard agrandi.*
(2) Tuefferd, *Histoire des comtes de Montbéliard,* p. 288,

consentement à l'acte de de Rye, mais qu'il en avait éprouvé un grand regret et déplaisir », ils en auront la preuve dans l'édit public par lequel il a « défendu à tout sujet du roi de lui donner aide et assistance, à peine de confiscation de biens ».

Cette double réponse tranquillisa les conseillers de la régence. Ils s'empressèrent de remercier le parlement et de le féliciter de son « amour de la paix, de l'amitié et de la bonne voisinance », promettant de leur côté d'y répondre par les mêmes sentiments. De là aux effets, il y eut une grande distance.

Il est certain que par son échauffourée Claude de Rye avait mis le gouvernement de Franche-Comté dans de cruelles perplexités. Le parlement ne les dissimula pas dans sa lettre à de Vergy, à la date du 27 mars. La surprise d'Héricourt « est très mauvaise » lui dit-il, pour trois raisons : elle oblige le gouverneur du comté de Bourgogne à recourir à toutes les mesures nécessaires pour protéger les seigneuries d'Héricourt, de Clémont et du Châtelot, placées sous la sauvegarde du roi d'Espagne, en vertu d'un mandement de Charles-Quint ; ensuite la prise d'armes de Claude de Rye, faite en dépit de son devoir, sans la permission du roi, est d'un funeste exemple « pour les Allemands, nos voisins ». Très disposés à des actes de ce genre, ils ont occupé les terres de Clémont et du Châtelot, et les retiennent par la force des armes.

Après cette expression de leurs angoisses, les conseillers du parlement prient de Vergy d'envoyer à de Rye un gentilhomme qui, après lui avoir exposé ce qui précède, lui fera observer « la conséquence bien dangereuse » de son agression, tant pour lui que pour le pays. Et en réparation de sa faute, le gouverneur du comté lui ordonnera « de remettre les officiers et serviteurs » des comtes d'Ortembourg dans la place d'Héricourt, et il requerra les Montbéliardais de faire de même pour les seigneuries de Clémont et du Châtelot.

Le même jour, le parlement de Dole écrivit aux conseillers de la régence de Montbéliard une lettre dont voici la substance : Vous trouvez très mauvaise la surprise d'Héricourt et vous en faites tout autant à l'égard de Clémont et du Châtelot, sans tenir compte que ces terres sont sous la protection du roi d'Espagne, de même que les comtes d'Ortembourg, leurs officiers et leurs sujets. Vous avouez que les ducs de

Wurtemberg, à cause des seigneuries qu'ils possèdent en ce comté, sont vassaux du roi d'Espagne. Cette raison les oblige à lui obéir et « à ne pas courir sus auxd. comtes d'Ortembourg, sous couleur de la surprise d'Héricourt ». C'est pourquoi nous vous requerrons « de vous départir des places et seigneuries par vous occupées et de les remettre aux comtes spoliés », autrement nous serons contraints d'y pourvoir.

L'approbation donnée à ces injonctions par de Vergy ne calma pas les préoccupations du parlement. Pour faire triompher une cause qui leur était chère, les conseillers eurent recours à toutes les influences. Ils informèrent la duchesse de Parme, gouvernante des Pays-Bas, des exploits accomplis par Claude de Rye et par les Montbéliardais, au préjudice des comtes d'Ortembourg, de l'ordre donné à leurs adversaires de restituer les terres occupées par eux, avouant que dans cette affaire les plus grands torts retombent sur Claude-François de Rye, parce que sa prise d'armes « donne occasion aux Allemands, nos voisins, eux émouvoir et mettre en trouble ced. pays ». Ils terminent leur lettre, en demandant à la gouvernante de leur tracer leur ligne de conduite.

Le mois de mars se passa en vaines correspondances et en démarches inutiles. Conformément aux vœux du parlement, le gouverneur du comté envoya à Claude de Rye, logé à Héricourt, une députation composée de son secrétaire, Claude Demougin, et du procureur fiscal de Champlitte, Bénigne Arviscnet. Ils arrivèrent à Héricourt le 5 avril. L'un d'eux le blâma, au nom du gouverneur, d'avoir pris aux comtes d'Ortembourg, qui en sont les propriétaires, une ville placée sous la protection du roi d'Espagne. En conséquence il le somma, lui et ses gens, de déloger de la place et de la remettre aux mains des officiers des comtes, sous peine d'encourir l'indignation de Sa Majesté le roi d'Espagne.

A cette sommation, de Rye répondit qu'en sa qualité de très humble vassal du roi d'Espagne il continuerait à obéir à ses ordres, de même qu'à ceux des conseillers. Quant à la surprise d'Héricourt, il n'a pas cru contrevenir aux droits du roi, attendu que cette seigneurie « n'est assise dans le comté de Bourgogne ni sujette à icelluy ».

Cette mission accomplie, ces envoyés se rendirent auprès des membres de la régence de Montbéliard. Quand ils eurent exposé à ces magistrats les conditions sous lesquelles étaient Clémont et le Châtelot, ils les requirent, au nom du gouverneur du comté de Bourgogne, de les restituer aux vrais propriétaires, comtes d'Ortembourg.

Les officiers de la régence leur répondirent qu'ils communiqueraient aux tuteurs du comte Frédéric l'objet de leur mission, puis ils leur remirent deux lettres, une pour de Vergy et l'autre pour les conseillers du parlement.

Le gouverneur du comté espérait que, si de Rye abandonnait sa conquête, les Montbéliardais retireraient leurs troupes de Clémont et du Châtelot. Dans cet espoir, quelques heures après que la première députation fut sortie d'Héricourt, arrivèrent d'autres députés, envoyés par de Vergy : c'étaient Humbert d'Araucourt, chevalier, seigneur de Franoy, et le sieur de Maubroige. A leurs nouvelles remontrances la réponse de Claude de Rye fut catégorique ; elle peut se résumer ainsi : En sa qualité d'héritier des sires de Neuchatel, il doit rentrer en possession des terres qui leur appartenaient, sans porter préjudice aux comtes d'Ortembourg, et sans manquer à son devoir de vassal du roi d'Espagne (1).

Le motif pour lequel l'acte de de Rye était vu d'un très mauvais œil par les gouverneurs de la Bourgogne, c'était la crainte de voir les Montbéliardais tomber, à son exemple, sur nos trois seigneuries pour en faire leur proie. Ce sentiment fut exprimé par la duchesse de Parme à de Vergy. Dans une lettre du 13 avril, elle lui mandait de faire son possible pour que le duc de Wurtemberg « ne fasse dommage au pays et que Sa Majesté n'ait pas à se plaindre de lui » (2).

Les illusions de la duchesse, supposé qu'elle en ait eu, ne furent pas de longue durée. Les tuteurs du comte Frédéric, par leur réponse à une lettre de Vergy, datée du 22 mars, les firent tomber. D'abord ils le félicitèrent « de démontrer paix, bonne visinance, amitié et service » à l'égard de leur pupille. Ensuite ils lui donnèrent l'assurance « que par les armes défensives prises à notre grand regret » nous ne ferons « aucun acte préjudiciable contre Sa Majesté » (15 avril).

Le lendemain, les conseillers de la régence prirent les armes

(1) Archi. du Doubs, B, 48.
(2) Académie de Besançon, *Documents inédits*, t. I, p. 231.

offensives ; leur lettre au parlement de Dole ne permttait pas d'en douter. « Sa Majesté, écrivirentils, ne fera ni permettra être fait par vous ni autres choses contraires au bon et juste droit que la maison de Wurtemberg et de Montbéliard a aux château, ville, terre et seigneurie d'Héricourt et autres à elle appartenant. »

Le différend est donc jugé. Les Montbéliardais, sachant que ni les gouverneurs du comté de Bourgogne ni ceux des Pays-Bas ne sont en mesure de réprimer leurs usurpations, par les armes, s'adjugent la propriété des trois seigneuries, causes de la lutte engagée. Ce jour-là même ils écrivirent aux bourgeois d'Héricourt comme à de vrais sujets :

« Messieurs, dirent-ils, vous savez que le seigneur de Rye, violateur et troubleur de la paix publique, de l'Empire et des pays voisins, vous a sinistrement surpris et le château d'Héricourt, que encore il détient et occupe » au préjudice « de la maison de Wurtemberg et de Montbéliard ; ce qu'elle n'entend souffrir, selon que mieux le pourrez cy après savoir, se demontrant et déclarant par ce et autres actes ennemi de lad. maison, comme aussi vous, par l'indehu serment que vous luy avez presté contre devoir. Sachez que par Messieurs de la cour souveraine du parlement de Dole, par mandement exprès publié par tout le comté de Bourgogne, à peine de confiscation de corps et de biens, ne devez lui prester ni à ses adhérents aucune aide, ce que toutefois se fait par le sel et autrement à l'insçu de lad. cour; avons ordonnance de nos très redoubtés princes et seigneurs ne luy souffrir telle provision de sel ni aultres (1). »

Pauvres catholiques d'Héricourt, quel joug vous attend !

Les mêmes écrivirent, à la même date, aux maîtres-bourgeois de Belfort pour les engager à ne pas aller au secours de Claude de Rye, mais plutôt « à leur prester aide à déchasser un tel troubleur et violateur de prédicte paix publique et étranger » (1).

Sur ces entrefaites, l'autorité comtoise, jusqu'alors très anxieuse, reçut avec plaisir une proposition d'accommodement présentée par Ferdinand, Ernest et Ehrenfried d'Ortembourg. Le gouverneur du comté en écrivit en ces termes à la

(1) **Arch. Nat., K, 1551.**

duchesse de Parme : Les comtes viennent de me présenter une requête tendant à ce que M. de Rye soit contraint de remettre la seigneurie et le château d'Héricourt « es mains du roi catholique, comme protecteur et gardien d'iceux, pour être gardés et régis jusqu'autrement en serait ordonné » par des commis à la nomination de cette cour de justice et du gouvernement de cette province. Le parlement en a informé le conseil de Montbéliard et M. de Rye et il attend une réponse de part et d'autre. Ce moyen de conciliation fut repoussé par les belligérants.

Des amis de la paix firent des démarches auprès de Marc de Rye, père de Claude, afin d'amener ce dernier à abandonner son entreprise. « Mon fils est majeur », telle fut sa réponse à tous. Au fond il était content d'un tel exploit ; il en poursuivit lui-même le succès, en écrivant tantôt à son fils, tantôt à Marcillac, son capitaine. Ses lettres avaient pour but de les engager à mettre ordre aux affaires et à la garde de la ville, de la pourvoir de munitions et de victuailles, il va jusqu'à leur promettre son assistance et celle de soldats italiens.

Des deux côtés on voulait la solution de la querelle dans la décision des armes. Les Montbéliardais préparaient le siège d'Héricourt. Les conseillers du parlement, en ayant été avertis, prièrent de Vergy de mander aux officiers de Montbéliard de cesser leurs armements ou au moins d'y surseoir pour un peu de temps. Les convoitises des Montbéliard furent sourdes à toutes remontrances.

De son côté, Claude-François de Rye mettait la ville en état de défense. Dans ce but il fit démolir une maison placée devant le château, « en laquelle étaient deux demeurances; l'une pour le curé, l'autre pour le recteur d'écoles et ses clercs ». Il jugea cette démolition nécessaire pour diriger le tir de ses bombardes (1).

A Montbéliard, on eut recours à l'intervention des Suisses pour faire des représentations au parlement. Au début du mois de mai on vit arriver à Dole une ambassade annoncée déjà au 14 avril ; elle venait de Bâle, où alors se trouvait la diète helvétique, envoyée sur les instances de quelques députés montbéliardais, admis exceptionnellement à cette assemblée.

____

(1) Arch. Haute-Saône, E, 22. Payé 12 livres, 19 sols, 1 denier à plusieurs particuliers ayant déroché la maison de la cure près du château.

Arrivés à Dole, le 7 mai, ces six Suisses firent connaître à la cour l'objet de leur mission. Dans leur discours ils exposent d'abord la prise d'Héricourt par de Rye, celle de Clémont et du Châtelot par les Montbéliardais ; l'intention du premier de garder sa conquête, où il se fortifie, la crainte qu'il ne soit soutenu dans son entreprise par des potentats plus forts, l'indignation causée dans la province par l'acte de de Rye ; après ce préambule ils en viennent aux intentions des Montbéliardais. Les princes tuteurs ne sont point disposés à laisser de Rye jouir de sa conquête, ils veulent au contraire employer toutes leurs forces et puissance pour recouvrer le droit et juridiction sur Héricourt, dont succéderont grands et intolérables troubles, avec effusion de sang, perdition et dégâts de pays et de gens, au grand dommage des partis et des voisins ; qu'au surplus ces mêmes princes n'ont nullement l'intention de diminuer le droit des comtes d'Ortembourg ou d'autres, qu'ils laissent à la discrétion des ligues et d'autres voisins pour amiablement tout appointer.

Ces ambassadeurs étaient loin d'être des médiateurs intègres. Prévoyant de grands tumultes, des pertes de gens et de biens, dans le cas où le gouvernement du comté interviendrait en faveur des comtes d'Ortembourg, ils offrent les bons services des cantons pour tout concilier, puis ils prient les conseillers d'intervenir auprès de Claude de Rye pour qu'il délaisse Héricourt « afin de restituer cette place à ceux qui avec le temps, par droit, la pourraient obtenir ». Par ces derniers mots, on voit à qui allaient leurs préférences.

Le 9 mai, le parlement, répondant à ces envoyés, récapitule les mesures prises par lui et par le gouverneur de la province pour que de Rye abandonne Héricourt et affirme la bonne volonté, où il est, de donner à cette affaire la meilleure solution possible.

Cette réponse ne satisfit pas ces Suisses. Le 10 mai, ils écrivirent aux conseillers que s'ils « voulaient donner aide à de Rye ou à autres contre la maison de Wurtemberg, le duc entreprendrait et commencerait guerre contre le comté ». N'ayant pas obtenu une réponse plus précise, ils quittèrent Dole assez mécontents du résultat de leur mission (1).

____

(1) Académie de Bes., *Documents inéd.*, t. I, p. 233.

·La duchesse de Parme fut fort mécontente de la démarche des Suisses. « Et certes, en écrivit-elle à la cour, le 22 mai, nous avons trouvé étrange le prétendu de lad. ambassade des Suisses, qui sous couleur que le seigneur de Rye rejette de la possession les comtes d'Ortembourg, l'on mette la place entre les mains du duc de Wurtemberg (1) ».

Ah ! les braves gens que ces Suisses ! Il y a quelques années les Bernois, les armes à la main, saccagèrent, dévastèrent, ruinèrent des milliers d'églises, de monastères, de presbytères, brisèrent des statues, déchirèrent des tableaux d'une grande valeur artistique, soumirent à de barbares traitements des centaines de prêtres, de religieux, de bons catholiques, sans qu'il y ait eu de leur part la moindre protestation, et c'est pour voir se renouveler des excès analogues dans nos trois seigneuries que ces ambassadeurs quittent les séances de la diète helvétique et viennent dire aux conseillers de Dole : N'empêchez pas le duc de Wurtemberg de faire la conquête des seigneuries d'Héricourt, de Clémont et du Châtelot, car c'est sur vous que retombera le sang qui sera versé. Il faut reconnaître qu'un discours étudié, en réponse à une telle audace, était superflu.

En ce moment, le cardinal de Granvelle était au faîte des honneurs. Comme abbé de Luxeuil, il avait la jouissance du prieuré de Saint-Valbert, alors occupé par les milices montbéliardaises. Craignant que le mécontentement que pouvait en ressentir le prélat ne fût préjudiciable à leur cause, les conseillers de la régence, par une lettre pleine d'aménité et de promesses, cherchent à gagner les faveurs de sa mère.

« A Madame de Granvelle, 17 mai 1561.

« Madame, les conseillers de la régence ayant eu advertissement que le seigneur de Rye et ses adhérents continuant l'indehue surprise d'Héricourt, au préjudice de la maison de Wurtemberg et de Montbéliard, prévoient délibération faire brûler, abattre et démolir l'église et maison du priorey de Saint-Valbert en la seigneurie d'Héricourt. Et prévoyant telle chose tournerait au préjudice de Mgr le cardinal de Granvelle, archevêque d'Arras, votre fils, comme seigneur de

______

(1) Arch. du Doubs, B, 48.

Luxeuil, avons mis gens aud. priorey, tant pour le contregarder de tel inconvénient que pour couper chemin aux menées et sinistres pratiques dud. de Rye et des siens, comme ceux que a connu votre noble maison voudraient faire services et plaisirs, bien scachant aussi que nos très redoubtés princes et seigneurs portent très bonne volonté et affection au Sr Cardinal et à tous les vôtres. Par quoy vous prions tenir main qu'il ny messieurs les religieux de Luxeuil ne le prennent en mauvaise part. »

Pour mieux en imposer à cette honorable famille, les conseillers de Montbéliard adressèrent, le même jour, une lettre à M. de Thoraise, beau-frère du prélat. Commencée à peu près dans les mêmes termes, elle se terminait par cette alléchante promesse : Après ces troubles « sera usé d'équité et raison à contentement » envers le Cardinal.

A la réponse de Mme de Granvelle, empreinte de sentiments de bienveillance, la régence, le 29 mai, lui en accusa réception. « Les princes, disaient-ils, nous ont ordonné vous assurer de leur côté du semblable... Les choses une fois passées, led. priorey sera remis en son entier, avec entière réparation, et tout ce qui pourrait avoir été dommagé, à votre contentement et de Mgr le cardinal (1). »

L'empereur Ferdinand, frère de Charles-Quint, lequel avait pris sous sa protection les terres des comtes d'Ortembourg, écrivit de Vienne aux conseillers du parlement, à la date du 19 avril. Sa lettre, arrivée plus tard, leur ordonnait de restituer sans délai la ville d'Héricourt à leurs légitimes propriétaires avec défense de la laisser tomber en d'autres mains (2).

A la suite de cet ordre impérial, le parlement rendit un arrêt en vertu duquel Marc de Rye, père de l'auteur de la surprise, devait procurer l'évacuation de la place d'Héricourt, à peine du séquestre de ses biens, et le capitaine Marcillac devait, à la tête de ses soldats, en sortir immédiatement et la remettre aux comtes d'Ortembourg et cela « à peine de la hart et confiscation de corps et de biens ».

L'huissier, ayant signifié ce mandat à Marc de Rye, se rendit, le 24 mai, au village de Brevilliers, où se trouvait le

(1) Arch. Nat., K, 1851.
(2) Arch. du Doubs, B, 48.

gouverneur de Montbéliard, au milieu d'un grand nombre de soldats à pied et à cheval ; toute permission lui fut donnée d'aller exécuter les ordres dont il était porteur.

Marc de Rye répondit qu'il ne savait où était son fils. « Est-il en Flandre ou en Espagne ? je l'ignore. Au surplus, ayant été émancipé, il n'est plus sous ma puissance. »

La réponse du capitaine Marcillac fut toute militaire : « Mon maître est absent ; ayant reçu de lui l'ordre de garder cette maison pour le service de Sa Majesté royale, je suis lié par ma promesse (1). »

Au lieu d'un huissier, le gouvernement de la province aurait dû envoyer à Héricourt 5,000 à 6,000 hommes, bien armés, bien équipés. C'était l'unique moyen de faire respecter aux Montbéliardais les droits des comtes d'Ortembourg et de préserver les trois seigneuries d'un joug lamentable.

Depuis plusieurs semaines des cavaliers et des fantassins levés par la régence entouraient Héricourt et en faisaient le blocus. Une partie était sur le versant du Montvaudois, une autre à Brevilliers, le reste occupait le prieuré de Saint-Valbert. Tous, pour attaquer la place, attendaient des renforts du Wurtemberg. Les princes-tuteurs avaient levé en Allemagne une armée de 4,000 fantassins et de 200 chevaux, à laquelle ils avaient donné quelques canons ; ils la placèrent sous les ordres d'Albert-Arbogast, baron de Howen, ayant pour lieutenants Nicolas de Vernsdorf et Jean d'Elershausen. L'évêque de Strasbourg, l'abbé de Murbach, et les villes impériales d'Alsace consentirent au passage de ces troupes, qui eurent l'ordre d'éviter les terres appartenant à l'Autriche (2).

Le jour de l'attaque ayant été fixé, les conseillers de la régence écrivirent aux bourgeois d'Héricourt la lettre suivante : « Messieurs les bourgeois et habitants d'Héricourt, si désirez le contregard (salut) des vôtres, de vous, vos femmes, enfants et biens, advisez une fois pour toutes que incontinent oirez (entendrez) la trompette de nos très redoubtés princes et seigneurs, faites ouverture dud. Héricourt par bonne et honnête réponse au seigneur coronel de leurs Excellences ;

(1) Académie de Bes., *Documents inéd.*, t. I, p. 235.
(2) Tuefferd, *Comtes souver. de Montb.* ,p. 408.

autrement mal vous prendra par l'épée, feu, sang et pillage ; de quoy par amiable résolution vous advertissons (8 juin). »

Épée, feu, sang et pillage ! La devise des Allemands est très ancienne.

En comparant ses forces avec celles de ses ennemis, Claude de Rye en conclut qu'il ne pouvait pas leur résister victorieusement. Sa résolution dès lors fut de ne pas risquer lui-même le combat, ce dont il informa de Vergy. Celui-ci, le 11 juin, écrivit à la cour de Dole : « De Rye est prêt à rendre entre les mains des comtes d'Ortembourg la ville et la place d'Héricourt. Il sera bien que nous écrivions aux gens du duc de Wurtemberg pour les faire cesser leur entreprise et s'en dépourter (1). » D'une telle proie, les Montbéliard ne voulaient pas se dessaisir.

Après l'envoi de sa lettre au gouverneur de la province, de Rye et le capitaine Sacquency quittèrent nuitamment la ville d'Héricourt. Tous deux prirent, à grandes courses de chevaux, la direction de Chagey, où ils furent vivement poursuivis sans pouvoir être atteints (2). Marcillac était chargé de soutenir le choc ennemi. Le chef de l'armée assiégeante le somma de se rendre. Sur son refus le siège commença, (11 juin).

Après quelques heures de bombardement, le gouverneur de la place capitula ; lui et la garnison furent faits prisonniers. Emmené d'abord à Montbéliard, ensuite au château de Blamont, il ne tarda pas à être remis en liberté ; tous les soldats obtinrent la même faveur (3).

Quelques jours plus tard, le 26 juin, la duchesse de Parme exprima à de Vergy toute la peine qu'un tel événement lui faisait éprouver. « Le château d'Héricourt, disait-elle, a été rendu au duc de Wurtemberg dont certes il m'a fort déplu, considérant l'incommodité et dommage que je doute le pays en pourra recevoir (4). »

Les gémissements de la duchesse de Parme, poussés en prévision de l'avenir de nos trois seigneuries, n'étaient que trop fondés. Un fléau, pire que la peste, la guerre et la famine, allait s'abattre sur elles et sur des hommes au cœur

(1) Arch. du Doubs, B, 48.
(2) Bibliot. de Bes., mss. Duvernoy, t. XXIX.
(3) *Id. loc. cit.*
(4) Arch. Doubs, B, 48.

noble, franc et généreux. Le protestantisme, fruit de l'orgueil, du libertinage et de la rapine, devait y faire régner une nuit froide et glaciale. La religion, tant aimée des habitants, allait disparaître pour faire place à une parodie du culte catholique, que des princes allemands, non moins vicieux que Luther, jugeaient suffisante aux besoins spirituels de leurs sujets. Et pour les forcer à s'en contenter, ils les accableront de censures et d'amendes, les condamneront à l'exil. Que de cœurs seront broyés sous les étreintes du joug de ces princes libertins !

CHAPITRE XI

Le protestantisme dans les seigneuries
d'Héricourt et du Châtelot

Claude de Rye, après sa déplorable équipée, ne garda plus aucun espoir de rentrer en possession de nos trois seigneuries. Il est bien vrai qu'en 1564, en passant, pendant la nuit, devant Héricourt avec quelques hommes, lui et son escorte tirèrent quelques coups de feu. En cela il n'y eut qu'une bravade enfantine, à laquelle la garde du château répondit par deux ou trois coups de canon, c'était troubler inutilement le sommeil des habitants. Claude de Rye mourut à Bruxelles, en 1567, des suites d'une blessure qu'il s'était faite avec son poignard en descendant de cheval. Sa folle entreprise sur Héricourt fut un mal irréparable pour les habitants des trois seigneuries.

Leur conquête par les Montbéliardais n'était qu'une usurpation. Les princes l'avouèrent plus tard, en payant une forte indemnité aux anciens propriétaires, victimes de leur attentat. Mais sans attendre l'accomplissement de cet acte de justice, les officiers des Wurtemberg administrèrent nos trois seigneuries : Héricourt, Clémont et le Châtelot.

Le prince qui régna sur elles fut le comte Frédéric, né en 1557. Il était le fils de Georges de Wurtemberg et de Barbe, fille de Philippe, landgrave de Hesse. Son père mourut à Deux-Ponts, le 17 juillet 1558. Par un acte de dernière volonté, le comte défunt avait confié la tutelle de son fils, encore au berceau, et l'administration de ses Etats à son beau-frère, le duc Wolfgang de Deux-Ponts, à son neveu Christophe de Wurtemberg, fils d'Ulric, et à son ami, le comte Philippe de Hanau-Lichtemberger. Les bourgeois d'Héricourt et les sujets des seigneuries prêtèrent le serment de fidélité au comte

Frédéric après la prise de la ville, mais ce ne fut que le 29 décembre que les princes tuteurs confirmèrent les franchises de leurs sujets.

Quels étaient ces princes qui jusqu'à la majorité du jeune comte eurent l'administration civile et ecclésiastique de la nouvelle conquête ?

Christophe, fils d'un voleur de grands chemins (1), embrassa de bonne heure le protestantisme, mais sa dévotion pour la nouvelle religion consista surtout à faire main basse sur les biens d'église qui avaient échappé à la rapacité de son père, c'est par cet acte d'hommage qu'il adorait le Dieu qui a dit : « Tu ne voleras pas. *Non furtum facies* ».

Jamais il n'avait étudié ni Écriture sainte ni théologie ; ce qui ne l'empêcha pas d'avoir, comme tous les princes protestants d'Allemagne, la prétention de décider en maître infaillible les questions agitées par les théologiens de ses États. Il était fermement convaincu que l'autorité spirituelle découle nécessairement du pouvoir du prince et que le gouvernement de l'Église est le premier et le plus important de ses devoirs. Aussi s'arrogea-t-il le droit de nommer les pasteurs, d'édicter des lois touchant le culte et les sacrements.

Avec lui l'inhumanité marchait de pair avec la rapacité. S'adjugeant les biens de 68 abbayes, il procéda avec la dernière dureté et sans aucun ménagement envers les couvents de femmes, telles que les Dominicaines de Sainte-Marie, près de Wilberg, celles de Gnadenzell, à Ossenhausen, celles de Stenheim et les Clarisses de Pfullingen. Partout on les priva de la messe, des sacrements, de tout livre spirituel ; dans les angoisses de la mort, il leur fut défendu d'appeler un prêtre. On leur imposa un prédicant, qu'elles durent payer. Les religieuses de Pfullingen supplièrent en vain le duc de lui enjoindre de cesser de les tourmenter par ses discours impies et insultants.

A Gnadenzell, les Dominicaines, refusant d'apostasier, s'écrièrent : « Si on nous traîne hors du couvent, nous subirons la violence ».

A Stenheim, le duc Christophe fit tout à coup occuper la

____

(1) Janssen, *l'Allemagne et la Réf.*, t. I, p. 557.
(2) Id. *in loc. cit.*, t. III, p. 51.

maison des Dominicaines par des régiments de fantassins et de reîtres ; ils brisèrent les fenêtres, les portes de l'église et commirent toutes sortes d'indignités dans le lieu saint. Les conseillers princiers interdirent la messe, les cloches et ordonnèrent aux religieuses de signer la confession d'Augsborg. Elles refusèrent en suppliant qu'on n'opprimât pas leur conscience. Les prédicants, Jean Brenz et Jacques Andréa du Wurtemberg, trouvèrent légères ces mesures de persécution. Dans un mémoire présenté au doux Christophe, ils lui recommandèrent d'obliger ces religieuses, en cas de maladie, à faire appeler un prédicant, *sous peine de sévères punitions*. Exiger des punitions pour des religieuses qui, en danger de mort, repoussaient un ministre luthérien, c'était le comble de l'intolérance.

Christophe de Wurtemberg ne renferma pas sa lutte contre le catholicisme dans les limites de ses États. Il prit part, mais dans l'ombre, à la guerre que les huguenots français avaient déclarée à leur patrie. Lui et les princes d'Allemagne, ses alliés, leur avancèrent de l'argent afin d'enrôler des soldats qui aideraient Coligny et Condé à livrer Paris aux Allemands, et ainsi à tenir leur promesse (1562). Ce qui n'empêcha pas ce prince d'écrire à Charles IX, roi de France, et à Catherine de Médicis, qu'on les calomnait, en prétendant qu'ils soutenaient les sujets rebelles de Leurs Majestés. Grâce à ces subsides, Christophe fut complice du meurtre de 3,000 religieux français que les soldats protestants torturèrent en peu de mois. Tel fut, en résumé, l'un des princes appelés à gouverner nos seigneuries pendant la minorité du comte Frédéric (1).

Un de ses coassociés dans ce même gouvernement fut Wolfgang, duc des Deux-Ponts, son cousin germain. D'un zèle outré pour le luthéranisme, ce prince eut sans cesse l'épée pour le propager. Il en répandit les doctrines au milieu du pillage, des incendies et du sang. C'est ce qu'il fera, en 1569, dans le bailliage d'Amont, aujourd'hui la Haute-Saône, où partout il signalera son passage par l'incendie et le sang. Dix abbayes ou prieurés brûlés, quatre-vingt églises et cent trente-sept villages pillés, quantité de maisons incendiées, plus de cent

______

(1) Janssen, *L'Allem. et la Réf.*, t. IV, p. 47 à 48.

catholiques ou prêtres pendus ou massacrés. Tel sera le bilan des cruautés d'un homme qui marchera la Bible à la main, escorté de pasteurs, nourris de psaumes. Après avoir fait un désert de notre pays, il entrera en France. Maître de la Charité-sur-Loire, le 20 mai 1569, il ira se joindre à l'amiral Coligny, traître à son pays, et s'avancera jusqu'à la rivière de Vienne. Le 11 juin, arrivé à Escars avec le reste de deux cents bouteilles de vin volées à Avallon, il mourra étouffé par les vapeurs de ce fruit de la vigne. Son corps, transporté à la Rochelle, y sera embarqué, le 30 juin, pour être conduit par mer en Allemagne.

Et ce sont ces deux hommes qui, avec le comte de Hanau-Lichtemberger, vont réformer les trois seigneuries usurpées au profit de leur pupille.

A la place des officiers des comtes d'Ortembourg, ils en établirent d'autres pour Héricourt et le Châtelot. Jacques-Christophe de Freundstein, attaché à la personne de Barbe de Hesse, douairière du comte Frédéric, fut nommé bailli ; Gerson Hild, de Dieffenau, lui succéda dans cet emploi, en 1566 ; Gaspard Tauchard, de Passavant, devint capitaine d'Héricourt ; Simon de Montoille, de Besançon, fut procureur, Girard, son frère, greffier de la prévôté, dont Guillaume Vuillot, du Vernoy, eut la présidence, en 1563. Jean Bichin, de Luze, fut nommé tabellion. Ces personnages avaient accepté la religion de leurs maîtres. Du catholicisme au protestantisme quelle chute !

Pendant le siège d'Héricourt, la maison, l'église et le moulin de prieuré de Saint-Valbert, avaient subi des dégâts considérables. Les gouverneurs s'empressèrent d'en faire les réparations. Elles s'élevèrent à 56 fr. 16 sols, 10 deniers (2). A ce travail succéda une grande déception pour la famille de Granvelle, peu en rapport avec les solennelles promesses que les conseillers de la régence lui avaient faites. Ceux-ci, dès 1562, ordonnèrent à messire Jean Lhote, gardien du prieuré, de cesser tout office religieux dans l'église du couvent. L'affec-

(1) Arch. Côte-d'Or, B, 11833. Abbé Tournier, Voir *Crise Huguenote à Besançon au XVI° siècle*, p. 162.

(2) Arch. Nat., K, 1981. Les ouvriers touchèrent 24 fr. 16 sols, 10 deniers et 11 quartes de blé ; 30 chênes furent achetés à Chenebier à raison d'un sol le pied, le tout coûta 32 fr.

tion, l'estime témoignée au cardinal avec une sincérité qui défiait la morsure des limes du temps, dura juste autant que le siège d'Héricourt.

Les habitants de cette ville, dès le début de la nouvelle administration, furent antipathiques aux Wurtemberg. Le bailli demanda à Adrien Feliegue, maître-bourgeois, huit hommes pour conduire deux criminels dans le Châtelot, où ils devaient être exécutés. A cette demande, sous prétexte qu'elle était « inouïe », il opposa un refus catégorique. Ce fut, pour l'autorité montbéliardaise, « un crime de lèse-majesté ». Sur l'avertissement du bailli, le gouverneur de Montbéliard, le vice-chancelier et le procureur général se transportèrent immédiatement à Héricourt. Le coupable, cité à comparaître devant eux, entendit une mercuriale très sévère qui se termina par une sentence de révocation (1).

Les habitants du Châtelot sentirent la pesanteur du nouveau joug. Assignés à Héricourt, le 15 décembre 1562, au sujet de l'affouage à conduire au château de cette ville, vingt-quatre d'entre eux y comparurent pour défendre leurs privilèges. Arrivés en présence des officiers du lieu, ceux-ci leur exposèrent que depuis le démolissement du château de leur seigneurie par Furstemberg les redevances d'affouage et les corvées qui lui étaient dues avaient été rattachées à la maison-forte d'Héricourt et qu'ils devaient s'en acquitter, selon les exigences des princes-tuteurs. Les sujets du Châtelot répondirent que Guillaume de Furstemberg les en avait affranchis. « Ces franchises n'ont pas de valeur, répliquent les officiers, puisque c'est la force des armes qui a mis les nouvelles seigneuries entre les mains des tuteurs du comte Frédéric, c'est pourquoi c'est par votre obéissance que vous pourrez obtenir des concessions. » Avant de consentir à ces nouvelles charges, les comparants obtiennent, à leur demande, la permission d'en délibérer avec leurs compatriotes.

Le 15 janvier 1563, n. s., douze d'entre eux sont de nouveau réunis devant les officiers d'Héricourt, en vue de défendre leur cause. L'un d'eux, Jacques Marcherey, de Lougres, donna lecture d'un écrit en réponse à ce qui leur avait été dit, le 15 décembre ; en voici la substance : Le comte de Fur-

(1) Duvernoy, mss., t. XXIII.

stemberg s'est contenté de les faire ressortir à la justice d'Héricourt et de se réserver leur aide en temps de péril imminent, c'est encore ce qu'on a exigé d'eux, lors de leur prestation de serments ; aujourd'hui, ils se résignent à ce devoir, mais non pas à faire des prestations au château d'Héricourt. A cette servitude, appesantie par la distance qui les séparait de ce lieu, ces braves sujets ne purent se soustraire (1).

L'année suivante, cinq d'entre eux, pour avoir refusé une corvée de bois, furent emprisonnés au château d'Héricourt, de midi à 6 heures, et gardèrent, la nuit suivante, les arrêts dans la maison du prévôt. A leur sortie, ils reçurent de vertes remontrances (2). Les pauvres sujets n'étaient qu'au début de leurs tortures.

Le chiffre des chefs de famille soumis à ce régime était pour la seigneurie d'Héricourt de 384 et de 281 pour celle du Châtelot. Dans ces nombres étaient compris les sujets de plusieurs seigneurs bourguignons (3).

Il faut encore aujourd'hui plaindre ces familles d'être tombées sous le joug des Wurtembergeois. Toutes seront limées, taillées, taraudées, martelées pour entrer dans le moule luthérien. Il y aura des plaintes, des cris, des gémissements. Leurs maîtres et leurs officiers couvriront toutes ces douleurs de leurs ricanements. Et plus tard, il y aura des pasteurs protestants, soi-disant historiens, qui diront sans ironie que dans cette trituration des consciences catholiques les princes wurtembergeois, voleurs, ivrognes, immoraux, « cherchaient Christ ».

A peine installés à Héricourt, les nouveaux juges de la seigneurie déclarèrent la guerre au catholicisme. Leur déclaration est inscrite en ces termes sur le premier feuillet de leurs actes judiciaires :   *Fin de la Catholicité* (4) ! ! !

Quelle témérité d'oser s'inscrire en faux contre Jésus-Christ, qui a dit de cette institution : « Les portes de l'enfer ne prévaudront jamais contre elle » !

Cependant, peu après la prise d'Héricourt, les habitants

(1) Arch. Nat., K, 2305.
(2) Archiv. Nat., K, 2212.
(3) Duvernoy, *Ephémérides*, p. 232.
(4) Arch. Haute-Saône, B, 8144.

virent arriver parmi eux deux prédicants de Montbéliard : Pierre Toussain, surintendant des églises du pays, et son diacre, Girard Guillemin. Ces deux hommes prêchèrent alternativement à l'église tous les dimanches. Huguenin Rosselot, bourgeois, reçut du receveur de la ville trois quartes de froment « pour avoir sonné les sermons de ce lieu (1) ». Et du receveur de Belchamp, le diacre perçut « quatre bichots par moitié pour être allé, pendant quelque temps, prêcher à Héricourt ».

En apprenant que cette ville était le théâtre des prédications luthériennes, l'archevêque de Besançon « en éprouva un grand désespoir, dit le cardinal de Granvelle, il s'en plaignit jusqu'au ciel ». Ses gémissements étaient bien légitimes. En sa qualité d'évêque et de père spirituel des catholiques d'Héricourt, il ne pouvait pas, sans en ressentir une profonde amertume, les voir exposés à être victimes du poison de l'hérésie. En face de ce danger, l'archevêque et le parlement de Dole intervinrent immédiatement pour en conjurer les funestes effets.

La lettre du prélat ayant été mal accueillie des conseillers de Montbéliard, Claude de la Baume résolut d'envoyer au duc de Wurtemberg une personne qualifiée, avec mission de lui remettre une lettre de sa part. Ce fut Claude de Valengin, écuyer, capitaine de Mandeure, qui fut choisi pour porter ce message. Voici, en substance, les instructions que lui donna l'archevêque :

Il sera nécessaire que l'écuyer se mette le plus tôt possible en chemin avec la lettre de Monseigneur au duc Christophe, qui réside ordinairement à la ville de Stuttgart.

Arrivé en cette ville ou autre lieu où sera le duc, il lui présentera les lettres et affectueuses recommandations de l'archevêque et celles du parlement de Dole.

Outre les dites lettres, le messager lui représentera que depuis peu le prélat a reçu des lettres de l'empereur et du roi d'Espagne, le sollicitant de faire vivre ses diocésains dans l'ancienne religion, sans permettre qu'on prêche les nouvelles doctrines dans son diocèse.

Cependant, depuis que la seigneurie d'Héricourt est aux

____

(1) Arch. Haute-Saône, E, 22.

mains du duc, quelques prédicants, envoyés par ses officiers de Montbéliard, y prêchent souvent, ce qui est un scandale pour les habitants de la ville et pour ceux du comté de Bourgogne.

Et la loi divine et humaine ne permet pas aux prédicants de prêcher publiquement à Héricourt, qui est de notre diocèse, sans en avoir obtenu la permission.

Le seigneur archevêque ne peut croire que cette prédication soit commandée par le duc, « lequel est si excellent, bon et vertueux » qu'il ne voudrait être cause d'un scandale, ni agir contre la volonté de Sa Majesté catholique, qui a étroitement prohibé la prédication de la nouvelle religion dans les lieux voisins du comté de Bourgogne (1).

« Bon, excellent, vertueux ». L'historien Janssen, appuyé sur de nombreux documents, montre, dans Christophe de Wurtemberg, un spoliateur des biens d'église, un oppresseur des consciences, un persécuteur de religieuses. La diplomatie de Claude de la Baume ne lui enlève aucune de ces tares.

Le capitaine de Mandeure gagna Stuttgart, où il remit au duc les deux lettres dont il était porteur : l'une du parlement de Dole et l'autre de l'archevêque.

La première, datée du 18 août, priait le prince de laisser les habitants d'Héricourt « vivre en leur accoutumée foi et religion, selon leur dévotion », comme avaient vécu leurs pères.

La seconde, datée, à Arbois, du 8 septembre, rappelle au duc que les officiers de Montbéliard ont envoyé à Héricourt des prédicants qui annoncent des doctrines nouvelles, ce qui est un scandale pour ces habitants et pour ceux du comté de Bourgogne. Son devoir, conforme aux ordres qu'il a reçus de l'empereur et du roi d'Espagne, est de faire vivre ses diocésains selon la tradition de l'Église romaine ; c'est pourquoi il lui envoie le capitaine de Mandeure, avec mission de prier le duc de ne laisser à Héricourt que les prédicants approuvés par lui.

Claude de Valengin s'acquitta de sa mission avec toute la fidélité possible. En prenant congé du duc, il en rapporta la promesse qu'il concerterait avec les deux autres tuteurs la

____

(1) Arch. Nat., K, 2297.

réponse à la lettre du pontife. Il fit la même déclaration au parlement dans une lettre datée du 24 octobre, ajoutant de plus qu'il s'informerait si réellement les prédications, comme on le prétend, se font au regret des habitants.

Le duc Christophe envoya aussitôt la copie des deux lettres précédentes aux conseillers de Montbéliard avec les recommandations suivantes :

« La présente copie et l'instruction qui l'accompagnent vous feront connaître ce que l'évêque de Besançon et le parlement de Dole nous ont écrit au sujet de la prédication à Héricourt et la réponse que nous lui avons fait parvenir. Nous vous mandons Pierre Toussain, pour que vous lui donniez lecture des pièces qui vous concernent. Vous l'engagerez à faire un résumé succint de ce qu'il prêche à Héricourt, mettant le tout en ordre et en en prouvant le tout par des textes de la Sainte Écriture. Dès que ce travail sera terminé, il aura à nous le faire parvenir, afin que les tuteurs de Montbéliard et nous sachions ce qu'il faudra répondre à l'évêque de Besançon et au parlement de Dole, et que par là ils puissent se convaincre que notre religion n'est pas, comme ils le prétendent, un tissu de nouveautés, mais la vraie doctrine professée par les prophètes et les apôtres.

« De plus, le parlement, dans sa lettre, nous informe que les habitants d'Héricourt s'opposent à cette prédication, disant qu'ils ne l'entendent qu'à regret et à contre-cœur. Veuillez donc rechercher avec soin si réellement ces plaintes ont été faites, afin que nous puissions prendre nos mesures en conséquence. Donné à Stuttgart, le 28 octobre 1561. »

Les ordres du duc furent exécutés avec le plus grand empressement. Au mois de novembre, Pierre Toussain et Girard Guillemin remirent aux conseillers de la régence le résumé succinct de la doctrine qu'ils prêchaient à Héricourt. Dans leur mémoire, rempli d'injures à l'égard des prêtres catholiques, les deux prédicants repoussent, mais sans succès, l'accusation de nouveauté formulée par l'archevêque contre la nouvelle religion et accumulent des textes de l'Écriture Sainte et des Saints Pères pour prouver que leur enseignement est conforme à la Bible et à la doctrine des anciens docteurs de l'Église.

En un mot, les auteurs de ce factum condamnent

l'enseignement et les pratiques catholiques. Soyons justes à leur égard, leur souffle n'a renversé ni l'un ni l'autre.

Le 30 décembre 1561, le bailli et le vice-chancelier envoyèrent au duc Christophe le rapport des prédicants en accompagnant cet envoi des réflexions suivantes :

« Ils n'ont rien découvert de certain au sujet des habitants d'Héricourt, suspectés d'avoir porté plainte auprès du parlement de Dole, sous prétexte qu'on les molestait dans leur croyance.

« Son Altesse pourra voir dans le rapport du bourgmestre d'Héricourt, dont on lui envoie l'original, comment les dits habitants se sont plaints relativement à l'accusation qu'on fesait peser sur eux. Ils sont résolus à n'épargner ni peine ni argent pour découvrir la vérité.

« A en croire Toussain, ainsi que d'autres prédicants, les habitants d'Héricourt seraient assez disposés à accepter la Réforme. Mais pour prévenir les querelles et les embarras que cette populace ignorante et superstitieuse pourrait susciter en prétendant, comme elle fait déjà, que le duc Christophe l'a toujours laissée libre sur la manière suivant laquelle elle veut recevoir les sacrements et entendre la parole de Dieu, Son Altesse fera bien de prendre des *mesures sévères*, indiquant clairement sa volonté et les moyens convenables.

« Quant à eux [le bailli et les conseillers], voici ce qu'ils pensent : Il est de la plus grande nécessité d'étouffer l'idolâtrie et de faire annoncer la parole de Dieu. C'est d'ailleurs le devoir de Son Altesse. Qu'on fasse donc en sorte que la jeunesse reçoive une instruction soignée des vérités de la vraie doctrine. Que Son Altesse commence cette réforme, se souvenant que Dieu, qui a en horreur l'idolâtrie, répandra ses bénédictions les plus abondantes sur cette entreprise (1). »

Le duc Christophe répondit à l'observation de son conseil qu'il ne fallait rien presser, parce qu'il fallait ménager les sujets. « Le bailli et les conseillers, dit-il, doivent s'efforcer, par les moyens les plus convenables, d'amener les habitants d'Héricourt à demander eux-mêmes des prédicants et des ministres de la parole divine. Lui, Christophe, s'empressera

____

(1) Arch. Haute-Saône, E, 275. Texte allemand.

d'acquiescer à leur demande. Mais qu'on ne se hâte pas trop dans cette réforme, *vu la surexcitation des esprits dans cette seigneurie.* C'est pourquoi si quelqu'un désire recevoir les sacrements ou entendre la parole de Dieu, qu'on ne se hâte pas trop à ce sujet (1). »

Les bourgeois d'Héricourt, sachant que leurs plaintes à l'archevêque et au parlement avaient causé un profond mécontentement à leurs nouveaux maîtres, en furent saisis de frayeur. Réunis à l'hôtel de ville, le 1er janvier 1562, ils déclarèrent, dans une lettre aux conseillers de la régence, qu'il n'y avait rien de vrai dans les bruits qu'on faisait courir sur eux. « Les Excellences de nos dits très redoubtés princes… continuèrent-ils, n'adjouteront foi à ce que contre leurs pauvres, très humbles et obéissants bourgeois et subjects escript leur a esté. Mais les tiendront pour leurs très humbles, loïaulx bourgeois et subjects… et quant à l'office de ministre preschant l'Évangile en notre église, n'y a aucun de nous prestant l'ouïe à ce qu'il en déclaire qu'il le sceut culper (coupable) de chose contraire à sa vocation, ny que nous doibge desplaire, bien reconsolez de ce qu'en pouvons retenir de luy ; si doncques aulcunqs (comme pouvez estimer) ne le vouillant oyr en disent aulcung mécontentement, à eux d'en respondre quant interpellez en seront (2). »

Que les bourgeois d'Héricourt se soient plaints à l'archevêque et au parlement des prédications luthériennes, faites au milieu d'eux, contre leur volonté, leur attachement à la foi catholique ne permet pas d'en douter. Au reste le rédacteur de la lettre envoyée par eux aux conseillers le laisse assez entendre. Mais si les Héricourtois manquèrent d'une certaine franchise dans l'enquête qu'on leur fit subir, la cause doit en être attribuée à la terreur que leur inspiraient leurs nouveaux maîtres. La crainte d'être victimes de représailles odieuses,

---

(1) D'où venait dans nos seigneuries cette *surexcitation des esprits,* au point d'obliger le duc Christophe à différer la protestantisation des sujets ? Ceux ci étaient indignés de savoir que, sur les ruines de leur foi, leurs maîtres luthériens allaient établir le protestantisme. Cette surexcitation n'avait pas d'autre cause. Dans l'intérêt de leur thèse, nos deux historiens, Aug. Chenot et M. John Viénot, ont eut soin d'omettre la citation de ce passage de la lettre de Christophe. Il leur répugne de dire que leur religion, à son apparition, a donné des nausées aux gens de notre pays.

(2) **Archives Haute-Saône, E, 275.**

s'ils disaient la vérité, et dont peut-être ils avaient été menacés, les jeta dans un trouble tel qu'ils se croyaient déjà aux
gémonies. Dans un cas semblable, il y a peu de gens qui soient
assez en possession d'eux-mêmes, assez maîtres de leur sang-
froid, pour donner à un interrogatoire officiel, offrant des
conséquences dangereuses, des réponses parfaitement appro-
priées. Tels ont été les Héricourtois, le 1er janvier 1562.

Enfin, le 15 mars, les princes tuteurs répondirent à l'archevêque de Besançon. Ils lui firent parvenir le mémoire des
prédicants, en lui disant qu'à la lecture de cet écrit, il pourra
juger lui-même que la doctrine prêchée à Héricourt est en
tout conforme à la Sainte Écriture. « Les habitants de cette
ville, ajoutent-ils, ont le plus vif désir d'être instruits dans la
parole de Dieu et quant à nous, nous ne permettrons pas
qu'on enseigne rien qui lui soit contraire (1). »

Dans leur correspondance avec l'archevêque de Besançon,
les princes tuteurs trahirent la vérité. Toussain leur avait
dit dans son mémoire : « La plupart de mes auditeurs d'Héricourt sont choqués de mon enseignement. *Offendanlur.* » Christophe avait recommandé aux officiers de cette ville, comme
nous l'avons vu, de ne pas presser l'établissement de la
réforme dans la seigneurie « vu la surexcitation des esprits ».
Les conseillers de Montbéliard, plus zélés que leur maître,
lui avaient conseillé de recourir « à des mesures sévères »
pour briser la résistance des catholiques au protestantisme.
Cette opposition de la seigneurie aux doctrines des prédicants
est connue des princes, avouée même par eux, et contrairement
à ce qu'ils en savent ils écrivent à l'archevêque que leurs
nouveaux sujets « ont le plus vif désir d'être instruits de la
nouvelle religion ». Quel mépris ils professent pour eux-
mêmes !

Et ces princes allemands, qui avalent le mensonge comme
l'eau, se sont érigés en juges infaillibles de la Bible et des
questions de foi, chefs de la religion de leurs sujets et maîtres
de leur conscience. Une telle ingérence, dans le domaine des
âmes, avec des instincts aussi vils, ne pouvait être que le
résultat de l'orgueil et de la folie. Et ces hommes, qui ne rou-
gissaient pas de recourir aux mensonges dans leurs corres-

____

(1) Arch. Nat., K, 2297.

pondances diplomatiques, se décoraient du titre de princes évangéliques.

Les ministres du comté étaient impatients de voir triompher leurs doctrines dans les seigneuries nouvellement conquises. Au mois de mai 1562, ils supplièrent le conseil de régence d'employer son crédit auprès des princes tuteurs, pour que l'idolâtrie papistique y fût abolie, disant que c'était le meilleur moyen que ces princes avaient de témoigner leur reconnaissance à Dieu pour sa libéralité envers leur pupille (1).

Pour gagner à la religion nouvelle le peuple de Montbéliard, de Blamont et d'Étobon, les moyens de persuasion étaient demeurés inefficaces ; les ministres du pays, instruits par l'expérience, reconnaissent et avouent que la puissance seule du bras séculier est capable d'établir le protestantisme à Héricourt, à Clémont et au Châtelot. Leur requête n'est qu'un aveu humiliant de leur insuffisance.

Disons que leur supplique était inutile, car elle n'était pas encore arrivée à destination, qu'un ordre du duc Christophe, adressé à la régence de Montbéliard, en date du 15 mai 1562, partait de Stuttgart et prescrivait l'introduction de la Réforme dans les seigneuries mentionnées.

Voici comment à Champey, terre d'Héricourt, on répondit à cet ordre. Dans le courant de l'année, de Bonneville, ministre à Désandans, fit dans le village de Champey une tentative d'évangélisation. A son apparition, hommes, femmes, enfants le reçurent à coups de pierres. Prévoyant que la résistance ne tournerait pas à leur avantage, et qu'un jour ils succomberaient sous la force brutale, ces habitants s'emparèrent des ornements de l'église, afin de les soustraire à la profanation ; ils les vendirent ensuite et s'en partagèrent le prix. Ce fut une faute qu'ils expièrent chèrement.

Le 6 octobre, les vingt et un coupables comparaissaient à la justice d'Héricourt, « accusés d'avoir, de leurs ententes privées et indues, pris et saisi certains ornements d'autel en l'église dud. Champey, de les avoir vendus et de s'être distribué l'argent ».

A cette première comparution, il fut ordonné aux défendeurs « de rendre par écrit, dans quatre jours, toutes pièces

(1) Mss. Duvernoy, t. XXIV.

des ornements d'église de Champey, par eux saisies, vendues et distribuées, de déclarer à quelle volonté et effet ils faisaient led. saisissement, vendage et distribution, quels deniers ils en ont perçus et ce à quoi ils les ont employés ».

Ajournés au 16 octobre, puis au 19, et encore au 26, ce ne fut qu'à la cinquième assignation que les accusés subirent leur condamnation, qui fut, pour chacun d'eux, de 10 livres d'amende, non compris les frais de la poursuite. Et Girard Jeandeur, maire de Champey, au moment de l'échauffourée susdite, fut condamné à 60 sols de plus que les autres, sous prétexte qu'il n'avait pas fait son devoir (1).

L'année où eut lieu cette affaire, le conseil de Montbéliard soumit les sujets du Châtelot à Étouvans à une ordonnance ecclésisatique. Il leur fit défense de fréquenter l'église de Dampierre, dont ils étaient paroissiens, et leur ordonna, sous peine de 50 francs d'amende, d'aller à la messe à Colombier-Fontaine (2). C'était afin de ranger plus aisément ces habitants sous le joug de la nouvelle religion, quand serait venu le moment de la rendre obligatoire aux sujets récemment acquis. Ceux d'Étouvans refusèrent d'obéir à cette injonction. Car dans une enquête faite, en 1613, à l'occasion d'une affaire religieuse, les déposants déclarèrent que les sujets de Son Altesse à Étouvans sont toujours allés à l'église de Dampierre-sur-le-Doubs, « comme ils font encore présentement ». Et en 1657, leur qualité de catholiques fit supprimer en leur faveur, à la suite d'une requête présentée par eux à la régence, un décret qui les obligeait à contribuer aux gages des pasteurs luthériens (3). Sans l'emploi de moyens violents, tous nos compatriotes protestants des seigneuries d'Héricourt et du Châtelot seraient encore aujourd'hui catholiques, quoi qu'en disent les historiens de cette religion.

(1) Arch. Nat., Z2, 2197. Furent condamnés : Girard Jeandeur, Nicolas Dufour, Claude Dufour, Vuillemin Deur, Jeandeur dit Croset, Conrad Valot et Thiennot, son fils, Perrot Valot, Claudot, fils de Girard Jeandeur, Perrot Dufour, Girard-Jeandeur Dufour, Othenin Deur, Nicolas Valot, Péquignot Jean Valot dit Credo, Étienne Valot, Jean Colin, Claudot Colin, Christophe Jeandeur, Othenin Valot dit Jeandeur.
(2) Arch. Nation., K, 2212.
(3) Arch. du Doubs, E, 611.

CHAPITRE XI

L'ordre du duc Christophe d'introduire la Réforme dans nos seigneuries ne put, faute de pasteurs, être exécuté de suite. Il fut question de nommer à Héricourt Daniel Toussain, fils du surintendant de Montbéliard. Ce choix était désiré des luthériens. Le 9 juin 1562, Wolfgang, duc des Deux-Ponts, en félicitait le duc Christophe, mais il faisait dépendre cette nomination de deux conditions : la première, que le candidat fût examiné sur sa doctrine ; la seconde, qu'il s'engageât à se conformer, dans la célébration du culte, à l'ordonnance ecclésiastique du Wurtemberg. En sa qualité de calviniste, il ne put se soumettre à ces exigences. Il n'en fallut pas davantage pour le priver des fonctions de pasteur d'Héricourt. Chose plus pénible, Daniel Toussain reçut même l'ordre d'avoir à quitter le pays, au grand dépit de son père.

La protestantisation de nos seigneuries ne marchait pas au gré des conseillers allemands de la régence. Afin d'accélérer cette affaire, ces derniers envoyèrent à Stuttgart un des leurs pour dénoncer à Christophe les ministres du comté qui propageaient dans leur paroisse les doctrines de Calvin et lui parler des obstacles qu'éprouvait l'introduction de la réforme dans les terres nouvellement acquises. Touchant ce dernier point, voici ce que répondirent, le 30 janvier 1563, les princes tuteurs.

« Pour les trois seigneuries ils n'ont pu trouver de ministres qui soient purs dans leurs croyances et qui, en même temps, soient au fait de la langue française... mais comme il importe que les pauvres sujets de ces seigneuries soient instruits dans la saine doctrine de l'Évangile, nous vous ordonnons de choisir

un ministre de l'une des églises du pays, qui soit honnête
homme, d'une conduite régulière et exact à l'observation de
l'ordonnance ecclésiastique, de l'établir ministre à Héricourt,
en attendant de nouveaux ordres, et de lui imposer l'obligation de prêcher la pure doctrine de l'Évangile avec une chrétienne modestie et sans injure.

« Nous voulons aussi que celui-ci ou tel autre du comté
aille de temps en temps prêcher dans les terres du Châtelot
et de Clémont, comme on l'a fait jusqu'à présent à Héricourt,
jusqu'à ce qu'on en trouve un pour ces seigneuries.

« Et pour que la place du ministre, qu'on enverra à Héricourt, ne reste pas vacante, nous vous ordonnons de vous
procurer un ministre probe, et en attendant, faire faire le
service par celui qui sera le plus rapproché (1). »

A de nouvelles instances sur le même objet, le conseil
répondit aux princes que les habitants d'Héricourt n'étaient
nullement disposés à demander un ministre, parce qu'ils
ignoraient si leur seigneurie, alors en litige, demeurerait aux
Wurtembergeois. On leur a bien offert, aux Pâques dernières,
de participer à la cène avec les Montbéliardais, mais ils s'y
sont refusés, disant que, si Son Altesse persistait à établir
la Réforme chez eux, ils y consentiraient, mais qu'ils ne voulaient ni ne pouvaient la demander.

Que nos seigneuries aient pu changer de maîtres, c'était
impossible à ce moment, à cause des luttes dans lesquelles
était engagé le souverain de la Franche-Comté. Les Héricourtois ne l'ignoraient nullement. S'ils mettaient en avant
le litige soulevé sur la propriété de ces terres entre les Wurtemberg et les d'Ortembourg, de leur part ce n'était que pour
adoucir, aux yeux de leurs impitoyables maîtres, leur refus
de demander et d'accepter des ministres luthériens. A eux il
fallait pour pasteurs des prêtres de Jésus-Christ et non des
doublures de Luther (2).

<hr>

(1) Mss. Duvernoy, t. XV, p. 20.

(2) Les opposants au protestantisme, dit M. Viénot, craignaient de
retomber sous la main de seigneurs catholiques, qui leur feraient payer cher
leur adhésion à la Réforme (p. 274). De spéculative, cette assertion est
devenue réalité à Héricourt même, mais avec des résultats non prévus par
notre auteur.

En 1588, les Guises, seigneurs catholiques, prirent Héricourt, dont les
bourgeois adhéraient depuis vingt-cinq ans au protestantisme. Loin de leur

Enfin, à force de démarches et de recherches, on aboutit à trouver ce que désirait le duc Christophe. Le 14 mai 1563, le conseil lui annonça que Toussain venait de découvrir un prédicant pour la ville d'Héricourt. C'était Jean Larcher, ou Joannes Arquerius. Le surintendant, ajoutait-on, a fait un grand éloge de sa doctrine, de sa piété et de sa modestie. De telles vertus dans un prédicant, destiné au chef-lieu de la seigneurie, étaient des armes puissantes qui allaient immédiatement renverser le peu qui restait de l'édifice catholique. Il semble cependant que les conseillers de Montbéliard n'eurent pas une confiance absolue dans leur efficacité, car ils reconnurent la nécessité « de veiller à ce que le prêtre catholique ne mette tout en émoi dans cette localité et ne s'oppose de toutes ses forces à l'installation d'un ministre dans son église. Pour éviter le trouble, suivant l'avis de Toussain, il faut congédier le vicaire », disent les conseillers (1).

Cette demande est suggestive. Depuis bientôt deux ans, deux pasteurs de Montbéliard, Toussain et Guillemin, son diacre, très savants, très éloquents, n'ont pas encore pu, malgré leurs discours de chaque dimanche à Héricourt, briser les liens d'estime et d'affection qui attachaient les fidèles de la paroisse à leur vicaire. Pour en finir avec lui, il faut l'expulser de la ville. C'est l'avis des premières autorités de Montbéliard.

Mais d'où venait Larcher ? Il naquit à Bordeaux vers 1516. Avant son arrivée à Héricourt, il exerça ses fonctions de prédicant, d'abord à la Neuveville, évêché de Bâle, en 1543 ; ensuite à Cortaillod, comté de Neuchatel, de 1552 à 1563.

faire payer cher cette adhésion, les vainqueurs les traitèrent en amis, à la vue de leur empressement à assister à la messe, rétablie dans l'église du lieu. Croyant à un changement de règne et de religion, les Héricourtois en manifestèrent une joie exubérante.

Les Guises abandonnèrent Héricourt, neuf jours après y être entrés. Les bourgeois alors retombèrent sous la main de Frédéric, seigneur protestant, qui leur fit payer cher leur adhésion passagère au culte catholique. Une quarantaine de bourgeois furent emprisonnés, les coups de bâton s'abattirent sur leur dos, neuf furent pendus à un cerisier pour avoir assisté à la messe, hommes et garçons durent démolir les murailles de la ville, dont les revenus tombèrent pendant vingt ans dans l'escarcelle du seigneur protestant.

M. Viénot a oublié ces deux incidents, dont l'un est à l'honneur d'un seigneur catholique.

(1) Mss. Duvernoy, t. XXV, p. 20.

Au mois de mai de cette dernière année, il sollicita du consistoire de cette ville un congé pour se rendre à Héricourt, où Toussain lui offrait les fonctions de pasteur. Sa demande fut repoussée, mais ce refus ne l'arrêta pas. Il partit avec sa famille et vint à Montbéliard. De là le chancelier, le tabellion et d'autres fonctionnaires le conduisirent triomphalement à Héricourt, où ils le déposèrent à l'auberge Peignot. Le festin servi alors à tous coûta 4 francs, 3 gros, 1 niquet (1). C'était le 23 juin 1563.

Pour être admis définitivement à l'emploi de pasteur, Larcher passa un examen au domicile du bailli de Montbéliard, en présence de Toussain. Là, « ce prédicant, dit la note de l'examen, a été trouvé suffisant et reçu au ministère de la parole de Dieu en la ville d'Héricourt, et a prêté le serment sur saints Évangiles d'observer les ecclésiastiques ordonnances, à lui judicialement lues, aussi d'être fidèle à notre redouté prince et seigneur, comme aussi de suivre, touchant la prédestination, la doctrine de Wurtemberg » (2).

Une fois installé au chef-lieu de la seigneurie, Larcher s'occupa d'organiser le culte luthérien. Une de ses premières opérations fut de supprimer le *Salve Regina*, hymne chantée à la fin du jour, à l'église, par les élèves de l'école, en l'honneur de la Mère du Sauveur ; il ordonna à Claude Amaignes, recteur, de remplacer ce chant par celui des psaumes. Afin d'assurer le succès de l'enseignement hérétique, on prit souci de l'âge le plus tendre. Le conseil de régence fit un devoir au maire de la ville d'exhorter les parents à envoyer leurs enfants à l'école. Il était nécessaire d'effacer, dans ces jeunes âmes, l'empreinte du cachet catholique. Le recteur des écoles, qui avait si longtemps comprimé ses sentiments protestants au fond de son cœur, était bien l'homme qu'il fallait pour cette besogne.

La maison d'école, de même que le presbytère, avaient été, pendant le dernier siège, démolis par ordre de Claude-François de Rye. Les conseillers de Montbéliard, dès 1561, avaient donné l'ordre à la seigneurie de faire l'acquisition d'une maison située près de l'église, appartenant à Simon Menigoz, de Châlonvillars. Payé 194 francs 14 sols 4 deniers, cet

(1) Arch. Haute-Saône, E, 24.
(2) Arch. Nat., K, 2173.

immeuble fut destiné à « mettre et loger le recteur des écoles pour en icelle y tenir école » (1). Logé tout d'abord dans la même maison que l'instituteur, Jean Larcher eut plus tard une demeure que la ville lui construisit. Le paiement en fut fourni par un impôt établi sur le vin vendu à Héricourt. De 1564 à 1571, la vente de ce produit rapporta 1.314 fr. 5 gros et 1 niquet, prix de la construction du presbytère.

Le chef-lieu de notre seigneurie possédait donc un pasteur et un maître d'école luthériens. Pour le conseil de régence ce n'était pas encore assez. Le 22 juillet 1563, rendant compte à Christophe de l'installation de Larcher, il en appela de nouveau à l'autorité du prince, lui demandant la suppression définitive de la messe et l'expulsion du vicaire. « Il intrigue, disait-il, auprès de la bourgeoisie et fait croire aux âmes faibles, sur lesquelles il a beaucoup d'empire, que si le duc ne croyait pas la religion nécessaire au salut, il y a longtemps qu'il l'aurait abolie à Héricourt, et n'aurait pas attendu jusqu'à présent ; il les engage du reste à persister dans la religion de leurs pères (2). »

Sachons qu'à l'arrivée de Jean Larcher à Héricourt, messire Henri Magnin, vicaire de la paroisse, était le principal soutien de la cause catholique. Son oncle, curé du lieu, s'était, à cause de son extrême vieillesse, retiré à Neuchatel, près de Pont-de-Roide, lieu de sa naissance, et avait laissé à ce jeune prêtre la charge de soutenir la lutte engagée contre la foi de ses paroissiens. Il faut reconnaître que le choix était excellent, puisque, d'après l'aveu des conseillers de Montbéliard, ce petit vicaire exerçait sur la population d'Héricourt une influence si grande que la puissance oratoire du pasteur ne

---

(1) Arch. Haute-Saône, E. Admirons le culte de M. Viénot pour l'exacte vérité. Il nous dit que l'ancien local scolaire devint bientôt insuffisant et qu'il fallut transporter l'école dans la maison près de l'église. Mais cette école et la maison qui la joignait, dans laquelle résidait le curé, avaient été démolies, en 1561, par ordre de François de Rye, et, la même année, la maison près de l'église avait été achetée et consacrée à une nouvelle école. Les documents, connus de M. Viénot, attestent ces faits. Alors pourquoi sciemment avance-t-il une contre-vérité ? Il voudrait nous faire croire qu'à l'arrivée de Larcher, les chefs de famille, gagnés à ses doctrines par ses premières prédications, envoyèrent de suite leurs enfants à l'école d'un apostat. La suite des faits racontés dans ce travail prouve que le pasteur Viénot dénature l'histoire.

(2) Mss. Duvernoy, t. XXV.

put la détruire. Loin de là, on peut affirmer que sa doctrine, appuyée par la dignité de sa vie, aurait triomphé de « toutes les balivernes allemandes », si le duc Christophe ne lui eût pas opposé des mesures draconiennes.

L'archevêque, ayant appris l'installation d'un pasteur à Héricourt, écrivit aux habitants, le 11 août 1563. Dans sa lettre, le prélat leur rappelle son devoir de travailler au salut des âmes. Rendant hommage à leur foi chrétienne du passé, il ne peut se persuader, leur dit-il, qu'ils ont demandé eux-mêmes un prédicant, puis il les prie de lui dire ce qu'il en est à ce sujet. Le pontife était dans le vrai. Seuls les Allemands de Montbéliard étaient cause du bouleversement opéré à Héricourt. Les catholiques de cette paroisse le subissaient la rage au cœur. Le messager envoyé par l'archevêque à ces pauvres opprimés rapporta-t-il à son maître une réponse de leur part ? Nous l'ignorons (1).

Devant la force la meilleure cause succombe. Obligé d'abandonner son église et son troupeau, messire Henri Magnin alla, le 4 septembre, demander au bailli et au tabellion quelques deniers des revenus annuels de sa cure, dont l'échéance était à la Saint-Martin. On lui donna 50 francs, de son côté il promit de ne plus rien percevoir de son bénéfice dorénavant (2) En possession de ce pauvre viatique, il quitta Héricourt, *sans y être obligé*, a osé dire M. Viénot.

Débarrassé d'un rival, qui jouissait de l'estime et de la confiance de l'immense majorité des habitants, Larcher fit-il de rapides conquêtes parmi les catholiques, privés de chef et de soutien ? Les renseignements que nous possédons à cet égard nous viennent de ce prédicant lui-même. Ils se trouvent dans une lettre qu'il écrivit, le 10 février 1564, à Brentz, surintendant des églises de Stuttgart. Elle est écrite en latin ; en voici la traduction fidèle :

« Vous trouverez peut-être surprenant, très honoré messire prévôt, que je me permette de vous écrire, moi que vous ne connaissez pas, même de vue ; mais quand vous aurez compris ce que je suis et quel est le motif de ma lettre, votre surprise cessera.

(1) Arch. Haute-Saône, E, 275.
(2) Arch. Nat., K, 2305.

« Je suis français de Guyenne, bordelais de naissance. Pendant à peu près vingt ans, j'ai exercé le ministère évangélique en Suisse, dans le comté de Neuchatel. J'ai subi dans ce pays bien des tribulations de la part des Calvinistes, à propos de la cène de Notre-Seigneur et de la prédestination, et aussi pour avoir publié sans les consulter, les canons de tous les conciles, qui ont été édités à Bâle, chez l'imprimeur Oporinus. Appelé enfin par Pierre Toussain, surintendant de l'église de Mont-béliard, je suis venu à Héricourt, où déjà depuis huit mois, j'enseigne l'Évangile, avec quel résultat ; Dieu auteur de tout progrès, le sait, mais, à mon avis, *avec bien peu;* car ce peuple grossier refuse, sauf un petit nombre d'individus, la parole de Dieu [celle de Jean Larcher].

« Messire Toussain, lorsqu'il s'efforçait de me faire accepter cette charge pénible, m'assurait que, dès que j'aurais gagné mon poste, les diseurs de messes cesseraient d'en dire et d'en chanter, et à Héricourt et dans tout le pays. Mais ce n'est pas ce qui est arrivé. Le diseur de messes à Héricourt, après mon arrivée, a encore *messé* (sic), si je puis parler ainsi.

« Le surintendant entendait dire aussi que le peuple se soumettrait immédiatement à l'ordre établi. Or ce n'est pas du tout ce qui a eu lieu ; loin de là, ce malheureux peuple, comme s'il était sans pasteur, court presque chaque jour de tous côtés, pour entendre des messes et je ne crois pas que le tiers vienne à mes prédications (1). Si j'avais su plus tôt qu'il en serait ainsi, jamais, certes, je n'aurais mis le pied ici. Finalement, messire Toussain m'avait promis qu'on me paierait tous les ans 60 couronnes de l'empire ou une somme équivalente (mais non en monnaie du roi de France) ; et en attendant, on me donne environ cinquante-sept livres de Bâle. J'ai tenu à vous en informer, pour que vous sachiez comment on m'a tenu parole. Tels sont les faits, dont j'ai cru bon de vous instruire sur mes affaires et sur ma situation personnelle. Vous les communiquerez, si vous le jugez utile, au prince très chrétien Christophe.

« Il y a deux motifs pour lesquels il m'a semblé à propos

---

(1) M. Viénot dit que parmi les Héricourtois « les uns étaient détachés d'un clergé qu'ils avaient sous les yeux ». Quel démenti lui donne Larcher, le premier prédicant d'Héricourt !

de vous écrire en ce moment. Le premier est de vous exposer sommairement l'état de choses dans l'église d'Héricourt, car je ne puis me persuader que l'illustre prince Christophe, qui est, je le sais, si savant et si religieux, ait été informé que ses sujets, pour ce qui concerne la religion, sont traités comme ils le sont ; il est, en effet, pour ainsi dire, impossible de les gouverner plus mollement. Mon second motif est de vous supplier encore et encore, et très instamment, de faire part à l'illustre prince de ce que je vais vous dire, puisque vous jouissez, comme je le sais, d'un grand crédit auprès de lui. Recommandez donc l'église d'Héricourt à cet excellent prince, afin que les cultes impies soient bannis de toutes ses terres. Si cela n'a pas lieu dans un bref délai, j'ai résolu de n'y plus rester longtemps ; car, alors même que j'y enseignerais l'Evangile pendant cent ans, au milieu d'une telle confusion et d'un pareil désordre, ce serait absolument comme si, selon le proverbe, je jetais la semence dans des pierres.

« Il me reste maintenant à vous dépeindre le caractère des gens d'Héricourt ; je le connais dans le fond et, comme on dit, jusqu'à la peau. C'est par-dessus tout un peuple grossier, rude et sauvage (j'excepte toujours quelques personnes) adonné à la débauche, à l'ivrognerie, aux femmes et à la paresse. Il en résulte qu'il est plus pauvre que Codrus ; vous savez en effet que l'oisiveté est la mère de la pauvreté et de maux presqu'infinis.

« En second lieu, pour avoir eu, depuis une centaine d'années, je ne sais combien de souverains, il a vécu dans une extrême liberté, car vous n'ignorez pas de quelle manière les princes se conduisent, en général, avec les peuples qu'ils désirent s'attacher et comme ils leur pardonnent beaucoup de fautes et leur laissent faire toutes leurs volontés. Il s'ensuit ce que dit un auteur : la licence nous laisse plus mauvais. Aussi, après avoir été longtemps gouverné de cette façon-là, ce peuple a contracté de telles habitudes, qu'il ne peut supporter presque aucune remontrance, ni aucun blâme, si légers qu'ils soient, mais corrompu, comme il l'est, il murmure et, s'il l'osait, il se porterait à je ne sais quelles entreprises contre son prince ; car il commence à se douter qu'il sera enfin obligé de supporter plus tard un joug inaccoutumé, s'il est longtemps encore gouverné par un souverain comme celui qu'il a aujourd'hui ; aussi dirait-il volontiers, s'il l'osait : « Nous ne voulons pas que celui-ci règne sur nous », et il attend de jour en jour un autre maître.

« Quant à ce qui concerne la religion, toute leur science consiste à entendre des messes, à honorer *et à adorer des images*. Dieu me pardonne, je ne sais pas qu'il y ait dans toute la chrétienté un peuple aussi éloigné de la vraie religion. Je ne pense pas qu'il ait entendu, avant ces trois dernières années, le plus petit mot sur le Christ, unique sauveur et rédempteur du monde. Il en résulte que lorsque je lui parle du Christ, quand je m'efforce de graver mes paroles dans son esprit et que je lui répète à chaque instant les mêmes discours, il est aussi ébahi que si je lui parlais de je ne sais quel monstre. Un jour que j'étais allé voir un malade, je vins à lui nommer la Vierge-Marie et je demandai à cet homme s'il croyait qu'elle fût la mère de Dieu, c'est-à-dire antérieure à Dieu, créateur de toutes choses ; il répondit qu'il le croyait.

« Pour ce qui concerne la connaissance de la volonté de Dieu, les gens d'ici ne l'ont aucunement. Et ce qu'interdit la loi divine, comme l'adoration et le culte des images, l'invocation des saints et des saintes, l'audition de la messe, les blasphèmes, les malédictions réciproques, les torts à l'égard du prochain quand on ne voudrait pas en supporter soi-même, ils commettent tous ces péchés sans nulle crainte de Dieu. Bref, ils ne redoutent ici ni Dieu ni le diable, ni les hommes, ils s'imaginent qu'ils n'ont aucune loi à observer. Ils se conduisent de telle façon qu'on voit clairement qu'ils ne croient ni au paradis ni à l'enfer. Tous, du plus petit au plus grand, se sont si bien accoutumés à jurer qu'ils blasphèment à chaque instant par la mort, par le sang, par les plaies, par le ventre, par la vertu de Dieu et du Christ et qu'ils se dévouent, corps et âme, à mille tourments affreux. O douleur ! je tremble de la tête aux pieds et je frémis d'horreur en vous donnant tous ces détails : pour tout dire, en un mot, ils ressemblent au peuple de Sodome et de Gomorrhe, sur eux est suspendue l'effroyable colère de Dieu.

« Voilà, très honoré messire Brentz, le tableau de la vie que mène le peuple d'Héricourt. Je vous prie d'en informer le prince très chrétien Christophe : je ne puis me persuader

qu'un tel souverain, qui brûle d'amour pour le Christ (1),
consente à ce que ses sujets vivent et soient gouvernés de
cette manière ; car un peuple aussi sauvage doit être soumis
à une discipline rigoureuse.

« Je souhaite que l'Ordonnance ecclésiastique, dont il
nous a envoyé le texte ces années dernières, soit traduite
du latin en français et que les sages dispositions qu'elle
renferme soient mises en vigueur ici ; mais je crains, oui,
je crains que ceux qui devraient y veiller n'y nuisent plutôt.
Avisé comme vous l'êtes, vous devinez facilement ce que je
veux dire ; je ne dirai pas autre chose en ce moment. Je tremble que la parole de Paul ne s'accomplisse aujourd'hui :
Tous recherchent leurs intérêts et non la gloire de Jésus-
Christ. Que Dieu soit avec vous, mon cher messire Brentz,
et qu'il vous garde en bonne santé pour son église. Ainsi
soit-il !

« Le 10 février 1564.

« Tout à vous du fond du cœur. Jean Larcher, ministre de
l'église d'Héricourt. »

Cette lettre ne respire que dépit, colère, fureur. Elle est
l'expression d'un homme au désespoir. Toussain, plein de
confiance sur le résultat de ses deux années de prédication
à Héricourt, avait promis à Larcher que, dès qu'il aurait mis
les pieds dans la ville, le vicaire prendrait la fuite et que le
peuple se soumettrait avec un grand empressement à l'envoyé des Allemands. Le vicaire, il est vrai, a quitté Héricourt trois mois après l'arrivée du pasteur, non pas à la requête des habitants, mais par ordre de l'autorité civile. Les
Héricourtois vont-ils pour autant au prêche de leur ministre ? Loin de là, leur église étant interdite au culte catholique, ils vont à la messe dans les églises du voisinage : Tavey,
Brevilliers, Chagey. Dans l'exaspération que lui causent
ces pèlerinages, pour lui si pleins de mépris, notre prédicant
déclare au surintendant de Stuttgart qu'il n'y a pas dans
tout l'univers chrétien un peuple aussi éloigné du protestantisme que celui dont il est ministre. Se reconnaissant impuis-

---

(1) Christophe brûlait surtout d'amour pour le vin. Il buvait jusqu'à
se rendre malade, c'est son oncle Georges qui nous l'apprend.

sant à le gagner à ses balivernes par l'autorité de son ministère, lui prêcherait-il cent ans, il n'aura qu'un parti à prendre,
si le duc Christophe lui refuse l'appui de son bras tout-
puissant, ce sera de déguerpir au plus vite du pays. Cette
déclaration est claire pour tout le monde.

Dans son glacial isolement, Larcher récrimine contre les
bourgeois d'Héricourt, dont il fait une sombre peinture :
ce sont des débris de Sodome et de Gomorrhe. Ce n'est pas
flatteur. Disons que les couleurs de ce portrait sont à la
hauteur du mépris dont ce peuple honore Larcher. Elles
seraient tout différentes, si les Héricourtois se fussent empressés d'aller l'écouter. Au lieu d'avoir été des gibiers de
potence, ils auraient été de « vrais chrétiens qui cherchaient
Christ », selon l'expression de M. Viénot (1).

. Des gens d'Héricourt, qui, à ses yeux, ont une mauvaise
physionomie, Larcher passe à ses collègues, les pasteurs
du comté de Montbéliard. Ceux-ci valent encore moins que
les premiers. Au lieu de chercher la gloire de Jésus-Christ,
comme c'est leur devoir, « tous, dit-il, ne cherchent que leurs
intérêts ». Ils étaient dans leur vrai rôle. Le protestantisme
étant une « sécularisation », d'après notre auteur (2), ceux-là
ne pouvaient avoir à cœur que leurs intérêts séculiers. En
constatant que lui-même n'était pas indifférent à la question financière, puisqu'il se plaignit à Brentz de la modicité de ses gages, reprenons la suite de notre récit.

Lorsque Larcher, « intraitable et agité, perturbateur des
églises (3) » selon Toussain, son illustre collègue de Montbéliard, peignait sous un jour si défavorable catholiques d'Héricourt et pasteurs montbéliardais, Henri Magnin, dernier
vicaire d'Héricourt, était depuis cinq mois expulsé du pays.
Après son départ, les Héricourtois, désespérant de revoir
un prêtre parmi eux, se rapprochèrent-ils du ministre pro-

----

(1) C'est le bel éloge que M. Viénot fait d'Ulric de Wurtemberg, voleur
de grand chemin, assassin de Jean de Hutten, affameur de ses sujets,
ayant consommé en débauches une valeur de 200.000 florins provenant des
biens d'église. Aux yeux de cet historien, Ulric est, malgré tous ses crimes,
blanc comme neige . « Prince pieux ! prince dévot ! Il cherchait Christ ! »

(2) John Viénot, *Hist. de la Réf.*, p. 279.

(3) John Viénot, *Hist. de la Réf.*, t. II, p. 284. *Confidimus dominos
nostros non passuros esse, ut ab isto intractabili ei irriquieto homine turben-
tur hæc ecclesiæ.*

testant ? Il n'en fut pas ainsi. Le petit nombre qu'il en avait gagné diminua même subitement, quelques jours après que le surintendant de Stuttgart eut reçu la lettre citée plus haut. Voici comment :

La collation du prieuré de Saint-Valbert appartenait au cardinal Granvelle, en qualité d'abbé de Luxeuil. C'est là que l'ancien vicaire, Henri Magnin, retiré dans sa famille, fut envoyé de nouveau par l'autorité diocésaine, d'accord avec le cardinal. Ce retour, qui eut lieu cinq mois après son départ, fut salué à Héricourt par des cris de joie. Les cérémonies du culte : la messe, les vêpres, les bénédictions, les instructions reparurent dans l'église du prieuré. Les catholiques de la ville y accoururent avec transport. Qu'on juge du dépit de Larcher. Le conseil de régence, averti par lui de la réouverture de l'église de Saint-Valbert au culte catholique, écrivit au duc le 1er juin :

« Il y a trois ou quatre mois, ce curé est allé s'établir à Saint-Valbert et, depuis cette époque, il emploie tous les moyens pour dénigrer Larcher dans l'esprit du peuple et lui causer du désagrément ; déjà il s'est attiré quelques-uns de ses auditeurs et a poussé les choses si loin que le premier a formé des plaintes et a demandé son congé, en cas où l'on souffrît plus longtemps ce curé à Saint-Valbert, ou qu'il se permît davantage de le traiter comme il l'avait fait jusqu'à présent. »

Le bailli d'Héricourt vola au secours de Larcher, tombé dans le découragement. Irrité de voir un simple vicaire ravir à ce pasteur le peu d'influence qu'il avait parmi le peuple d'Héricourt, il donna l'ordre à Henri Magnin de quitter une seconde fois le pays. Pour justifier cette mesure, il allégua la vie friponne et scandaleuse de ce prêtre. Cette accusation ne tient pas debout. En 1562, Christophe exigeait deux conditions pour autoriser le conseil de régence à l'expulser : il fallait ou qu'il se conduisît mal, ou que son renvoi fût exigé de ses paroissiens. Alors, ni l'une ni l'autre de ces deux conditions ne s'étant réalisée, le vicaire continua à exercer son ministère à Héricourt. Que maintenant le conseil de régence allègue la vie friponne et scandaleuse de ce même prêtre comme motif de sa seconde expulsion, les Héricourtois donnent à cette accusation le démenti le plus expressif, en allant à une bonne demi-lieue, chaque matin, assister à sa messe et à recevoir les sacrements de ses mains. Où sont les catholiques qui soient jamais allés en foule à un prêtre vicieux ?

Dans toutes les paroisses c'était la même surexcitation des esprits qu'à Héricourt. Les conseillers de la régence disent à Son Altesse « de ne permettre ni à messire Henri Magnin, ni à d'autres de prêcher contre la pure doctrine et d'aliéner contre elle le peuple de la campagne sans expérience, car les habitants d'Héricourt, ajoutent-ils, de même que les sujets des autres seigneuries ont déjà le moindre attrait pour cette doctrine ». Après cette recommandation au duc, les conseillers ne craignent pas de se contredire : « Ces catholiques, affirment-ils, déclarent bien haut qu'on ne pourra jamais leur faire accepter les doctrines luthériennes (1). »

Les princes tuteurs, mieux que tout autre, connaissaient l'opposition de leurs sujets au changement de religion. La lettre de Larcher à Brentz la leur faisait toucher du doigt : Il n'y a pas dans toute la chrétienté un peuple aussi éloigné de la vraie religion, c'est-à-dire du protestantisme. Aussi ordonnent-ils derechef « d'abolir la messe et d'autres pratiques dans les trois seigneuries nouvellement acquises, de suspendre les prêtres catholiques de leurs fonctions ; si toutefois ils désiraient rester, il ne faudrait pas trop les presser de sortir, mais vu leurs prébendes *et l'influence qu'ils exercent*, il serait bon d'agir avec eux le plus modérément possible ». Puis enfin, entre autres choses, ils enjoignent aux conseillers de ne pas souffrir que les nouveaux sujets « aillent ouïr la messe, ni continuent d'aller en pèlerinages et qu'ils persistent dans leur genre de vie efféminée et dans leur habitude d'injurier malicieusement (2) ».

Pauvres prédicants ! les traits d'ironie et de raillerie dont les sujets les accablaient blessaient vivement leur amour-propre. C'était pour eux la preuve la plus cruelle de l'opposition à leurs personnes et à leurs doctrines.

Aussi le pasteur d'Héricourt était si peu confiant dans les dispositions des habitants à son égard qu'en demandant

(1) Mss. Duvernoy, t. XXV.
(2) *Ibid.*

au bailli de Montbéliard, le 18 juillet 1564, que chaque semaine il y ait une prédication dans les villages du Châtelot, il reconnaissait la nécessité pour le prêcheur d'être escorté par les officiers du prince, afin qu'il ne reçût pas d'injures (1). De là à être reçu à bras ouverts, il y a loin.

Cette prédication, protégée par les hallebardes des officiers, eut une heureuse influence sur beaucoup d'habitants, dit Auguste Chenot, éclairé par se seule imagination. Dès lors l'expulsion des curés et l'abolition de la messe furent considérées comme le moyen souverain d'attacher les sujets à une conduite encore plus chrétienne. Pour cela il fallait des pasteurs. On en chercha activement et de bonne qualité.

« Il y avait danger à établir dans les seigneuries des pasteurs ignorants », disait Toussain, « des pasteurs qui cherchent leurs intérêts et non ceux du Christ, c'est le cas de tous », affirmait Larcher. « Il faut un ministre probe et honnête », c'était le langage des princes. Quel déchet dans le corps pastoral !

Pour gratifier les paroisses de nos seigneuries de pasteurs irréprochables, celui d'Héricourt fit deux voyages : l'un à Lausanne, l'autre à Genève, les deux aux frais de la seigneurie (2).

« Ici, dit Auguste Chenot, se préparaient bon nombre des futurs conducteurs spirituels des églises évangéliques de Suisse et de France (3). »

Réfugiés dans l'une ou l'autre de ces villes, avec toutes les tares du vice impur, les religieux et les prêtres français avaient les titres nécessaires pour être prédicants protestants : la prêtrise, l'apostasie et une femme. Appartenaient-ils à Calvin, à Zwingle ou à Luther ? Cette question ne les intéressait nullement. Calvinistes à Genève, rien ne pourra les empêcher d'être luthériens à Montbéliard. Leur doctrine dépendra du

---

(1) Arch. Nat. K., 2189. *Comitatus aliquot officiariis principio, ne aliqua injuria ei inferretur.* Et dans mon enfance, les protestants de Chenebier disaient que leurs ancêtres avaient couru au-devant de Luther ; c'était l'enseignement des pasteurs.

(2) Le voyage de Genève se fit au grand trot. Le cheval en tomba malade. Le propriétaire, Jean Perdriset, reçut une indemnité de deux écus d'or. Arch. Haute-Saône, E, 24.

(3) Aug. Chenot. *La Réforme religieuse*, etc., p. 52.

prince qui leur donnera le pain quotidien. Larcher, revenu à Héricourt, après le 5 mars 1565, annonça qu'il avait trouvé le nécessaire en fait de pasteurs. En les attendant il fut convenu par le conseil que l'église de Montéchcroux serait desservie par le ministre de Blamont et celle de Longevelle par celui d'Héricourt, que chaque pasteur prêcherait à son tour dans ces églises une fois par semaine et, pour leur plus grande sûreté, en présence des officiers de ces terres, « parce que les sujets de ces localités, disent les conseillers de la régence, ne sont pas trop disposés à accepter la Réforme, aussi se pourrait-il fort bien que quelques-uns tournassent les ministres en ridicule, ou s'engageassent à le faire, ou permissent de le faire impunément (1) ».

Ce texte n'a pas trouvé place, comme beaucoup d'autres, dans les ouvrages des pasteurs Viénot et Chenot, mais ce dernier y supplée par une réflexion de son cru, en disant que « s'il n'y eut pas, chez les habitants du Châtelot, une adhésion rapide à la Réforme, c'est qu'ils étaient de pauvres cultivateurs ignorants ». Aujourd'hui combien d'ignorants dans le monde ! 165 millions de catholiques, tous rebuts d'ignorance (2), c'est le sentiment du pasteur Chenot.

Tout nous prouve que le luthéranisme allemand, en se présentant aux portes de nos seigneuries, se trouva en face d'un peuple hostile, disposé à lui faire la plus vive résistance. Les princes tuteurs l'imposeront sous les peines les plus sévères, sans tenir compte ni de la qualité, ni de l'intelligence, ni de la vertu, ni de la conscience, ni de l'honnêteté, ni de l'attachement de leurs sujets à la religion catholique. De leur part ce sera un acte de féroce tyrannie.

C'est le 7 avril 1565 que fut publiée l'ordonnance qui prescrivait dans les trois seigneuries d'Héricourt, du Châtelot et de Clémont l'introduction du protestantisme à la place de la religion catholique (3).

_____

(1) Mss. Duvernoy, t. XXV, p. 21.

(2) Les protestants revendiquent pour leurs coreligionnaires le premier rang dans le domaine de l'intelligence. L'un d'eux en parlant d'un fils de M. Beurlin, pasteur d'Etobon, tombé, pendant ses études, dans un dérangement de l'esprit, me disait, vers 1860, qu'il était « le second plus savant de la France ». Les gens du Châtelot étaient loin de lui ressembler.

(3) Voir le préambule de cette ordonnance dans l'ouvrage _Le Protestantisme de Montbéliard_, p. 207.

Les peines édictées contre les désobéissants prouvent que les princes s'attendaient à une résistance effrénée.

Une amende de 5 blancs à qui manquera aux prédications et aux prières du dimanche ; après l'office, inscription des noms sur une liste commune et, tous les mois, délibération prise sur eux par le conseil de Montbéliard et les anciens, maires et sergents de leur paroisse, à la convocation du conseil.

Une amende de 2 blancs aux enfants, serviteurs ou servantes qui manqueront au catéchisme le dimanche.

Une amende de 60 sols à ceux qui seront dans des assemblées de communauté pendant les prédications, les prières et les catéchismes.

Dix livres d'amende à ceux qui iront ouïr la messe, feront baptiser les enfants par des prêtres, assisteront aux cérémonies observées sous la papauté, chercheront à abolir le culte protestant et à rétablir la loi papistique.

Amende de 60 sols, avec perte de la dépense faite chez eux, aux taverniers qui, pendant les prédications, catéchismes et prières, garderont les joueurs, les ivrognes et les gourmands.

Amende de 3 sols à ceux qui danseront le dimanche, ou les autres jours, avec instruments ou rondeaux.

Un salaire de 1 sol par livre aux anciens, maires et jurés, qui percevront les amendes.

Ordre aux gouverneurs, baillis, conseillers, officiers, anciens, maires, jurés et sergents de veiller à ce que les contrevenants soient irrémissiblement punis, de faire afficher les précédents mandements et aux pasteurs de les lire, une fois par mois, après la prédication.

A l'approche du danger suprême, l'archevêque du diocèse ordonna des processions, afin d'implorer le secours d'en-haut. Pour les avoir faites, deux vicaires du Châtelot, Jean de la Pierre, vicaire de Saint-Maurice, et Thiébaud Tendaut, vicaire de Colombier-Fontaine, comparurent devant la justice d'Héricourt, le 27 juillet. Mis aux arrêts dans cette ville pendant huit jours, ils ne furent rendus à la liberté qu'après avoir prêté serment de comparaître devant le procureur à toutes les assignations qui leur seraient faites (1).

____

(1) Arch. Nat., K, 2198. M. Viénot, faisant allusion à l'ordonnance du

Depuis cinq mois l'ordonnance était connue de tous les habitants, lorsque le gouvernement se mit en mesure de l'appliquer. Le 16 août, le conseil de Montbéliard demanda aux officiers d'Héricourt la liste des paroisses des trois seigneuries, avec l'indication des revenus de chaque église. Ce travail avait été fait deux ans auparavant. A la date précédente, on voulut savoir si les curés et les vicaires étaient disposés à quitter leur état de prêtrise pour prêcher les lubies luthériennes. La réponse à la question qui leur fut posée réfute victorieusement les imputations calomnieuses que Larcher essaya de faire peser sur eux, dans sa lettre du 18 juillet 1564, au bailli de Montbéliard : « Tous, disait-il, sont adultères, fornicateurs, ivrognes et usuriers. » Le protestantisme eût-il poussé l'avilissement jusqu'à offrir le pastorat luthérien à de tels monstres ?

Ce qu'alors ils dirent au bailli prouve surabondamment que leur tenue sacerdotale était d'une dignité parfaite : « Ce leur serait un grand déplaisir, déclarèrent-ils, de délaisser leur première vocation pour en prendre une autre (1). » Les jeunes prêtres, tels que les vicaires de Vyans, de Tavey, de

7 avril dernier, qui ordonnait l'introduction de la Réforme, parle ainsi de l'archevêque : « Comme pour braver l'autorité des princes et imprégner dans les esprits des populations le sentiment de sa propre puissance, l'archevêque de Besançon ordonna aux prêtres des seigneuries de faire des processions... Les autorités d'Héricourt et de Montbéliard ne pouvaient tolérer cette audacieuse violation de leurs ordres. » Quelle pieuse indignation ! Mais est-elle bien légitime ? L'ordonnance du 7 avril chassait-elle les prêtres ? Non. Elle les laissait chacun dans sa cure, dans sa paroisse ; elle ne défendait à aucun d'eux ni de dire la messe, ni d'administrer les sacrements, ni de faire des processions. En demandant une procession, au mois de juillet, le pontife contrevenait-il à l'ordre qui fut donné le 29 août, aux curés de cesser l'exercice de leur culte ? Nullement. C'est pourquoi l'emprisonnement des vicaires de Saint-Maurice et de Colombier-Fontaine, au 27 juillet, fut un acte arbitraire, tyrannique, wurtembergeois, allemand.

Et si après le 29 août, jour où les curés durent cesser l'exercice du culte dans nos seigneuries, par ordre du pudibond Christophe, l'archevêque leur avait donné l'ordre de le continuer, en cela il eût été dans l'exercice d'un droit légitime, en sa qualité d'évêque légitime et canonique des seigneuries d'Héricourt et du Châtelot. Il n'appartenait pas à un hobereau allemand d'annuler les pouvoirs pontificaux d'un archevêque de Besançon. Son autorité ne venait pas de Stuttgart, mais du Ciel, d'après saint Paul : Le Saint-Esprit a établi les évêques pour gouverner l'Église de Dieu (*Actes des Apôtres*, XX, 28.)

(1) Arch. Nat., K, 2189.

Tremoins, que la Réforme eût accueillis à bras ouverts, n'eurent qu'une même voix pour repousser les offres des Montbéliardais.

A ces vicaires, à qui les revenus de leur cure, y compris même le produit des fondations de messe, avaient été enlevés, il fut ordonné, le samedi 29 août, « d'avoir à se départir de la charge et desserte de leur paroisse ».

Une telle injonction jeta Jean Receveur, d'Héricourt, curé de Brévilliers, dans un trouble indescriptible, causé sans doute par la perspective de la misère. Ce vieillard, tout en affirmant qu'il désirait demeurer « jusqu'à la fin de ses jours en la vocation qu'il a plu à Dieu, par sa divine clémence, instituer », écrivit qu'il ne pourrait accepter la vocation de prêcher l'Évangile, « selon la forme et manière contenues aux ordres de la régence, n'ayant études suffisantes pour enseigner, et, à cause de son âge, ne pourrait bonnement se mettre à l'étude, et qu'on se moquerait de lui de commencer à étudier, comme à un chien apprendre la chasse (1) ».

L'auteur des *Ephémérides*, Duvernoy, généralisant ces paroles, en conclut de suite que les prêtres d'alors « n'avaient études suffisantes pour enseigner (2) ». Cette conclusion n'est pas en rapport avec ce qui avait eu lieu à Héricourt, l'année précédente. Car, comme nous l'avons vu, le vicaire de cette paroisse faisait une opposition si victorieuse au ministre Larcher que ce dernier menaça de quitter la ville si son adversaire n'était pas expulsé. L'influence qu'il exerçait à Héricourt, au point de s'attirer quelques auditeurs du prédicant, n'était pas le fait d'un prêtre sans études suffisantes. On peut en dire autant de ses confrères. Si l'autorité montbéliardaise leur offrit le pastorat wurtembergeois, elle savait bien qu'ils pouvaient enseigner les balivernes allemandes. Que Duvernoy ne remarque pas ces contradictions, sa haine des prêtres l'aveugle un peu.

Avant de sortir de leur paroisse, les vicaires de la seigneurie d'Héricourt reçurent du bailli une lettre par laquelle il leur demandait ce qui leur était dû pour la desserte de leur béné-

---

(1) Mss. Duvernoy, t. XXV.
(2) Arch. Haute-Saône, E, 262.

fice pendant l'année 1565 (1). Comme indemnité ils lui demandèrent chacun 100 francs. Claude Demet, vicaire de Vyans, fit observer que cette somme n'égalait pas la moitié de ce qui lui était dû. Le conseil de régence promit de restituer à tous une partie seulement de ce qui leur avait été volé. Au mois d'octobre, la restitution n'était pas encore faite. Sur de nouvelles instances de la part des intéressés, les conseillers de Montbéliard ordonnèrent aux officiers d'Héricourt de leur faire payer par le receveur ce dont il avait été convenu avec eux et, à la rigueur, d'emprunter de l'argent, s'il en était besoin (2).

Les mois de septembre et d'octobre furent consacrés à l'organisation du culte protestant dans les paroisses de la seigneurie d'Héricourt. La première semaine d'octobre il fut ordonné aux habitants d'Échenans-sous-Montvaudois d'aller à Chagey, le dimanche 9 du courant, pour voir la personne du prédicant et entendre la lecture des ordonnances ecclésiastiques. Les sujets de la seigneurie d'Héricourt, dans ce village, y envoyèrent deux d'entre eux, avec mission de dire au bailli qu'ils ne voulaient pas aller à Chagey, mais qu'ils demandaient la construction d'une église à Échenans. Ils se cotisèrent même dans cette circonstance afin de couvrir les frais de la requête qu'ils convinrent de présenter à ce sujet. On comprend que derrière cette requête se dissimulait leur opposition à la prétendue réforme.

Quelques jours après, un vendredi soir, le maire Siralny ordonna, au nom du bailli, à tous les habitants du village, à peine de 10 sols d'amende, de se trouver, le samedi matin, dans sa maison, afin de voir le ministre André, de Brévilliers, et d'entendre sa prédication.

Les sujets de Belchamps, habitant ce village, ressentirent un frémissement d'indignation en entendant l'ordre d'aller à Chagey. Henri Boichot, leur maire, les réunit deux fois : la première, pour leur dire de ne pas y aller, mais plutôt de s'entendre entre eux pour payer les frais de la requête qu'il a

(1) Arch. Haute-Saône, E. 274.

(2) Arch. Nat., K, 2305. Pierre Camux, curé de Trémoins, reçut 30 livres ; Jean Receveur, de Brevilliers, 40 ; Jean Landiot, de Taxey, 30 fours ; Claude Demet, de Vyans, 30 livres ; Ant. Dodelien, curé de Chagey, eut, sa vie durant, 24 quartes de seigle et autant d'avoine.

présentée au gouvernement de Montbéliard, en vue d'obtenir pour eux tous l'autorisation d'aller, comme dans le passé, à la messe à Buc. Ensuite, après la convocation de tous les habitants d'Echenans au premier prêche d'André Flamand, Henri Boichot courut chez tous ses administrés, leur défendant de s'y rendre ; il les invita à se réunir, dans l'après-midi du samedi, sous le pommier qui était devant sa maison. Dans cette réunion, où étaient la plupart des sujets de Belchamp, Henri Boichot leur affirma que le gouverneur lui avait promis qu'ils auraient « leurs vieilles franchises et libertés d'aller à leur église de Buc et à la messe. comme du passé (1) ».

Pour son dévouement à la cause catholique, ce maire courageux fut considéré par la régence comme rebelle aux lois de l'État. Ce cliché si familier à nos gouvernants, quand ils veulent brimer les consciences catholiques, n'est pas nouveau. Henri Boichot fut l'objet de deux enquêtes, dont les procès-verbaux furent envoyés, le 6 novembre, à Montbéliard. L'un d'eux lui reprochait des paroles de mépris à l'adresse des officiers d'Héricourt (2). Cela fit-il tomber sur lui les sévérités de la justice d'Héricourt ? Nous l'ignorons.

Les candidats aux cures de Vyans, de Chagey et de Tremoins ayant subi leur examen, le premier, le 16 août, et les deux autres. le 20 septembre, les églises de la seigneurie d'Héricourt furent pourvues chacune d'un pasteur. vers la fin du dernier mois, ou au commencement du mois suivant. Furent nommés : à Vyans, Antoine Duc, d'Aumays (Savoie) ; à Brévilliers, Antoine Flamand, de Savoyeux, (Haute-Saône) ; à Chagey, Jean Tavignon, de Vienne-le-Château (Lorraine) ; à Tremoins. Jean Arans, de Talmasay (Navarre). Échenans-sous-Montvaudois et Mandrevilliers furent réunis à Brévilliers. Chagey eut Couthenans et Luze. A Vyans furent annexés Bussurel. Tavey, Laire et Byans. Héricourt eut Saint-Valbert ; Chenebier et Échavanne furent desservis par le pasteur d'Étobon.

Dans cette œuvre de « sécularisation » l'abus de pouvoir le plus odieux, le plus criant fut commis à l'égard de la paroisse de Tavey. Ce village, de la seigneurie de Passavant, apparte-

---

(1) Arch. Haute-Saône. E, 266.
(2) Arch. Nat., K, 2305.

nait à l'abbaye de Lure. Tous les recès de l'empire, celui de Passau (1552), celui d'Augsbourg (1555), reconnaissaient à l'abbé le droit d'y maintenir un curé. Malheureusement la conscience des Montbéliardais a toujours souri du droit des autres quand il n'était pas appuyé par la force des armes. Dans les premiers jours du mois de septembre 1565, Guillaume Vuillot, du Vernois, prévôt d'Héricourt, se rendit dans ce lieu avec les anciens de la ville et ordonna à Jean Lardiot, d'Autrey-les-Cerre, vicaire de la paroisse, de sortir de la cure. Ces hommes firent main basse sur les dîmes et les revenus qui lui appartenaient et sur les vases sacrés de l'église.

L'abbé de Lure, seigneur de Tavey, éleva protestation sur protestation contre la spoliation dont lui et ses sujets étaient victimes. Les Montbéliardais, n'ayant alors à redouter l'intervention armée d'aucun potentat, conservèrent religieusement le bien volé. Et afin de ne jamais revoir un curé à Tavey, au centre de leur État luthérien, ils ne reculèrent pas même devant l'acte de la plus haute friponnerie. En 1578, ils démolirent la belle cure de cette paroisse, en vendirent les bois à Grosjean Gremillot, de Vyans, pour 20 francs, et les pierres à un autre acheteur, au prix de 4 francs (1). Auguste Chenôt, qui fut pasteur d'Héricourt, met, dans une brochure, sous un jour complètement faux, tout ce qui concerne le litige élevé sur cette paroisse. N'en soyons pas surpris, il était pasteur et protestant.

L'expulsion du vicaire de Tavey fut un vrai deuil et pour les catholiques de la paroisse et pour les bourgeois d'Héricourt. Ceux-ci, depuis le départ de leur courageux vicaire, allaient entendre la messe et recevoir les sacrements à l'église de ce petit village. Une telle dévotion mettait dans un état d'exaspération Larcher et les Allemands de Montbéliard. On voulut la déraciner pour toujours en démolissant le presbytère.

Après l'annexion matérielle des paroisses de notre seigneurie au protestantisme, les princes tuteurs et Pierre Toussain purent savourer les fruits de leur apostolat. Cependant le surintendant ne fut pas encore satisfait. Le 27 septembre, il fit part au conseil d'une peine qui lui rongeait le

(1) Arch. Haute-Saône, E. 246. Voir l'ouvrage *Le Catholicisme et le Protestantisme à Montbéliard*, p. 15.

cœur. « Ce n'est pas sans douleur, écrivait-il, que nous voyons les nouvelles seigneuries de notre prince, surtout celle du Châtelot, privées de pasteurs et de la doctrine céleste. »

Le Châtelot eût été une place inexpugnable au luthéranisme, si celui-ci n'eût employé que les armes de la persuasion. Les gouverneurs ne l'ignoraient nullement. Larcher lui-même en était absolument convaincu, puisqu'il n'aurait pas voulu aller y prêcher sans être sous une escorte de vaillants protecteurs.

Il y avait dans cette terre bon nombre de sujets appartenant à des seigneurs bourguignons. Au mois de septembre, M. M. de Mouthiers et de Dampierre préviennent leurs hommes qu'à la fête de Saint-Maurice, 22 du courant, *ils iraient faire le cris*. La régence, pour s'y opposer, envoie dans ce village, au jour indiqué, plusieurs notables de la ville de Montbéliard, des officiers et des soldats du château d'Héricourt (1). Ce déploiement de force, au milieu de circonstances semblables, prouve qu'il ne s'agissait pas, pour les seigneurs précédents, d'une proclamation vulgaire, on peut présumer qu'ils devaient aller prêter main-forte à leurs sujets dans la lutte qu'ils soutenaient pour leur foi religieuse et les engager à y être fidèles.

Tout fut inutile. Le Châtelot était condamné à subir l'hérésie. Le 6 novembre, les conseillers de Montbéliard ordonnèrent aux officiers d'Héricourt de traiter avec les prêtres du Châtelot et de les congédier (2). Sur des ordres émanés de la même source, les maires fixèrent à leurs administrés le jour où tous devaient aller au prêche des ministres, fixant la peine qu'ils encourraient en cas de désobéissance. Les mêmes communications furent faites aux sujets des seigneurs de Mouthiers, de Dampierre, de Beutal et de l'abbesse de Baume (3). Jean Vacherot, de Colombier-Châtelot, maire du seigneur de Mouthiers, refusa, tant en son nom qu'en celui de ses administrés, d'aller entendre à Longevelle les déclarations du bailli d'Héricourt (4). Il en fut puni.

La voie étant ainsi frayée, le vendredi avant la Saint-André,

(1) Arch. Haute-Saône. Comptes de 1565, E, 24.
(2) Arch. Nat., K, 2305.
(3) Arch. Doubs, E, 924.
(4) Arch. Nat., Z2, 2198.

les catholiques du Châtelot virent arriver deux prédicants, conduits par le gouverneur et le bailli de Montbéliard, le notaire et le procureur d'Héricourt. Le premier était Claude Alix de Troyes, désigné pour Saint-Maurice, Colombier-Fontaine, Blussans, Blussangeaux et Châtelot. Le second, Jean Guyot, Lorrain, fut placé à Beutal, ayant Longevelle pour annexe. Lougres fut rattaché à Bavans. Les frais de leur installation, supportés par la recette ecclésiastique, s'élevèrent à 45 francs, 1 gros, 3 blancs. Dès ce jour, il fut interdit aux prêtres catholiques de rentrer dans leur paroisse, sous peine « d'être saisis et mis en prison ». Les officiers d'Héricourt promirent de n'épargner aucun de ceux qui franchiraient la frontière (1).

Si Louis XIV, après la conquête de nos seigneuries, en 1674, avait obligé, sous peine de punition corporelle et pécuniaire, les petits-fils de ceux qui avaient été, dans le siècle précédent, détachés du catholicisme par l'ostracisme des Wurtemberg, à assister à la messe et aux prières de l'Église catholique, en quels termes cinglants M. Viénot parlerait du fanatisme du monarque! Mais s'il s'agit de princes allemands, des Ulric, des Georges et des Christophe, édictant des amendes exorbitantes contre de pauvres villageois pour le cas où ils refuseront d'aller aux prêches des ministres, ou bien iront à la messe au loin, son langage est doucereux, mielleux, affable. Chez ses amis il n'y a ni oppression, ni despotisme, ni fanatisme, mais « sécularisation amiable ». Amiable également le réseau des agents de police placés en vedette aux abords de tous les chemins pour dénoncer les désobéissants aux ordonnances ecclésiastiques. Deux poids, deux mesures chez notre auteur protestant.

(1) Arch. Nat., K, 2305.

CHAPITRE XII

Les prêtres, chassés de leur paroisse, eurent à exercer un ministère non loin des églises qu'ils avaient quittées. Sous ce rapport l'autorité ecclésiastique agit sagement. Des âmes angoissées eurent à proximité de leur résidence un conseiller et un guide, capable de les soutenir dans la lutte pour leur foi.

Antoine Dodelier, de Corcelles-les-Saunot, curé de Chagey, obtint la cure d'Essert, qu'il administra jusqu'en 1586, année de sa mort. Pendant ce temps il reçut, chaque année, de la recette ecclésiastique, un bichot de seigle et autant d'avoine, comme indemnité de son expulsion de Chagey.

Claude Demet, vicaire de Vyans, où il était né, fut nommé curé de Dampierre-sur-le-Doubs. De là il ne cessait d'exhorter ses parents et ses compatriotes à persévérer dans l'attachement à la foi catholique. Pour réussir dans son apostolat il leur faisait espérer que bientôt, par suite de guerres et d'événements politiques, la messe serait rétablie dans leur église. Ses exhortations, qui produisaient bon effet, irritèrent les visiteurs des paroisses, en 1574. En 1621, il avait pour successeur messire Jean Demet, de Vyans, son neveu.

Thiébaud Thieulin, de Blussans, vicaire d'Héricourt, en 1558, de Beutal et Longevelle, en 1562, puis chapelain de la Vraie-Croix, de l'Isle, et ensuite vicaire de Lanthenans, en 1566, devint curé de Blussans, en 1570. Sujet de la seigneurie d'Héricourt, il vendit, à cette dernière date, une maison en bois qu'il possédait au lieu de sa naissance. A cet immeuble était attenant un verger où se trouvait un noyer dont il se réserva la propriété.

Richard Laborier, ancien vicaire de Tremoins, fut, au même titre, envoyé à Blussans, en 1566. La mort d'un frère lui laissa des dettes et plusieurs orphelins. Ayant demandé au bailli d'Héricourt la permission d'hypothéquer quelques parcelles de terre, afin de pourvoir à l'entretien de ses neveux, le maire de Blussangeaux, Pierre Carlin, apostilla sa requête en ces termes : « Pour autant que le pauvre homme est fort nécessiteux, non pas pour lui, mais pour de pauvres enfants, pupilles de son frère, et ce pour payer certaines dettes qu'ils ont faites en ces années de cherté, ce qui leur sera plus expédient que de vendre leurs héritages à vil prix. » En 1570, ce prêtre si compatissant était chanoine de Saint-Ursanne.

Thiébaud Tendaut, vicaire de Colombier-Fontaine, en 1565, emprisonné huit jours à Héricourt, pour avoir fait une procession, était de Dambelin, où il avait célébré sa première messe, en 1559. Après son expulsion de sa paroisse, il devint l'auxiliaire du curé de Dambelin et ensuite religieux de Lanthenans.

Jean Mollot, de Mathay, neveu de messire Charbonnier, chanoine de Saint-Maimbœuf, chassé de sa chapellenie de Montbéliard, en 1539, le fut encore une seconde fois, après la suppression de l'intérim, en 1552. Nous le trouvons curé de Colombier-Fontaine, dix ans après, lors de l'inventaire des biens d'église. Il quitta cette paroisse pour aller desservir la chapelle des Montagnons, à Mandeure, où il mourut, en 1578.

Messire Nicolas Carlin, de Châtelot, fut curé de Colombier-Fontaine, en 1551, chapelain de la Vraie-Croix, en 1553 ; nommé curé de Fusnans, près de l'Isle, en 1570, il y demeura jusqu'en 1597, année de sa mort. Il a laissé à son église un superbe reliquaire contenant des morceaux de la Vraie Croix et portant les armes des d'Ortembourg ; au bas il y a une rose avec les initiales N. C. et le millésime 1575. Que de prières fit au pied de cette vénérable relique le généreux donateur ! Puissent en recueillir les fruits les descendants des catholiques qui furent arrachés violemment à une religion qu'ils aimaient à cause de sa divine origine.

La paroisse de Chenebier et d'Échavanne n'avait plus de curé à demeure au moment du cataclysme luthérien. Messire Pierre Péquignot, d'Échavanne, dernier curé, était mort vers 1557. Il n'eut pas la douleur de voir l'église, où il avait été baptisé, devenir le théâtre des parodies luthériennes. Après sa mort, le curé de Chagey la desservit jusqu'au 29 août 1565, jour où cessa dans nos deux seigneuries, par ordre des Wurtemberg, le sacrifice de la messe. Ce jour-là, l'enfer exulta au milieu de sinistres ricanements.

François André, originaire de la Savoie, fut nommé, en 1562, curé de Lougres, ayant Montenois pour annexe. C'est là qu'il s'établit, en 1565, au moment de la protestantisation de la seigneurie du Châtelot. Sa mort arriva en 1581.

Tous ces prêtres, victimes de Christophe de Wurtemberg, avaient eu l'honneur de s'entendre calomnier par Jean Larcher, pasteur d'Héricourt. Dans un langage familier aux apostats, il les avait tous traités « d'adultères, de fornicateurs, d'ivrognes, d'usuriers ». L'autorité civile, elle-même, donna le démenti le plus formel à ces accusations, en demandant à tous ces prêtres, jeunes et vieux, s'ils étaient dans la disposition de laisser l'état de prêtrise pour prêcher les nouvelles doctrines.

La nouvelle religion n'avait qu'un but : celui de faire table rase du culte catholique Dès lors, après avoir proscrit toutes les vérités chrétiennes, appuyées sur l'autorité de Dieu, de Jésus-Christ, de l'Église, du temps, de la science, de la sainteté, après avoir aboli le saint sacrifice de la messe et les autres sacrements, elle devait naturellement s'en prendre aux objets du culte.

La haine luthéreinne s'attaqua tout d'abord aux autels de nos églises ; ils furent démolis, mis en pièces. La croix ne trouva pas grâce devant la prétendue Réforme. Saint Paul ne mettait sa gloire que dans « la Croix de Notre-Seigneur Jésus-Christ (1) ». Pour Théodore de Bèze « c'était la superstition la plus exécrable (2) ». Le garde forestier de Saint-Maurice, pour faire la cour à ses maîtres, brisa à coups de hache le grand crucifix de l'église paroissiale ; le morceau principal servit de coin pour fendre le bois. Les croix élevées au milieu des villages, sur les bords des chemins, disparurent de leur socle. Quelques-unes furent cachées sous terre. L'une d'elles, faite d'un seul bloc de pierre, fut enterrée au cimetière de Longevelle. Découverte en 1860, elle fut respectée par les

---

(1) Epître de saint Paul aux Corinthiens, VI, 14.
(2) De Bèze, Lettres, 12ᵉ, p. 99.

protestants du village. Aujourd'hui, debout entre la Prétière et Médière, elle redit aux descendants de ceux qui l'avaient érigée à sa première place : « Je suis la signe de la vraie religion ; c'était la religion de vos pères. »

Les statues de la Vierge surtout choquèrent la vue des auteurs du protestantisme. La Mère du Sauveur des hommes, que Mahomet appelait « l'Immaculée Vierge Marie, la source de toute pureté (1) », fut placée par les réformateurs au rang des femmes vulgaires. Le protestantisme s'incline avec force révérences devant la mère d'un roi, d'un prince ; mais devant la Mère de Jésus, le Maître des monarques et des princes, il passe avec dédain, à l'exemple du démon.

Les tableaux des saints disparurent de nos vieilles églises. La nouvelle religion venait abaisser, avilir les âmes et non les élever sur les hauteurs de la vertu et de l'héroïsme, idéal prêché et voulu par Jésus-Christ et dont la réalisation est mise en évidence dans la vue des images et des statues des saints de l'Église catholique. Impuissante à produire des héros, victorieux des instincts d'une nature dépravée, la nouvelle religion, sous un faux prétexte d'idolâtrie, a voulu soustraire aux regards de ses adhérents tout objet qui leur rappelât que la sève de la sainteté ne circulera jamais dans des veines protestantes.

Les ornements de la sacristie, chasubles, étoles, manipules, chapes, aubes, surplis, après la suppression du sacrement de l'Ordre, et par conséquent de l'Eucharistie, n'auraient été sur le dos des prédicants qu'un costume de mascarade. Le conseil ecclésiastique en ordonna la vente, avec ordre de découdre chacun de ces objets et de les vendre par pièces, « afin de ne pas donner lieu à idolâtrie (1) ». En 1793, les protestants de la Révolution exigeront, à la vente des ornements d'église, la même opération « pour ne pas donner lieu au fanatisme ». Cela prouve que le protestantisme et la révolution ont une origine commune.

Dans le catholicisme, l'édifice réservé à l'exercice du culte s'appelle *église ;* ce mot a un sens d'universalité. Tous les membres de la famille catholique, répandue sur la surface de la terre, à un moment donné, sont chez eux dans quelque église que ce

(1) Rohrbacher, t. II, p. 514.)

soit : même baptême, même *Credo*, même Eucharistie pour tous et pour chacun d'eux. Que le catholique franchisse le seuil de l'une de nos églises, son regard apercevra aussitôt la lampe du sanctuaire. Sentinelle vigilante, elle lui dira de sa voix douce, claire et lumineuse : Jésus est là, sur son trône ! Respect ! Adoration ! A toute heure du jour, la porte de l'église demeure ouverte, parce que l'épreuve, l'infortune a besoin, à toute heure du jour, d'un ami, d'un père, d'un consolateur ; à toute heure, il faut à Jésus des adorateurs ; là, la terre touche au ciel ; là est la première station du chemin qui conduit à la félicité éternelle.

Chez les protestants l'édifice du culte s'appelle *temple*. Le temple de l'un n'est pas le temple de l'autre ; les deux cents variétés de protestantisme ont chacune leur temple, chacune d'elles y tient un langage réprouvé par les autres, c'est l'individualisme, le particularisme, ce que l'un admet dans un temple, son voisin le nie, dans aucun il n'y a unité de doctrine, et quelle doctrine ? une poussière sortie des vieux parchemins de la foi catholique.

Quant à l'aspect intérieur de ces temples, c'est celui de la terre au commencement du monde : informe et nue, *inanis et vacua*. Plus d'autel, plus de sacerdoce, plus de sacrifice. Entre quatre murs recouverts d'une couche de chaux, il y a une chaire à prêcher où le dimanche un homme parle en son nom de choses vagues, puis une table à quatre pieds, où quatre fois l'an, se joue la parodie du culte eucharistique. Le premier venu, homme ou femme, peut la présider avec autant de pouvoir que le prédicant (1). Là, le soleil s'est éclipsé, il n'y a que l'hiver, que le froid, sur lequel on ferme la porte à clef après les réunions du culte.

Les pasteurs, placés à la tête des paroisses par les princes tuteurs, se virent adjoindre des auxiliaires, appelés *anciens*. C'est le conseil de régence qui les institua dans les nouvelles seigneuries, sur le même pied que dans les terres de Mont-

(1) Vers 1883, Chenebier manquait d'un pasteur. Un protestant du village, Frédéric Bourquin, en exerça les fonctions pendant dix-huit mois. Il présida les exercices cultuels, la préparation à la cène par deux prières, matin et soir, pendant une semaine. La veille du jour où il devait distribuer le pain et le vin à ses ouailles, il leur dit en patois : « Demain, avant la cène, vous pourrez manger ce que vous voudrez, seulement ne mangez pas de broco ! »

béliard et autres lieux. Leur devoir était d'exercer la surveillance sur la conduite religieuse des paroissiens, d'exhorter leurs concitoyens à assister aux prêches, les parents à envoyer leurs enfants au catéchisme ; ils devaient dénoncer au consistoire paroissial les actes et les paroles contraires à la religion et aux bonnes mœurs. Au début de la Réforme, les pratiques catholiques étaient avant tout recommandées à leur surveillance. Choisis d'abord par le pasteur parmi les plus fervents luthériens, les anciens furent plus tard élus à la majorité des voix. Tant que les Wurtemberg exercèrent sur nos seigneuries « les pouvoirs épiscopaux » qu'ils s'adjugèrent, mais en vain, avec le consentement très empressé du corps pastoral, ils se réservèrent le droit de confirmer la nomination de ces élus du suffrage, qui durent prêter serment entre les mains du procureur fiscal ou du surintendant. Leurs fonctions étaient gratuites, sauf le cas où ils dénonçaient des contrevenants aux ordonnances ecclésiastiques. Alors sur une amende de 20 sols, ils en avaient 1.

Chaque église paroissiale eut également un conseil appelé consistoire : il se composait du pasteur, du maire de la circonscription et des anciens. Les attributions de ce corps étaient de veiller à l'ordre et à la discipline dans la paroisse et de faire exécuter les règlements ecclésiastiques. Il faisait comparaître au siège de ses séances, dans le temple ou au presbytère, ceux qui manquaient au prêche, à la morale, à la sobriété, qui vivaient dans la désunion ; il s'efforçait de réconcilier ces derniers, censurait, réprimandait les uns, excommuniait les autres et, au besoin, leur infligeait des amendes au profit de la boîte des pauvres. S'ils refusaient de comparaître, ou s'ils étaient récidifs, le consistoire les déférait à l'autorité civile ou au conseil ecclésiastique.

Voici des exemples de cette justice paroissiale pris dans le consistoire d'Etubon. Jacques Coulomb du lieu traita Jean Bouteiller de « b... de chien ». Cité devant le consistoire, l'insulteur reconnaît sa faute, en demande pardon et une poignée de mains réconcilie les deux ennemis (20 août 1730). Deux individus du même village avaient un matin « participé à la cène du Seigneur ». Dans l'après-midi ils entrèrent chez Georges Lods, de Chenebier, le maltraitèrent, en proférant d'horribles imprécations. Cités devant le consistoire

d'Etobon, sur la plainte de l'offensé, ils furent censurés par
le ministre. Sur cette sentence ils demandèrent pardon à
Dieu et à ceux qu'ils avaient offensés (1er octobre 1730).

Voici un cas plus grave. Eléonore Deschamps, d'Echavanne,
était dans un état répréhensible au moment de son mariage.
Cités elle et son mari, devant le consistoire de Chenebier,
tous deux, après avoir entendu la censure du pasteur, demandèrent pardon à Dieu, à Son Altesse, au consistoire et à
toute l'église. Néanmoins chacun d'eux fut condamné à une
amende de 8 sols (8 mars 1731). Deux coupables d'une
même faute eurent une amende de 10 sols et reçurent la
censure à deux genoux. Si la paternité d'un enfant était
niée par le jeune homme à qui la fille l'attribuait, l'affaire
était dénoncée au conseil ecclésiastique.

L'auteur de l'*Histoire de la Réforme* à Héricourt prétend
que les consistoires paroissiaux ont fait régner la moralité
dans le ressort de leur juridiction (1). Avant de souscrire à
cette assertion du pasteur Chenot, son lecteur aura soin
d'éviter deux choses : un séjour de quelques mois dans la
région où fonctionnaient ces consistoires et la lecture des documents qui ont passé sous les yeux de celui qui écrit ces lignes.

Au-dessus des consistoires de paroisse, le prince institua,
en 1573, le Conseil ecclésiastique, dont le siège était à Montbéliard. Composé des membres du conseil de régence et du
surintendant, il avait pour attributions de publier les ordonnances concernant le culte et la discipline. Les promesses
et les dissolutions de mariage, la séparation de corps et de
biens, les querelles entre mari et femme, l'indemnité que devait
à une fille son séducteur, la nomination et l'examen des pasteurs, la nomination des maîtres d'école : tout cela était de sa
compétence, quand le prince le jugeait à propos. Voici quelques actes de cette administration :

En 1719, le Conseil ecclésiastique reçut les plaintes des
pasteurs de Blamont et du Châtelot, accusant le surintendant
des Quatre-Seigneuries de les qualifier de rebelles, de faus-
saires, de félons, de fous, les menaçant de les traduire devant
Son Altesse de Stuttgart. Ce n'était guère évangélique.
Le document ne parle pas du résultat de cette plainte.

(1) Aug. Chenot, *Réf. relig. à Héricourt*, p. 63.

Le même Conseil défendit au pasteur Charrière de Brevilliers de refuser la communion à des sujets qu'il en croirait indignes, sans en avoir averti le Conseil (1). En 1729, la même autorité porta sa sollicitude sur les repas qui suivaient la visite des écoles « pour arrêter les excès fréquents » qui s'y commettaient. Elle fixa à 16 sols la dépense de chaque convive, c'est-à-dire du ministre, du maire, des anciens et de l'instituteur. C'est elle qui en 1730 envoya à tous les pasteurs la défense de donner la communion privée, à moins de raisons particulières. Hélas ! faibles et pauvres éléments. En 1733, elle interdit encore ce genre de communion au capitaine d'Echelberg. Les quatre communions de l'année devaient lui suffire. Enfin, en 1733, le Conseil défendit, à cause de la fréquence du cas, de censurer les couches prématurées (2). Il arriva souvent au prince d'annuler les décisions de cette autorité, qui, du reste, était à ses pieds.

Enfin le surintendant des églises de la principauté, qui remplissait les fonctions de pasteur dans les églises ou française ou allemande de Montbéliard, était, soi-disant, à la tête du corps pastoral du pays. L'installation d'un pasteur dans une paroisse, la vigilance sur sa conduite, sur celle des maîtres d'école et des anciens faisaient partie de ses attributions. On le trouve parmi les membres de la visite des paroisses. Le rapport de cette opération portait sur les ministres, sur leur conduite, soit privée, soit publique, sur les maîtres d'école, sur l'état matériel, moral et religieux des paroisses. En 1725, Pierre Frédéric Diény, pasteur d'Etobon, est accusé par ses paroissiens de s'enivrer. Pour sa justification il dit « qu'un verre de vin lui faisait du bien, mais que deux l'enivraient ». « Alors n'en buvez qu'un », lui répondit le surintendant (3). Les défauts ou les qualités des pasteurs, des maires et des anciens étaient révélés aux visiteurs par de simples fidèles. La visite se terminait par un festin auxquels ne prenaient part que les dignitaires.

Toutes ces institutions étaient sous l'autorité absolue des comtes de Montbéliard. Devant eux tous les sujets, depuis

(1) Arch. Nat., K, 2189.
(2) Arch. Nat., K, 2189.
(3) Arch. du Doubs, supp. E, 1708.

le plus élevé en dignité jusqu'au plus humble, s'inclinaient et toujours les exaltaient en termes flamboyants, comme le fit le surintendant des églises, le 23 avril 1775, à Etobon.

« Je me suis transporté dans votre village, dit-il, à l'effet d'y installer publiquement et solennellement, ensuite d'ordre et commandement exprès de mon très gracieux et souverain Prince, Seigneur et Maître, qui, par mon faible organe, exerce dans ce pays ce que l'on nommait, avant l'heureuse époque de la Réformation, les Eminents Droits-Episcopaux qui compétent et qui ont été assurés et garantis à la Sérénissime Maison Ducale de Wurtemberg, dont Mond. Gracieux Seigneur et Maître est le très digne et très Auguste Chef Régnant, pour installer, dis-je, le candidat Pierre-Christophe Morel en qualité de pasteur ordinaire de la paroisse d'Etobon (1). »

Le surintendant des églises élevait à une hauteur inouïe l'autorité spirituelle du prince de Montbéliard. Voici un instituteur qui en donne la raison. Ce maître d'école écrivant au comte Léopold Ebérard, en 1717, terminait ainsi sa lettre : « L'humble suppliant continue de prier Dieu pour la conservation de la personne *sacrée* de Votre Altesse Sérénissime (2). » En vertu de ces pouvoirs sacrés, reçus on ne sait de qui, le prince ordonnait, consacrait les pasteurs par un délégué, les nommait, les révoquait à son gré, les expulsait de leur cure et du pays, quand leur enseignement était désapprouvé par lui ; il instituait maires, anciens, instituteurs, établissait le consistoire et le conseil ecclésiastique. Aux paroissiens d'Etobon qui demandaient pour pasteur Paur, le surintendant Bonzen répondit : « Ils ignorent que personne ne peut et ne doit être écouté dans les demandes faites au Souverain, avant que led. souverain, averti par son conseil de ce qui est arrivé, n'ait préalablement parlé lui-même et qu'il n'ait déclaré ce qu'il veut qui soit fait dans tout ce qui regarde la religion et les matières ecclésiastiques (3). » Le dogme, la morale, la liturgie, tout dépendait de ce minuscule pape de Montbéliard.

(1) Arch. Nat., K, 2176.
(2) Arch. Haute-Saône, E, 266.
(3) Arch. Haute-Saône, E, 291.

Qui donc fournit les ressources nécessaires à l'entretien
des pasteurs et des maîtres d'école ? Le vol des biens d'église
fut largement pratiqué par le protestantisme. Les cures, les
églises, les confréries avaient été dotées par la piété des fidèles.
Leurs revenus, qui reposaient sur des terres ou sur des capitaux placés à intérêts chez des particuliers, étaient recueillis
par les trésoriers des conseils de fabrique. La nouvelle religion s'empara de toutes ces ressources pour les employer au
paiement des pasteurs, des maîtres d'école, et aux réparations
des édifices paroissiaux. Pour mettre de l'ordre dans la gestion de ces finances, le prince institua trois recettes, ayant
chacune un receveur : une à Montbéliard, pour le comté et
la seigneurie d'Etobon ; une à Blamont, pour les seigneuries
de Clémont et de Blamont ; la troisième à Héricourt, pour la
seigneurie de ce nom et celle du Châtelot.

Le pasteur Chenot, pour justifier ses coreligionnaires d'avoir
saisi les biens des églises catholiques, a osé dire « que ces
biens provenaient des ancêtres des habitants du pays et
que, ceux-ci ayant tous embrassé la Réforme, les biens en
question appartenaient de plein droit aux dites recettes (1). »
Cette décision pèche par la base. Celui qui fait une fondation
se dessaisit, au profit d'une œuvre choisie par lui, d'une terre
ou d'une somme d'argent, à la condition que ses intentions
seront religieusement respectées. La justice la plus élémentaire ne permet pas de déroger à cet ordre de choses, fondé
sur la loi naturelle. Le pasteur Chenot a-t-il pu croire que les
prêtres, tels que Pierre Leblanc, curé de Brevilliers, Guillaume Georges, Girard Perdrix, Jean Crèmet, Jean Dormois,
Jean Pillot, familiers d'Héricourt. les prêtres Gremillot et
Demet, de Vyans, auraient fait des fondations pieuses au
profit des prédicants luthériens ! On peut affirmer que pas
un catholique, soit prêtre, soit laïque, n'aurait eu la pensée
de fonder une de ces œuvres, s'il eût pu prévoir que le produit de ces générosités devait aller aux disciples d'un moine
qui fut la honte de l'humanité. Cela ne se discute pas. C'est
pourquoi en approuvant pour l'usage des pasteurs protestants
la mainmise sur les revenus établis par les catholiques en

______

(1) Aug. Chenot, *La Réforme à Héricourt*, p. 69.

faveur de leur culte, Auguste Chenot méconnaît les droits de la justice la plus élémentaire (1).

Impossible qu'il n'y ait pas eu de résistance de la part des catholiques à une forme religieuse aussi sèche, aussi décharnée. Oh ! elle fut héroïque, comme le lecteur pourra s'en convaincre, en lisant les chapitres XII et XIII de notre ouvrage *Le Protestantisme dans le Pays de Montbéliard*. Les sentiments de tous les sujets à l'égard de cette religion, à son arrivée dans nos seigneuries, atteignirent le même degré de réprobation, quels qu'aient été leurs maîtres. A cet égard, les sujets des seigneurs bourguignons furent aussi intraitables que ceux de Montbéliard.

Le 3 avril 1566, ceux de Simon Renard, seigneur de Bermont, se réunirent à Tournedoz, dans une maison particulière : cinq de Saint-Maurice et autant de Colombier-Fontaine (2). Là étaient le juge de Bermont, le chapelain du seigneur, messire Pierre Perrot, de Longevelle, et d'autres personnes. A l'exhortation qui leur fut faite de vivre catholiquement, selon les constitutions de l'Église romaine, tous répondirent « unanimement qu'ils avaient toujours été, comme ils sont encore dans la volonté de vivre dans la religion catholique ». Après cette déclaration catégorique, ils entretinrent l'assemblée de la violence qu'on faisait peser sur eux. Vers la Saint-Martin, dirent-ils, des hommes, se disant officiers des Wurtemberg, leur donnèrent l'ordre d'aller ouïr

(1) La conscience catholique est plus délicate que la conscience protestante de l'ancien pasteur d'Héricourt. Les Bénédictins protestants de Caldey (Angleterre) se convertirent à la religion catholique, en 1913. Après cette conversion, Dom Aelred, abbé du monastère, déclara que ses religieux étaient prêts à restituer toutes les sommes que réclamaient des donateurs qui se prétendaient frustrés dans leurs intentions. Une commission, composée des quatre principaux personnages catholiques de l'Angleterre et de l'évêque du diocèse des religieux, porta une décision, en tout conforme à celle de Dom Aelred. Les sommes non employées par les religieux avant leur conversion à l'Église romaine, furent rendues aux bienfaiteurs protestants, à part deux dons considérables que les auteurs abandonnèrent par écrit aux moines devenus catholiques. *Revue de l'Archiconfrérie de Notre-Dame de Compassion*, nᵒˢ 9 à 12, 1913.

(2) Ces sujets étaient: Henri Michaulx, Thiébaud Corcol, Guillaume Corcol, jeune, Guillaume Corcol, vieux, Jean Corcol, Claude Michaulx, jeune, de Saint-Maurice ; Pierre Pescherot, Huguenin Vuilley, Jean Vuilley et Jean Pescherot, de Colombier-Fontaine. Arch. Doubs, B, 49.

à l'église de Saint-Maurice le prêche d'une nouvelle religion, introduite au Châtelot, à peine de dix livres d'amende. Malgré cette menace, ils n'ont pas tenu compte de l'injonction, mais à l'occasion, le prédicant se venge sur les désobéissants. Si, à la mort, ils refusent sa cène, il les prive de la sonnerie des cloches et de l'inhumation de leur corps au cimetière. A la fin, ces hommes de cœur, se proclamant dignes de pitié, implorent l'aide et l'assistance des officiers du seigneur de Bermont, car pour eux, « gens de labeur », ils n'ont ni pouvoir ni moyen d'y remédier. « Protestantisation amiable ! » C'est M. Viénot, autrefois pasteur, qui couvre un tel régime de ce beau vernis.

L'oppression s'appesantit, les consciences furent broyées. Dans le moindre village, le duc Christophe trouva des courtisans tout prêts à le seconder dans son odieuse besogne. Guillaume Duvernoy, de Montbéliard, Gerson Hild, bailli d'Héricourt, Simon de Montoille et Girard, son frère, Claude Barbier, maréchal à Colombier-Fontaine, Jean Forand, maire de Saint-Maurice, Léonard Berthold, forestier, Bastien Armonet, marié à une fille Debout, Guillaume Vuillot, prévôt d'Héricourt, Nicolas Levin, charpentier, furent à l'égard des pauvres sujets les instruments de tous les genres de vexations ; c'était chez eux une émulation à se surpasser en tyrannie. Ils firent verser tant de larmes aux gens du Châtelot que la cour de Dole donna l'ordre à ses officiers de saisir au corps ces tristes valets du duc, si jamais ils mettaient les pieds dans le comté de Bourgogne. Il en résulta une correspondance interminable entre Montbéliard et Dole. Dans cette dispute épistolaire, les officiers du duc, ne voyant pas une armée de plusieurs mille hommes disposée à défendre les habitants du Châtelot, purent braver la cour de Dole. En termes doucereux, ils revendiquèrent la souveraineté des deux seigneuries en faveur de leurs maîtres et le droit d'imposer leur religion aux sujets de n'importe quel seigneur bourguignon, résidant au Châtelot. Les seigneurs de Mouthiers, de Bermont, de Beutal, de Marnoz et l'abbesse de Baume ne purent soustraire les leurs aux étreintes du luthéranisme. On les obligea, (1) malgré les réclamations et de l'archevê-

____

(1) Arch. Doubs, 49, B. Arch. Nat., K, 2193.

que et de leurs seigneurs, ou à embrasser le protestantisme, ou à prendre le chemin de l'exil.

Que des Français et des Francs-Comtois se soient vus dans la nécessité d'abandonner leur village, leur foyer, leur clocher pour pratiquer une religion à laquelle ils étaient attachés par toutes les fibres de leur cœur, quelle épreuve angoissante ! Chacun aime le coin de terre où il est né. Et, ô comble d'amertume, ces catholiques se voyaient victimes de princes allemands, jouets des plus ignobles passions, sans voir paraître nulle part l'espoir d'être secourus. Parmi eux, le plus grand nombre attendirent un changement de gouvernement. Hélas ! ceux-là emportèrent leur vaine espérance dans la tombe. D'autres, plus clairvoyants, doués d'un caractère plus décisif, prirent la détermination de s'exiler et d'aller fonder un nouveau foyer sur un coin hospitalier de la terre bourguignonne. Ceux-ci, en petit nombre, furent principalement des sujets de seigneurs francs-comtois.

A Blussans, un petit ruisseau partage le village en deux parties dont l'une appartenait alors au Châtelot et l'autre à la seigneurie de l'Isle. Sur cette dernière est l'église. Les sujets des seigneurs bourguignons mêlés à ceux des Wurtemberg transportèrent immédiatement leur foyer sur la seigneurie de l'Isle. Des sujets de Montbéliard ambitionnaient leur sort, car Richard Ravey, leur maire, fut soumis à une rigide surveillance parce qu'il méditait le moyen de « se retirer de là le bief ». Les officiers d'Héricourt reçurent l'ordre d'avertir la régence dans le cas où ce projet s'exécuterait (1).

Voici les noms des sujets qui s'exilèrent de nos seigneuries pour cause de religion :

De Blussans, outre les précédents : Jean Pétrequin et Marguerite Ravey, son épouse ; ils allèrent à l'Isle ; Simon Thieulin, qui se fixa à Pont-de-Roide et Claude, son frère, à Clerval.

De Saint-Maurice, Antoine Postif. En 1567, il était déjà à Tournedoz ; il vendit son patrimoine, en 1585, pour 96 francs.

De Beutal, Jacques Chavet qui se fixa à Appenans. En 1570 il vendit une maison en bois, au lieu de sa naissance, et sa part d'une *cheminée* en pierres ; Hugues Marigney se fixa à Courchaton.

<hr>

(1) Arch. Doubs, E, 410.

De Longevelle, Jacques Guillin. En 1567, il était déjà à Médière ; Nicolas Perrot se réfugia à l'Isle ; en 1581, il vendit à Longevelle une maison en bois.

De Colombier-Châtelot, Etienne Morel se retira au Magny-devant-l'Isle ; Mathiot Carlin, à la Prétière ; Girard Pescherot, à Romain. La vente de son bien paternel eut lieu en 1585.

De Colombier-Fontaine, Jacques et Jean Bourrelier, frères, retirés à Villars-sous-Ecot, vendirent en 1587, leur patrimoine de Saint-Maurice.

De Lougres, Jean Virot, réfugié à Médière, vendit, en 1575, ce qu'il possédait dans le lieu de sa naissance (1).

De Brevilliers sortirent une famille Richardot, qui se fixa dans le territoire de Belfort, et une famille Robert qui alla résider à Villars-sur-Saunot.

D'Echenans-sous-Montvaudois, Claude Pétrequin, qui se fixa à Baume.

De Luze, Vernier Bichin se retira à Baume ; les frères Jacques et Perrin Bichin allèrent résider à Clerval ; Guillaume et J.-B. Bichin, à Granges-le-Bourg.

D'Echavanne, François Lecriste, qui alla à Frahier. De toutes les familles qui abandonnèrent les terres du pays de Montbéliard pour cause de religion, celle des Péquignot, d'Echavanne, de laquelle était sorti messire Pierre Péquignot, recteur des écoles d'Héricourt, en 1523, mérite une note spéciale. Le protestantisme ne put en faire la conquête. En 1621, Jacques Péquignot résidait déjà à Frahier. A la fin du siècle, tous les chefs de famille de ce nom y habitaient également.

En 1704, ils étaient un jour à Echavanne pour faire la déclaration des propriétés que chacun d'eux possédait sur le territoire de la commune. Parmi eux était un François Péquignot, maire de Frahier et d'Errevet. Les Péquignot de Châtebier, que les protestants appelèrent par ironie les *Bons Chrétiens*, appartenaient à cette famille au cœur généreux, fidèle à Dieu et à la foi catholique (2).

De Champey, sortit une famille Bourgeois, qui se fixa d'abord à Granges-la-Ville et ensuite à Gernonval. Une famille de même nom habitant autrefois Genéchier, lui était apparentée.

(1) Arch. Doubs, Suppl. E. 1130.
(2) Arch. Haute-Saône, E, 444.

D'Héricourt sortirent :

Regnault Girardin. Le 22 janvier 1587, il vendit une propriété à la fabrique de la paroisse ; en 1592, il donna procuration à Jeanne Brihenridot, son épouse, de vendre trois pièces de terre, situées à Héricourt, pour payer une amende de 40 francs à laquelle il avait été condamné au profit de Son Altesse. Dans cet acte il est qualifié de bourgeois d'Héricourt, demeurant à Bavilliers.

Jacques Cuenin. En 1587, bourgeois d'Héricourt, demeurant à Belfort, il fit vendre sa maison d'Héricourt.

Claudot Brihenridot, qui, en 1595, ayant sa résidence à Bavilliers, vendit un immeuble qu'il avait à Héricourt.

Jacques Chargepol, à Morimont, donna à Marguerite Valiton, son épouse, tout pouvoir d'aller vendre une terre sise à Héricourt (1). Combien d'autres s'exilèrent aussi.

L'œuvre de protestantisation avançait peu ; la conquête des esprits et des cœurs était plus difficile que celle du sol. Pour l'obtenir, les officiers et les pasteurs des seigneuries placèrent nos généreux catholiques dans des étaux afin de les faire entrer de force dans le moule luthérien. Sous une telle compression, mise en action par les mensonges, les amendes, les représentants de l'autorité, à tous les degrés, s'appliquèrent avec rage à éteindre dans les âmes le flambeau de la foi.

Voici un de leurs procédés ; admirons-le. Les maîtres de nos seigneuries s'imaginèrent que si les sujets du Châtelot détestaient les catholiques, ils arriveraient avant peu à détester leur religion. De suite, ils se mirent en mesure de réaliser cette ingénieuse conception. Les pasteurs, avertis par les officiers d'Héricort, annoncèrent aux habitants de Saint-Maurice, de Longevelle et autres, que pendant qu'ils seront aux prêches, les Bourguignons feront irruption sur eux. « En venant au temple, ajoutèrent-ils, apportez vos armes à feu, afin de mettre à mort vos agresseurs et de sortir victorieux de la lutte ». Le parlement de Dole, accusé d'avoir poussé à cette prise d'armes les sujets de Bourgogne, protesta contre cette infamie (2).

(1) Archives Haute-Saône, E, 565.
(2) Archives du Doubs, E, 3602. Suppl. B, 49.

Le conseil de régence entra dans ces vues, en attisant, par la calomnie, la haine de nos populations contre le pape. « Par l'instigation de l'Antechrist romain, écrivit-il aux officiers d'Héricourt, il y a certains boute-feu en Allemagne pour brûler les endroits où se prêche l'Évangile (le protestantisme) et qu'ils ont chez eux des prisonniers coupables d'avoir exécuté cette damnable entreprise ». Ces derniers répliquèrent à ceux de Montbéliard : « Le sergent de Lure, à Mandrevillars, a averti en secret celui de Montbéliard qu'il devait enlever de leur village les panonceaux du duc de Wurtemberg, parce que les boute-feu avaient donné l'ordre de mettre le feu aux lieux où ils se trouveraient (1) » (8 et 11 mai 1568). L'empreinte d'une fausse religion dénature tellement l'esprit de ceux qui la soutiennent, que le mensonge devient pour eux une seconde nature.

Mais ce fut surtout par leur enseignement que les prédicants excitèrent dans leurs auditeurs la haine du catholicisme. Ils chargèrent notre religion d'abominations, de calomnies. Ce travestissement de nos doctrines se fit dès le début du protestantisme par ceux-là même qui en avaient étudié le véritable sens pendant leurs années de théologie. Pierre Toussain ne péchait pas par ignorance, lorsque dans son mémoire plein de mensonges, de sophismes, d'absurdités, adressé aux princes tuteurs, il appelait idolâtrique le culte des saints. Car il n'y a pas de calomnie plus ridicule. C'est dire à un saint : Grand saint, je crois que vous êtes le Créateur et le Souverain Seigneur de toutes choses et que seul vous pouvez faire ma félicité par la communication du bien infini, qui est vous-même. Cet acte, dans lequel consiste la véritable adoration, serait mensonger, déshonorant, si on l'accomplissait une seule fois à l'honneur d'un saint, mais qu'en serait-il, si quelqu'un se le permettait en l'honneur d'un second, d'un troisième et même d'un quatrième saint ? Jamais catholique, si ignorant, si dépourvu de bon sens soit-il, ne descendra à un tel degré de niaiserie ou de faiblesse d'esprit.

Et voilà cependant à quoi servent les prédications des ministres protestants, à dénaturer nos doctrines, à nous imputer un culte idolâtrique. Et ce qui constitue pour eux

(1) Arch. Nat., K, 2305.

un vrai succès oratoire, c'est d'entendre leurs ouailles traiter les catholiques d'idolâtres (1).

Cependant ce qui contribua le plus efficacement à détacher les sujets de nos seigneuries des pratiques catholiques, ce ne furent pas les paroles des pasteurs, car au début de la nouvelle religion, ces hommes n'étaient que des cymbales retentissantes, les amendes eurent un plus grand succès. Les ordonnances ecclésiastiques qui se succédèrent au commencement du protestantisme, à de très courts intervalles, prescrivaient l'assistance au prêche, au catéchisme, à peine d'amende, chaque fois qu'une absence était constatée par le pasteur, les anciens ou les jurés. Les agents de cette police, avides de toucher la rétribution attachée à une dénonciation, étaient sans pitié pour quiconque contrevenait aux ordonnances. Les amendes à un blanc, imposées pour une première faute, devenaient au bout de peu de temps 1 franc, puis 5 francs, puis 10 francs. Cette dernière somme était le montant de l'amende que payaient ceux qui étaient dénoncés pour avoir assisté à la messe dans une église de la Bourgogne, ou pour avoir fait baptiser un enfant par un prêtre. Une famille, affligée de trois ou quatre amendes graves dans une année, voyait la famine avec sa hideuse figure sur le point de franchir le seuil de la maison. Quelles angoisses pour des parents foncièrement catholiques ! De quelles cruelles émotions fut déchiré leur cœur, quand pour sauver le pain quotidien de leurs enfants, ils se virent forcés de les abandonner à l'hydre luthérienne qui tue les âmes. Leur mort eut été une consolation pour le père et la mère.

A Saint-Maurice, les habitants, accablés sous le poids des amendes, prièrent Claude Alix, leur prédicant, d'intervenir auprès des maîtres du pays pour en obtenir la suppression. Sa lettre, datée du 15 novembre 1567, n'est que l'expression de leur désespoir : « Ils sont mengés par amendes », dit-il. A des plaintes de ce genre les conseillers du prince répondirent

---

(1) Victor Goguel, autrefois pasteur dans une banlieue de Paris, vint visiter ses anciens paroissiens de Chenebier, vers 1862. L'exode de son sermon se composa de ces mots : « Je vous plains, mes très chers frères, d'être obligés de vivre au milieu des idolâtres. »

M. John Viénot appelle le catholicisme « une mythologie païenne ». A présent, il enseigne l'histoire à des futurs pasteurs. Il est bien dans son élément.

dans une autre circonstance : « Obéissez aux ordonnances et vous ne paierez pas les amendes (1) ». Une telle oppression appliquée avec la dernière rigueur par les suppôts de nos princes allemands, brisa peu à peu la résistance de ces pauvres opprimés et les conduisit, après bien des années, aux prêches des pasteurs. Mais si pendant trente à quarante ans ces vaillants catholiques firent des concessions au protestantisme, au fond de leur cœur vivait toujours l'espérance de voir au milieu d'eux un changement de gouvernement et de religion, comme l'écrivait, en 1584, Jean Larcher, pasteur d'Héricourt.

(1) Arch. Nat., K, 1850.

CHAPITRE XIII

Le Magistrat d'Héricourt. — État foncier de Chenebrier et d'Echavanne.
— Le Châtelot pressuré. — Les Franquemont de Tremoins. — Guerre
au Catholicisme. — Troubles dans la nouvelle religion. — Mort de
Christophe. — Règne de Frédéric. — Les dépenses. — Part des Montbéliardais à la surprise de Besançon. — Passages des Guises. — Capitulation d'Héricourt. — Catholiques pendus. etc.

Sous les nouveaux seigneurs, rien ne fut changé dans
l'administration de la ville d'Héricourt. Là était un magistrat
qui se composait de deux maîtres-bourgeois, de deux jurés,
dont l'un était pris parmi les bourgeois forains, et d'un sergent. L'élection de ces gouverneurs avait lieu à la saint-Jean
de chaque année. Leur nomination était confirmée par le
bailli de la seigneurie ou son lieutenant, assisté du procureur
d'office, du maire d'Héricourt, du prévôt, du receveur et du
clerc juré du bailliage.

Sur la réquisition du procureur les nouveaux élus prêtaient serment sur les saints Évangiles de rendre la justice
inférieure aux pauvres comme aux riches, faire bonne police
dans la ville, se conformer aux ordonnances de Son Altesse et
soutenir ses intérêts ; ils juraient également de manier fidèlement les revenus de la ville, d'en rendre compte, de veiller
sur les hôtes, les boulangeries, les bouchers, sur les gardes et
les portiers.

L'élection du magistrat, faite un dimanche, était suivie
d'un repas auquel prenaient part les nouveaux bourgeois,
les jurés et les notables. Ceux qui n'étaient pas assis à la
table des aristocrates recevaient en compensation chacun
une pinte de vin, la veuve, une demi-pinte ; les bourgeois
forains, une entière.

Les revenus de la ville, provenant de différentes sources,
variaient d'une année à l'autre. En 1584, ils s'élèveront à
1.320 francs, 4 gros, 9 niquets.

Les villages de nos seigneuries avaient à leur tête un maire, nommé par le seigneur. Échavanne était rattaché à la mairie de Chenebier ; Byans, à Tavey ; Laire, à Bussurel ; Verlans dépendait de Coisevaux ; les sujets d'Héricourt, à Aibre, Semondans et Échenans-sur-l'Étang étaient administrés par le même magistrat. Chagey avait deux sergents, l'un pour les sujets de Nans et l'autre pour les mainmortables du prieuré de Saint-Valbert. Les sujets de l'abbé de Lure et ceux de la seigneurie d'Héricourt, à Mandrevillars, possédaient un sergent de part et d'autre.

Au Châtelot, chaque commune avait son maire, à part Colombier-Châtelot, qui dépendait de la mairie de Saint-Maurice. Les seigneurs de Dampierre-sur-Doubs, de Bermont, de Mouthiers et l'abbesse de Baume rendaient la justice moyenne et basse à leurs sujets respectifs, le premier au siège de la seigneurie, les autres, à Saint-Maurice, « *sous le toil* », dit un document (1).

Une fois maîtres de nos seigneuries, les Wurtembergeois voulurent en retirer tout le profit possible. Le conseil de régence demanda, en 1566, aux officiers d'Héricourt quels revenus pouvaient fournir à la seigneurie de ce nom les villages de Chenebier et d'Échavanne. Voici en substance la réponse à cette question :

Les villages de Chenebier et d'Échavanne, nommés *De là les bos*, sont situés en territoires beaucoup moins fertiles en froment que les autres de la seigneurie. Après que les *fouillies*, qui les couvrent, ont été extirpées, les terres sont labourées jusqu'à ce qu'elles soient en bon état. Ensuite les habitants les engraissent au moyen du fumier que leur fournit le nombreux bétail qu'ils nourrissent, soit avec le foin et le regain qu'ils récoltent en assez grande quantité, soit à la pâture.

Quant aux bois des deux communes, les habitants de Chenebier en possèdent environ cinq cents journaux et ceux d'Échavanne, quatre-vingts. Les deux villages ont chacun la jouissance de leurs bois. Outre les fruits qu'ils y récoltent, ils ont toute liberté d'y pâturer leur bétail et leurs porcs. De temps immémorial ils jouissent de ces droits (2).

---

(1) Mss. Duvernoy, t. I.
(2) Arch. Haute-Saône, E.

De ce document on peut conclure que la situation des habitants de Chenebier était, avant l'arrivée des Allemands à Montbéliard, préférable à celle d'aujourd'hui, au point de vue des impôts. Voici ce que payaient au seigneur d'Héricourt, en 1540, les huit chefs de famille de ce village :

Tailles : 9 livres, 11 sols ;

Gîte aux chiens : 4 sols ;

Corvées : 8 quartes de seigle, 1 livre, 8 sols ;

Corvées : 8 quartes d'avoine, 1 livre, 6 sols ;

Poules : 8, d'une valeur de 1 livre, 4 sols ;

Guet au château d'Héricourt : 1 livre ;

En tout : 14 livres, 13 sols.

Chacun d'eux : 1 livre, 16 sols, 7 deniers $\frac{1}{2}$, c'est-à-dire, 36 sous, 2 liards, à peine.

Le nouveau gouvernement fut sans ménagement pour les sujets du Châtelot. Sans tenir compte de la distance, il les obligea à conduire leurs bois de corvée au château d'Héricourt, ce qui n'avait pas eu lieu sous les seigneurs précédents. Outre cette dure condition, il leur imposa encore d'autres charges. En 1562, Blussans, Blussangeaux et le Châtelot ne formaient qu'un même corps de communauté. Les habitants avaient le droit de vaine pâture dans les forêts du domaine, situées sur leur territoire ; ils pouvaient y enlever le mort-bois et le bois-mort. Tout d'abord cette jouissance fut amoindrie. Plus tard on leur restitua le droit de pâturage, mais à la condition de livrer au domaine vingt-quatre mesures d'avoine (1579). On leur accorda encore la vaine pâture moyennant une redevance annuelle (1624) (1) ; de toutes ces jouissances les catholiques furent exclus.

La liberté commerciale fut également réduite pour ces sujets. Ordre leur fut donné de ne vendre leurs grains qu'aux foires et marchés de Montbéliard, de ne vendre des bœufs gras qu'après les avoir offerts aux bouchers de cette ville ; défense leur fut faite d'acheter du bétail ou d'autres marchandises en dehors des foires et marchés, à peine de confiscation. Toute contravention à ces mesures de police était punie par des peines exorbitantes (1566) (2).

(1) Duvernoy, mss., t. I.
(2) **Mss. Duvernoy, t. XXIII.**

Les chasses elles-mêmes du prince furent très onéreuses pour ces habitants. Ceux-ci devaient y comparaître en personne avec leurs chiens, si la chasse avait lieu sur leurs terres ; si elle se faisait dans les autres seigneuries : Montbéliard, Blamont et Héricourt, les chiens étaient remis au maire de chaque ressort pour être menés aux lieux où Son Excellence et ses officiers voulaient chasser.

Le fisc, de son côté, s'exerça avec âpreté. Il y avait à Saint-Maurice une confrérie à l'honneur de saint Nicolas dont pouvaient faire partie les catholiques de cette paroisse et ceux de Colombier-Fontaine. Sa suppression eut lieu à l'arrivée du protestantisme. Il n'en fut pas de même de ses revenus, affectés, en général, à des messes ; le receveur des cures en exigea le paiement. A Saint-Maurice les débiteurs de cette association résistèrent à ces exigences. Cités à la justice d'Héricourt, en 1569, ils furent condamnés à payer les cens dues à la confrérie, et, en plus à solder les frais de poursuite. Montbéliard dépouilla les morts pour nourrir son prince et les prédicants (1).

En 1568, les sujets de Montbéliard, à Champey, furent autorisés à construire un four dans chaque maison, à user de la vaine pâture et à recueillir le bois-mort. Pour la première concession chaque ménage donna deux quartes de blé à la recette ; la seconde lui rapporta en tout un bichot deux quartes d'avoine. Les habitants de Colombier-Châtelot purent également construire des fours particuliers moyennant, pour chaque ménage, le paiement de trois « coupots » de froment.

En 1567, Jean-Baptiste et Gaspard d'Andelot donnèrent aux tuteurs du comté de Frédéric le dénombrement de leur seigneurie de Champey. Dans cet acte il est dit « qu'ils tiennent un meix en forme et marque de château, fossoyé à fond de cuve et autour duquel il y a de l'eau ». A ce fief appartenaient dix-sept sujets. Charles Mercier, procureur à Montbéliard, acheta cette terre, en 1570, la revendit deux ans après à Hector Voglemann, chancelier. Quelque temps après, le domaine du prince en fit l'acquisition.

Alors il n'y avait plus dans nos seigneuries qu'une seule famille de gentilshommes : celle des Francquemont, qui habi-

____

(1) Arch. Doubs, E, 924.

tait à Tremoins. Ce fief, après avoir appartenu aux seigneurs de ce nom, passa en 1317 à Henri de Suarce et à ses frères ; en 1413, à Vauthier de Bavans. Ce dernier le transmit à Jacques de Montbéliard, seigneur de Francquemont.

En 1540, le seigneur de Tremoins était Georges de Francquemont, reçu dans la confrérie de Saint-Georges, en 1531. Il mourut en 1562, laissant quatre enfants : Henri, Michel, Jacques et Barbe de Francquemont. Le 31 avril 1564, le Parlement de Dole permit à Henri de Francquemont d'épouser Étiennette, fille de Claude de Beaujeu, seigneur de Montot, « à la condition pour lui d'habiter au comté de Bourgogne et de n'en distraire la dite demoiselle pour la faire habiter dans un lieu, où s'exerce une religion autre que la catholique, à peine de confiscation de ses biens ».

Michel de Francquemont, seigneur de Tremoins, eut deux femmes : la première fut Marguerite de Brinnighofen, de laquelle il eut, entre autres enfants, Henri, seigneur de Chagey, qui épousa Lydie du Châtelet. Il mourut en 1634 et sa femme, en 1636. Leur fils, Jacques de Francquemont, né à Montbéliard, en 1600, mourut chanoine à la primatiale de Nancy, en 1635.

Michel de Francquemont avait un caractère très irritable. En février 1571, il entra à la tombée de la nuit, dans la maison de Claude Marchand, un de ses mainmortables. A peine en eut-il franchi le seuil qu'il l'accabla de coups de bâton. Ses jurements, ses blasphèmes, les cris des enfants et de leur mère, tout produisit une scène horrible. La victime mourut quelques jours après. L'indemnité que Michel de Francquemont dut payer à la famille fut loin de réparer le préjudice qu'il lui avait porté.

Jusqu'alors il avait résisté à la séduction du protestantisme. Le procès-verbal de la visite des églises de 1574 dit que lui, sa femme et sa famille « ne vont ni au prêche, ni à la cène, mais mènent une vie scandaleuse ». Il est probable que son caractère inhumain était peu compatible avec des sentiments nobles, élevés. Ne soyons donc pas surpris s'il se jeta dans l'hérésie huguenote. Son apostasie le fit rayer de la confrérie de Saint-Georges en 1584 (1).

____

(1) Arch. Haute-Saône, E, 494.

Les administrateurs de nos seigneuries, mis en haleine par les conseillers de la régence, étaient surtout occupés à faire disparaître le catholicisme de ses derniers retranchements, c'est-à-dire, du cœur des habitants. Ce travail pour eux était ingrat. Ils en cherchèrent le succès dans l'application des ordonnances ecclésiastiques dont la pénalité était affamante pour les délinquants : « Défense de hanter les lieux et places où se font idolâtries et manière de faire papistique, à peine de dix livres d'amende (1) ». Malgré cela cette législation draconienne demeura lettre morte. En 1569, les tuteurs du prince Frédéric essayèrent de lui donner une nouvelle vigueur en la faisant publier dans tous les villages. Les officiers de nos seigneuries en pressèrent l'application. Leur zèle fut encore sans résultat. En 1572, les nouveaux curateurs du prince Frédéric revinrent à la charge. Défense expresse est faite pour la vingtième fois à tout sujet de hanter les églises catholiques et ordre est donné aux maires de remettre entre les mains du conseil, le premier lundi de chaque mois, la liste des désobéissants, afin qu'ils soient châtiés de leur rébellion (2). Quelle contrainte pour obtenir la pratique de la religion du libre examen ! A la vue de leur insuccès, les conseillers de la régence mandèrent à Héricourt, en 1575, les pasteurs et les maires de la seigneurie pour leur rappeler le devoir de leur charge qui était « de tenir la main au châtiment des contrevenants (3). »

Il y en avait beaucoup à Échenans-sous-Montvaudois. Le conseil de régence écrivit un jour aux officiers d'Héricourt de punir « ceux d'Échenans, qui se montrent idolâtres et négligents » et d'agir de la même façon envers « les papistes de Vyans ». Leur réponse respire un peu l'aigreur. « Il y a bien à faire, dirent-ils, pour attirer tout d'un coup les sujets à la connaissance de la vraie religion ; que les ministres les instruisent ; si cela ne suffit pas, les baillis et autres feront leurs devoirs (4). »

La soudure des âmes au protestantisme n'avait pas seulement pour obstacle l'horrible figure d'une religion qui excluait

(1) Arch. Haute-Saône, E, 244.
(2) Arch. Nat., K, 1909.
(3) Id., *ibid.*, K, 2305.
(4) Arch. Nat., K, 2189.

et condamnait les pratiques catholiques fondées sur l'enseignement de l'Église, des docteurs, des saints, sur l'héroïsme de dix-huit millions de martyrs, mais elle en trouvait un autre dans le peu de sympathie du peuple pour les Wurtemberg. Après avoir subi leur gouvernement pendant vingt-cinq ans, nos populations en attendaient encore un autre et, avec lui, un changement de religion.

Il y avait encore un autre empêchement à cette soudure. A la place de l'unité de foi, de sacrements et d'autorité, ciment divin qui dans l'Église catholique fait l'union des fidèles avec les évêques, sous la suprématie du pape, les sujets de nos seigneuries voyaient régner parmi les prédicants la division, l'anarchie doctrinale. Les uns étaient à Luther, les autres à Calvin, quelques-uns à Zwingle. Au fond chacun, en vertu du livre examen, était disciple de soi-même. Comment le peuple de nos campagnes aurait-il pu estimer une religion qui, au su de tout le monde, ne produisait, entre ses pasteurs, que désaccord, confusion et vains bavardages ? Il ne pouvait que s'en faire un amusement en la comparant avec le splendide et immuable édifice catholique.

C'est pourquoi les princes de Wurtemberg, comme ceux de toute l'Allemagne, pour arrêter l'anarchie religieuse, confisquèrent l'autorité de l'Église, au profit de leur despotisme ; ils réglèrent l'enseignement des pasteurs, les cérémonies du culte. comme la police des cabarets. En cela ils furent approuvés par les réformateurs.

Dans notre pays, les tuteurs du jeune Frédéric consentirent, dès 1560, au sacrifice des habits de chœurs et du chant latin. Quant au baptème, administré par les femmes, défense fut faite aux pasteurs de le condamner et ordre de reconnaître, comme membres de l'Église, les enfants baptisés par elles (1). La même année, nos princes publièrent un règlement de discipline concernant les rites et les cérémonies, qui devaient être mis en vigueur dans les temples, à la place de celui qui datait des premiers essais de la nouvelle religion. A cause des innovations qu'il allait introduire, les pasteurs, dirigés par Toussain, surintendant des églises, refusèrent de l'admettre. Les commissaires, envoyés de Stuttgart pour en faire la

(1) Duvernoy, mss., t. XXIV, p. 11.

16

publication, s'en retournèrent de Montbéliard avec force mécontentement de la résistance de Toussain, parce qu'elle avait déterminé celle des autres pasteurs. Pendant leur séjour à Montbéliard, en juin 1562, les princes tuteurs, à la vue de l'opposition faite à leur règlement, en remirent l'application à un autre temps.

En 1568, ils firent imprimer la nouvelle ordonnance à Bâle. Chaque pasteur en reçut un exemplaire avec ordre d'y conformer sa foi et les cérémonies du culte. Quatre pasteurs de nos seigneuries refusèrent de s'y soumettre ; le conseil de régence les destitua : Flamand, de Brévilliers ; Thévignon, de Chagey ; Duc, de Vyans, et Claude Alix, de Saint-Maurice.

Jean Larcher, d'Héricourt, qui avait réclamé l'introduction de ce règlement, au grand dépit de Toussain et des pasteurs, fut traité de fauteur de troubles, de désordre, de parjure. Les faveurs du pouvoir civil lui firent trouver douce la haine de ses collègues.

C'est au milieu de ces discussions que mourut Christophe de Wurtemberg, laissant pour héritier, son fils, Louis III, âgé de quatorze ans (1568). Par son testament de l'année précédente, il lui avait donné pour tuteurs le prince Frédéric, les margraves de Brandebourg-Anspach et de Bade, ainsi que le chancelier et le conseil du Wurtemberg ; il l'avait en outre appelé à sa propre succession, dans le cas où son fils unique viendrait à mourir sans enfants mâles. En 1593, le comte de Montbéliard sera duc de Wurtemberg.

Les discordes entre pasteurs survécurent au prince défunt. La lutte existait entre les pasteurs de Luther et ceux de Calvin. Ces derniers venaient de faire une excellente recrue dans la personne de Daniel Toussain, fils du vieux surintendant. Exilé d'Orléans, où les partis religieux étaient envenimés les uns contre les autres, il vint se réfugier auprès de son père. Apôtre des doctrines de Genève, il les appuya de tout son crédit dans le comté ; le feu de la discorde n'en devint que plus violent. Au milieu des troubles qui agitaient le corps pastoral, tous les prédicants durent signer, par ordre des princes tuteurs, une Formule de Concorde, élaborée en Allemagne. C'était un habit d'arlequin qui comprenait : la Confession d'Augsbourg et de Wurtemberg, l'apologie de la première, l'accord de Luther et de Bucer sur l'article de l'Eu-

charistie, puis l'acceptation de l'Ordonnance ecclésiastique.
Il fut enjoint à tout ministre, avant d'être reçu à ce titre
dans les églises du pays, de promettre solennellement de s'y
conformer.

Les princes curateurs chargèrent le comte Frédéric, envoyé
à Montbéliard, en 1577, de présider à la publication de cette
œuvre, dépourvue de vie et d'autorité. Entouré des commissaires des princes, le jeune comte s'acquitta de son mandat
au mois d'octobre, en faisant signer cette feuille de chou. Six
ministres et cinq maîtres d'école refusèrent d'y apposer leur
signature ; parmi eux était Bollot, pasteur de Brévilliers.
Tous furent expulsés ; cela donna un nouvel aliment à la
discorde, qui, à Montbéliard, arriva à un état si aigu, que le
jeune comte, craignant pour ses jours, s'empressa de quitter
la ville, le 2 mai 1578, au milieu même des préparatifs d'une
fête (1).

Quelle fut la cause d'une fuite si précipitée ? Un mois
après, Grégoire XIII, dans une lettre à Claude de la Baume,
archevêque de Besançon, nous la fait sans doute connaître.
Parlant au prélat sur les rivalités interminables qui régnaient
à Montbéliard, au sujet des doctrines luthériennes, le pape lui
disait : « Au milieu de ce conflit, il a été question de rétablir
la religion catholique avec l'approbation du prince lui-
même (2). » Dans ce renseignement se trouve le motif qui
obligea le comte Frédéric à fuir, à toutes jambes, du chef-lieu
du comté. Il s'arracha aux effets de l'irritation de la bourgeoisie, mise en fureur, parce qu'il fit la motion de rétablir
au milieu d'elle le flambeau de la foi catholique, l'unique foyer
de la paix religieuse.

Divisés entre eux sur les questions de foi, les huguenots
étaient unis sur la propagation de leurs doctrines par les
armes. En 1537, quand ceux de Besançon purent se compter,
ils formèrent le projet de livrer la ville aux Neuchatelois,
calvinistes. Un agent, Guillaume Grosbois, du Grand-Vaire,
leur fut envoyé avec mission de conclure la trahison (3). Ce
premier dessein ayant échoué, les réformés bisontins deman-

(1) Duvernoy, mss., t. XXIV.
(2) Voir *Le protestantisme dans le pays de Montbéliard*, p. 203.
(3) Abbé Tournier, *La crise huguenote à Besançon*, p. 92.

dèrent le secours des princes allemands pour les aider à protestantiser, les armes à la main, les catholiques de Besançon. Ils saluèrent, avec de grandes marques de joie, la marche dévastatrice de Wolfgang, duc des Deux-Ponts, à travers le pays, en 1569. Pendant ce temps là, sous l'inspiration de Théodore de Bèze, leur idole, nos huguenots bisontins appelèrent encore à leur secours les protestants étrangers, reconnurent Coligny pour prince et seigneur, lui jurèrent fidélité, reçurent de lui la promesse qu'il viendrait en personne les aider à établir la Réforme sur la ruine des autels catholiques, firent, en l'attendant, des provisions de poudre, de canons, de boulets et d'armes de tous genres, jetèrent par leurs menaces la terreur dans le cœur des paisibles habitants. C'est alors que l'empereur, jusque-là trop insouciant des intérêts de la cité, jugea son intervention absolument nécessaire à sa sauvegarde. A la suite d'une enquête, faite par trois commissaires envoyés par lui, et dans laquelle furent interrogées cent vingt personnes, prises dans toutes les classes, une sentence d'expulsion fut prononcée contre vingt-trois agitateurs par les gouverneurs attachés en majorité à la secte ; d'autres s'étaient dérobés par la fuite à l'action de la justice. Ces bannis, réfugiés à Montbéliard, à Genève, à Neuchatel, se préparèrent, avec l'aide de leurs coréligionnaires, à surprendre la ville de Besançon. Le principal meneur de l'entreprise fut Pierre Beutrich, de Montbéliard. L'attaque fut fixée au 21 juin 1575. Tous les coalisés, français, allemands, suisses, montbéliardais, se mirent en marche pour arriver au jour indiqué. Trois cents Suisses sont arrêtés par les catholiques du val de Morteau. Cette victoire fut le salut de Besançon. Les autres assaillants, réunis sous les ordres de Paul de Beaujeu, gentilhomme lorrain, pénétrèrent dans la ville vers deux heures du matin. Au bruit de leurs chevaux et à leurs cris : Ville gagnée ! tue ! tue papistes ! les Bisontins éveillés coururent à la défense de leur cité. Après une lutte de trois à quatre heures sur le pont de Battant, les huguenots abandonnèrent le champ de bataille. Un vigneron, nommé Fortahon, voyant leur débâcle, gagna le dessus de la porte de Battant et, de sa propre initiative, sans aucun ordre de l'autorité, abattit « la porte-coulisse ». Les protestants qui, dans leur fuite, n'avaient pas encore franchi ce passage furent prix comme dans une souricière. Parmi les prisonniers, les uns furent condamnés à la peine capitale, d'autres à la prison. Les auteurs protestants ont blâmé les juges, mais pour leurs victimes ils n'ont pas eu un gémissement. Seuls, les premiers étaient dignes de vivre (1).

Montbéliard avait favorisé de tout son pouvoir cette honteuse entreprise. Quand il apprit qu'elle avait échoué, le conseil de régence, pour faire croire aux Bisontins qu'il n'y avait trempé en rien, expulsa non seulement les réfugiés qui y avaient pris part, mais encore leurs femmes (2). Quelque temps après, les uns et les autres furent reçus dans la ville comme de vaillants héros.

Ces réfugiés, en général, inspiraient peu de confiance aux autorités du pays. L'un d'eux, gentilhomme de naissance, désirait fixer sa résidence à Héricourt. Il en fit la demande au bailli de la seigneurie. La régence à laquelle ce dernier demanda avis, pria le comte de refuser la permission demandée. Voici la substance de sa lettre :

De tous côtés nous sommes environnés de gens qui nous calomnient, en nous accusant de recevoir des méchants, des bannis, de favoriser leurs entreprises, telle que celle de Besançon, qu'on dit avoir été conclue à Montbéliard (3).

Parmi les Français, retirés en ces quartiers, sous un *prélexle religieux*, plusieurs feignant d'être simples, comme des brebis, ont été trouvés hypocrites et loups ravissants. Or cette malice n'a fait qu'empirer, on le reconnaît à vue d'œil par les lâchetés et méchancetés qui adviennent de jour en jour. Les Français réfugiés par deçà sont pour la plupart inconnus, tel que celui qui est désigné dans la lettre du bailli. C'est pourquoi le conseil demande à Son Excellence de ne permettre à aucun Français de se loger à Héricourt, pour la ville ce serait un grand mal, comme l'a affirmé un de ses maîtres-bourgeois. Nous réclamons la même ferveur pour Blamont et le Châtelot, car ces seigneuries sont d'autre nature que votre ville de Montbéliard, et si le gentilhomme dont parle la lettre est admis, d'autres se présenteront, 2 novembre 1585 (4).

---

(1) Voir *La crise huguenote à Besançon*, p. 261.
(2) Duvernoy, *Ephémérides*, p. 236.
(3) C'était parfaitement vrai.
(4) Arch. Nat., K, 1850.

Jusqu'ici on pouvait croire que ces Français, réfugiés à Montbéliard, pour cause de religion, n'y étaient venus que pour pratiquer le protestantisme pur. Le conseil de régence en classant un certain nombre d'entre eux sous la rubrique : Hypocrites, loups ravissants, donne un démenti à notre bonne foi.

Le protestantisme ne réformait rien. Giraud de Montoille, receveur des cures, fut révoqué de son emploi, en 1572. Outre de nombreuses malversations, commises dans la gestion des deniers ecclésiastiques, il avait soulevé contre lui l'opinion publique pour un crime dont elle l'accusait. L'ancien maître d'école d'Héricourt, Claude Amaignes, devenu pasteur de Chagey, en 1569, mourut le 23 avril 1573. Sa veuve revint habiter à Héricourt où elle ne tarda pas à décéder dans des circonstances tragiques. Girard de Montoille fut accusé par de nombreux témoins de l'avoir empoisonnée. Le pasteur Larcher, dans deux dépositions, fut loin de le disculper de ce crime. Cette affaire, qui agita la ville pendant deux ans, n'eut cependant pas de suite, grâce, sans doute, au crédit du procureur, frère de l'accusé. Les grands ne se mangent pas, dit avec beaucoup de sagesse la voix populaire (1).

Pierre Carrey, originaire de Granges, dernier vicaire de Tremoins, avait été nommé curé de Saunot, le 17 juillet 1566. A sa demande, l'archevêque ajouta, dans sa lettre d'institution, l'église de Champey, annexe de celle de sa paroisse. Ce titre ainsi rédigé lui valut un bichot de froment sur les dîmes de Champey. « Pour se dépêtrer de lui », selon le mot du procureur de Montbéliard, celui-ci, à la mort de Jean Mollot, titulaire de la chapelle des Montagnons, de Mandeure, 15 août 1578, proposa au conseil de régence de donner ce bénéfice au curé de Saunot, à la condition qu'il se désisterait des dîmes de Champey. Les officiers d'Héricourt, consultés à ce sujet, répondirent qu'il fallait attendre l'arrivée du prince Frédéric, à Montbéliard. Alors par un traité conclu entre la seigneurie et le curé, il fut décidé que ce dernier recevrait un meix situé à Villers-sur-Saunot, appartenant à la cure de Saint-Julien, en échange des dîmes de Champey. Cet arrangement n'ayant pas été accepté par l'archevêque, la seigneurie donna chaque

(1) Arch. Haute-Saône, E. 467.

année un bichot de froment à ce curé et à ses successeurs. Après la conquête de la Franche-Comté par la France, les curés rentreront en possession des revenus fondés autrefois par les catholiques de Champey, au profit de leur culte. Ce sera rendre justice à leur mémoire (1).

A ce moment, Montbéliard recevait son souverain. Le comte Frédéric, né le 17 août 1557, épousa, le 23 mai 1581, Sybille, fille de Joachim Ernst, prince d'Anhalt. Tous deux firent leur entrée à Montbéliard, le 28 juin, entourés du maire, de la municipalité et de la bourgeoisie en armes. A cette solennité assistaient les maîtres-bourgeois d'Héricourt. Comme don de joyeux événement, ils offrirent à leur nouveau maître une coupe en or, achetée à Strasbourg, au prix de 261 francs, 8 gros, 11 niquets. Le cadeau fait par eux à la jeune épouse fut un tapis, acheté à Paris pour 165 francs, 7 gros, 2 blancs (2). Deux jours après, le comte Frédéric, par un acte daté de Montbéliard, donna à ses trois curateurs décharge entière de l'administration, qu'ils avaient eue de ses états, depuis 1570.

Le nouveau souverain du comté s'était montré dans ses premières années faible d'esprit et d'intelligence, il ne put parler que fort tard. Une fois à la tête du comté et des seigneuries, il se fit remarquer par un caractère fier et opiniâtre. Ami du faste, des voyages, des chasses, toujours à la recherche de la pierre philosophale, folie alors commune à tous les princes prodigues, il fit des dettes nombreuses. Sa belle-mère, en constatant la bizarrerie de sa conduite, le traitait d'écervelé. On ne peut nier cependant que parfois il ait fait preuve d'un certain fonds de grandeur et de générosité (3).

A peine était-il à la tête de ses états que la peste envahit la seigneurie d'Héricourt. Le fléau s'étendit plus spécialement dans les villages de Brévilliers, Chagey et Mandrevillars. Dès son apparition, Nicolas Larcher, pasteur de Chagey, tremblant de frayeur, se réfugia dans une maisonnette de Girard de Montoille, très agréablement située sur le versant sud du Montvaudois. Là, sa vie étant en sûreté, celle de ses paroissiens le touchait assez peu.

(1) Arch. Haute-Saône, E, 374.
(2) Arch. Haute-Saône, E, 450.
(3) Tuefferd, *Histoire des Comtes de Montbéliard.*

Sa conduite eut un imitateur dans la personne de Charles Dumourier, pasteur de Brévilliers. Pendant que ses paroissiens de Mandrevillars étaient aux prises avec l'épidémie, maître Charles les laissa se mesurer seuls avec leur implacable ennemi. Le curé de Buc n'agit pas de même à l'égard de ses fidèles résidant en ce village. Il les visita, leur prodigua les secours de son ministère, il les offrit même aux protestants du lieu, qui sans doute les acceptèrent avec empressement, étant depuis peu condamnés au protestantisme. A l'éloge que le conseil ecclésiastique fit de la conduite de ce prêtre il ajouta que les voisins avaient été scandalisés de la différence « de charité et de volonté entre les uns et les autres (1) ». Que les catholiques se soient permis un petit sourire d'ironie, de pitié, c'est possible ; quant à avoir été scandalisés, oh ! non.

Le prince ne négligea pas les intérêts de ses sujets. Le prieuré de Lanthenans avait un moulin à Colombier-Fontaine. En 1573, le prieur, Louis Colin, licencié en droit, l'accensa à perpétuité à Claude de Rans, moyennant une rente annuelle de trente quartes de froment, d'un gâteau et de quatre quartes pour les religieux. En 1586, les habitants demandèrent à la seigneurie de faire l'acquisition de ce moulin et ensuite de leur accuser. Après une nouvelle requête, ils obtinrent la permission de construire une usine semblable à la condition de payer une rente annuelle à la seigneurie. Cette construction porta préjudice au censitaire du moulin des religieux. Le successeur de Claude, Jean de Rans, fils, s'en plaignit. Le prince intervint. Les meubles du nouveau moulin furent vendus. Les habitants devinrent banaux du moulin de Jean de Rans, à la condition pour ce dernier de payer annuellement au comte Frédéric vingt-quatre quartes de froment (2) (1589).

Le pasteur, Jean Larcher, arriva enfin aux honneurs de la vieillesse. Pour être aidé dans son ministère il demanda qu'on lui adjoignit un diacre. Le conseil de Montbéliard lui donna, à ce titre, Pierre Faivre, maître d'école d'Héricourt. Cet emploi ne fut pas une sinécure pour ce dernier ; outre l'obligation de faire l'école, il eut encore à sa charge le baptême et le catéchisme des enfants, la visite des malades et la prédica-

(1) Arch. Nat., K, 2177.
(2) Arch. Doubs, E, 503.

tion, les jours de la semaine, quand le pasteur était indisposé.
En l'élevant à la dignité de diacre, les officiers d'Héricourt
lui ordonnèrent de remplir diligemment ses deux charges,
afin de devenir capable de remplir un ministère plus important.

D'une seconde demande faite au conseil, Larcher n'obtint
pas un égal succès. Christophe, le second de ses fils, était en
âge d'être admis au séminaire de Tubingue. Le père en fit la
demande au conseil ecclésiastique. La réponse ne fut pas
flatteuse : « Nous sommes suffisamment avertis, dirent les
conseillers, que ce jeune homme est de mauvaises mœurs et
complexion, qu'il n'est aucunement capable pour l'étude,
mais qu'il est fort vicieux de nature ». La fin de la lettre fut
désespérante pour le père : « Il pourvoira son dit fils selon sa
commodité, 1581 (1) ». Il paraît que tout n'était pas évangélique dans la famille de Jean Larcher. Marguerite, sa fille,
avait déjà alimenté la rumeur publique par sa conduite.
Christophe enchérissait sur elle, néanmoins on usa d'indulgence à son égard. An 1588, nous le trouvons diacre à Héricourt ; suspendu de ses fonctions, il redevint, en 1592, pasteur à Colombier-Fontaine, à Valentigney en 1595, puis il
finit par échouer comme diacre, à Blamont.

Dans sa conduite le jeune comte n'était pas davantage
irréprochable. Ses dépenses menaçaient d'entraîner des conséquences fâcheuses pour lui-même et pour le pays. Les
emprunts qu'il avait contractés de 1581 à 1583 formaient un
capital de 54, 670 francs. Le conseil de régence, à la date du
11 octobre 1583, après des remontrances respectueuses, le
supplia de diminuer les dépenses de sa cour, de réduire le
nombre de ses serviteurs. Les avis du conseil ne furent pas
écoutés. Ce jeune prince traité d'écervelé par sa belle-mère,
justifia ce jugement dans la circonstance.

Ce même conseil voyait avec dépit les gens de Saint-Maurice continuer la résistance au protestantisme. Claude Alix,
leur premier pasteur, avait, pour la vaincre, employé toutes
les industries de son zèle : prédications au temple, visites et
exhortations à domicile. A sa mort, arrivée en 1571, Saint-
Maurice était encore tout catholique. Son successeur, Jean

(1) Duvernoy, mss., t. XIV, p. 93.

Thévignon, un moment rebelle à l'Ordonnance ecclésiastique, trouva, à son arrivée dans cette paroisse, une population plus hostile que jamais aux doctrines protestantes. Pour seconder son ministère, l'autorité lui adjoignit un maître d'école. Alors qu'arriva-t-il ? Dans le courant de 1574, le pasteur quitta la cure de Saint-Maurice où sans doute il ne se croyait pas en sûreté, et alla résider dans celle de Colombier-Savoureux, son annexe. Il y mourut quelques mois après. Son successeur, Jean Thiersaut, nommé ministre de Saint-Maurice, la 1er août 1575, prit la même résidence que son prédécesseur. A la vue de la stérilité de ses discours, Thévignon avait demandé à la régence le concours d'un pasteur. En apostillant sa requête, les officiers d'Héricourt avaient reconnu « son impuissance » à obtenir le succès désiré. Les prédications demandées ne furent accordées qu'aux instances de Jean Thiersaut. A deux reprises différentes, en 1575, des prédicants arrivèrent à Saint-Maurice « pour y prêcher la parole de Dieu ». L'aubergiste du lieu en eut tout le profit. Aux premières prédications il reçut 3 francs, 1 gros, 1 niquet pour l'entretien des pasteurs ; aux secondes, il toucha 10 francs 7 gros, 9 niquets. Quant aux pasteurs, ils n'eurent pour bénéfice que les économies réalisées pendant ce temps-là sur leurs gages annuels. Ils avaient prêché dans le désert (1).

A Blussans, sur la partie du village appartenant au Châtelot, il n'y avait pas de temple. Depuis 1571 le prêche se faisait dans la grange d'une maison ; le propriétaire, Jean Saguin, recevait 10 sols par an pour cette location. Échenans-sous-Montvaudois manquait également de temple. Parmi les habitants, très attachés au catholicisme, les uns allaient en secret à la messe à Buc, à Châlonvillars, les autres trouvaient dans l'éloignement du temple de Brévilliers, auquel Montbéliard avait rattaché leur village, un prétexte de fuir le pasteur. L'autorité civile, pour couper court à cette aversion, voulut doter d'un temple chacune de ces deux communes. Les murs de celui de Blussans bientôt sortirent de terre, mais une fois la maçonnerie et la toiture achevées, le travail subit un arrêt. Le conseil de régence, le 15 juillet 1582, pressa les officiers d'Héricourt de le terminer. Deux raisons motivaient

(1) Arch. Haute-Saône, E, 244.

cet ordre : « Il ne convient pas, disait-il, de prêcher la parole
de Dieu en une grange, ce qui occasionne la plupart d'aller à la
messe ». A cette raison, passée sous silence par nos historiens
protestants, il ajouta cette autre : « Plusieurs fois les papistes,
passant devant le nouveau temple commencé, entrent dedans,
et, au mépris de notre religion, écrivent tout ce que bon leur
semble (1). » L'année suivante ce modeste édifice atteignit
sa perfection. Ce sont les comptes de la recette ecclésiastique
qui nous l'apprennent. Il y est dit en effet : « Dépensé 6 livres,
1 gros, 4 niquets, chez Pétrequin, hôte de Saint-Maurice
pour les bailli, lieutenant, receveur, ministre de Saint-Maurice et autres, lorsqu'ils furent aud. Blussans pour introduire
le ministre à prêcher en la chapelle (2). »

A Échenans-sous-Montvaudois il y eut un temple en 1584.
Le prix de sa construction s'éleva à peu près à la somme de
200 francs. Les sujets des deux communes furent dès lors
contraints d'assister aux prêches ou de payer des amendes.
Hélas ! la proximité du temple ne les convertit pas. En 1595,
le conseil de régence poussa encore un cri d'indignation contre
ces récalcitrants : « Les femmes, dit-il, les jeunes, les vieux
fréquentent ordinairement les fêtes des papistes (3). » Quelle
humiliation pour les Allemands du conseil de régence !

Après avoir organisé le domaine ecclésiastique en trois
arrondissements de recette, le comte Frédéric fit vendre en
1584 et 1585 tous les immeubles appartenant aux paroisses
et à la plupart des fabriques. Cette vente eut lieu parce qu'il
se rendit compte que le placement des capitaux, provenant
de cette aliénation, produisait un revenu supérieur à celui de
l'amodiation des immeubles.

Il favorisa dans ses états le développement de l'industrie.
Pour cela il utilisa le cours de la Luzine. Cette rivière prend
sa source sur le territoire de la Chapelle-sous-Chaux (Haut-
Rhin), passe sur celui d'Errevet, se grossit à Frahier des eaux
de quelques ruisseaux, touche les territoires d'Échavanne et
de Chenebier qu'elle sépare de celui de Frahier, parcourt les
communes de Chagey et de Luze, traverse l'industrieuse ville

(1) Arch. Nat., K, 2177.
(2) Arch. Haute-Saône, E, 244.
(3) Arch. Nat., K, 2177.

d'Héricourt, passe à Bussurel, Bethoncourt et, après un cours de plus de 30 kilomètres, se jette dans l'Allan à Montbéliard. Dès le XIVᵉ siècle, les bois des grandes forêts d'Étobon et du Chérimont se flottaient sur cette rivière, de Chenebier à Montbéliard. Aujourd'hui le flottage sur ce faible cours d'eau serait impraticable (1).

Ce fut sur cette rivière, à 1.500 mètres à peu près du village de Chagey, qu'eut lieu, à la fin du XVIᵉ siècle, l'érection d'une forge. Celle-ci fut l'œuvre des frères Joseph et Nicolas Morclot, de Fontenoy-le-Château, réfugiés, avant 1582, à Montbéliard, pour cause de religion. Le marché en fut passé, le 5 décembre 1586, entre le comte et les fondateurs ; en voici la teneur :

Le seigneur comte accorde à Nicolas et Joseph Morclot, tant pour eux que pour leurs héritiers et ayant cause, les places et chésaux, dans le lieu le plus commode de la rivière de Chenebier, pour y ériger fourneau, forge et affinerie ; leur permet de faire des écluses et retenues d'eau, se réservant toutefois le seigneur prince le cours d'eau pour le passage et la conduite des bois nécessaires à sa cour et à autres, à condition que la marche du fourneau et de la forge ne soit pas interrompue par le flottage des bois. En vue d'éviter ce préjudice, les directeurs de l'usine en seront avertis huit jours à l'avance et seront indemnisés dans le cas où le flottage aura nui aux écluses. Permission est donnée aux Morclot de prendre chaux, pierres, sables aux lieux moins dommageables ; le prince leur accorde une superficie de 1.150 arpents de bois, tant à Chérimont qu'à Richebourg, pour y faire le charbon nécessaire à leur industrie, au prix de 10.000 francs payables, la moitié le jour où le marteau commencera à battre et le reste au bout de trois ans ; le prince, se réservant le fonds, leur permet d'acheter le bois des villages et en dehors de la souveraineté, de prendre mines et fer dans le pays. Après l'échéance de quinze ans, cette usine deviendra la propriété du prince.

Pendant que s'élevait le bâtiment de la forge, Joseph Morclot se construisait une habitation et des grangeries. En 1590, le comte lui accensa cet emplacement avec 90 arpents de terres labourables et 20 arpents à réduire en nature de

(1) **Duvernoy, mss., t. II, p. 28.**

pré, à prendre le tout autour de la maison, au prix de 5 blancs la faux (1).

Le comte Frédéric eut, comme tous les Wurtemberg, le grand tort de soutenir et d'encourager dans leur révolte les réformés français, qui prétendaient par tous les moyens : guerres, trahisons, assassinats. imposer leur apostasie à leur nation. C'est avec son concours qu'une armée d'Allemands, sous les ordres du baron de Dohna, général prussien, fut levée pour aller aider les protestants français à détruire la France catholique. Au milieu de juillet 1587, 8.000 cavaliers et 1.500 lansquenets, bientôt renforcés par 13.000 Suisses protestants et 4.000 lansquenets, commandés par le duc de Bouillon, calviniste, traître à son pays, se concentrèrent dans les plaines de l'Alsace. Pendant six semaines, les Suisses et les Allemands pillèrent et ravagèrent tout le plat pays. Plus de 300 villages furent livrés aux flammes. « De telles horreurs y furent commises, que les enfants des petits enfants en parleront encore longtemps avec épouvante », dit un chroniqueur (2).

Dans ce même mois de septembre, François de Châtillon, fils de l'amiral de Coligny, ayant un corps de 3.000 protestants français, destinés à renforcer les reîtres allemands, passa dans le pays de Montbéliard, où il séjourna quelques jours, au milieu de l'accueil le plus bienveillant. Les sujets du prince Frédéric l'accompagnèrent de leurs vœux enthousiastes, quand ils le virent prendre le chemin de la Lorraine, où ses soldats devaient se réunir à l'armée allemande.

Lorsque de Châtillon quitta le comté, l'armée de Dolma semait déjà la ruine et la désolation en Lorraine. Les bandes allemandes y mirent tout à feu et à sang. Charles de Lorraine fut tellement indigné de l'embrasement de son duché, des atrocités commises sur ses sujets, qu'il ne songea qu'à en tirer vengeance pour apaiser les cris de désespoir, poussés par son peuple (3). Dans sa marche dévastatrice, cette armée saccagea quantité de villages de la Côte-d'Or, de l'Aube, de l'Yonne, de la Nièvre, subit une défaite à Vimory, dans le

(1) Arch. Doubs, E, 1058. L'arpent était de 5 toises de large et 50 de long, la toise était de 10 pieds.

(2) Janssen, *L'Allemagne et la Réforme*, t. V, p. 89.

(3) A. Tuetey, **Les Allemands en France**.

Loiret, le 6 octobre ; les reîtres y perdirent leurs bagages ; les survivants pénétrèrent dans la Seine-et-Oise. Le duc de Guise, qui les harcelait, dès leur entrée en Lorraine, les surprit à Anneau, près de Chartres, le 24 novembre, et leur infligea un échec sanglant : deux mille hommes, tant tués que blessés, restèrent sur le carreau, sans compter trois ou quatre cents prisonniers ; deux mille chevaux et quatres cent charriots tombèrent aux mains des vainqueurs.

Trois jours après, les Suisses achetèrent par une capitulation, qu'ils négociaient depuis un mois, la permission de retourner en leur pays. Le 8 décembre, les Allemands conclurent la même convention avec le duc d'Epernon, agissant au nom de Henri III, roi de France.

Cette armée, après avoir misérablement ravagé le plat pays, volé et ruiné, pour le triomphe du protestantisme en France, la meilleure partie de ce royaume, commença son mouvement de retraite, qu'elle effectua sans ordre ni discipline. Une partie du contingent suisse arriva à l'improviste à Montbéliard, le 1er janvier 1588 ; il en passa de mille à quinze cents, la plupart de Bâle et Zurich ; mais on ne vit point de Bernois, ils suivirent sans doute une autre direction. Quant à l'armée allemande, que poursuivaient le duc de Guise et le marquis de Pont, elle se divisa en deux corps : l'un fort de deux à trois mille hommes, entra à Genève, au commencement de janvier, l'autre réussit à s'esquiver du côté de l'Alsace, sur les confins du pays de Montbéliard (1).

Le duc de Guise, dont les États avaient été saccagés, incendiés, ensanglantés par l'armée des reîtres et des protestants français, vit d'un mauvais œil la convention faite au nom de Henri III, roi de France. Remettant le commandement de son armée au marquis de Pont-à-Mousson, fils du duc de Lorraine, il se fit simple soldat, afin d'avoir toute sa liberté d'action et de prendre contre l'armée allemande toutes les mesures qu'il lui plairait.

Quand il apprit que les reîtres, par une marche précipitée, étaient parvenus à se dérober à ses coups, il ne continua pas moins sa marche vers Montbéliard. Son but était de faire expier au comte Frédéric tous les actes d'hostilité que lui,

(1) Tuetey, *Les Allemands en France.*

Ulric et Christophe de Wurtemberg avaient depuis un demi-siècle, exercés, soit ouvertement, soit sournoisement, contre les catholiques français. Ces princes, en effet, au lieu de garder la neutralité que leur imposait la faiblesse de leurs ressources, avaient mis les armées des princes catholiques dans la nécessité d'user à leur égard des représailles les plus terribles. La haine de la religion catholique les avait complètement aveuglés.

Le marquis de Pont et le duc de Guise arrivèrent par Pont-de-Roide dans les États de leur adversaire et fixèrent leur quartier général à Vandoncourt, le 30 décembre 1587 ; le baron Adolphe de Schwartzemberg se fixa à Audincourt ; de Rosne, maréchal de camp de l'armée de Lorraine, prit possession de la seigneurie du Châtelot ; la baronie de Granges fut occupée par Charles de Mansfeld, ayant sous ses ordres le colonel Schlégel et d'autres officiers. Pendant trois semaines, les habitants de la contrée furent traités sans miséricorde par une armée de mercenaires. C'est le cas de répéter que les innocents furent punis pour les coupables, Ulric, Georges et Frédéric de Wurtemberg. Quant à ce dernier, abandonnant lâchement ses sujets qu'il laissa aux prises avec les fléaux qu'il avait contribué à déchaîner sur eux, il s'était retiré au château d'Horbourg et de là en Allemagne.

Durant leur invasion dans le pays de Montbéliard, les Lorrains ne tentèrent qu'une seule opération militaire ayant quelque importance. Gérard de Reinach, seigneur de Pont, reçut l'ordre de s'emparer d'Héricourt. Après trois ou quatre sommations, les habitants envoyèrent quatre des leurs à Argiésans pour discuter les conditions de la remise de la place. La capitulation fut conclue le 14 janvier (1). Le même jour, le colonel avec sa suite entrait à Héricourt et, le 16, tous les habitants prêtèrent serment de fidélité à Sa Majesté Catholique , le roi d'Espagne. Les Héricourtois eurent la pensée que le changement de gouvernement et de religion, attendu

(1) Des signataires de la capitulation furent : Nicolas Jacquin, procureur, Guillaume Vuillot, maire, Jean Perdrix, receveur Jean Dargent, Pierre Brihenridot, maîtres-bourgeois, Jean Carpet, Nicolas Belot, Jean Barbier, Michel Tuetey, Henri Perdrix, Etienne Paignot, Henri Oudot, Jacques Richardot, Pierre Dormois, Servois Barbault, Antoine Receveur, Jacques Chargepol, Jacques Barbault, Regnauld Devaux, Jean Belot.

depuis vingt-cinq ans, était enfin arrivé. Ils le saluèrent avec joie. Le culte catholique reparut dans leur église, des messes y furent chantées ; les Lorrains brûlèrent publiquement la Bible en langue vulgaire. Hélas ! cette joie fut de courte durée ! Après avoir occupé la ville pendant neuf jours, les nouveaux conquérants l'abandonnèrent, le 22 janvier. A peine étaient-ils partis que Laurent de Villermin et le capitaine Sage, réfugié bisontin, se présentèrent devant la ville avec mousquetaires et arquebusiers et en reprirent possession, au nom du comte de Montbéliard. Avec le départ des Lorrains s'était évanoui pour le peuple d'Héricourt l'espoir d'un régime politique et religieux plus conforme à ses désirs. En revanche, il s'attendit à de cruels traitements ; il ne tarda pas à les subir.

Le comte Frédéric appela trahison la capitulation du 14 janvier. Le 2 février, accompagné des principaux personnages de Montbéliard et de quelques gentilshommes attachés à sa cour, il se rendit sur la place, devant le château d'Héricourt. Arrivé là, il se fit remettre les originaux des franchises de la ville, les lacéra et les jetant par terre en présence de la majeure partie des sujets assemblés : « Ce n'est pas à vous autres rebelles, s'écria-t-il, d'avoir des privilèges, mais à mes bourgeois de Montbéliard, qui les ont mieux mérités que vous ». Après ce jet d'exaspération, le conseiller Antoine Carray en donna la raison : « Vous êtes assez souvenant, dit-il, du serment de fidélité héréditaire que vous fîtes au mois d'avril dernier, en ce lieu d'Héricourt, suivant lequel Son Excellence se confiant que vous vous comporteriez en toute fidélité et loyauté, et le contraire est advenu et (qui pis est) n'étant loyaux envers Dieu, notre Créateur, plusieurs de vous ont délaissé la pure parole de Dieu contenue es écrits des prophètes et apôtres et répétée sommairement en la Confession d'Augsbourg, de laquelle ils faisaient profession et se sont contaminés par les abominables idolâtries de la messe papistique, de quoi Sad. Excellence a aussi reçu un très grand regret et déplaisir »... Bien que préférant la clémence à la rigueur, elle se réserve « néanmoins les punitions convenables contre les absents et autres qui peuvent être les auteurs et cause de ces désastres ».

Après avoir entendu l'exposé de leur conduite, les Héricourtois jurèrent de nouveau fidélité au comte Frédéric, auquel ils demandèrent pardon de la faute commise par eux, en lui promettant « qu'ils n'y retourneraient jamais (1) ».

La colère du prince, c'est de toute évidence, n'eut pas pour cause la capitulation des bourgeois, autrement son indignation fût tout d'abord retombée sur les officiers de la ville, sur le capitaine Sage, chargé de la défense de la place, sur Jacquin, procureur, sur Guillaume Vuillot, maire. sur Jean Perdrix, receveur, sur deux maîtres bourgeois et trois jurés, puisque ces personnages les plus notables de la cité par leurs fonctions, loin de s'opposer à la capitulation, avaient été les plus empressés à en signer l'acte. S'il n'y eut pour eux ni disgrâce, ni retrait d'emploi, on doit en conclure que, au su du comte, la ville ne pouvait pas opposer une résistance victorieuse aux attaques des Lorrains. Sa colère avait donc une autre cause.

Antoine Carray l'a révélée dans son discours. Les Lorrains, pendant leur court séjour à Héricourt, rétablirent le culte catholique et firent célébrer la messe. Les Héricourtois, qui depuis vingt-cinq ans en portaient le deuil au fond du cœur, y assistèrent avec piété, saluant, hélas! à tort, le changement religieux attendu depuis longtemps. Les noms des plus fervents furent notés et remis au prince. D'après la liste des sujets présents à la prestation du serment de fidélité, au mois d'avril 1587, trente-cinq d'entre eux ne parurent pas à celle du 2 février de l'année suivante (2). Devenus les objets de la fureur du prince pour « avoir délaissé la pure parole de Dieu... et s'être contaminés par les abominables idolâtries de la messe papistique » tous, à cette dernière date, avaient été jetés dans les prisons, non pas de Montbéliard, mais dans celles d'Héricourt ; il en fut même créé une nouvelle dans une des tours des murailles de la ville (3). Un article des

______

(1) Arch. Haute-Saône, E, 448.

(2) Ce furent : Servois Barbault, Claudot Brihenridot, Pierrot Brihenridot, Hermemand Choffin, Guillaume Carray, Jacques Chargepol, Etienne Dormois, Huguenin Devaux, Regnault Devaux, Girard de Villars, Jean Frainié, Claudot Fridel, Nicolas Guencard, Guillaume Girardin, Regnault Girardin, Nicolas Georges, Antoine Gremillot, Didier Gravel, Nicolas Matille, Thiébaud Poinsard, Blaise Roselly, Pierre Richardot, Antoine Receveur, Pierre Receveur, Perrin Rossel, Guiot Verenet, Gaspard Vaugier, Jean Vuillamier, Jean Vuillemenot, Charles Vurpillot, Gaspard Vuillot, Germain Vuillemenot.

(3) Arch. Haute-Saône, E, 28. Comptes de 1588.

comptes de 1588 nous fait connaître à quels traitements furent soumis plusieurs d'entre eux : « Dépensé la somme de 52 fr. 9 gros, 1 niquet, monnaie forte, tant pour frais et dépens de certains prisonniers détenus es prisons d'Héricourt, que pour salaire du maître exécuteur de la haute justice, en ayant appliqués à la question et fustigés ». Pour ces catholiques coupables d'avoir assisté à la messe, le comte Frédéric fit revivre les tortures appliquées aux chrétiens des premiers siècles. Disciple du dieu Odin qui se repaissait du sang des victimes humaines, le prince eut recours à la peine de mort pour inspirer une plus grande terreur aux bourgeois d'Héricourt. Sept d'entre eux, pris parmi les plus fidèles à l'ancienne religion, furent condamnés à être pendus. C'est à un cerisier, à peu de distance de la ville, qu'ils subirent cette peine. Le récit de cette exécution ayant été supprimé des dépôts d'archives, de même que les noms des victimes, on peut être certain que tous, dans cette circonstance glorieuse pour eux, repoussèrent l'assistance du pasteur ,Jean Larcher, et moururent en rendant un éclatant hommage à la foi catholique. A ces héros nous pouvons adresser en toute confiance l'invocation qui glorifie ces élus de Dieu : Martyrs d'Héricourt, priez pour nous.

En l'absence d'un document donnant en toutes lettres les noms de nos héros, nous présumons que les noms de six d'entre eux se trouvent sur la liste des taillables de 1588, inscrits sous cette forme nécrologique : « des hoirs fut Jean Poinsard, dit Finguerlin... des hoirs fut Claudot Brihenridot... fut Nicolas Belot... fut Jean Chardouillet... fut Jean Jacquot... fut Girard Lecrisle ». Ces six noms figurent encore parmi les taillables vivant en 1587. La septième victime, immolée en haine de la foi, n'aurait été autre que Regnault ou Huguenin Devaux, frères, signalés encore en 1584, comme très hostiles au protestantisme (1). Les noms de ces glorieux athlètes, l'honneur et la gloire de la ville d'Héricourt, méritent de vivre dans la mémoire des catholiques d'aujourd'hui.

La colère du comte contre les Héricourtois ne fut pas encore assouvie. Il leur infligea un châtiment qui fait penser à la folie d'un ivrogne qui, dans un accès d'ébriété, jetait

____

(1) Arch. Haute-Saône, E, 28. Comptes de 1588.

par la fenêtre de sa maison la vaisselle de son ménage. Il
fit abattre les portes et raser les murs d'enceinte de la ville
et pour humilier les habitants, il les obligea à faire eux-
mêmes cette démolition, comme nous l'apprend le compte
du receveur : « Dépensé 183 fr. 7 gros, 4 niquets, tant pour
le démolicement des tours du château, remplir et aplanir les
fossés, abattre et démolir les murailles devant le château,
que pour les prisons faites en la tour ». Les dépenses de
bouche y sont même notées « : Quatre bichots dix-neuf quartes
de froment tant pour les ouvriers ayant démoli les tours du
château que pour michoter et distribuer aux sujets » ayant
fait ce travail A la vue d'un tel vandalisme on est obligé
de souscrire au jugement porté sur Frédéric par sa belle-
mère.

Sa colère inépuisable s'étendit jusque sur les franchises, les
libertés municipales et les petits revenus dont jouissaient les
Héricourtois. Tout fut supprimé. De là l'impossibilité pour les
habitants d'entretenir les ponts, les communaux et la garde
de la ville. Leur amour de la religion catholique, la joie
passagère de l'avoir vue rétablie un instant au milieu d'eux,
fut pour cet allemand une faute que les châtiments les plus
humiliants ne purent expier.

A ce moment, les religieux de Luxeuil furent dépouillés par
lui de leurs biens de Saint-Valbert. En 1564, le cardinal de
Granvelle avertit l'autorité montbéliardaise qu'il avait
nommé un prêtre pour faire le service religieux à l'église
du prieuré. Le duc Christophe lui fit écrire qu'il ne pouvait
autoriser cette nomination, mais qu'il consentait à lui abandonner les revenus de cet établissement. Après la mort
du duc, les curateurs du comte Frédéric formèrent le
projet de s'en saisir (1574). Alors dom Louis de Requesens,
gouverneur de la Bourgogne et des Pays-Bas, permit par
représailles aux Bénédictins de Luxeuil de s'indemniser
sur les revenus que le comte de Montbéliard possédait en
Franche-Comté. Cette mesure suspendit l'iniquité des Montbéliardais jusqu'à la mort du Cardinal, arrivée le 21 septembre 1586. Délivré d'une autorité si gênante, le conseil
de régence ordonna, le 1er novembre suivant, de mettre la
main de Son Excellence sur les biens et les revenus du prieuré
de Saint-Valbert et de les faire régir par le receveur des

cures. Les officiers d'Héricourt essayèrent de se saisir des revenus du prieuré, situés à la Chapelle et dans d'autres villages du comte de Bourgogne. Mais le parlement de Dole, sur les réclamations des religieux de Luxeuil, leur défendit d'y toucher.

Au bout de deux ans, en 1588, le prieuré fut vendu à titre de fief, relevant du comté de Montbéliard, pour 2230 fr. à Ulric Heckly de Steineck, qui, de ce chef, paya à la recette ecclésiastique d'Héricourt une rente annuelle de 111 fr. et demi A la mort de cet acquéreur, en 1619, le fief de Saint-Valbert passa par succession à Jean-Antoine d'Erlach. En 1626, le prieuré, vendu pour 3.000 francs forts à Louis-Frédéric, comte de Montbéliard, fut réuni au domaine direct de la seigneurie.

Ces biens arrachés de force à leurs propriétaires légitimes. trop faibles pour les défendre, leur seront un jour rendus sous l'empire du droit, soutenu par la puissance des armes. Alors nous entendrons les auteurs protestants décorer du nom d'usurpation la réparation de pareilles iniquités.

CHAPITRE XIV

Les gouverneurs de Montbéliard, en tout temps, eurent
besoin d'être rappelés au respect du droit des autres. Ce
cas se présenta pour Luze et Chagey. Ces deux villages,
enclavés dans la seigneurie d'Héricourt, appartenaient en
grande partie à celle de Granges, comté de Bourgogne. Les
seigneurs du lieu. Williame de Monjustin, en 1337, Renaud
de Chagey, en 1368, reconnurent qu'ils devaient la garde
au château de Granges. La comtesse Henriette de Montbéliard, le 15 septembre 1424, donnant à Philippe, duc de Bourgogne, le dénombrement des terres de ses vassaux, situés
dans le comté de ce nom, y insère « le fief de Messire Jean
de Nant, par la grâce de Dieu, archevêque de Vienne et promu
en l'église de Paris, qu'il tient de moi, Henriette dessusd.
à cause de ma seigneurie et chatellenie de Granges, villes
et territoire de Luze et Chagey » (1). En 1532, le comte d'Ortembourg, dans sa reprise de fief, déclare que « Luze et Chagey sont du ressort de Granges» (2).

En introduisant violemment le protestantisme dans nos
seigneuries, le gouvernement de Montbéliard agit à l'égard
de ces villages comme à l'égard de Tavey, au mépris des
droits de leurs légitimes souverains. Le parlement de Dole
envoya protestations sur protestations, la régence n'en fit
pas de cas. Au mois d'octobre 1587 il lui envoya l'ordre « de
retirer le prédicant de Luze et Chagey et d'y laisser l'exercice

(1) Archives particulières.
(2) Arch. Doubs, E, 1060.

de la religion catholique ». Frédéric de Wurtemberg répondit que ces deux villages n'étaient pas du comté de Bourgogne. Pressé par le parlement de reconnaître l'injustice de ses prétentions, le comte Frédéric lui proposa de chercher la solution du litige dans une conférence à Granges ou à Clerval. Ce n'était qu'un subterfuge. Philippe II, roi d'Espagne et comte de Bourgogne, en ayant été informé, s'y refusa. « Est-il juste, dit-il, que Sa Majesté traite avec un vassal la question d'un fief qui lui appartient en toute évidence ? ».

L'éloignement où étaient alors les comtes de Bourgogne, dit Bailly-Briet·(1), et les guerres dont ils étaient occupés ne leur permirent pas de telles entreprises avec la vigueur qu'il y auraient apportée en d'autre temps.

Selon une vieille méthode, les Montbéliardais, pour laisser au fait accompli le temps de vieillir, provoquèrent des pourparlers. Michel de Frauquemont, seigneur de Tremoins, et Léonard Maire, membre de la régence, se mirent en campagne au nom de deux princes wurtembergeois. En 1588, ils allèrent présenter au duc de Parmes, gouverneur des Pays-Bas et du comté de Bourgogne, une requête ayant pour objet la conservation de la religion réformée à Luze et à Chagey. Ils ne trouvèrent le duc ni à Bruxelles, ni à Bruges. Dans cette dernière ville, le président du Conseil d'État, ayant connu la cause du voyage des deux envoyés, leur dit que Sa Majesté « tenait pour chose toute résolue » de ne permettre à Luze et à Chagey que l'exercice de la religion catholique et romaine, à cause de la dépendance des deux villages du comté de Bourgogne. Quant à la conférence sollicitée à ce sujet, le même président leur dit qu'elle ne serait acceptée de son maître que « premièrement Leurs Excellences n'eussent rétabli la religion romaine esdits deux villages, comme elle était du temps des comtes d'Ortembourg (2).

Les princes de Wurtemberg estimant que ce qui avait été bon à prendre était bon à garder, firent la sourde oreille aux revendications du souverain de nos deux villages. Le 14 janvier 1589, le duc de Parme pressa encore le comte Fré-

(1) Bailly-Briet., *Montbél. agrandi*.
(2) Arch. Haute-Saône, E, 270.

déric de reconnaître leur dépendance du comté de Bourgogne.
A cela il n'y eut pas de réponse. Alors la justice intervint.
Le 15 août, le comte Frédéric et Nicolas Larcher, pasteur
de Chagey, furent cités à comparaître devant la justice de
Granges pour avoir contrevenu aux édits de Bourgogne
concernant la foi catholique, le premier à peine de 2.000 livres
d'amende, et le second, à peine de 500 francs. Mais que
pouvait sur ces hommes une citation que n'appuyait pas la
force armée (1) ?

Ce porte-respect seul pouvait terminer le différend. En
1591, il y eut à Dole une conférence où il fut discuté. Les
commissaires de Montbéliard reconnurent, titres en mains,
les droits du comté de Bourgogne à la souveraineté de Luze
et Chagey et furent d'avis que les sujets de ces villages devaient
avoir toute liberté de vivre catholiquement.

En 1614, à Grenoble, eut lieu une réunion composée de
juristes catholiques et protestants, en nombre égal, pour
décider si les Quatre-Terres dépendaient de la Bourgogne ou si
elles étaient seigneuries indépendantes. Les villages de Luze
et de Chagey y furent solennellement proclamés fiefs des
Bourgogne. Malgré cette décision, Montbéliard ne continua
pas moins à y exercer la double autorité politique et religieuse. Les comtes et leurs serviteurs ne reconnurent jamais
que le droit du plus fort.

A l'époque où nous sommes, la croyance à la sorcelllerie
battait son plein en Allemagne, en Angleterre et en France.
Dans nos seigneuries tous les esprits étaient convaincus de
la vérité de ses opérations abracadabrantes. Les gouverneurs
du pays, les juges les plus éclairés de nos tribunaux prétendaient tous, dans la condamnation des sorciers, sauvegarder
le service de Dieu et l'honneur de la justice. Tous payèrent
sur cette question, un large tribut aux divagations de l'é-
poque.

Etait sorcier ou sorcière celui ou celle qui s'était donné
au diable, l'avait pris pour maître et lui avait promis d'être
son sujet ou sa sujette. En confirmation de ce pacte, l'homme
ou la femme recevait, sur une place quelconque du corps,
une marque appelée la marque du diable. On la reconnaissait

(1) Duvernoy, mss., t. XXV; p. 25. Arch. Doubs, E, 1060.

chez les uns à une petite cicatrice, au milieu de laquelle était un point noir, chez d'autres, à une petite marque blanche, etc. Si elle ne donnait ni douleur, ni sang à la piqûre d'une épingle, l'exécuteur des hautes œuvres la déclarait marque du diable, et les juges n'y contredisaient nullement.

Les pactes infernaux n'étaient proposés qu'à des malheureux, poussés au désespoir par la plus hideuse misère ou par de cruels chagrins. L'esprit mauvais les abordait sous une forme humaine, souvent de couleur noire, offrait à celui qu'il voulait séduire de l'or, de l'argent, en un mot, tout ce qu'il voulait. S'il l'acceptait, il ne trouvait dans l'enveloppe que des feuilles. Le dépit, la rancune, l'amour-propre froissé faisaient contracter à quelqu'un ce pacte avec le diable ; d'autres se livraient à lui pour obtenir le pouvoir occulte des maléfices, de semer la maladie et la mort, au moyen de poudre ou de graisse, délivrées par Satan. Grâce à ces spécifiques, le sorcier pouvait attirer le lait des vaches des voisins, rendre malade et même donner la mort. Ces graisses se confectionnaient au sabbat avec du poison, de la substance de lézard et de la fiente de chat.

A cette époque, tout le monde se croyait entouré de gens vendus au diable, ayant tout pouvoir de jeter des sorts et même d'en guérir, ce qui flattait l'orgueil des sorciers. Ceux-ci avaient des assemblées nocturnes, présidées par le diable, c'est ce qu'on appelait le sabbat. Il y avait le grand et le petit sabbat. Le grand se tenait invariablement dans la grande plaine de Cernay ; il était composé de sorciers de diverses nations. Il commençait entre onze heures et minuit pour durer une heure au plus. Le transport des uns s'opérait à l'aide des diables subalternes, que Satan attachait à la personne de ses créatures, les autres chevauchaient dans les espaces sur des balais. Le sabbat commençait par les danses, au son de la flûte et de la cornemuse, parfois au son du tambour, de la flute et du violon. Après les danses venait le repas qui se composait de viandes, de poissons préparés, pendant la danse, par des cuisinières de la compagnie. Les riches étaient distingués des pauvres. Dans la classe indigente, il y avait des femmes qui écorchaient des crapauds, serpents, « des danvois » dont elles se nourrissaient, ce qui, d'après leur témoignage, était de très mauvais goût.

Le petit sabbat se célébrait par les sorciers et sorcières d'un ou de deux villages, ordinairement le jeudi de chaque semaine. Le lieu où il se tenait variait suivant les régions : le bois de Berrésol, près de Tavey ; la Goutte-Benoist, près d'Etobon ; la Hauteroche, sur le territoire de Granges, le Pont-Charrot, près de Lougres. Ces sabbats étaient présidés par le diable, tantôt sous la forme d'un gros bouc, tantôt sous la forme d'un homme de haute stature, vêtu de noir, avec un plumage à son chapeau. Les danses, les festins, les scènes de libertinage, au dire des sujets du diable, constituaient les agréments du sabbat. Pour le terminer, chacun après avoir rendu hommage au maître par un acte de vassalité très peu récréatif, repartait sur le véhicule qui l'avait amené.

Tous ces renseignements, et d'autres encore que nous passons sous silence, ont été consignés par la main de juges dans les procès de sorcellerie. Plaignons la pauvre humanité capable d'être atteinte d'une semblable aliénation mentale.

Les dénonciations de sorcellerie étaient faites par la rumeur publique. Recueillies par les procès-verbaux de la visite des églises, elles arrivaient au procureur de la seigneurie par le conseil ecclésiastique. Pour appréhender les amis du diable, l'autorité judiciaire mobilisait prévôt, sergent, miliciens ; parfois il y avait pour cela un ridicule déploiement de forces.

L'arrestation était suivie de la procédure. Elle comportait bien des actes : l'interrogatoire de l'accusé, l'audition des témoins, la recherche de la marque du diable, la torture jusqu'à deux ou trois fois, pour obtenir les aveux du sorcier ou de la sorcière. Aux yeux des juges, tout individu accusé de sorcellerie, chargé par l'opinion de cette flétrissure, ne pouvait se laver du soupçon entré dans les esprits, et l'autorité judiciaire ne lâchait pas sa proie, elle tenaillait moralement et physiquement les malheureux qu'on lui avait remis comme sorciers. Soumis à la torture, las de souffrir et considérant la mort comme une délivrance, ces victimes, par crainte d'être torturées une seconde ou une troisième fois, se décidaient à avouer tout ce que les juges voulaient : relations avec le diable, excursions nocturnes, assistance au sabbat, mort de gens ou de bêtes. De tels aveux, faits à la grande joie des juges, faisaient condamner la sorcière à être **brûlée vive.**

Le bûcher était préparé en dehors de la ville et gardé par des mainmortables. Dans les dépenses du supplice figuraient le prix de la paille, du bois, du salaire de ceux qui le fendaient. Le brûlement du condamné ou de la condamnée avait lieu en présence de tous les illustres juges du tribunal et des officiers de la seigneurie, et en présence des ministres de la ville et des villages. Tous ceux qui avaient assisté légalement à cette opération criminelle dînaient plantureusement aux frais des malheureux et recevaient, à part les pasteurs, un salaire bien confortable pour l'époque. Les frais tant de la procédure que de l'exécution se montaient à un chiffre très rond, guère moins de 500 francs. Les biens des condamnés étaient saisis par le fisc. Parfois les familles rentraient en leur possession, en payant les frais du procès.

Que de personnes payèrent de leur vie les erreurs de la justice humaine ! Dans nos deux seigneuries seulement, de 1577 à 1660, 32 à 34 furent condamnées, pour crimes de sorcellerie, à être brûlées vives ou réduites en cendres après avoir été décapitées. Deux furent bannies et l'une d'elles, Jeanne Demoingin, de Champey, s'étant avisée de rentrer dans le pays, fut assaillie à Echavanne par les habitants ameutés et tellement accablée de coups de fléau, qu'elle ne put marcher. Par ordre du chancelier de Montbéliard, instruit de son lamentable état, elle fut autorisée à demeurer dans une chambre particulière, où son mari dut la nourrir (1).

La sorcellerie qui ne régna ni en Italie, ni en Espagne fit fureur en Allemagne où elle trouva une énergique opposition de la part de deux jésuites, surtout : Adam Tanner et Spée de Largenfeld. Le premier eut subi le supplice du feu, si les magistrats, irrités contre ses écrits sur l'odieuse condamnation des sorciers, avaient pu le saisir. Le second, après avoir soutenu l'absurdité des procédures faites contre les accusés de sorcellerie, eut la commission de préparer au bûcher deux cents de ces malheureux. Il éprouva un tel chagrin de leur injuste condamnation, que ses cheveux devinrent tout blancs, quoiqu'il fût encore jeune (2).

Les relations des sujets du Châtelot avec leurs voisins de la

(1) A. Tuetey, *La sorcellerie dans le pays de Montb.*
(2) Rohrbacher, édit. Gaume, t. XIII, p. 368.

Bourgogne déplaisaient aux Montbéliardais. Afin de les diminuer autant que possible, l'autorité établit, chaque samedi, des marchés à Saint-Maurice, chef-lieu de la seigneurie. Le premier se tint le 1er novembre 1591. Le peu d'importance de ce village les fit supprimer.

Le comte Frédéric, toujours à court d'argent, s'ingénia à battre monnaie au détriment de ses sujets. S'attribuant la vente exclusive du vin, il en afferma le monopole à commencer le 1er janvier 1592, pour durer six ans, tant dans le comté que dans les seigneuries. Cette mesure excita beaucoup de mécontentement, mais elle eut son effet jusqu'à la mort du prince.

Rien ne fut plus utile à ses finances que le décès de son cousin Louis, duc de Wurtemberg, mort sans postérité, le 8 août 1593. Aussitôt qu'il eut connu l'évènement, Frédéric alla prendre possession du duché de Wurtemberg. Cette succession lui venait fort à propos. Depuis, il gouverna les deux pays (1).

Deux ans après son départ, en février 1595, plusieurs villages furent pillés par des soldats français, sous les ordres de Tremblemont, capitaine d'Henri IV, roi de France. Pénétrant dans le bailliage d'Amont, ces bandits rançonnèrent Vesoul, Jussey, Port-sur-Saône, et pillèrent plusieurs localités. Pour défendre le pays de Montbéliard, le comte Frédéric envoya le capitaine Lescuyer avec 60 chevaux ; c'était peu. Les ennemis enlevèrent à Désandans, Semondans, Longevelle et dans quelques villages, voisins de l'Isle, des chevaux et de l'argent. Plusieurs prisonniers, emmenés par eux, ne furent relâchés qu'en donnant une rançon. De ce nombre fut le prédicant de Longevelle (2).

Quelques voleurs, épaves de bandes d'aventuriers de passage dans nos pays, y vivaient de pillage ; ils avaient pris des chevaux à Luze et à Chagey. Retirés le jour dans les bois, ils étaient la terreur de tout le monde. Par ordre de la chancellerie de Montbéliard, Michel de Franquemont, accompagné de gardes forestiers et de plusieurs cavaliers, se mit à leur poursuite. Renouvelée plusieurs fois en deux ans, cette prise d'armes purgea le pays de ces malandrins (3).

(1) Duvernoy, *Ephémérides*, p. 1 et 205.
(1) Mss. Duvernoy, t. XXV.
(2) Arch. Haute-Saône, E, 28.

Les grands voleurs cependant n'étaient pas poursuivis par les gendarmes. Avant 1600, Frédéric, comme duc de Wurtemberg, fit assaillir de nuit par quelques centaines de cavaliers et de fantassins l'abbaye de Reichenbach, en Bavière. Le prieur fut contraint de prendre la fuite, les novices furent chassés, les moines contraints d'accepter un intendant protestant et les vassaux de l'abbaye durent prêter serment d'hommage à l'oppresseur. Le tribunal d'empire ordonna que les choses fussent remises en leur ancien état, mais Frédéric méprisa cette autorité.

Ce prince était petit-fils d'Ulric, voleur de grand chemin (1).

Les protestants de Tavey imitèrent l'exemple de leur maître. En 1604, il y avait encore à l'église du lieu du linge d'autel et plusieurs objets en fer, en étain, le tout appartenant aux catholiques. En cette année, les premiers en firent la vente aux enchères et employèrent le produit à quelques libations (2). Plus tard les bourgeois d'Héricourt enlevèrent de l'église le crucifix, les tableaux, en fermèrent les portes pour empêcher les catholiques de sonner l'angelus et d'aller y prier (3).

Les revenus de la cure de Blussans, à la suite de l'introduction du protestantisme avaient subi une diminution notable. Néanmoins pendant plusieurs années, le curé obtint de ses anciens paroissiens leur participation au labourage de ses terres, à charge par lui de leur donner, comme autrefois, le dîner, le goûter et le souper. En 1599, messire Pierre Roussey, de Viéthorey, curé de la paroisse, dès l'année précédente, sollicita de la régence la continuation de ce labeur. Les officiers d'Héricourt furent consultés sur ce sujet. Cette affaire se compliqua de la question du four banal. Les catholiques, à cause d'une fête chômée tombant quelquefois le samedi, demandèrent que la cuite de pain, fixée par la coutume ce jour là, fut remise à un autre jour. Ni le fournier, ni les luthériens n'en furent d'avis, « à cause de la possibilité de tout préparer pendant la semaine ». La décision de la première affaire se fit attendre. Le curé de Blussans, averti de l'oppo-

(1) Janssen, t. V, p. 175.
(2) Arch. Haute-Saône, E, 279.
(3) *Ibid.*, H, 669.

sition qu'y faisait le conseil de Montbéliard, prévint la cour
de Dole que les conseillers infligeraient une amende de
100 francs au protestant qui lui ferait les corvées de charrue.
Dole menaça Montbéliard d'indemniser le curé sur les revenus
que le prince possédait en Bourgogne. Alors, le 19 octobre
1603, le conseil de régence ordonna aux officiers d'Héricourt
« de pourvoir le curé de Blussans de bonne et briève justice ».
Il est permis de douter de l'application de cette injonction,
car Duvernoy nous dit que Montbéliard fit justice des prétentions du curé (1).

L'abbesse de Baume, dans une requête aux gens de Saint-
Maurice, eut un égal succès. Au jour de l'adjudication de la
dîme elle devait à tous un plein régal. En 1603, en vue d'éviter
quelques désordres et scandales, elle proposa de substituer à
ce banquet commun une fourniture suffisante de pain, de
viande, qui serait faite au domicile de chacun des chefs de
famille. Elle offrait d'ajouter un pot de vin pour les plus
vieux et une pinte aux jeunes hommes. Les habitants reje-
tèrent cette proposition qui les eût privés d'un jour de complète ivresse.

En 1600, à Chenebier, le dimanche qui suivit la Saint-Léger,
patron de l'ancienne paroisse catholique, tombait la fête du
village. Là, selon la vieille coutume, il y avait danses, amuse-
ments, fortes libations. Des villages voisins y étaient venus
de joyeux compères. Lorsque les fumets du vin eurent échauffé
les têtes, survint une violente rixe, pendant laquelle un homme
de Champagney, nommé Deslot, reçut un coup mortel. La
joie de la fête en fut assombrie. Thiébaud Colin, d'Échavanne,
auteur du meurtre, fut l'objet des tendresses de la justice, la
victime était catholique. A la suite d'une enquête, il fut
condamné à garder les arrêts chez lui. La peine était douce.
Depuis, il n'y eut pas même un semblant de justice. A plusieurs reprises, ses correligionnaires, le procureur d'Héricourt y compris, sollicitèrent sa grâce auprès des conseillers
de la régence. Le coupable la méritait à bien des titres : il
était honnête homme, doux comme le miel, tandis que Deslot,
querelleur, violent, menaçait tout le monde le jour de la
fête, et auparavant il avait même dit qu'il irait tuer tous les

(1) Arch. Doubs, E, 1659.

huguenots. On laissa au temps le soin d'établir la prescription. En 1604, les conseillers de Montbéliard mandèrent aux officiers de juger l'affaire. Ces derniers ayant remplacé ceux de 1600, firent une réponse très suggestive. Ils ne peuvent, dirent-ils, s'occuper d'une affaire qui n'a pas un lieu de leur temps ; les informations ayant disparu du greffe, le procureur a différé d'en faire de nouvelles, dans la crainte de mettre les témoins, autrefois interrogés, en contradiction avec eux-mêmes, vu le laps de temps écoulé depuis l'homicide. Voilà un échantillon de la justice montbéliardaise à l'égard des catholiques (1). .

Au XVIᵉ siècle, le versant méridional du Montvaudois était couvert de vignes. Jean Larcher, premier pasteur d'Héricourt, par testament, daté de 1588, en laissa deux à ses héritiers. Les années suivantes, cette culture devenant ingrate fut abandonnée. Mais bientôt l'idée de la reprendre hanta l'esprit des bourgeois. En 1604, ils adressèrent une requête au conseil de régence, demandant l'autorisation de remettre en culture de vigne le terrain précédent. Pour assurer du succès à leur requête, ils offrirent au seigneur la jouissance du « meilleur endroit ». La seigneurie s'en réserva huit journaux ; c'était excessif. La récolte n'en fut pas rémunératrice. C'est pourquoi le vignoble fut abandonné définitivement, vers 1620.

La Saine-Fontaine ou Plongenière, située sur le territoire de Lougres, donnait de grandes espérances au début du XVIIᵉ siècle. Des malades, en grand nombre, y arrivaient de l'Alsace, de la Bourgogne et de tous les coins du pays de Montbéliard. En une seule journée de 1601, on y vit jusqu'à trois cents personnes. Alors commença pour elle une vogue qui dura tout le XVIIᵉ siècle et une partie du XVIIIᵉ. Un commis du conseil de Montbéliard, envoyé sur les lieux pour enregistrer les guérisons, en nota 159, en quelques mois : fièvre, teigne, enflure, paralysie, plaies, gravelle, etc. disparaissaient sous l'effet de cette eau merveilleuse. Des baignoires furent placées près de la source et on y éleva un abri. Dans une lettre au duc Frédéric, le docteur Bauhin, chargé par le comte de lui faire un rapport sur les propriétés et les vertus des eaux

(1) Arch. Haute-Saône, E, 404.

de cette fontaine, lui écrivit, le 15 mars 1601 : « Hier j'ai bu de l'eau durant et après le souper, et aujourd'hui je me suis bien trouvé. » En marge de cette lettre, Frédéric écrivit cette note : « Je le crois bien, car M. le docteur, à son souper, aura bu encore plus de vin que d'eau, et il s'en sera bien trouvé. » Cela indique que le comte avait une confiance très limitée dans l'efficacité de l'eau de la Plongenière. Le temps lui a donné raison (1).

Le 29 janvier 1608, le comte Frédéric mourut à Stuttgart d'une attaque d'apoplexie, après un règne d'environ quinze ans, en qualité de souverain du Wurtemberg et de près de cinquante ans, comme comte et gouverneur de Montbéliard. Il était d'un caractère fier, violent, despotique, opiniâtre. Chef spirituel et temporel de ses sujets, grands et petits, dans toutes les affaires civiles et ecclésiastiques, il fit prévaloir son jugement. Surintendant, pasteurs, maîtres d'école, tous durent accepter ses lubies religieuses, sous peine d'être expulsés de ses États. Ils signaient ses professions de foi tout en n'y croyant pas ; avant tout, il fallait vivre. Lui-même connaissait le vide de sa dogmatique, si l'on en croit le pape Grégoire XIII. Ce Pontife sachant pertinnement que le comte Frédéric n'était pas éloigné de notre foi orthodoxe, qu'il désirait même en être instruit, écrivit à l'archevêque de Besançon, Claude de la Baume, de s'occuper de cette instruction. Quoique rien n'ait été tenté de ce côté là, on peut affirmer que la haute personnalité du Pontife romain, chef suprême de la majestueuse Église catholique, émut parfois son cœur. Après un voyage qu'il fit à Rome, en 1599, il en entreprit un second, en 1601, en compagnie de deux ou trois de ses sujets catholiques. C'était l'année du grand Jubilé. Quoique voyageant incognito, voulut-il voir le pape ? C'est probable, car à son retour, il défendit de dire du mal du Souverain Pontife (2).

A sa mort les terres seigneuriales appartenaient toutes au domaine. En 1596, Anne de Saint-Maurice, femme de Jean de Gilley, seigneur de Marnos, avait vendu au comte Frédéric, pour la somme de 26.000 francs, tout son héritage du fief

(1) Duvernoy, mss., t. II, p. 32.
(2) Mss. de la bibliot. Besançon, n° 701.

de Saint-Maurice. Une autre portion de ce même fief, venu par succession aux nobles de Bout, avait été acquis par ce prince sur Nicolas de Bout, en 1562. Les terres féodales, possédées à Saint-Maurice par les seigneurs de Beutal, de Mathay, de Dampierre, de Mouthiers, dont la provenance était de la même source, avaient été également achetées par Frédéric, qui les réunit à son domaine.

A la mort du comte Frédéric, il y avait des écoles dans nos seigneuries. Héricourt eut la sienne longtemps avant la naissance du Luthéranisme ; elle avait à sa tête un chapelain de la Familiarité. En 1574, Saint-Maurice eut une école. Les maîtres du pays en jugèrent la fondation nécessaire, afin que le recteur aidât le prédicant à protestantiser les habitants du village, tellement hostiles aux nouvelles doctrines, que le pasteur, cette année-là même, se voyant en butte à la haine de son entourage, alla fixer sa résidence à Colombier-Savoureux, annexe de Saint-Maurice (1). A Chenebier, en 1607, une école fut également fondée. Son recteur, Jean Simon, reçut de la commune un traitement de 10 francs. En ce siècle plusieurs écoles furent encore érigées dans notre pays (1). En 1621, des bancs et des tableaux furent placées dans celle de Lougres. Une maison fut louée à Longevelle pour y loger l'instituteur. Un marché semblable fut passé à Colombier-Châtelot, en 1648. Chaque année il se renouvela à l'auberge. Vers 1673, les documents mentionnent des établissements scolaires dans les centres paroissiaux du comté de Montbéliard et nous apprennent qu'ils étaient peu fréquentés. « Les enfants, disent-ils, oublient en été ce qu'ils ont appris en hiver. » D'une commune il est dit « qu'il y a peu d'hommes au-dessous de trente ans qui sachent lire et écrire ». En constatant la présence de trois enfants dans une école, le chroniqueur ajoute : « Les parents se soucient peu de faire instruire leurs enfants (2) ».

Quel pouvait être alors le degré d'instruction des instituteurs de la campagne ? Il serait permis d'en juger par le document suivant qu'écrivit, en 1720, le maître d'école d'Exincourt, village situé aux portes de Montbéliard :

(1) A Échenans-sous-Montvaudois, à Échavanne, etc
(2) **Mss**. Duvernoy, t. III.

« Le soub ce cript confessent par cest d'avoir recu de Lavefve
de Davit quarLin de meurant en la Goute de Sainq Sau tout
ce quil peuvent prétendre de leur perre et beauperre sauf
deux ruche de mouche à miel qui demeurefent sur La sie
jusque à la Saint michel pro chainne dont Len qui te

« Fait à Tremoing Le 26 May 1720.

Jean Henry Vuilliomenet,

Meslre DEscole a Exincour (1). »

Sur la fin du règne du comte Frédéric, les comptes des
communes étaient exactement vérifiés par le bailli. Ces revenus
peu élevés provenaient de la vente de pieds d'arbre, des
fruits des forêts, de la location de quelque terre, etc. Pour
avoir une idée de leur valeur, donnons quelques chiffres.
En 1607, la recette des revenus de Chenebier s'éleva à 65 francs
et la dépense à 52 francs. Lougres, en 1605, eut une recette
de 22 francs, les dépenses atteignirent 29 francs, 8 gros.
Saint-Maurice eut une recette de 44 francs, 4 gros et une
dépense de 47 francs, 4 gros ; Longevelle eut une recette de
33 francs, 4 blancs ; les dépenses s'élevèrent à 46 francs,
8 gros.

Le chapitre des dépenses comprenait : les frais de la prestation de serment des jurés, la gîte aux chiens, le pain et le
vin de la cène, les frais de voyage à Héricourt ou à Montbéliard pour la communauté, les frais de bouche faits à l'auberge par les forestiers et autres, l'indemnité pour l'entretien
des chiens de chasse de Son Altesse, etc. Une année Longevelle et Lougres dépensèrent chacun 7 francs pour faire garder
de nuit les blés arrivés à maturité (2).

Le comte Frédéric eut pour successeur son fils aîné, Jean-
Frédéric, né le 5 mai 1582. Le 8 février 1608, il confirma les
franchises de Montbéliard. L'année suivante, il se maria avec
une princessse de Brandebourg. Les fêtes nuptiales durèrent
du 5 au 13 novembre 1609. Y assistèrent 691 personnes tant
de la haute que de la petite noblesse ; deux mille serviteurs y
avaient accompagné leurs maîtres ou maîtresses. A la table
princière on servit 80 plats. Et le peuple mourait de faim (3).

---

(1) Arch. Haute-Saône, E, 96. « Sainq Sau, » lieu-dit de Chagey.
(2) Arch. de Montb. Supplément.
(3) Janssen, *L'Allemagne*, t. V, p. 632.

Monté sur le trône ducal, Jean-Frédéric se montra généreux envers les Héricourtois encore privés de leurs franchises. En 1590, ils en avaient demandé la restitution à Frédéric. Le conseil de régence avait appuyé leur requête en faisant observer « que s'ils avaient rendu aux ennemis leur ville, c'est que la population n'était guère composée que d'artisans et de laboureurs, peu instruits au fait de la guerre, que la faute, témérité et légèreté desdits bourgeois procédait tant pour n'avoir pas été instruits en notre religion, quelques-uns encore désireux de retourner à l'ancienne religion papistique, *en eux enracinée,* faute de bons ministres qui dès le commencement n'auraient détruit leurs vaines superstitions (1) ».

A l'arrivée de Jean-Frédéric au pouvoir, les Héricourtois sollicitèrent de nouveau la jouissance de leurs franchises avec l'appui de la régence. Leur cause fut gagnée. Le 14 juillet 1609, le duc leur rendit « l'entière et libre jouissance de leurs droits, franchises et revenus, ainsi qu'ils en avaient joui avant l'invasion des Guises ».

Les comtes d'Ortembourg et les seigneurs de Neuchatel avaient protesté contre l'usurpation des seigneuries d'Héricourt, de Clémont et du Châtelot. Mais ne pouvant s'entendre sur leurs droits respectifs, ils portèrent leur différend devant le duc de Parme, gouverneur des Pays-Bas, et devant le conseil de Bruxelles. Les seigneurs de Neuchatel furent condamnés à céder les terres en litige aux comtes d'Ortembourg. L'année suivante (1589) les deux partis transigèrent. Le comte d'Ortembourg abandonna ses droits sur Héricourt au comte de Charny, moyennant la cession des terres de Montaigu et de Bourguignon et la somme de 30.000 francs, pour les meubles du château d'Héricourt. Le comte Frédéric refusant de céder cette place, Dole mit le comte de Charny en possession de Granges, Clerval et Passavant, avec défense au comte de Montbéliard de se dire souverain seigneur des Quatre-Terres. Les affaires en restèrent là jusqu'à la mort du comte de

(1) Mss. Duvernoy, *Règne de Frédéric.* Malgré ce témoignage, donné par la première autorité du pays, MM. Auguste Chenot et John Viénot, tous deux pasteurs, ont eu l'audace d'écrire que les populations de nos deux seigneuries ont reçu avec empressement le protestantisme. Les conseillers de la régence sortent de leurs tombes pour leur crier : « Vous êtes tous deux des fabricants d'erreurs ».

Charny. Les deux gendres, Charles de Lorraine et Christophe de Rye, continuèrent le procès, En 1607. intervint un arrêt qui condamnait le comte de Montbéliard à remettre aux deux seigneurs de Neuchatel la possession et la jouissance de terres d'Héricourt, Châtelot et Clémont, telles qu'elles étaient quand Claude François de Rye en avait été spolié, et à les dédommager de tous les fruits injustement perçus. Ne pouvant se résigner à cette restitution, Jean-Frédéric acquit, en 1609, pour 250.000 francs, les prétentions de la marquise de Varambon et de la duchesse d'Elbœuf, filles du comte de Charny, et, en 1617, il acheta pour 85.000 francs les droits que les comtes d'Ortembourg réclamaient sur ces terres (1).

Les propriétaires des Quatre-Terres étaient indemnisés des injustices que les comtes de Montbéliard leur avaient causées. Le procès se continua entre ces derniers et le roi d'Espagne, au sujet de leur mouvance. Après trois conférences, tenues successivement à Dole, Besançon et Bruxelles, de 1609 à 1612, survint entre les souverains de la Bourgogne et les Wurtemberg un accord qui fut signé le 22 septembre 1612, en vertu duquel la question de la mouvance du comté de Montbéliard et des Quatre-Terres fut remise à l'arbitrage du parlement de Grenoble, où siégeraient autant de juristes protestants que de catholiques. Le 15 juillet 1614, l'arrêt rendu par cette cour reconnut la souveraineté du comté de Montbéliard et celle des seigneuries d'Héricourt, Châtelot, Blamont et Clémont ainsi que leur indépendance du comté de Bourgogne. Cette décision fut achetée, comme nous l'apprend Boyvin, le plus honnête homme que la Franche-Comté ait produit. Dans une lettre écrite de Grenoble au parlement de Dole, il gémit sur les dangers que courait la justice, parce qu'on lui a donné l'assurance que le chancelier de Montbéliard distribuait de grands deniers (2). Les Montbéliardais en eurent-ils des remords ? Ils en rougirent un peu, car en 1616, à une conférence de Besançon, leurs députés offrirent à l'archiduc Albert la souveraineté de douze villages de ces terres et la propriété des seigneuries de Clerval et de Passavant (3).

<hr>

(1) Tuefferd, *Les Comtes souverains*, p. 478... Duvernoy, *Ephémérides*, p. 118 et 201.

(2) Corresp. du Parlem., B, 65.

(3) Bailly-Briet., *Montbéliard agrandi*, p. 60.

De tous les procès suscités par les Montbéliardais au sujet des Quatre-Terres, on peut dire que, grâce à leur insatiable avidité d'empiétements, Clerval et Baume-les-Dames seraient aujourd'hui renfermés dans les limites de la principauté de Montbéliard, si la Révolution n'y eût mis obstacle par l'annexion de ce petit État à la France.

A ce moment, d'après les ordonnances de nos princes, l'ivrognerie constituait un vrai fléau dans nos seigneuries. Les auberges regorgeaient de buveurs. Dans les villages c'était la *pluralilé* des hommes qui passaient les jours et une partie des nuits à boire. Les revenus communaux étaient employés à payer ces libations qui étaient accompagnées et suivies de blasphèmes, insolences, noises, « débats, querelles, outrages et autres malheurs ». Les ivrognes « semblaient hébétés et privés de leurs sens ». Plus de vie de famille, plus d'intérieur, plus de travail ; les champs restaient en friche, les femmes et les enfants étaient réduits à la mendicité (1). Sous l'ancienne religion on n'avait pas vu un désordre pareil : c'était le cri des prédicants allemands (2).

Il y avait encore çà et là quelques vestiges de pratiques catholiques. A Héricourt, en 1619, il y a des vieux qui ont des opinions papistiques ; des enfants adressent des prières aux anges. Peu de monde aux prières de la semaine, « depuis que ne sont plus condamnés à une batze ceux qui les manquent ». Hideux protestantisme, sans les amendes, sans l'emploi de la violence, tu n'aurais jamais pu franchir les frontières de notre pays ! A Tremoins, on fête la dédicace du lieu. Une bonne partie des paroissiens et surtout les femmes célèbrent les principales fêtes papistiques et maudissent ceux qui travaillent en ces jours. Jean Vuillemin de Landresse, demeurant à Blussans va, très rarement au prêche. Le sieur Caburet, de Vyans, et Guillaume Laude, de Bussurel, ne vont ni au prêche ni à la cène. Un centenaire de Coisevaux ne va pas au temple. « A Saint-Maurice, les habitants n'ont encore guère profité, quoique le ministre les ait avertis de leurs devoirs. » A Colombier-Fontaine, quelques-uns font la fête des Saints. Le temple de ce lieu n'a pas de plafond, il est trop obscur. Près

(1) Mss. Duvernoy, t. XLV.
(2) Dollinger, *La Réforme.*

de la chaire du temple de Tremoins, la fenêtre est si petite que le pasteur est obligé de lire son sermon en une place plus éclairée. Les temples de Champey et d'Echenans n'ont pas de plancher ; ceux de Chenebier et de Blussans n'ont ni plancher ni plafond. A Vyans, on est obligé d'emprunter une nappe pour la cène. Le bruit court que le ministre de Chagey, Nicolas Larcher, « est fort ignorant ; ses prêches ne durent guère plus d'un quart d'heure. Le maire l'accuse de s'enivrer, de se quereller, de battre sa femme si violemment qu'elle porte les marques » (1).

Malgré ses excès de boisson, Nicolas Larcher fut loin de mourir pauvre ; son testament, daté du 18 janvier 1621, en est une preuve. Par cet acte de dernière volonté qui nous apprend qu'il fut marié deux fois, il donna par préciput à son fils Abraham, issu d'un second mariage, dix-sept quartes de champ, deux prés de trois voitures de foin et la maison où il résidait alors. En retour ce légataire devait donner à sa mère 50 francs pour les joyaux promis et non donnés au mariage, 50 francs pour son apport dans la construction de la maison ; tout le bétail était donné aux deux précédents. Après avoir disposé d'une seconde maison en faveur des trois enfants issus du premier mariage, il lègue par égales parts à Michel, Nicolas, Sabine et Abraham tous ses autres biens. Les revenus de chacune des portions des trois premiers étaient importants pour l'époque. L'un des héritiers, Nicolas Larcher, apprit le métier de maréchal. Pour acquérir l'habileté pratique de son art, il alla faire son tour de France, selon l'expression alors employée. Parti en 1614, il n'était pas encore de retour en 1621. A cette date, le maître d'école de Luze, gérant de son patrimoine, accuse au profit du voyageur une recette annuelle de 90 francs 8 gros, 3 blancs, 2 niquets. C'était l'équivalent des revenus curiaux d'un pasteur.

Avec cette aisance matérielle constrastait la pauvreté des religieux Franciscains, appelés capucins, établis alors en beaucoup de pays. La tête rasée, vêtus d'une tunique grossière, les reins ceints d'une corde, les pieds chaussés de sandales, ils allaient de ville en ville, de village en village, prêchant l'Évangile aux pauvres. En peu de temps, par leur pau-

(1) Arch. Nationales, K, 2174.

vreté, leurs prédications, au confessionnal, au chevet des malades, surtout pendant les épidémies, ils se gagnèrent l'affection des riches et des pauvres. Neuf couvents de capucins existaient en Franche-Comté, quand l'archiduc Léopold, souverain de l'Alsace, résolut d'en fonder un à Belfort, exigeant que la maison soit toujours occupée par des capucins comtois « pour instruire et convertir, avec l'aide de Dieu, les habitants de Montbéliard et leurs voisins ». La ville de Belfort reçut volontiers les capucins et ce furent les habitants qui firent presque tous les frais de la construction de leur couvent (1619). Ces religieux pénétrèrent difficilement dans nos pays protestants. A Brevilliers, dit un manuscrit, « on leur faisait mille maux, lâchant sur eux de gros mâtins, les injuriant et lapidant » (1). Lorsque ces religieux allaient à l'église de Tavey pour faciliter aux catholiques l'accomplissement du devoir pascal, les bourgeois d'Héricourt, au premier avertissement qu'ils en recevaient, se mobilisaient aussitôt pour aller les expulser. Sur tous les chemins de la région des cris d'insultes pleuvaient sur eux (2).

A ce moment, nos seigneuries avaient changé de maîtres. Jean Frédéric, par suite d'une convention avec ses quatre frères, ne régna, dès 1617, que sur le Wurtemberg ; son frère Louis-Frédéric, eut le gouvernement du pays de Montbéliard. Ces deux princes eurent recours aux ordonnances pour combattre l'ivrognerie qui désolait nos villages. Ce vice donna naissance à la corruption des mœurs. Dans le Wurtemberg, métropole de Montbéliard, les prédicants déclaraient que ce « par quoi les luthériens se distinguaient, c'étaient leurs mœurs brutales, impudentes et infâmes » (3). Il n'en fut pas autrement dans nos seigneuries. A la fin du XVIe siècle et au commencement du XVIIe, à mesure que la sève catholique se dessécha, on vit la corruption des mœurs prendre des proportions excessives. Les hontes et les infamies multipliaient les souillures. Les ordonnances se succédaient sans pouvoir arrêter les flots boueux. Le 21 juin 1626, Louis-Frédéric, à la vue du mal, poussa des gémissements sur ses causes prétendues : l'ignorance de la doctrine, la détestable

(1) B. Prost, *Documents inédits*, p. 331.
(2) Arch. Haute-Saône, E, 281.
(3) **Dollinger**, *La Réforme*, t. II, p. 638.

impiété. Pour y imposer un frein, il ordonna aux ministres de donner quatre fois par an lecture des ordonnances des princes. Mais quelle digue pouvaient opposer à ces flots boueux des princes qui, pour la plupart, donnaient à leurs sujets l'exemple du vice honteux ?

Alors eurent lieu entre certaines familles d'Héricourt de fortes contestations. La chapelle Saint-Sébastien, fondée par Jean Poinsard, en fut cause. La famille Perdrix, en sa qualité d'héritière du lieutenant, en réclamait la jouissance pendant les prêches, à l'exclusion de toute autre. Disons que le fondateur ne la destinait pas à des ennemis de sa religion. Quelques femmes, entre autres celles du forestier, du diacre, du maître d'école et la veuve de Stoffel, ancien lieutenant du bailli, se jugeant dignes d'occuper pendant le prêche une place de distinction, y mirent, avec l'approbation du pasteur, un banc et des sièges. Les Perdrix virent dans cette prise de possession, faite à leur insu, une grave atteinte à leurs droits. Au mois de juillet 1628, ils prièrent le bailli de faire enlever de leur chapelle le banc et les sièges. Le 2 novembre, la chapelle fut encore le théâtre de disputes, de querelles et d'isultes. Le lendemain, le bailli ordonna à tous les querelleurs, sous peine de punition exemplaire, de garder chacun leur place et de rien innover, en attendant la décision de Son Altesse. Il paraît qu'elle ne fut pas favorable aux Perdrix.

Plus tard, les bancs du temple soulevèrent de nouvelles contestations. Vers 1769, les bancs ayant été reconstruits avec les deniers de la ville, le consistoire déclara que tous seront au premier occupant, à part quatre, qui furent réservés : le premier de la chapelle à la famille du pasteur, le second, à celle du diacre, le premier de la nef, à la maîtresse et à la sage-femme, un autre, aux notables. La famille Boigeol, évincée de celui qu'elle occupait, fut froissée de la décision du consistoire, d'autant plus que la sage-femme avait fait dire à la belle-fille de Boigeol qu'elle irait occuper un banc à Colmar, lieu de sa naissance. Boigeol, considérant comme un affront public la mesure dont il était victime, recourut à Son Altesse, la suppliant de lui faire faire réparation en vertu « des droits épiscopaux » qu'elle exerce dans l'église d'Héricourt.

Les **Perdriset**, ayant été également privés de l'usage de

trois bancs, en écrivirent au prince. « Depuis plus de deux siècles, dirent-ils, il y a dans l'église d'Héricourt des bancs affectés à de certaines familles, surtout aux plus distinguées. Celle des Perdriset, qui est une des plus anciennes, est depuis un temps immémorial en possession de trois bancs. » Le chef du consistoire, le sieur Méquillet, ayant dérogé à l'ordre établi, la famille l'a assigné au bailliage de Vesoul (1772). Quatre ans aprés le procès était encore en suspens (1). Les luttes de préséance sont interminables.

(1) Arch. Haute-Saône, E, 274.

CHAPITRE XV

Guerre de Trente Ans. — Sa cause ; refus des princes luthériens d'Allemagne
de restituer les biens volés par eux depuis 1555. — Ils sont soutenus par
Richelieu. — La Franche-Comté forcée à la lutte. — Grandes calamités.

Au commencement du XVIIe siècle, il se produisit dans la
nation allemande un grand mouvement de retour au catholicisme. Les princes et les seigneurs protestants, pour arrêter
ce mouvement, formèrent entre eux l'Union évangélique
protestante et se donnèrent pour chef Frédéric V, électeur
palatin, ainsi qu'on appelait le souverain du Palatinat, petit
État sur les bords du Rhin. Cette union, conclue le 16 mai
1608, ne s'organisa en apparence que pour la défense, mais
son véritable but était non seulement d'assurer aux princes
protestants par la force la possession de toutes les propriétés
ravies contre tout droit aux catholiques, depuis la paix de
Passau (1555), mais encore de garder toutes les conquêtes
qu'ils pourraient faire par la suite. Les princes de Montbéliard avaient tout intérêt à entrer dans cette ligue, ils s'y
associèrent avec empressement.

Tous ces princes avaient volé des évêchés, des églises, des
monastères et ruiné des hôpitaux ; les voilà qui, tous ensemble,
forment une fédération pour lutter contre l'empereur d'Allemagne, qui voulait les obliger à les rendre à leurs vrais
propriétaires. Voici le premier acte de la guerre de ces princes.

Mathias, empereur d'Allemagne, vieux et sans enfant,
céda à son cousin, Ferdinand de Styrie, son héritier légal, les
royaumes de Hongrie et de Bohême. Des meneurs repré-
sentèrent aux seigneurs protestants qu'un roi, qui était le
chef de la ligue catholique, ne manquerait pas de leur faire
restituer les biens qu'ils avaient volés aux églises, depuis
la paix de Passau. Ils se révoltèrent, envahirent la salle du
château de Prague, où siégeaient les lieutenants de l'empe-

reur, et en jetèrent trois par la fenêtre. Les victimes, précipitées d'au moins soixante pieds de haut, furent sauvées de la mort contre toute attente. Telle fut la première scène de la guerre de Trente Ans, ainsi appelée à cause de sa durée.

Pendant les premiers préparatifs de cette guerre mourut l'empereur Mathias. Son successeur Ferdinand se posa en défenseur de l'Église catholique. L'électeur palatin et les protestants l'attaquèrent et lui enlevèrent la Bohême, mais l'empereur, secouru par le duc de Bavière et l'électeur de Saxe, battit le Palatin, qui perdit la couronne de Bohême et ses propres États du Palatinat.

L'empereur triomphait. Les protestants et surtout les calvinistes, craignant de se voir enlever les biens ecclésiastiques volés par eux, recommencèrent la guerre.

Le roi de Danemark, qui convoitait également des biens d'église, se mit à leur tête ; la France, infidèle à sa mission, et l'Angleterre, l'excitent et le soutiennent, mais il est battu, comme le Palatin, et, s'il recouvre ses anciens États par le traité de Lubeck, il est obligé d'abandonner ses alliés.

L'empereur, ne croyant plus rencontrer d'obstacles, publia, le 6 mars 1629, l'édit de restitution qui obligeait les protestants d'Allemagne à rendre tous les biens ecclésiastiques ravis par eux depuis la paix de Passau (1555) et en violation de cette paix. Cet édit fut publié à Montbéliard.

La terreur fut au comble dans le camp des princes voleurs. Pour soutenir leurs iniquités contre l'empereur, leur maître, ils appelèrent à leur secours le roi de Suède, Gustave-Adolphe. Cet appel répondait à son ambition. Encouragé par les subsides et les troupes que lui promit traîtreusement Richelieu, ministre de Louis XIII, il débarqua en Allemagne avec 15.000 Suédois, auxquels se joignirent les troupes des princes protestants. Il écrasa l'armée impériale de Tilly, près de Leipzig, le 7 septembre 1631. L'empereur Ferdinand parvint à former une seconde armée, qu'il confia à Vallenstein. Gustave-Adolphe l'attaqua à Lutzen, en Saxe, le 16 octobre 1632. Frappé au milieu de la mêlée, il laissa le triomphe à l'armée impériale.

Louis-Frédéric, comte de Montbéliard, mourut le 27 janvier 1631. Il eut pour successeur son fils aîné, Léopold-Frédéric, âgé de sept ans, qui fut placé sous la tutelle de ses deux.

oncles, Jules-Frédéric de Wurtemberg et Georges, landgrave de Hesse-Darmstadt.

A ce moment, les princes protestants d'Allemagne, fortifiés par les Suédois, défendaient par les armes les biens ecclésiastiques que l'empereur voulait leur faire restituer. La Franche-Comté, unie par un traité de neutralité à la Bourgogne française, pouvait espérer une longue période de paix ; malheureusement le gouvernement de Dole, malgré toutes les réclamations de l'archevêque de Besançon, Ferdinand de Rye, donna asile à Gaston d'Orléans, frère du roi, et au duc de Lorraine, l'un et l'autre sous le coup de la haine implacable du cardinal de Richelieu. Cette hospitalité servira de prétexte à la France pour faire la guerre aux Francs-Comtois et au roi d'Espagne, souverain du pays. Quant au comte de Montbéliard, prince d'empire, il ne savait alors à quel parti se rallier. Son devoir le poussait vers l'empereur, son suzerain, mais sa religion et les biens d'église injustement acquis lui faisaient préférer l'alliance avec les Suédois et les princes voleurs d'Allemagne. Néanmoins, dans le principe il s'attacha à la cause impériale et, dès 1631, le comté de Montbéliard fut occupé par les troupes du comté de Bourgogne, de l'évêché de Bâle et de Ferrette. De lourds impôts furent prélevés sur le pays pour l'entretien de ces soldats. La ville d'Héricourt essaya de s'y soustraire, prétextant le petit nombre de ses bourgeois, la modicité de leurs ressources. A la fin elle dut se résigner à donner ce qui lui était demandé.

A Montbéliard, Abraham Virot et Louis Morlot, malgré la défense du conseil, levaient des soldats pour les Suédois. On ne fut pas sévère pour les contrevenants. Jules-Frédéric lui-même recommandait à son conseil d'entretenir, dans le plus grand secret, une correspondance exacte avec les officiers suédois dans l'intérêt de la sûreté du pays (1).

La guerre en approchait. Au mois d'août 1632, Gustave Horn, général suédois, s'empara de Molsheim, Schlestadt, Strasbourg, Wissembourg et Horbourg, où il établit son quartier général. Quittant l'Alsace après le 20 décembre, il laissa le commandement au rhingrave, Otton-Louis, qui remporta bientôt de nouveaux avantages.

(1) Mss. Duvernoy, t. XXVIII. — Tuefferd, *Les Comtes souver.*, p. 505.

Au mois de décembre, ce général vint camper devant Belfort. Les habitants ne prenant conseil que de leur crainte, les uns, en petit nombre, se réfugièrent à Montbéliard, les autres allèrent avec leur bétail dans les Vosges, d'autres partirent pour Porrentruy et, cet État n'ayant pas été compris dans la neutralité, ils passèrent dans les cantons de Soleure et de Fribourg. Belfort capitula dans les premiers jours du mois de janvier 1633.

Lure devint ensuite l'objet de l'ambition du rhingrave. Parti de Belfort avec 2.000 chevaux et un certain nombre de fantassins, il arriva devant Lure, le 13 février. Avertis de l'arrivée de l'ennemi par les capucins de Belfort, les habitants appelèrent à leur secours quarante cavaliers du baron de Vaugrenans qui stationnaient dans les environs et cent soldats suisses, sous le commandement du capitaine Vallier. Cette petite armée, dirigée par les religieux et renforcée de 300 bourgeois, fit si bien son devoir que le rhingrave fut forcé de lever le siège. Dans leur double passage à Ronchamp, les Suédois terrorisèrent la population par des excès de tous genres (1).

En sortant de Lure, ils allèrent se fortifier à Belfort. Ce voisinage de soldats luthériens enhardit les habitants de Montbéliard et de nos seigneuries ; ceux-ci furent moins dociles aux ordres des Impériaux, cantonnés chez eux. De Précipiano, baron de Soye, et Besançon de Gravanche, commissaire impérial, se plaignirent au conseil de régence qu'au mépris du traité conclu à Trétudans, au sujet de l'entretien et du logement des troupes impériales, les habitants de Bussurel et d'Héricourt avaient chassé les troupes du baron et se soustrayaient à la contribution, à laquelle ils s'étaient soumis. Le conseil leur fit observer que les troupes avaient quitté volontairement, malgré l'intention où l'on était de leur fournir le logement et l'entretien convenus ; à cette déclaration il ajouta qu'à cause des courses journalières des troupes suédoises sur les terres montbéliardaises et des menaces faites par elles dans le cas où l'on accorderait les quartiers à d'autres soldats, il ne sera guère possible de continuer

____

(1) Correspondance du Parlement, B, 149. Abbé Besson, *Abbaye de Lure.*

les fournitures des deniers demandés par les officiers de Sa Majesté Impériale (1).

Les Suédois commettaient des dégâts horribles et exerçaient contre les prêtres et les catholiques des cruautés barbares. Leur conduite inhumaine fit prendre les armes à ceux du Sundgau. Quatre mille d'entre eux surprirent Altkirch et Ferrette et tuèrent dans cette dernière ville le baron d'Erlach, lieutenant du rhingrave. Un des colonels suédois les attaqua, le 29 janvier 1633, en tua 600 et en fit prisonniers quelques centaines.

Les survivants se rallièrent à Blotzheim, où ils furent bientôt investis par 39 compagnies de cavalerie suédoise. On leur envoya quatorze cavaliers avec un trompette pour traiter avec eux. Les paysans massacrèrent les quinze Suédois. Le colonel Harpf mit le feu aux quatre coins du village, forçant les paysans à en sortir. Arrivés en pleine campagne, ils furent tous tués sans pitié. En deux jours, 2.000 succombèrent et 900 furent faits prisonniers. Ceux-ci, conduits à Laudser, y furent massacrés.

Le rhingrave, qui était à Strasbourg, ayant appris ce soulèvement courut en diligence à Belfort où Montécuculli s'était cantonné avec de la cavalerie et une troupe de paysans. Le général autrichien, ayant eu avis de la marche du rhingrave, se retira à Brisach. Arrivés à Dannemarie, les Suédois rencontrèrent une troupe de paysans armés, retranchés dans le cimetière ; 1.600 furent passés au fil de l'épée. Les cruautés exercées contre eux par les Suédois au sujet de la religion les avaient jetés dans le désespoir.

Après sa retraite de Lure, le rhingrave, Othon-Louis, pria le gouvernement de Montbéliard de lui prêter deux canons pour marcher de nouveau contre Lure. Le marquis de Conflans, général de l'armée bourguignonne, fit savoir au conseil de régence qu'il tournerait son armée contre leur ville s'il fournissait des canons au rhingrave. Cette menace produisit bon effet.

Jusqu'au commencement de mars, les Bourguignons et les Suédois s'observèrent mutuellement sur les frontières de l'Alsace, en se livrant les uns contre les autres à quelques actes

(1) Duvernoy, mss., t. **XXVIII**.

d'hostilité. Les derniers s'étant éloignés pour aller à Brisach, les soldats du marquis de Conflans vinrent occuper Vyt-les-Lure, les Aynans et Longevelle.

A ce moment Lure était occupé par les Impériaux de Montécuculli, à qui l'empereur avait confié la défense de la frontière. Ses soldats, en grande partie lorrains, étaient exigeants et cruels, on les redoutait autant que les Suédois. Le 14 mars, un détachement de 120 hommes sortit de Lure, pendant la nuit, et arriva au Magny-d'Anigon, dont il voulait surprendre le château. Ce projet échoua, mais les soldats pillèrent le village et brûlèrent quinze maisons ; deux enfants restèrent dans le feu (1).

Besançon de Cravanche, commissaire impérial, avait fait fondre 350 boulets à la forge de Chagey pour Montecuculli. Peu avant la livraison de ces engins de guerre, 85 soldats et cavaliers de Belfort allèrent les enlever de nuit. Quelque temps après, les Suédois renouvelèrent le même exploit. Besançon accusa le directeur de la forge et les officiers de Montbéliard d'avoir été de connivence avec les ennemis. Son accusation était bien fondée.

Montbéliard dut fournir aux Impériaux cantonnés en Franche-Comté une grande quantité de blé et d'avoine de la terre de Granges et consentir, au mois de juin, à une contribution de 8.500 francs pour l'entretien des gens de guerre. La crainte de nouvelles charges donna aux Montbéliardais la pensée de se mettre sous la protection du roi de France. Hélas ! ils allaient tomber de Charybde en Scylla.

Montécuculli, dont les troupes impériales et lorraines stationnaient à Lure et dans les environs, avait demandé à la régence, à deux reprises différentes, de recevoir garnison à Montbéliard et à Héricourt. N'ayant pu obtenir cette faveur, il se retira en Alsace au mois de mai. Ses soldats dans leur passage à travers le comté et les seigneuries commirent de nombreux actes de sauvagerie. Les villages de Magny-d'Anigon, Chenebier, Sainte-Marie, Présentevillers, Dung, Echenans, Bethoncourt, Saint-Julien, Grand-Charmont, Dambenois eurent plus ou moins à souffrir de l'incendie et du pillage (mai 1633).

(1) **Duvernoy, mss., t. XXVII. *Ephémérides,* p. 60.**

Besançon de Cravanche demanda à Montbéliard argent, grain, bétail pour l'entretien des Impériaux. Ces soldats, sans attendre de réponse, pénétrèrent dans les villages de Frédéric-Fontaine, Clairegoutte, Magny-Jobert, Andornay, Magny-d'Anigon. Les paysans s'enfuirent dans les bois avec femmes et enfants. Les Lorrains commirent leurs excès habituels et se retirèrent, après avoir tout enlevé. Une seule compagnie de Lorrains était demeurée à Lure.

Les catholiques de Belfort et des environs supportaient toujours avec dépit les excès des Suédois. Les survivants des derniers massacres, poussés à bout, se rendirent à Montbéliard pour acheter des armes et des munitions, résolus à tenter une vigoureuse défense contre d'aussi barbares ennemis. Leur emplette une fois terminée, ils quittèrent la ville. Ils en étaient à peine sortis qu'on les arrêta et qu'on leur prit leurs armes. Les Montbéliardais ne s'en tinrent pas là, il y en eut parmi eux qui allèrent avertir les Suédois de Belfort des projets tramés contre eux par les catholiques. Aussitôt ces barbares enfermèrent tous les bourgeois au château, et, sortant tous à cheval, se mirent à fouiller les villages voisins, brûlèrent Pérouse, Danjoutin, Andelnans, Vézelois, contraignant ces pauvres cultivateurs à se retirer dans l'église de ce dernier village où, après une courageuse défense, ils furent brûlés. Les Suédois « exercèrent les plus grandes cruautés que les tyrans du passé ont pu inventer dans leur rage, jusqu'à jeter des enfants vivants au milieu des flammes ». On dit qu'il resta 3.000 morts dans un terrain appelé *Pré de guerre*, entre Pérouse et Danjoutin. C'est Jean Clerc, bailli de Luxeuil, qui fit connaître au parlement de Dole les aménités des Montbéliardais envers les Belfortains. On comprend pourquoi les Suédois ne voulaient pas désobliger leurs amis de Montbéliard, selon leurs expressions (1).

Les Suédois firent des irruptions dans quelques villages de la Bourgogne, sous la direction de bourgeois de Montbéliard ou des villages voisins. Le mardi 20 septembre 1633, des cavaliers entrèrent au village d'Arcey, tuèrent un vieillard et blessèrent deux autres personnes ; la résistance des habitants

____

(1) Corresp. du Parlement, B, 176. — Aug. Corret, *Histoire de Belfort*, p. 43.

les fit reculer. Le jeudi 22, trente autres d'entre eux, arrivés à Faimbe, tuèrent le maire, blessèrent deux habitants et enlevèrent quantité de bétail ; le même jour, entrant à la Prétière, ils y prirent 140 pièces de bétail, tuèrent deux hommes et une femme ; d'autres Suédois, le 24, arrivèrent à Sourans. Les habitants, avertis de leur approche, les repoussèrent, les armes à la main.

L'abbé des Trois-Rois, en faisant connaître ces exploits à la cour de Dole et à la régence, les fit suivre d'un curieux détail. Dans leurs courses au pillage, les cavaliers suédois, leur disait-il, étaient bel et bien escortés de bourgeois de Montbéliard et de sujets des villages voisins. Ceux-ci faisaient halte à quelques mètres du village que leurs amis voulaient piller et, une fois la besogne faite, ils prenaient la conduite du bétail volé et l'emmenaient à Audincourt. Les gens de la Prétière ne se trompèrent nullement sur l'identité de ces personnages. Dans une circonstance analogue, Besançon de Cravanche écrivait au chancelier de Montbéliard : « Que ces bourgeois se masquent donc, afin de n'être pas reconnus (1). »

Le comté de Montbéliard était menacé par le duc de Lorraine. Pour éloigner ce danger, le gouvernement du pays conclut avec le roi de France un traité, en vertu duquel la France prenait sous sa protection la ville et le pays de Montbéliard. Le samedi 21 septembre, arriva au chef-lieu du comté le marquis de Bourbonne, avec 600 hommes à pied et 120 chevaux pour gouverner le pays. Il avait à sa suite trois capucins et d'autres prêtres « pour fair l'exercice du papisme, chose grandement à contre-cœur à tous », dit un chroniqueur.

Héricourt et Blamont reçurent une garnison. Un mois après « ceux de Montbéliard se repentaient déjà d'avoir réclamé l'aide qui tenait leurs bourgeois au point où ils ne s'étaient jamais vus » (2). Hélas ! la messe et les capucins les terrifiaient.

Le 29 septembre, les Suédois étaient sortis des terres de la frontière. En quittant la Haute-Alsace, ils pillèrent tous les villages et même les églises, emmenant avec eux les plus riches bourgeois et les prêtres pour les rançonner.

(1) Corresp. du Parlem., B, 161. — Arch. Nat., K, 1974. — Mss. Duvernoy, t. XXVIII.

(2) Mss. Duvernoy, t. XXVIII, p. 21.

Le rhingrave, Otton-Louis, alla mettre le siège devant Brisach. Le duc de Féria, général espagnol, parti d'Italie avec une puissante armée, vint au secours de cette ville et de l'Alsace, envahie par les Suédois. Lors de leur passage sur les terres montbéliardaises, les soldats du duc se débandèrent et entrèrent dans les villages. Le mardi 15 octobre, ils pillèrent Allenjoie ; le 16 et les jours suivants, ils prirent le bétail de Nommay, Dambenois, Abévillers, Audincourt, Brévilliers, Échenans, Mandrevillars, Étupes et Exincourt : meubles, linge, denrées, tout devenait leur proie.

Le marquis de Féria s'empara de Belfort, Ferrette, Altkirch, Thann et Delle, que les Suédois avaient abandonnés sans opposer de résistance, et alla opérer sa jonction, à l'entrée de l'Alsace, avec les troupes comtoises, commandées par le marquis de Conflans.

Le marquis de la Force, qui combattait en Lorraine, quitta cette province, presque entièrement soumise, pour tourner ses armes contre le duc de Féria. Le général français espérait l'engager dans un combat avant que cette jonction fût effectuée. Suivi de 8.000 hommes et de huit pièces de canon, il arriva près de Lure, le 13 novembre 1633, mais il en partit le lendemain, outré de n'avoir pu forcer le duc de Féria.

Les garnisons françaises, qui étaient à Blamont, à Héricourt et au Châtelot, se retirèrent à Montbéliard pour s'y fortifier. Les bourgeois en étaient tellement las qu'on dit que Bourbonne demanda des soldats au maréchal de la Force pour être en sûreté contre eux.

Les Lorrains, en fort petit nombre à Lure, y prolongèrent leur séjour jusqu'au 24 janvier 1634. Trois jours après, une troupe lorraine se présenta aux portes de la ville pour y tenir garnison ; les habitants refusèrent de les recevoir, prétendant être assez forts pour la garder. Les soldats se logèrent dans les villages du Magny et de Gouhenans.

La présence de la cavalerie lorraine en Haute-Alsace n'empêchait pas les soldats suédois de venir en promenade à Montbéliard, où ils se faisaient traiter à leurs frais. Mais en retournant auprès de leurs compagnons d'armes ils faisaient main basse sur tout le butin qu'ils rencontraient (1).

(1) Corresp. du Parlem., B, 166.

Sur ces entrefaites mourut le duc de Féria (13 février 1634). Sa mort rendit aux Suédois l'espoir de reconquérir les places que ce général leur avait prises.

Une nouvelle tentative des Impériaux, joints au duc de Lorraine, ne fut pas heureuse. Ils avaient pénétré en janvier 1634 dans la Haute-Alsace et fait quelque progrès, mais le rhingrave leur reprit toutes les places, Sultz, Rouffach, Schlestadt ; il eut encore d'autres succès. Le duc de Lorraine et le marquis de Bade avaient dressé leur camp dans la plaine de Cernay. Pendant l'absence du premier, le second, inhabile, est attiré dans un piège. Thann et Cernay ouvrent leurs portes au vainqueur, le 3 mars, ceux de Belfort fuient à Montbéliard à cause des Suédois, qui dans le même temps ravitaillaient Montbéliard en grain, en vivres pillés dans les villages catholiques (1). Le 13 mars, le rhingrave reprit la ville de Belfort. Après ce fait d'armes, il marcha sur Lure. « Je le prendrai, disait-il, qu'il soit en paradis ou en enfer. » Le 16, un détachement de son armée somma la ville d'ouvrir ses portes. L'abbé, qui s'était placé sous la protection du roi de France, avait reçu le colonel Hébron. Les Suédois se retirèrent.

Les troupes de Bade, où il y avait autant de femmes, de voitures de bagages que de soldats, après leur défaite, allèrent se loger près de l'Isle-sur-le-Doubs. Peu après le baron de Vaugrenans les força à abandonner leur cantonnement. Une partie se dispersa, une autre se joignit au duc de Lorraine dans les montagnes de la province de ce nom ; ce qui resta se réunit aux soldats francs-comtois (2).

Après la prise de Belfort, quelques détachements de soldats suédois allèrent à Porrentruy, d'autres firent des tentatives sur Vaufrey ; les paysans les repoussèrent.

Pendant ce temps, le château de Passavant était occupé par une garnison suédoise, qui commettait dans les villages voisins tous les excès possibles. A la demande du colonel Hébron, protecteur de Lure, au nom du roi de France, ces Suédois abandonnèrent ce séjour, le 30 avril. Le baron de Grammont-Melisey en fit prisonniers une trentaine. Dans son

(1) Hugues Bois-de-Chêne.
(2) Girardot de Nozeroy, *Guerre de Dix Ans.*

embarras de leur trouver une prison, il dit : « Si je les aban-
donnais aux paysans, ils les exécuteraient promptement. »

Depuis le début des hostilités, la seigneurie d'Héricourt
avait beaucoup souffert par suite de son voisinage avec les
garnisons de Belfort, Lure, Giromagny, Massevaux et des
troupes logées dans les villages ; les vols, les pillages, les meurtres, les incendies avaient répandu la terreur, multiplié les
ruines. La culture des terres était en grande partie délaissée
à cause du manque d'attelages. A Héricourt, Jacques Bar-
baud fut tué à la charrue ; Jacques Crêmet et d'autres encore
furent mortellement blessés. La recette des cures en 1634,
subit un gros déficit en grains. « Les chertés et malheurs de
guerre », dit le receveur, ont rendu insolvables la plus grande
partie des débiteurs. De quinze en quinze jours il poursuivait
le paiement des dîmes, mais il n'osait opérer de saisie parce
qu'il n'y avait pas de meubles pour en répondre.

A Chenebier les habitants ne purent livrer que 2 bichots
d'avoine au pasteur de Chagey, « tous avaient été ruinés par
les cavaliers du frère du roi ». Les grenetiers furent néanmoins
envoyés à diverses fois pour lever des dîmes qui avaient été
incendiées, c'était vouloir tondre un œuf.

A Chagey, Tavey, Vyans, la guerre empêcha les poursuites.

Quant aux redevances en argent, 94 chefs de famille ne
purent s'en acquitter. Dans le registre des comptes il est dit
de 57 d'entre eux : « Son bien est en décret », et de 37 autres :
« N'a rien reçu à cause des guerres ». Il y avait donc des débiteurs privilégiés. Malgré la pauvreté des sujets, la visite
ecclésiastique se fit de la manière ordinaire. Le repas des visiteurs coûta 19 francs à des sujets aux prises avec la faim et
leur état allait encore empirer (1).

Le rhingrave Otton-Louis avait fait fondre quantité de
boulets à la forge de Chagey. Au mois d'avril, étant à Bâle,
il les envoya chercher. Ses voitures étaient sous l'escorte de
1.500 cavaliers. Les Montbéliardais étaient les amis des
Suédois. Au mois de mai, en reconnaissance des services
rendus à la cause protestante, ils en reçurent la cession de
Delle et de Belfort. Cette donation cependant demeura sans
effet, au grand bonheur des habitants (mai 1634).

(1) Arch. du Doubs, B, 2588, et Haute-Saône, E, 253.

Le rhingrave, quoique protestant, fut bienveillant à l'égard des capucins de Belfort. Il ne permit jamais qu'on leur fît du mal ; pendant qu'il séjournait dans leur couvent, il pourvoyait même à leur entretien. En son absence, les protestants de Montbéliard, d'Héricourt et des villages voisins allèrent au monastère « et firent plusieurs affronts aux religieux ». Sur la route de Montbéliard, deux capucins furent menacés de mort « par quelques-uns de cette terre », mais ils rentrèrent en possession des vêtements dont ils avaient été dépouillés ; leurs agresseurs ne gardèrent que les livres, les bréviaires et les images qu'ils leur avaient pris. Plusieurs fois ceux de Montbéliard et autres firent leur possible pour faire brûler le couvent, expulser les capucins ; le rhingrave cependant refusa de consentir à cette exécution.

La capitulation de Ratisbonne entre les mains des Impériaux, le 28 juillet 1634, et la bataille de Nordlingen, perdue par la ligue protestante, le 6 septembre suivant, mirent les Suédois dans la nécessité de rappeler leurs troupes d'Alsace et d'abandonner les places qu'ils y occupaient. La garnison de Belfort fut rappelée une des premières. A ce moment Pierre Oriel, de Giromagny, se distingua par un acte de vaillance. A la tête de deux régiments de cavalerie, il prit de nuit, chez les capucins, un sergent-major français, arrivé là pour prendre possession de la ville et du château, que le roi de Suède avait cédé à la France. Trois jours après il prit la place en plein midi, tailla en pièces toute la garnison française et le lendemain il réduisit le château à composition, puis il fit quelques excursions dans les alentours. A Brévilliers, les capucins de Belfort étaient, comme nous l'avons dit, à leur passage dans ce village, en butte aux mauvais traitements des habitants. En punition de ces outrages, le village fut attaqué par Oriel ; dix-huit maisons, entre autres celle où étaient les dîmes, furent incendiées (août 1634) (1). Dans les premiers jours du mois d'octobre Oriel avec sa troupe tomba sur Chenebier, dont le moulin avait été brûlé l'année précédente par « les gens du frère du roi ». Tout le village fut incendié et privé d'habitants pendant dix ans (2).

(1) Arch. Doubs, B, 2588.
(2) Arch. Haute-Saône, E, 42. *Histoire manuscrite des capucins*, p. 148.

Les Suédois abandonnèrent à la France toute l'Alsace avec les pays qui en dépendaient. Alors Richelieu fit déclarer la guerre à l'empereur, Bernard de Saxe-Weimar fut nommé généralissime de l'Union protestante. Jamais guerre ne fut plus injuste.

C'est alors que Louis XIII envoya en Alsace le duc de Rohan, à la tête d'une armée. « Il arriva devant Belfort sur la fin de janvier 1635 et la seigneurie d'Héricourt fut obligée de fournir du pain pour la subsistance de son armée. » Plusieurs canons furent emmenés de Montbéliard pour le siège de Belfort, que le duc de Rohan fut forcé de lever parce qu'il apprit que le duc de Lorraine venait au secours de la ville assiégée ; le général français se retira dans les montagnes du Doubs. Un renfort lui permit de rentrer une seconde fois en Alsace et d'aller prendre Altkirch.

Le duc de Lorraine, qui avait passé le Rhin à Brisach, attendait du secours. L'ayant appris, le duc de Rohan marcha contre lui et le força à repasser le fleuve. Au printemps, Charles de Lorraine repassa le Rhin avec Jean de Werth et une armée de plus de 15.000 hommes, reprit Altkirch, Thann, Delle. Le 14 mars, 800 de ses cavaliers, sous les ordres de Jean de Werth, attaquèrent trois compagnies suisses, à la solde de la France, qui étaient à Courcelles, leur tuèrent 300 hommes, mirent le feu au village et allèrent jusqu'à Saint-Maurice, où ils brûlèrent quelques maisons (1).

Le 4 avril, l'armée lorraine occupa tout le pays de Montbéliard. Un régiment levé par la Verne, officier comtois, joignit les Lorrains près de l'Isle. Tout le pays qui s'étend de Montbéliard jusqu'à Plombières fut occupé pendant six semaines par cette armée composée d'Allemands, de Hongrois, de Croates, traînant avec eux un bagage immense et une multitude de valets, de vivandières et de femmes, une fois plus nombreux que les soldats effectifs. Vols, pillages, incendies, massacres, toutes les atrocités possibles furent commises ; des villages entiers furent brûlés, d'autres, à moitié. Beaucoup de gens de la campagne s'étaient retirés, les uns à Montbéliard, les autres à Héricourt. Le parlement de Dole écrivit au duc de Lorraine de déloger de la province celles de ses troupes qui s'y trouvaient cantonnées.

(1) Duvernoy, *Ephémérides*, p. 91.

Dans cet intervalle, le duc de Lorraine entra avec quelques détachements sur la terre de Clerval, passant ensuite près de Lure avec 500 fantassins et 200 cavaliers il s'avança du côté de Remiremont et tailla en pièces une partie d'un régiment français (1).

Dans ces entrefaites, le maréchal de la Force, à la tête de 12.000 hommes, arriva devant Lure, investi par les Impériaux. Cette place une fois débloquée, les soldats français promenèrent l'incendie et la désolation en Franche-Comté. En apprenant la marche de cette armée vers Montbéliard, Charles de Lorraine avait quitté son camp de la Neuvelle-les-Lure et s'était campé près de Belfort. Son arrière-garde, harcelée par les Français, avait subi de grandes pertes à Fesche. De Champagney, le maréchal de la Force gagna Héricourt. Le colonel Hébron, à la tête de 2.000 chevaux et autant de mousquetaires, rencontra 400 Croates et Hongrois logés à Frahier (15 mai) ; il en tua une cinquantaine. Le duc de Lorraine prit le chemin de Champagney et se dirigea vers Luxeuil, et les Français, quittant Héricourt, allèrent camper à Lyoffans. Des engagements eurent lieu entre les deux armées. Les Lorrains se portèrent sur une éminence, entre Lure et Melisey. Le 21, le 22 et le 23 mai, les deux armées ne se livrèrent qu'à des escarmouches peu importantes. Le 25, le duc de Lorraine se retira vers Belfort, laissant à la tête des Impériaux le colonel de Mercy. Un combat de quatre jours s'engagea d'abord à Melisey, ensuite à Mont-de-Vanne et en dernier lieu à Fresse. Les soldats du duc furent battus (2).

Quand le maréchal de la Force eut abandonné le pays, tous nos villages furent envahis par une peste et une famine horribles. A Héricourt il ne resta que 10 chefs de famille. Parmi les survivants, les uns se retirèrent en Suisse ; d'autres allèrent y chercher du blé et du pain ; quelques-uns de ces derniers furent rançonnés ou tués par les ennemis, d'autres furent faits prisonniers en cultivant leurs terres. La peste ne cessa qu'à l'approche de l'hiver (3).

Les maréchaux de la Force et de la Valette, après avoir

(1) F. des Robert. *Campagnes du duc de Lorraine.*
(2) F. des Robert. *Campagnes de Charles IV.*
( ) Arch. Haute-Saône, E, 42.

poursuivi et battu le duc de Lorraine dans les environs de Lure, revinrent à Montbéliard d'où ils allèrent attaquer Porrentruy. Le sieur de la Verne, qui y commandait, rendit cette place, faute de vivres, après un siège de neuf jours. Le 30 mai, le château de Montjoie fut enlevé de vive force. Le 6 juin, cette armée française se retira des environs de Porrentruy pour entrer en Alsace.

La guerre allait continuer avec plus de fureur que jamais. Le 27 octobre 1535. fut signé un traité d'alliance entre Louis XIII et le duc de Saxe-Weimar. Celui-ci s'engageait à mettre au service de la France 6.000 chevaux et 12.000 hommes de pied. De son côté le roi lui promettait 4 millions, à partir du 15 novembre. Sur cette somme le duc devait toucher 200.000 francs par an pour son entretien et 150.000 livres de pension annuelle, sa vie durant, dès la conclusion de la paix générale. On lui donnait le landgraviat d'Alsace, y compris le bailliage d'Haguenau, à condition qu'il y ferait respecter le culte catholique. Ce traité, très peu honorable pour la France, allait être suivi de nouveaux massacres d'hommes, de femmes, d'enfants, de la famine et de la peste (1)

A la fin de 1635 et au commencement de 1636, notre frontière comtoise fut journellement exposée aux incursions des troupes impériales, logées à Altkirch, Chaux, Belfort, Delle et Granvillars. Le 4 décembre, un corps d'Autrichiens entra dans le comté de Montbéliard et y cantonna dix jours, pendant lesquels il enleva tout ce qu'il put en grains, vivres et bestiaux. Au mois de janvier d'autres soldats de l'armée impériale « picorent continuellement la Franche-Comté, surprenant les paysans de nuit et leur enlevant leur bétail qu'ils conduisent à Brisach ». « Saunot dut se rédimer du feu. » Le jour des Rois le calice fut pris sur l'autel ; à Chavanne deux enfants furent brûlés avec la maison où ils étaient. A Athesans quatre hommes furent tués ; la seigneurie de Villersexel perdit plus de 10.000 écus. « Cinq cents paysans rôdent dans les environs de Villersexel, résolus à se jeter sur les villages pour arracher des vivres » ; près de Lomont 30 à 40 bûcherons comtois et lorrains, travaillant dans les bois pour la forge de Chagey, attaquèrent au mois de février

----

(1) F. des Robert, *Camp. de Charles IV*, p. 227.

le village de Mélecey avec arquebuses. Les habitants, au bruit du tocsin, se défendirent avec les mêmes armes et tuèrent un des agresseurs.

Pendant que Colorède était à Délemont, malade « pour avoir trop bu du sirop de septembre », Vernier, son compagnon d'armes, pilla Giromagny, tuant hommes et femmes. Dans toute la région la famine est extrême. Une fille du village susdit mangea sa propre sœur (1).

Richelieu convoitait la Franche-Comté. Au mois de mai 1636, Français et Suédois, avant toute déclaration de guerre, entrèrent dans cette province du côté de Langres, exerçant sur leur passage leurs instincts lubriques : les filles, les femmes furent maltraitées sous les yeux de leurs pères et de leurs maris ; les églises profanées, les saintes espèces foulées aux pieds, les enfants à la mamelle meurtris, les habitants, retirés dans les bois, traqués et inhumainement tués, aussi bien par les Français que par les Suédois : voilà de quelle manière la France de Richelieu inaugurait la guerre à notre valeureuse province. Treize jours après l'arrivée de ces plaintes à l'archevêque de Besançon, le 27 mai, Condé invita par lettre le gouvernement du comté à recevoir la protection du roi de France. La cour de Dole lui répondit que le pays n'avait besoin que de la protection de Dieu et de celle de son souverain, le roi d'Espagne. Le lendemain le général français mettait le siège devant la ville (2).

Louis de Champagne, comte de la Suze, nommé par la France pour commander à Montbéliard à la place de Bourbonne, décédé, alla attaquer Belfort. La place se rendit, le 26 juin ; Delle, le 15 juillet. Le 25 septembre, mourut ce général. Gaspard de Champagne, son fils, nommé seigneur de Belfort, se gagna l'affection des Belfortains par sa justice et sa douceur (3).

La ville de Dole, défendue par les bourgeois et quelques soldats comtois, triompha du génie militaire de Condé. Incapable de venir à bout des assiégés, le général français prit la fuite avec son armée, le 15 août. A Dijon, où il se retira,

(1) Correspondance du Parlement, B, 194, etc.
(2) Correspond. du Parlement, B, 201.
(3) *Revue d'Alsace*, année 1854.

« les habitants dirent tout haut qu'il avait vendu Dole, qu'il l'eut pris, s'il eut voulu, mais que la grande quantité de pistoles d'Espagne l'avait fait quitter prise. Ils sont si simples qu'ils disent qu'au lieu de vin on lui portait des bouteilles pleines d'or. Dieu veuille que cette fantaisie s'imprime si avant en leurs menues cervelles, qu'ils puissent faire former un parti pour une guerre civile entre eux (1) ». Le peuple a toujours jugé sottement un général malheureux.

Bientôt Gallas, à la tête d'une armée impériale de 20.000 hommes, quittant l'Alsace, arriva, le 18 août, autour de Montbéliard, où il séjourna jusqu'au 30. Ses soldats accumulèrent dans tous les villages le pillage, l'incendie, la désolation. Cette armée se rendait en France par l'Isle, Villersexel, Purgerot. De l'Isle à Champlitte, où le général alla se cantonner, il fit de dix à quinze étapes, tandis que quatre lui eussent suffi pour atteindre le point où il se fixa. Une promenade de six semaines dans tout le pays né laissa ni fourrage ni vivres à six lieues à la ronde. Cette armée s'accrut encore dans les environs de Champlitte de celle du duc de Lorraine, des Croates de Forkatz et de l'artillerie du marquis de Grave.

L'armée de la Valette et de Weimar, qui venait de brûler des maisons à Jussey, s'était postée près de Langres. Gallas était campé à Champlitte, sur une hauteur, et le duc de Lorraine à Montureux-les-Gray. Les deux armées se regardèrent de loin, bien résolues à ne pas livrer bataille. Gallas était occupé surtout à faire bonne chère et de copieuses libations. Tous les jours cependant il y avait de petites escarmouches où l'on cherchait à se voler des convois. Le 27 septembre, les Français continuèrent à brûler Jussey pour empêcher leurs ennemis d'aller y cantonner. Weimar s'empara ensuite de 1.000 chevaux appartenant aux Croates, ainsi que de leurs bagages, et fit 400 prisonniers. Isolani fut battu à Leffond (9 octobre). C'est alors que le marquis de Saint-Martin, à la tête de milices comtoises, chassa les Français de Lure et alla se joindre à Gallas.

Le séjour prolongé des deux armées dans la partie ouest de la Comté n'avança pas la fin des hostilités. Gallas ayant

(1) Arch. du Doubs, B, 214.

encore reçû des renforts entra en Bourgogne, le 20 octobre, avec le duc de Lorraine, qu'il abandonna pendant le siège de Saint-Jean-de-Losne. Après quelques attaques contre cette ville, Charles IV et le marquis de Saint-Martin, victimes des inondations de la Savine, furent obligés de se retirer. Les Français se mirent à harceler l'armée de Gallas, qui, grâce au duc de Lorraine, put traverser la Saône à Apremont et à Gray. Cette campagne avait été désastreuse pour les Impériaux et surtout pour la Franche-Comté par la faute du général en chef. Elle continua à épuiser le pays. 8.000 ou 9.000 hommes, sous les ordres de Mercy, plus 3.000 fantassins et 1.800 chevaux du duc de Lorraine se cantonnèrent entre la Saône et l'Ognon. Pendant deux mois ces soldats saccagèrent les églises, brûlèrent bourgades et villages, maltraitèrent filles et femmes. Non contents des 270.000 francs donnés, chaque mois, par le gouvernement du pays pour l'entretien de ces troupes, nos barbares extorquèrent par violence aux pauvres paysans jusqu'à la dernière goutte de leur sang. Ils furent, à leur égard, aussi cruels que les Écorcheurs de Louis XI l'avaient été pour leurs ancêtres. Par le fait des Impériaux de Gallas, il y avait 500 villages sans vestige d'habitation, plus de 2.000 personnes étaient mortes de peste ou de mauvais traitements (1).

Pendant ce temps-là, la terre de Montbéliard avait été le théâtre de faits de guerre d'un caractère particulier. Le pont de Voujaucourt, dont la possession était convoitée par les Français de Montbéliard et par les soldats bourguignons, était, au mois de septembre, sous la garde du capitaine d'Espigny, gentilhomme de Mathay, entouré de 100 hommes. Attaqué par un groupe de soldats et de civils de Montbéliard, au nombre de 1.000, il fut défendu pendant trois heures. Vaincu par le nombre, d'Espigny fut fait prisonnier et emmené à Montbéliard (19 septembre 1636). Dépouillé de ses vêtements, il fut promené et bâtonné à travers la ville, ensuite enfermé dans un étroit cachot. Au mois de mars de l'année suivante, il était encore réduit à cette cruelle captivité. N'oublions pas le mot de Duvernoy : « Le protestantisme a adouci les mœurs (2). »

(1) Ed. Clerc, *Histoire des Etats*, t. II, p. 2.
(2) Arch. Doubs, B, 206.

En proie à la famine, les hommes devenaient bandits. Les huguenots de Saint-Maurice et des villages voisins, à la fin de septembre, détroussèrent les catholiques de la terre de l'Isle, qui allaient au marché, en blessèrent même sept ou huit assez grièvement ; ceux de Montbéliard firent « beaucoup de pilleries et de violence » sur la terre comtoise. Des particuliers d'Écot, faits prisonniers et détenus à Montbéliard quelques jours, ne sortirent de prison qu'après avoir payé de fortes rançons. Le chef militaire de cette ville. écrivit aux curés de Rans d'Onans, de Mancenans et de Médière de lui apporter 250 pistoles, à peine de voir leurs paroisses brûlées par le feu (1).

Héricourt, qui avait été menacé d'une attaque par les Impériaux, au mois d'octobre, subit, le 20 décembre, un siège par 6.000 hommes de l'armée de Gallas, sous le commandement de Suys et de Mercy. La défense de la ville, à laquelle prirent part les habitants, fut si héroïque que les assiégeants furent obligés, après des pertes notables, de lever le siège et de prendre la fuite, le 16 janvier , à 11 heures dans la nuit. Le baron de Danevons et le comte de Grancey, depuis peu gouverneur de Montbéliard, accourus le lendemain, de bon matin, au secours d'Héricourt, s'en retournèrent sans avoir pu atteindre l'ennemi.

En l'année 1637, Richelieu prépare un triple mouvement d'attaque contre la Bourgogne. Au mois de mars, le duc de Longueville. entrait au midi de la province, prenait Saint-Amour, le château de l'Étoile, celui de Pin, brûlait Saint-Julien, Orgelet, Clairvant, Lons-le-Saunier, faisait un vrai désert du baillage d'Aval. Salins seul, qu'il n'osa attaquer, demeura debout.

Le comte de Grancey, gouverneur de Montbéliard, à la tête du régiment français de la Motte-Houdaucourt et de la cavalerie suédoise, commandée par Schwaleschi, auxquels s'étaient joints un grand nombre de bourgeois de cette ville et des villages voisins, attaqua l'est de la province. Quand il fut arrivé devant l'Isle, les défenseurs du château, reconnaissant que sa défense était impossible, envoyèrent leur chef négocier la capitulation. Pendant que l'affaire se traitait,

(1) Arch. du Doubs, B, 207.

on vint avertir Grancey que le feu éclate dans différents quartiers de la ville. Les bourgeois protestants de ·Montbéliard, hostiles aux Lillois catholiques, ont mis le feu à dix-sept maisons. La ville est odieusement saccagée, pillée et 20 habitants sont conduits, avec d'indignes traitements, à Montbéliard, d'où ils ne sortirent qu'après avoir payé une forte rançon. Tous les villages de la châtellenie furent traités de même. Rang et Médière furent brûlés ; Appenans dévasté, le mobilier de l'église servit à un feu de joie, les habitants, demeurés dans le village, furent mis à mort. Mancenans perdit une partie de sa population. Les religieux des Trois-Rois ne furent d'abord que rançonnés, mais le lendemain, Grancey, mécontent du patriotisme du père abbé, retourna au couvent, égorgea les religieux, à part deux qui avaient pris la fuite, pilla le monastère et le livra aux flammes. Il marcha ensuite sur Clerval, qu'il prit le 28 juin.

Grancey, n'ayant pu forcer Neuchatel, qu'il assiégea pendant trois semaines, se dirigea sur Saint-Hippolyte, défendu par François de Saint-Mauris. Il donna plusieurs assauts, qui furent toujours repoussés. Enfin une sortie vigoureuse, faite par les braves montagnards, força Grancey, blessé grièvement, à prendre la fuite et à rentrer à Montbéliard.

Le duc de Saxe-Weimar, vers le 9 mars, entra à Jussey, où 150 maisons furent brûlées, bon nombre de gens tués. Au mois de juin, il s'empara de Champlitte. Son armée, composée de 12.000 hommes, tant français que suédois, se renforça de six régiments conduits par du Hallier. Gy, attaqué, se rend à composition ; Marnay est brûlé, Mercy, général lorrain, est battu près de Vellexon, le 5 juillet ; Weymar, logé à Vieilley, brûle Cromary et plusieurs autres villages, où pendant trois jours ses soldats commettent les cruautés ordinaires. Le 15 juillet 1637, cette armée, qui refusa de faire le siège de Besançon, renforcée encore·de 1.200 Suédois, était à Baume et dans le voisinage ; le duc se logea à Champvans. Quittant ce pays, il prit, avec une partie de son armée, le chemin de Montbéliard, où il entra malade ; son médecin le frottait d'onguent ; l'autre partie, après avoir repris Lure sur les Bourguignons, alla rejoindre son général (1). Weymar ensuite

(1) Arch. du Doubs. *Corresp. Parlement*, B, 220, 221. — Besson, *Abbaye de Lure.*

se retira à Brisach et sur le Rhin. L'insuccès de cette triple invasion laissa Richelieu dans le dépit et le pays dans la plus affreuse désolation. La peste causa partout de grands ravages.

Au mois de novembre, Weymar était à Porrentruy, Délémont, Lauffen. Un de ses magasins de blé était à Montbéliard, où ses troupes venaient souvent vendre du bétail et d'autres denrées dont elles s'étaient emparées dans les villages catholiques. Cette vente, quoique faite à un prix élevé, fut pour les Montbéliardais une source de bien-être dans l'hiver rigoureux de 1637 à 1638.

Quant au duc de Lorraine, il ne fit rien pour défendre la Franche-Comté. Son unique ambition était d'y vivre aux dépens des habitants, de ménager ses troupes et surtout sa noblesse, à qui il donnait l'argent qu'il recevait du roi d'Espagne. Aussi les montagnards, exaspérés de sa conduite, lui tuèrent 150 soldats (1).

A la fin de l'automne de 1637, le duc de Weymar quitta Délémont et, descendant les montagnes de Saignelegier, se jeta dans Goumois et arriva sur le plateau de Damprichard ; de là, se portant à Trévillers, ses troupes eurent un engagement avec les montagnards. La partie était trop inégale ; nos braves Comtois laissèrent bon nombre des leurs sur le terrain.

Weymar se retira des montagnes pour aller se cantonner dans le val de Délémont. On vint annoncer au duc de Lorraine, au château de Belvoir, que ce général pouvait être facilement surpris et son camp enlevé. Le duc de Lorraine refusa toute offensive de ce côté. Weymar confessa depuis que, s'il avait été attaqué, il aurait été perdu.

Pendant l'hiver de 1637 à 1638, la misère fut telle qu'on mangea de la chair humaine, les mères égorgeaient et mangeaient leurs enfants. Le duc de Lorraine, traître au comté de Bourgogne, passa ce temps à Besançon ou au château de Belvoir, sans vouloir arrêter les vols, les cruautés commis par ses soldats, qui, de sang-froid, renouvelèrent dans les montagnes les scènes horribles des Écorcheurs.

Au mois de février 1638, Bernard, abandonnant ses quartiers d'hiver de Délémont, s'empara de trois villes du Rhin, gagna la bataille de Rheinfeld, où quatre généraux de l'em-

(1) Arch. Doubs, B, 226. Parlement.

pereur, entre autres Jean de Wœrth et Savellini, furent faits prisonniers. Après cet exploit, Saxe-Weimar songea à prendre Brisach, forteresse qui commandait le Rhin. Ne pouvant pas y arriver par la force, il espéra s'en rendre maître par la famine. Gœtz, général de l'empereur, vint au secours de la ville avec 12.000 hommes et 3.000 chariots de provisions. Attaqué subitement près de Witteweyer, il ne sauva que 3.000 hommes, tout le convoi fut perdu. Le duc de Lorraine, qui arrivait au secours de la forteresse, à la tête de 5.000 à 6.000 hommes, fut battu près de Thann. Une autre tentative du général Gœtz pour la délivrance de Brisach ayant échoué, la place se rendit, le 7 décembre 1638, après quatre mois de siège. Le duc possédait la clef de l'Alsace.

Pendant les mois de novembre et de décembre, les Lorrains réoccupèrent les montagnes du Doubs. Leurs chefs n'eurent d'autre souci que d'imposer d'autorité, selon leur habitude, les villages de leur cantonnement en grain, en argent et en viande, ne songeant qu'à bien vivre et sans prendre aucune mesure de sécurité contre les Suédois, dont on annonçait l'invasion prochaine.

Les troupes de Weymar, dans le val de Délémont depuis quelque temps, arrivèrent dans un profond silence en face de l'abbaye de Montbenoît, la nuit du 14 au 15 janvier 1639. Weymar entra dans le monastère. Une partie de son armée se jeta dans Morteau, pendant que d'autres soldats, sous son commandement, allèrent attaquer Pontarlier.

Les régiments lorrains, accoutumés depuis longtemps à piller les paysans désarmés et à fuir devant l'ennemi, délogèrent aussitôt, se dirigeant du côté d'Ornans et du val de la Loue, abandonnant aux Suédois les cantons montagnards et leurs riches approvisionnements.

Pontarlier soutint un siège de douze jours et capitula. L'ennemi était maître des montagnes et des provisions du pays.

Le duc de Lorraine était à Besançon quand il apprit que la frontière était forcée et que l'ennemi approchait. A ce moment des négociations étaient entamées entre lui et Richelieu. Se retirer derrière les weymariens qui s'avançaient vers Besançon lui parut trop honteux. Sortant de cette ville avec la noblesse de Bourgogne, il alla se poster sur les hauteurs voisines d'Ornans, établissant son camp près du château

Maillot. Dans une reconnaissance qu'il fit en personne du côté d'Usier, il rencontra les Suédois qui s'étaient embusqués pour l'attendre. Obligé de combattre il faillit être pris. Forcé à reculer, le duc entra avec la noblesse à Besançon. Nous le trouvons ensuite dans les Pays-Bas, où il apprend que sa négociation avec Richelieu a échoué ; il reprit ensuite la route de Besançon. Arrivé à Roulans, il envoya un détachement de ses troupes délivrer le château de Belvoir, que les Suédois tenaient assiégé. L'ennemi, secrètement averti par le capitaine de Passavant, s'enfuit en désordre, laissant au pouvoir du vainqueur de riches provisions.

Le 4 mars, le duc quitta Besançon pour la dernière fois. Quand il approcha la frontière lorraine, les paysans, qui le chargeaient de malédictions, l'accueillirent à coups de fusil ; ses soldats incendièrent Fougerolles ; lui-même fut au moment de brûler Luxeuil. Enfin il quitta pour toujours le comté, ayant littéralement accompli sa prédiction, qu'il voulait habiller de velours la dernière vache qu'il laisserait aux Francs-Comtois (1).

« L'année 1639, dit Girardot de Nozeroy, fut la plus funeste et la plus tragique de toutes ; car elle a été tout entière dans le fer, le sang et la peste et sans secours d'aucune sorte (2). »

Quant à Weymar, maître de Pontarlier et du château de Joux, il affecta la mansuétude et la tolérance. Calviniste, il appela par ses trompettes les habitants de la ville aux prêches de son ministre, mais aucun des habitants n'y parut. Pendant ce temps-là, ses capitaines et Guebriant surtout étendirent leurs conquêtes, depuis le Dessoubre jusqu'à la terre de Saint-Claude, dont ils s'emparèrent.

Alors Weymar, dont le dessein jusqu'alors avait été de créer à son profit un grand État avec Brisach pour capitale, se trouva en opposition avec les vues de Richelieu. Le cardinal, qui avait fourni au chef des Suédois de l'argent et des soldats, réclamait pour la France les conquêtes de ce général. Entre ces deux bourreaux de la Franche-Comté la brouille devint implacable. Au mois de juillet 1639, Weymar se rendit à Brisach laissant des instructions barbares à Guébriant,

_____

(1) E. Clerc, *Histoire des États*, T. II. — Arch. Doubs, B, 243.
(2) Girardot, *Guerre de Dix Ans*, p. 224.

général français. C'est alors qu'éclata l'incendie de Pontarlier qui avait été annoncé d'avance. Avant d'incendier la ville, le vainqueur en fit fermer les portes. Nombre d'habitants, prisonniers dans leurs maisons, ne purent échapper au feu ; beaucoup même furent rejetés dans les flammes. Cette destruction s'étendit entre Pontarlier et Salins, où le feu fut mis de toutes parts. Dans la terre de Morteau les Suédois brûlèrent 2.500 maisons. A cet acte d'atroce barbarie, accompli le 6 juillet 1639, Weymar devait peu survivre. Le 18, il était frappé de trois charbons sur le cœur et, se faisant transporter à Neubourg, il y mourut.

Weymar, dit Girardot de Nozeroy, était superbe à la mode des calvinistes, couvrant sa superbe d'un extérieur doux et bénin. Encore aujourd'hui c'est le caractère du protestant.

L'épidémie faisait de terribles ravages dans le comté, mais la guerre n'en continuait pas moins. Richelieu voulait la Franche-Comté, lors même qu'elle ne serait qu'un désert. Villeroy venait de remplacer Weymar et le roi d'Espagne avait donné pour successeur au duc de Lorraine don Antonio de Sarmento, militaire distingué. Aussitôt arrivé dans la province, ce nouveau chef réunit les débris des milices comtoises, pendant que les corps francs de Darnans et de Lacuson harcelaient les Français.

Les courses, que les soldats du pays de Montbéliard et les troupes comtoises faisaient sur les terres de leurs adversaires étaient aussi préjudiciables aux uns qu'aux autres. Pour mettre un terme à ces ravages, le 10 avril 1642, les députés de la régence de Montbéliard, Blamont, Héricourt et Porrentruy et ceux du bailliage de Baume, firent à Voujaucourt une convention portant suspension d'hostilités entre Montbéliard, Blamont, Héricourt et Porrentruy, d'une part, et la partie du comté de Bourgogne située au delà du Doubs, d'autre part. A cet armistice, qui fut renouvelé, succéda un peu de calme dans notre pays.

Alors la guerre continuait encore dans le comté et la peste faisait autant de mal aux Français qu'aux Comtois. La lutte que soutenait ailleurs le roi de France ne lui permit pas d'envoyer de nouvelles troupes dans la province, c'est pourquoi les Français durent se borner à la défensive dans les villes occupées par eux.

Sur ces entrefaites mourut Richelieu (4 décembre 1642). Ce fut un grand homme, clament les historiens. Pour les Francs-Comtois, dont le pays fut pendant dix ans le théâtre d'un martyr long, cruel, où les neuf dixièmes de leurs ancêtres moururent dans les transes du désespoir, appeler grand l'auteur de tant de maux, la foi, la religion, l'Évangile ne les autorisent pas à lui donner un tel titre. Dans cette guerre que de scènes horribles s'étalèrent au grand jour. Allemands, Lorrains, Français, Suédois, pour obtenir l'argent de nos ancêtres, leur faisaient avaler de l'eau chaude, du purin, etc., et leur sautaient sur le ventre pour la faire ressortir par la bouche, « appliquaient le frontal » jusqu'à leur faire sortir les yeux de la tête (1), chauffaient la plante des pieds aux uns, attachaient les autres par les pieds à la crémaillère et leur plongeaient la tête dans une fumée épaisse, outrageaient publiquement femmes, filles, en présence de leurs familles, tuaient les gens de sang-froid, perçaient de leurs épées les mères enceintes. Plus de culture nulle part, mais des terres en friche ; les survivants mangèrent des herbes et des racines, les débris de la voirie, ce qui leur donnait des figures jaunâtres, décharnées, en faisait des squelettes ambulants, une famine telle qu'on mangea de la chair humaine, qu'on déterra des morts et qu'on entra même dans les loges des pestiférés, plus de 500 corps humains furent dévorés pendant cette guerre voulue par Richelieu, des parents tuèrent des enfants pour s'en régaler. Une foule de villages sans habitations, d'autres détruits à moitié ou aux trois quarts ; dans un grand nombre, des buissons au lieu d'habitants ; à un moment, un voyageur faisait plusieurs lieues sans rencontrer d'êtres humains sur la route ; nombre de familles éteintes, des successions vacantes ; partout la ruine, le spectacle de la désolation. Tant de destruction, tant de massacres excitèrent des désespoirs inénarrables, firent verser des larmes amères, pousser des cris déchirants (2). Appeler grand homme l'auteur de tant d'inhumanités, c'est manquer de cœur, c'est se déclarer capable d'en faire autant.

(1) Instrument de torture fait d'une corde à plusieurs nœuds, dont on serrait le front d'une personne pour obtenir un aveu.

(2) *Histoire manuscrite des capucins de Franche-Comté*. Ed. Clerc, t. II, p. 127.

Et le bien général de la France reçut-il de grands avantages de la politique de Richelieu ? La sagesse humaine est toujours courte par quelque endroit. La politique extérieure de ce cardinal n'eut pas seulement l'inconvénient de contraster étrangement avec la pourpre romaine dont il était revêtu, car, au lieu de soutenir les princes d'Allemagne dans la jouissance des biens dont ils s'étaient emparés injustement, ne valait-il pas mieux laisser l'empereur poursuivre une œuvre de restitution, de justice et même lui prêter main-forte. C'était plus conforme à son devoir et à la conduite qu'il tenait en France à l'égard des protestants, dont le génie antinational est destructeur de l'ordre, de la religion et de la saine morale. Par sa politique personnelle il a créé le péril prussien, né d'un crime, l'apostasie d'Albert de Brandebourg. Aussi on peut dire que, si la Prusse est le péché de l'Europe, elle est en particulier celui de la France de Richelieu. Or si l'homme est puni par où il a péché, les nations, dont la vie n'est que pour le temps présent, sont à plus forte raison tributaires de cette justice irréductible. Les excès de la révolution de 1793, auxquels la Prusse prit une large part, les désastres de 1870, ceux de 1914, sans préjudice de ceux que l'avenir nous réserve, ont été et seront des châtiments de la fameuse politique de Richelieu.

Louis XIII survécut peu à son ministre ; il mourut le 13 mai 1643. Après sa mort, Anne d'Autriche, son épouse, nommée régente du royaume, entama des négociations pour la paix. Pendant que les conditions se discutaient, un corps de Suédois, sous le commandement du général Rose, apparut dans les environs de Baume. Turenne, en même temps, assiégea Vesoul, (19 mars 1644). La ville, qui avait capitulé, fut pillée et des femmes et des enfants furent massacrés dans le couvent des Annonciades, où ils s'étaient réfugiés. Luxeuil dut aussi se rendre.

Quatre villes de la Franche-Comté n'avaient pas ouvert leurs portes : Dole, Gray, Salins et Besançon. Dans les montagnes, deux chefs de partisans, d'Arnans et Lacuson, continuaient la lutte. La France, désespérant de vaincre ces résistances, renonça provisoirement à la soumission de la province. Un traité conclu avec Mazarin, successeur du sanguinaire Richelieu, fit cesser les hostilités, en juin 1644. Moyennant un don annuel de 40.000 francs, la Franche-Comté obtint de

rentrer dans sa vieille neutralité, après avoir payé cher sa
résistance (1). Enfin le traité de Munster mit fin à la guerre
de Trente Ans. Les princes allemands, enrichis par le vol des
biens des hôpitaux, des couvents, des églises, purent en jouir
en paix, grâce à la protection de Richelieu

(1) Bulliard, mss., *Histoire du Comté de Bourgogne.*

CHAPITRE XVI

En janvier 1644, les princes Léopold-Frédéric et Georges,
frères retirés en France à cause des guerres, revinrent à
Montbéliard où ils prirent connaissance des affaires du gouvernement. Le premier obtint le commandement militaire des
troupes françaises destinées à la protection de ses États.
En 1647, il se maria avec la princesse Sybille, fille du duc
Jean-Frédéric et sœur du duc Eberhard III de Wurtemberg.
Ce prince, à son retour dans ses États, vit avec plaisir le
renouvellement du traité de surséance d'armes passé le
10 avril 1642. La paix de nouveau cimentée permit aux sujets
de nos seigneuries de considérer avec angoisse les ruines dont
ils étaient entourés.

Un grand nombre d'habitants étaient morts pendant la
guerre, d'autres s'étaient réfugiés en Suisse. La seigneurie
d'Héricourt, qui, avant la guerre, comptait 387 chefs de
famille, et celle du Châtelot 284, se virent réduites, la première,
à 213, et la seconde, à 146. Dans trois villages, Chenebier,
Luze et Blussans, pas une maison n'était restée debout. Dans
les autres, les trois quarts ou la moitié des habitations avaient
été brûlées, celles qui restaient étaient à demi ruinées. Les
sujets, en rentrant au milieu de ces décombres, n'eurent sous
les yeux que l'image de la destruction. Les terres, prés et
champs, étaient couvertes de broussailles. Pour les cultiver,
ils durent songer d'abord à se créer de modestes abris, quêter
du pain, refaire quelques instruments aratoires, acheter des
attelages avec de l'argent emprunté, se procurer un mobilier
sommaire, ce fut pour eux une tâche ingrate et laborieuse,

qui leur arracha souvent des plaintes et des gémissements.

La première année où leur culture put être reprise en paix, en 1644, la récolte fut dérisoire, il faut en excepter celle de la ville d'Héricourt. Qu'on en juge par les dîmes que levèrent les deux recettes réunies, celle du domaine et celle des cures : Brévilliers : froment, 1 bichot, 2 quartes ; seigle, 21 quartes ; orge, 2 quartes. Tremoins : froment, 21 quartes ; orge, 2 quartes. Chagey : seigle, 1 quarte ; orge, 2 quartes, 1 boisseau. Étobon : seigle, 1 quarte. Chenebier : seigle, 6 quartes. Saint-Valbert : froment, 21 quartes ; avoine, 21 quartes ; orge, 1 quarte. Mandrevillars et Échenans : froment, 16 quartes, 1 boisseau ; avoine, 16 quartes, 1 boisseau ; orge, 7 quartes. Luze : froment, 14 quartes ; avoine, 4 quartes, 1 boisseau ; orge, 9 quartes. Coisevaux et Couthenans : froment, 14 quartes, 1 boisseau ; avoine, 14 quartes, 1 boisseau ; Champey, froment, 3 quartes, 1 boisseau ; avoine 3 quartes, 1 boisseau ; orge, 1 boisseau. Laire : froment, 2 quartes ; avoine, 3 quartes, 1 boisseau ; orge, 2 quartes. Byans : froment, 18 quartes, 1 boisseau ; avoine, 3 quartes, 1 boisseau ; orge, 2 quartes. Tavey : froment, 1 quarte ; avoine, 1 quarte. Verlans : froment, 2 quartes ; orge, 2 quartes. Vyans et Bussurel : froment, 3 quartes ; avoine, 3 quartes. Saint-Maurice : froment, 11 quartes ; orge, 2 quartes. Colombier-Fontaine : froment, 12 quartes ; orge, 3 quartes. Longevelle : froment, 3 quartes. Lougres : froment, 2 quartes ; épeautre, 1 quarte ; orge, 1 boisseau. Héricourt : froment, 18 bichots, 5 quartes.

La récolte de 1644, que le prince, par un sentiment de compassion à l'égard de sujets malheureux, n'aurait pas dû dîmer, pouvait-elle suffire à leur entretien ? Pour eux c'était pendant toute l'année la misère et la faim en perspective. Quel sombre avenir s'ouvrait à leurs yeux ! Les comptes du receveur de nos seigneuries sont suggestifs à cet égard. Pendant plus de vingt ans, les tailles, le cens des terres louées par le prince, l'intérêt des capitaux prêtés par le domaine, la gîte aux chiens, etc., toutes ces redevances ne furent acquittées que par de rares sujets. L'insolvabilité des autres est notée par ces deux mots : *en eslre*, c'est-à-dire, cote à recouvrer. Les dix premières années qui suivirent la reprise du travail agricole, les inscriptions des impôts ou des intérêts dus par les particuliers, pour les trois quarts d'abord et ensuite pour plus de la moitié d'entre eux, sont suivies de cette note d'indigence.

En 1646, les produits de la culture firent déjà honneur à l'industrieuse activité de beaucoup de sujets. Les dîmes des deux recettes réunies furent de 59 bichots, 13 quartes, 6 coupes en froment, et 29 bichots, en orge, mouture, seigle, et de 18 bichots 2 quartes en avoine, le sarrasin donna 15 quartes ; la recette d'argent fut de 2.829 francs. La recette des cures, séparée de celle du domaine, en 1647, débuta par un gros déficit ; son revenu, en argent, fut de 123 livres, 4 sols, 6 deniers ; en froment, de 9 bichots, 14 quartes. L'année suivante, le premier fut de 156 francs 6 sols, 8 deniers ; le second s'éleva à 22 bichots, 20 quartes, 6 boisseaux. Chenebier et Echavanne ne figurent pas dans cette recette : « les gens sont peu et poures », dit le receveur.

En 1648, le nombre des charrues en roulement dans nos seigneuries était, pour celle d'Héricourt au nombre de 180, pour celle du Châtelot, de 150. Cette année, où Blussans fut réhabité par deux ou trois habitants seulement, le prince ordonna aux paroissiens de semer, au profit des ministres, des terres provenant d'échutes mainmortables ou de biens vacants, appartenant à Son Altesse. Une charrue dut ensemencer, avec du blé fourni par la seigneurie, une superficie de 3 boisseaux. En 1651, les cultivateurs refusèrent de faire cette corvée, néanmoins ils furent obligés de donner aux pasteurs, sur leurs propres récoltes, 10 bichots, 16 quartes, 11 coupes de froment ; Chenebier et Echavanne donnèrent 16 quartes, 1 boisseau et 1 coupe de seigle. En 1652, les corvées au bénéfice des prédicants n'étaient pas encore rétablies. Il y avait alors soixante-deux insolvables pour les revenus des biens curiaux vendus autrefois par le comte Frédéric au profit des cures. Malgré la pauvreté des paroissiens, les pasteurs reçurent en tout temps leurs gages ordinaires en argent et en céréales, outre l'avantage précédent que leur octroya le prince pendant quelques années (1). Du reste les revenus des cures se bonifièrent chaque année. En 1566, ils arrivèrent à 830 francs 6 sols,

____

(1) Arch. Nat., K, 2297. — Arch. Haute-Saône, E, 257.

8 deniers et à 28 bichots, 1 quarte, 12 coupes de froment sans compter la recette d'avoine. Après le paiement des prédicants, il restait en caisse 123 francs 11 sols, 8 deniers.

Dès la fin du XVIe siècle, les disciples de Luther et de Calvin professèrent à l'égard les uns des autres une haine peut-être plus grande qu'envers les catholiques. Ils se déchiraient mutuellement par pamphlets, sarcasmes, injures, calomnies, excommunications, anathèmes. Pour les luthériens, les calvinistes étaient une engeance du diable, de l'enfer, des mahométans, des juifs baptisés, semblables à des sangliers féroces, des homicides, des impudiques, des hypocrites, il fallait livrer au diable dans un même paquet papistes et calvinistes. Et ceux-ci appelaient les luthériens mangeurs de chair humaine, cannibales, vampires, cyclopes, pélagiens, compagnons des pourceaux, chiens épicuriens ; leurs princes, guerriers dans la débauche, appliqués à l'ivrognerie dès l'aube jusqu'à la nuit ; leurs prédicants, comme eux, noyés dans le vin, souvent tellement saouls qu'ils trébuchent dans les rues et ne savent se tenir debout. C'est ainsi qu'en Allemagne pendant un siècle s'injuriaient dans les temples et dans leurs écrits luthériens et calvinistes, s'attribuant les uns aux autres les vices les plus ignobles, écrivant et disant sur leurs adversaires ce qu'on peut imaginer de pire (1).

Ce genre de violences n'atteignit pas à Montbéliard un degré aussi aigu, le prince était là pour modérer les calvinistes, il y eut néanmoins entre partisans de Luther et de Calvin de furieuses escarmouches qui se renouvelèrent assez longtemps. Charles Duvernoy, pasteur d'Héricourt, en 1647, alla souvent à Belfort, chez la maréchale de Châtillon, mère de la comtesse de la Suze, prêcha plusieurs fois dans les appartements de cette dame, tant pour elle que pour son entourage, calviniste comme elle. A Horbourg, il avait même assisté à un prêche d'un pasteur de cette secte et par là connivé à des erreurs réprouvées par les chefs du protestantisme de Montbéliard. N'osant pas sans l'approbation du prince donner de ses mains la cène à ces quelques calvinistes, sur son conseil la maréchale de Châtillon en sollicita la faveur à Léopold-Frédéric. Maître absolu du dogme et de la morale protestants

(1) Janssen, t. V, p. 509.

dans le comté, le duc décida que ni elle ni son entourage ne seront admis à la communion qu'après avoir approuvé formellement les dogmes luthériens et surtout l'article de la cène. Ce refus excita un très vif débat entre le ministre d'Héricourt et les pasteurs de Montbéliard, Grangier et Macler. Ces derniers, dans une lettre au prince, accusent leur confrère d'Héricourt d'avoir réveillé les calvinistes, méprisé l'autorité du prince, scandalisé les infirmes et d'avoir rongé le cœur des souscripts. Aujourd'hui ces divisions doctrinales n'existent plus, les uns et les autres se sont embrassés dans les tranchées de la libre pensée, d'où ils ne tournent leurs engins de guerre que contre l'immortel catholicisme, dont la vérité lumineuse les offusque.

A Héricourt, malgré la pénurie d'argent ressentie par les habitants, l'élection des maîtres-bourgeois, en 1648, se fit selon les vieilles coutumes. Les nouveaux élus, les officiers, les jurés et les notables, réunis à l'hôtel de ville, se livrèrent à la joie aux frais de la ville ; les autres bourgeois le firent à domicile. Chacun d'eux reçut une pinte de vin, une veuve, une demi-pinte. Cette année, ce fut le vin rouge de Besançon qui égaya l'élection. Il en fut bu six tines, c'est-à-dire, 288 litres.

En 1648 et en 1650, eurent lieu de remarquables admissions à la bourgeoisie de cette ville. Trois catholiques de Tavey, ayant reçu de quelques Héricourtois la promesse de privilèges précieux, abjurèrent la foi catholique à la mairie d'Héricourt et furent admis, sur leur demande, aux honneurs qu'ils convoitaient. Pour cela, Jacques Nocher, outre un gobelet d'argent, donna encore 25 francs. Les balivernes germaniques, comme on le voit, n'étaient alors pas pour rien.

Le festin qui eut lieu à Héricourt à l'élection des maîtres-bourgeois ne fit pas disparaître le malaise matériel qui régnait dans nos seigneuries. Les sujets, obérés de toute façon, demeuraient incapables de payer au domaine les redevances qu'ils lui devaient. C'est pourquoi en vertu du proverbe : « Où il n'y a rien, le roi perd ses droits, » le duc Léopold-Frédéric consentit, le 5 mai 1651, à leur faire la remise de celles qui ne lui avaient pas été payées depuis plusieurs années. Cette mesure, commandée par la misère où étaient les sujets, fut loin de leur apporter l'aisance. A la fin de la présente année, sur trois cents débiteurs du domaine pour intérêts d'argent prêté, acquisition de terres seigneuriales, etc., soixante et un seulement s'en acquittèrent. On comprend que les sujets de nos seigneuries, émigrés à l'étranger, au début de la guerre, hésitaient à rentrer dans les villages qu'ils avaient quittés. La perspective de plusieurs années de privation, de travail ingrat, tenait fermée la porte de leur retour. Léopold-Frédéric, ne consultant que le bien de ses États, les rappela en les menaçant de la confiscation de leurs biens, dans le cas où ils désobéiraient. Devant cette menace, beaucoup se hâtèrent de rentrer et de relever leur foyer détruit. D'autres, en plus petit nombre, ne voulurent pas quitter la Suisse, où ils avaient des établissements qui prospéraient (1654).

Dans la seigneurie d'Héricourt deux causes troublaient le travail de réparation poursuivi par les sujets. En 1644, la forge de Chagey, avec sept étangs de Chenebier, portant en tout 3.000 carpes, fut amodiée au prix de 6.000 francs ; 1.500 francs par trimestre. Peu après l'amodiataire se plaignit au surintendant des domaines de Montbéliard d'un grave préjudice causé au roulement de son usine. Une bande d'insignes voleurs, épaves des dernières guerres, réfugiés dans les bois qui s'étendent de Chagey à Saint-Georges, jetait la terreur dans tous les villages qui entourent cette vaste forêt. Un ouvrier, devenu leur prisonnier, ne fut rendu à la liberté qu'au prix de 48 francs. Trois autres, craignant un même traitement, abandonnèrent l'usine.

A ce préjudice s'en ajouta un autre. Le comte de la Suze, qui tenait la seigneurie de Belfort, faisait beaucoup de mal à ses voisins et à tout le pays de Montbéliard par les vexations de tous genres qu'il se permettait. Ses soldats allaient même jusqu'à faire sentinelle près des mines de Brevilliers pour voler les bœufs qui conduisaient les minerais à la forge de Chagey, ce qui en empêchait la prospérité, Dans les troubles de la Fronde, en qualité de protestant, il avait pris le parti du prince de Condé, dont il était, ainsi que son beau-frère, le maréchal de Châ illon, un des plus zélés partisans. Louis XIV envoya contre ce révolté le maréchal de la Ferté. Il fit part de ce projet à Léopold-Frédéric, comte de Montbéliard, auquel il demanda de fournir à ce général les canons et les munitions nécessaires pour le siège de cette place. Ce dernier répondit par un refus, le 16 janvier 1465. Le maréchal était devant Belfort depuis le 20 décembre. Indigné de la décision du prince, il entra sur ses terres, brûla Couthenans et pilla quelques villages de la seigneurie d'Héricourt. Belfort se rendit au général français, en février 1654 (1).

Malgré ces troubles apportés à la culture, les produits en furent néanmoins plus considérables que précédemment. La recette du froment, pour les années 1653 et 1654, fut de 140 bichots, 17 quartes, 14 coupes de froment et celle en argent de 14.194 francs, 15 sols, 8 deniers. Dans ce chiffre étaient compris des revenus provenant de sources différentes. Les étangs de Chenebier, la Goutte-Osmée, dont la chaussée avait été rompue par les grandes eaux de 1649, le Gros-Mathay, l'étang la Reine, tous pêchés, en 1654, rapportèrent au domaine 93 francs, 1 gros, 3 blancs ; l'affranchissement de Simon Levin, de Blussangeaux, lui valut 375 francs, mais rien ne lui fut plus profitable que la confiscation des biens de deux sorciers et de quatre sorcières, exécutés à Héricourt (2). Cette hécatombe, due à des juges que l'ignorance et les préjugés aveuglaient, enrichit le duc de 1.102 francs.

Si les finances du duc étaient en prospérité, il n'en était pas de même des revenus des sujets. Ainsi en 1657, quinze ans après la cessation des hostilités entre Montbéliard et la Bourgogne, sur 300 sujets, redevables au prince, à des titres divers, 61 seulement lui soldèrent les intérêts de leurs dettes. La ville seule d'Héricourt s'acquitta du paiement des tailles.

Les moulins de nos seigneuries avaient été brûlés pendant la guerre, à part ceux d'Héricourt et de Longevelle. Celui de Luze avait été brûlé quinze jours après Noël de 1634 avec tout le village ; le meunier blessé mortellement, ses chevaux et son autre bétail pillés. Le moulin de Saint-Valbert fut transformé en tréfilerie. Les habitants de Chenebier rebâtirent le leur en 1649 ; ils en eurent la location pour 30 quartes de seigle ; en 1657, la gratuité leur en fut donnée pour trois ans. A Colombier-Fontaine, les sujets du Châtelot eurent l'usage

(1) Archives Haute-Saône, E, 97. Tuefferd, *Hist. des Comtes.*
(2) Jeanne Monnier de Tremoins, Pierre Tournier, de Coisevaux, Jeanne Morique et Suzanne Dormois, de Saint-Valbert, Jean Tournier, maire d'Aibre, et Jeanne Noblot, sa femme.

du moulin de Lanthenans, à charge pour le censitaire de donner un bichot de froment au prince de Montbéliard. En 1657, la malveillance réduisit cette usine en cendres. En 1659, l'année où les deux foires d'Héricourt reprirent leur marche, le moulin de Luze fut amodié pour 2 bichots, 7 boisseaux de froment. Les habitants de Saint-Maurice, ayant rebâti celui de la commune, en eurent la jouissance pendant quatre ans, à dater de 1660 (1).

Beaucoup d'impôts, dûs à la seigneurie depuis longtemps, ne se payaient pas. Le receveur d'Héricourt demanda à la chancellerie de Montbéliard l'autorisation de faire emprisonner ceux qui en étaient redevables. Comme cette mesure eût frappé grand nombre de chefs de famille, on ne lui permit de l'employer qu'à l'égard de ceux qui avaient été condamnés à des amendes.

Le chapitre des amendes, depuis la guerre, était passablement chargé. En 1657, ces peines pécuniaires, dont les trois quarts se composaient de sommes relativement faibles, s'élevèrent à 718. Si l'on en croit le receveur, ceux qui les avaient encourues étaient « des gens de sac et de corde, mauvais, chicaneurs, des hommes de col roide », en conséquence indignes d'indulgence. Obligé un jour de fournir de l'argent au duc Léopold-Frédéric, qui en réclamait pour faire un voyage, il avait, par la voie du tribunal, obtenu 350 francs de ces justiciés (1661). Depuis la guerre, les ordonnances civiles, les règlements de police étaient tombés dans un grand mépris. La conduite morale du prince régnant n'était pas capable de leur donner du prestige.

L'ivrognerie était alors à Montbéliard, ainsi que dans tout le pays, à l'état de vrai fléau. Les jours de marché, où l'on venait de tous les coins de la principauté, les tavernes étaient des lieux où s'étalaient tous les scandales que peuvent produire les excès de boisson. Les habitués des cabarets, éblouis par la vie confortable et désœuvrée dont jouissaient les tenanciers de ces établissements, abandonnaient « leur vocation » pour devenir eux-mêmes taverniers. Dans leur nouvelle profession, sans compassion pour les femmes et les enfants, réduits à la plus dure disette, ils multipliaient « les amorces

(1) Archives Haute-Saône, E, t. XLV-XLVI, etc.

et les pièges » pour attirer les clients. Au moyen de friandises, de mets fins et recherchés, ils excitaient leur passion pour le vin. Dans leur ivresse, ils se livraient à des actes de violence dont le dénouement était une source d'amertume pour les juges. Le duc Léopold-Frédéric, auteur de ces réflexions, pour apaiser la colère de Dieu que l'impiété et la vie dissolue de telles gens attirent sur le peuple et sur le pays, défend à tous ses sujets du comté et des seigneuries, à la réserve des juges et des maires des villages, de fréquenter les tavernes de la ville de Montbéliard pour boire et manger, à peine de 10 livres d'amendes, tant pour les cabaretiers que pour leurs hôtes, et de trois jours de prison au pain et à l'eau pour les insolvables. Cette ordonnance, publiée le 4 janvier 1662, ne diminua en rien les désordres qu'elle combattait.

Son auteur, Léopold-Frédéric, n'avait nullement qualité pour la publier. Cette colère de Dieu, que ses sujets enflammaient par leur vie de débauche, lui-même lui donnait un fort aliment par ce vice d'abord et ensuite par un autre, non moins avilissant que le premier. La femme de son valet de chambre ne régnait-elle pas sur lui en maîtresse absolue ? Ni ministres, ni conseillers de la régence ne furent émotionnés de cette vie scandaleuse. Le pasteur de Blamont recevait même avec docilité, pendant le séjour du duc dans cette ville, et développait, dans son sermon, le texte biblique qu'il lui prescrivait. « L'ère de Dieu », il ne s'en souciait guère. Au lieu de porter secours à ses sujets réduits, par la guerre, à la dernière extrémité, il préféra donner à ses chiens de chasse 4.000 kilos de pain par semaine, ce qui n'était guère évangélique. Enfin, après une vie de folles dépenses, d'ivrognerie, d'impudicité, de fréquents emportements, attaqué d'une apoplexie au temple, il mourut, à l'âge de trente-six ans, le 15 juin 1662.

Ce prince eut pour successeur, dans le gouvernement de notre pays, son frère, le comte Georges II. Dès qu'il en eut pris possession, ce dernier s'occupa de réparer les désastres de la guerre de Dix ans. Dans les villages il y avait encore des édifices en ruines, des terres incultes. Dans la seigneurie d'Héricourt, 75 maisons seulement étaient rebâties, 8 à Bussurel, 9 à Tavey, 10 à Luze, 6 à Coisevaux, 7 à Champey, 5 à Chenebier, 4 à Byans, une, deux ou trois dans l'un ou l'autre des autres villages ; les communautés, comme les familles, étaient toutes endettées. Le désir de voir la population, si affaiblie par la guerre, reprendre un accroissement plus rapide détermina le comte Georges à promettre une exemption de toutes espèces d'impôts pendant quatre ans aux étrangers qui viendraient s'établir dans les terres de son obéissance. Une seule condition était imposée aux immigrants, ils devaient être de la Confession d'Augsbourg.

Cette Confession, privée du souffle divin qui donne l'éternité aux dogmes catholiques, n'avait pu échapper aux injures du temps. Vieille alors d'un peu plus d'un siècle, elle était depuis longtemps déjà tombée dans la décrépitude, elle ne marchait qu'avec des crosses. Dans l'espoir de lui donner un petit air de jeunesse, le comte Georges, luthérien rigide et fanatique, selon son historien Tuefferd (1), au mois de novembre 1662, ordonna aux principales têtes du pays de signer cette charte de l'Église luthérienne. Conseillers de la régence, officiers des différentes administrations, ministres, neuf bourgeois et dix-huit notables de Montbéliard s'empressèrent de remplir la formalité exigée par le prince, mais ces signatures ne purent infuser la vie dans un corps mort-né.

Le paiement des redevances en retard n'importait pas moins au comte que l'existence de la Confession d'Augsbourg. Sur ses ordres, les agents du fisc, afin de l'obtenir, eurent recours à la voie judiciaire. Cent deux sujets virent leurs biens saisis par eux, en 1663. A la suite de l'inscription de leurs noms et de la somme due par chacun d'eux, figure, sur le registre du receveur, l'une ou l'autre de ces notes : « Il y a décret impétré sur ses biens. — Décret non entièrement exécuté. — La liquidation sera produite au prochain compte. — Sera éclaircie ». C'était l'implacable main du fisc mise sur le dernier morceau de pain de cultivateurs, victimes d'une guerre de dix ans. En 1664, les agents des finances ducales exécutèrent trente-deux de ces infortunés. L'opération apporta au prince la somme de 5.110 francs, y compris un capital de 6 sols, qui fut payé judiciairement (2).

Et qu'étaient les agents placés à la tête de nos seigneuries ?

(1) Tuefferd, *Histoire des Comtes*, p. 548.
(2) Arch. Haute-Saône, E, 47.

Lisons les doléances envoyées à cet égard au comte Georges. De Chenebier on lui écrivit, en février 1664 :

« Le temple a été brûlé par les soldats de Gallas, et dans le village pas une maison n'a échappé à l'incendie. Après la guerre, pendant laquelle ils ont été errants à travers le pays, en proie à une extrême disette, ils se sont hâtés de construire des maisonnettes, au prix de fatigues, de peines et de labeurs inouïs. Malgré leur misère, ils sont l'objet de vexations de tous genres de la part des sergents de Son Altesse. Le prévôt, dans la visite de leurs maisons, exige un paiement exorbitant ; il en est de même du garde forestier, quand il leur marque le bois qu'ils ont à couper. Les amodiateurs de la forge de Chagey enlèvent les chênes de leurs forêts sans les payer et les obligent encore à les conduire gratis sur place. Plus des deux tiers des terres sont couvertes de broussailles ; il y a quelques prés en bon état, les autres sont pleins de bois et chargés d'hypothèques. La communauté, qui n'a que douze habitants, redoit 150 livres et les sujets eux-mêmes, chargés de dettes, n'ont pu jusqu'ici les payer à cause des gelées, des orages et des grêles ; c'est à peine s'ils ont un peu de pain pour se nourrir. Dans cet état déplorable ils sont encore persécutés, molestés par les sergents ; ceux-ci renversent tout dans leurs maisons, prennent des gages qu'ils égarent dans les hôtelleries où ils s'enivrent. Si on leur demande pourquoi ils les gagent, ils répondent : « C'est pour un tel fait ». Si on leur dit qu'on a payé, ils répliquent que c'est pour une autre fois, en sorte qu'il leur est impossible de subsister. Outre qu'ils sont redevables à Son Altesse des tailles de neuf ans, le receveur les oblige à payer celles des propriétés vacantes. Ils ont bien la volonté de payer ce qui est dû pour leurs biens personnels, mais non pas les tailles des héritages qu'ils ne possèdent pas » (24 février 1664) (1).

La même année, les habitants d'Echenans-sous-Montvaudois, vexés également par les officiers d'Héricourt, nous donnent les détails suivants : de trente-deux feux existant dans leur village avant la guerre, on n'en compte plus que vingt ; à côté de maisons en bon état, d'autres sont chétives et piteuses, il y en a même encore onze en ruines ; la majeure partie

____

(1) Arch. Haute-Saône, E, 403.

des terres incultes sont « en décret, ou non reconnues par leurs propriétaires, égarés ou morts (1) ».

De Champey, en 1665, on se plaignit également au comte Georges : « Avant la guerre il y avait trente-sept sujets à Champey, à présent il n'y en a que dix-neuf, seize maisons sont en ruines ; trois cents journaux de terre en friche, la plupart des prés sont en bois ou pleins de broussailles. Il y a quelques années, afin de payer une dette de 500 francs, les habitants ont vendu un bois aux amodiateurs de la saline de Saunot, mais par ordre des officiers d'Héricourt, les deniers, provenant de cette vente, ont été employés au rétablissement d'un moulin dont Son Altesse a la rente annuelle. Malgré leurs dettes personnelles, allant de 6.000 à 7.000 francs, tous les jours les sergents, au nombre de trois ou quatre, ravagent leurs maisons ou les forcent à payer des biens de mainmorte, échus à Son Altesse. Leurs plaintes si justes et si modérées se bornent à demander que, sur les redevances dues au comte, on déduise les sommes exigées injustement (2). »

Dans son journal, le prince Georges dit que, le 17 mai 1668, « il a prié ardemment Dieu, avec de grands pleurs de jour et de nuit pour que Dieu ne veuille point punir le discours mal expliqué dans le presche » d'un pasteur allemand. Ne devait-il pas plutôt verser des larmes sur son pauvre peuple accablé de tant d'exactions ? Il est vrai qu'il écrivit aux officiers d'Héricourt de se contenter de leurs gages et qu'il permit aux habitants de Chenebier de vendre leur bois pour payer leurs dettes, mais la justice exigeait une réparation. En laissant ses sergents jouir du fruit de leurs iniquités, il commit un déni de justice à l'égard de gens spoliés de leur pain quotidien.

A cette époque la situation économique de nos deux seigneuries n'était pas dans un état de prospérité. En 1666, la dette envers le domaine s'élevait, en argent, à 3.663 francs, en froment, avoine et mouture, à 44 bichots, en cire, à 64 li-

---

(1) *Ibid.*, E, 488.

(2) Arch. Haute-Saône, E, 42. Le prince dit dans son journal qu'il passa en confession la journée du 31 mars 1668. On peut présumer que ce fut avec le pasteur allemand, qui avait établi cette pratique dans son église et dont un diacre riait aux éclats. Se confessa-t-il d'avoir laissé dévorer ses sujets par des fonctionnaires rapaces ? Péché très grave pour un souverain. Il n'en dit mot, car la restitution eût suivi l'aveu.

vres ; il lui était encore redû 481 poules et 5.020 bottes de paille.

Le comte Georges, pour connaître l'actif et le passif de l'avoir de ses sujets, ordonna à toutes les communes de la principauté de lui envoyer un état où seraient indiqués le nombre des familles de chaque village avec les noms, prénoms et l'âge des personnes qui les composaient, la superficie de leurs propriétés en champs et en prés, le chiffre de leurs dettes et le nombre des pièces de bétail de chaque ferme. Les renseignements envoyés au prince à cet égard purent lui faire apprécier les efforts de beaucoup de ses sujets pour améliorer leur culture. Beaucoup, sans voir réparé complètement les maux de la dernière guerre, étaient cependant arrivés par leur labeur à un bien-être matériel très suffisant, malgré les dettes dont tous, sauf de rares exceptions, étaient encore grevés. Ainsi en 1670, la dette générale des cultivateurs de Colombier-Châtelot s'élevait à 3.822 francs, de Blussangeaux, à 3.528 francs, de Colombier-Fontaine, à 3.659 francs. Celle des sujets de Lougres était la plus importante, elle montait à 12.730 francs. Dans ces chiffres sont comprises les petites dettes de chaque commune.

Le comte Georges, passionné, disent ses historiens, pour les études et les travaux théologiques, en était de temps en temps détourné par l'obligation de calmer les conflits qui éclataient entre les gens d'église. Un jour, dit-il, dans son journal, il subit, pendant de longues heures, les emportements d'un diacre allemand, mécontent de n'avoir pas obtenu les fonctions de prédicateur de la cour. Pour se consoler de sa défaite, ce personnage sollicita l'administration d'une paroisse afin de ne pas être sous la dépendance de celui qui avait été l'objet des faveurs de la cour. Dans le cas où il verrait sa demande repoussée, alors il quittera le pays, ira mendier son pain ou bien « il entrera en condition ».

En 1669, il y eut entre les pasteurs de Montbéliard une rivalité qui dégénéra en voies de fait. Macler blessa en pleine rue la servante de Walther. Le prince passa deux jours à entendre les sujets de leurs disputes. Pendant toute l'année ces deux hommes d'église persistèrent dans leur haine mutuelle et portèrent les causes de leur querelle dans la chaire évangélique ; les rivalités de leurs femmes y devinrent également des sujets d'éloquence.

Au mois de mars de l'année suivante, le prince leur fit défense de parler au temple de leurs contestations et de celles de leurs épouses. La rancune persévéra, car, au mois de décembre, le ministre Macler brisa deux portes dans la maison de Son Altesse où demeurait Walther. Le conseil de régence finit enfin par les réconcilier, au moins extérieurement.

Le prince était l'arbitre de tous les différends un peu brûlants. Un jour, nous dit-il, il fut obligé d'entendre les disputes des femmes des pasteurs. Quelles heures angoissantes ! Leur querelle avait pour cause une question de préséance ; chacune d'elles sans doute réclamait la plus belle place du temple. Après les femmes c'était le tour des pasteurs. Les deux prédicants d'Héricourt étaient brouillés. Plusieurs fois le comte les entendit. Les réconcilia-t-il ? Il le prétendit.

En 1671, il se produisit une scission entre les officiers de cette dernière ville et le pasteur Duvernoy. Celui-ci à l'insu des premiers, mais avec l'approbation des bourgeois, avait établi comme maîtresse d'école une jeune fille originaire de la Suisse. Le comte donna à cette personne l'ordre de sortir de la ville. Le pasteur et les bourgeois s'y opposèrent. Le maître d'école prit leur parti. Pendant la nuit il entendit à ses fenêtres des insultes à son adresse. En chaire, Duvernoy blâma les officiers. Le prince le traita de séditieux. L'affaire se termina par la révocation du maître d'école et de la maîtresse. Celle-ci ne s'en alla qu'après un emprisonnement de quelques jours (1). Nommé premier pasteur de Montbéliard, Duvernoy y trouva un détracteur acerbe. Le 24 décembre, son neveu Barthol, diacre de l'église française, prononça dans ce temple un sermon tout rempli de traits passionnés contre lui. Tous deux néanmoins se présentèrent le lendemain à la cène. Ces personnalités dans la chaire étaient fort habituelles. Le journal du comte Georges ne les cite pas toutes.

Si le prince était absent de Montbéliard, tout le monde en prenait à son aise. Louis de Forstner, intendant, lui écrivait à Œls, en 1677 : « Je souhaite passionnément que Votre

____

(1) Archives Nat., K, 1855, et journal du comte Georges.

Altesse se rapproche de nos limites pour bien des raisons. Il y a deux factions, ce qui cause du désordre et du scandale ; les prédicateurs fulminent en chaire contre les vices en général, ils sont insultés par ceux qui se trouvent offensés. » Le mal empira, si l'on en croit le même correspondant : « La désunion règne ici entre les uns et les autres ; la vie est si déréglée chez plusieurs pasteurs, que c'est un scandale (1). »

A ce moment se préparaient des événements d'une grande importance pour nos seigneuries et le comté de Montbéliard. Des détachements de soldats français passaient et repassaient dans les villages ; c'étaient les avant-coureurs d'une autorité libératrice. Par la conquête de la Franche-Comté, que Louis XIV réalisa en 1674, les Quatre-Terres, Héricourt, Blamont, Clémont et le Châtelot, que les comtes de Bourgogne n'avaient pu préserver de l'étreinte des ducs de Wurtemberg, furent enfin arrachées à leur domination. La législation ecclésiastique qui avait broyé, trituré la conscience des sujets de ces terres fit place à un code religieux qui servit mieux leur liberté. On vit alors la religion catholique, exilée depuis cent ans de ce petit coin de terre, y rentrer avec les aumôniers de l'armée française d'abord et peu après avec les prêtres que l'autorité ecclésiastique y envoya dès 1700, à la demande du gouvernement légitime.

Des autels furent élevés dans plusieurs anciennes églises, à Blamont, Héricourt, Saint-Maurice, Montécheroux, Voujaucourt, Autechaux, Longres (1698-1700), le saint sacrifice de la messe y fut de nouveau célébré, la lampe y fut rallumée, sa voix douce, claire, lumineuse célébra le retour et la présence de Celui qui a droit de cité partout. Cette voix malheureusement ne fut pas comprise des descendants de ceux qui avaient vu disparaître cette lampe du milieu de leurs habitations. Comprimée dans le moule luthérien, façonnée aux balivernes allemandes, la génération d'alors n'eut que des sentiments d'hostilité pour la religion de ses arrière-grands-pères, dont venait de s'éteindre le dernier écho des gémissements de leur conscience opprimée. Si elle s'emporta contre le nouvel état religieux, les âmes de leurs aïeux en relation avec l'Église militante furent dans l'allé-

___

(1) Mss. Duvernoy, règne du comte Georges.

gresse quand le son argentin d'une cloche appela les catholiques à la sainte messe et, au fond des tombeaux, leurs ossements en tressaillirent de joie, dans la pleine espérance de partager un jour le sort de la vérité, qui n'entre dans la tombe un jour que pour ressusciter avec une nouvelle vie et une lumière plus resplendissante.

ÉPILOGUE

Quand la religion catholique fut rentrée dans ses domaines d'où la force du bras séculier l'avait expulsée, un certain nombre d'âmes, réveillées et éclairées par les souvenirs de famille, demandèrent à être réintégrées dans le giron de l'Église. Elles ne purent résister à cet appel. Les curés des Quatre-Terres, ceux même de Montbéliard, eurent la consolation de recevoir leur abjuration. Mais cette démarche avait exigé une grande énergie de caractère et une volonté bien déterminée à souffrir patiemment les injures et les outrages contre lesquels l'autorité française ne les protégeait pas. Cette sauvegarde n'eût été rendue efficace que si des fonctionnaires catholiques eussent été mis à la tête des administrations de nos seigneuries. En face d'un tel porte-respect, un protestant y eût regardé à deux fois avant de manquer à un converti ou à tout autre catholique. L'absence de toute protection, non seulement arrêta un grand nombre de conversions, mais empêcha plusieurs ouvriers de l'ancienne religion de franchir les frontières des Quatre-Terres, au delà desquelles les attendait la malveillance sous bien des formes. Voici un fait suggestif arrivé en 1705.

Jean Belot, originaire de Melisey, était, depuis quarante ans, bûcheron dans les bois de Chenebier, ayant plusieurs ouvriers sous ses ordres. La coupe qu'il exploitait avoisinait une coupe de la commune d'Échavanne, exploitée par deux catholiques de Frahier, Jean Péquignot et François Grisey. Les traités, faits entre les bûcherons et les communes respectives et approuvés par le prince de Montbéliard, accordaient aux premiers la faculté de semer du seigle, des navettes, etc., sur les places où la carbonisation du bois aurait eu lieu. Jean Belot avait un laps de six années pour son exploitation et il devait livrer son charbon à la forge de Chagey.

A la fin de septembre ou aux premiers jours d'octobre 1705, Jean Belot pour « rendre une place en état d'être semée, y brûla des branchages » ; le feu devint si violent que les flammes léchèrent dix arbres fruitiers et huit petits chênes, laissés pour baliveaux. Du chantier voisin le même foyer noircit à peine douze petits chênes. De plus Louis Belot, fils de Jean, avait, pendant l'essaimage des abeilles, coupé un chêne sur lequel un essaim du rucher de son père s'était posé. Ce chêne, qui devait être abattu réglementairement, était dans le bois d'Échavanne. A cette époque une semblable aventure n'aurait pas franchi les limites de la forêt si elle eût eu des protestants pour auteurs, mais, cette année-là même, le conseil ecclésiastique avait assuré le service religieux à Chenebier de préférence à Belverne, à cause, dit-il, de trois familles catholiques qui y résidaient déjà et d'autres encore établies tant dans les bois qu'à la forge de Chagey, lesquelles dans la suite pourraient procurer quelque chose de fâcheux. Une telle décision allait d'une étincelle faire un grand feu. La justice d'Héricourt, en ayant été avertie, cria de suite : Haro sur les incendiaires !

Le 3 octobre, Gabriel Crémet, procureur fiscal, se rendit sur les lieux. Un procès-verbal est rédigé « sur les dégradations commises dans le bois de Chenebier » ; dans cette pièce il conclut : 1º à une amende de 17 livres pour chaque pied d'arbre léché par les flammes ; 2º à la confiscation, au profit de Son Altesse, des 68 quartes de grain semé ; 3º à une amende de 30 francs pour le chêne coupé par le fils de Jean Belot et de 10 francs pour l'enlèvement de l'essaim d'abeilles.

Le même jour, le procureur constatait les dégâts commis dans la coupe d'Échavanne et, le 22 octobre, un sergent d'Héricourt assignait Jean Péquignot et François Grisey, de Frahier, à la justice d'Héricourt pour y être condamnés à une amende de 124 livres.

Le procureur eut des scrupules. Dans la crainte d'avoir lésé les intérêts de son maître il éleva l'amende des trois délinquants à 1.000 livres et réclama la confiscation de toutes les implantations. Le tribunal fut moins sévère. Le 18 janvier 1706, Jean Belot fut condamné à une amende de 97 livres et à la confiscation du grain semé. Confiant dans la justice de sa cause, il n'avait pas répondu à la citation de l'huissier.

L'été se passa sans que le procureur exigeât le paiement de cette amende. Jean Belot se crut quitte envers le fisc, malheureusement une autre aventure réveilla la justice. Par charité il avait logé dans l'une de ses baraques un certain Pierre Racine, ouvrier protestant. Obligé d'y loger un de ses fils, il ordonna à l'occupant d'en sortir. Au mois de décembre la maisonnette brûla. Grâce au concours des ouvriers, les grains du propriétaire purent être sauvés. Dans l'enquête qui se fit à cette occasion, la femme de Racine accusa la fille de Jean Belot d'être l'auteur de cet incendie et tous deux mirent encore à la charge du dernier le vol de trois planches, au préjudice de Son Altesse. Le procureur en tressaillit de joie.

Le 20 décembre, les trois maîtres bûcherons, mandés sans doute à la forge de Chagey, s'y rendirent en toute confiance. C'est là que, par ordre du bailli de Montbéliard, ils furent saisis et conduits dans les prisons de cette ville. Le même jour le lieutenant du bailli fit encore une enquête sur les accusations de Racine et de sa femme. L'incendie, dont cette dernière était l'auteur, et le vol des planches, achetées par les fils Belot, furent maintenus par eux à la charge du père. De témoins à décharge (ils étaient nombreux) il n'en fut pas question. Enfin le 23 décembre, toute cette affaire, qui depuis seize mois tenait trois honnêtes ouvriers dans un horrible cauchemar, arriva à son dénouement. Pour avoir endommagé quatre petits chênes (c'est le seul grief que le jugement articula contre lui) Jean Belot fut condamné à 28 livres d'amende, ses deux compagnons d'infortune à la moitié des frais de la poursuite, avec obligation pour les trois bûcherons de prouver qu'ils n'avaient pas dégradé la forêt. La même année, au mois de mars, les protestants de Blussans, aidés de quelques sujets de Bourgogne, abattirent plus de 1.500 pieds d'arbre dans le bois de la Combe, appartenant à Son Altesse. C'était bien une dégradation monumentale. Le procureur n'y vit qu'une innocente peccadille. Aucune poursuite ne fut faite contre les délinquants (1).

Ayant tout à craindre de la part du conseil ecclésiastique, des représentants de la justice, des pasteurs et du peuple, on comprend que les catholiques comtois n'aient pas eu beau-

(1) **Archives Haute-Saône, E, 403, 444. — Arch. Doubs, E, 413.**

coup d'empressement à franchir les frontières des Quatre-Terres pour s'établir dans le pays. Les premiers qui eurent le courage de le faire furent traités plus ou moins comme Jean Belot. On refusa de les inscrire parmi les bourgeois de la communauté et de les faire jouir, à ce titre, des biens communaux. Pour cela il fallut, comme à Chagey, pour Pierre Verchot, l'intervention de l'intendant de Besançon.

Mais l'événement qui déconcerta le plus le camp luthérien fut la nomination d'Étienne Stiquel, de Chenebier, en qualité de maire de la commune, vers 1748. Les dépositaires de l'autorité protestante déployèrent une activité fébrile pour obtenir sa révocation. Une enquête mit dix-sept griefs à sa charge, dont pas un ne permit à la justice héricourtoise de le traduire à sa barre, par conséquent il n'était coupable ni de fraude ni de malversation. Toute sa faute était d'être catholique. Aussi, le 30 mai 1754, le gouverneur de Montbéliard, le président et les conseillers de la régence destituèrent Étienne Stiquel de la charge de maire. Cette destitution fut fêtée dans les deux seigneuries comme un triomphe pour le protestantisme (1).

Jusqu'à la Révolution, les fidèles de cette religion prirent les catholiques immigrés parmi eux comme des ilotes, indignes de vivre dans la terre sainte de la principauté. Vers la fin du xviiie siècle cependant, dans certaines paroisses il leur fallut compter avec les fidèles de notre religion, qui réclamèrent leurs droits à l'égalité sociale sous tous les rapports. Chose surprenante, les catholiques de Chenebier, qui, en 1753, s'étaient vus exclus de l'usage du simultané du temple de la commune, l'obtinrent enfin par leur infatigable persévérance à le revendiquer. Un document à citer à l'appui de ce fait se trouve aux Archives Nationales. Dans le procès-verbal de la visite des églises, en 1788, le surintendant observe « qu'à Étobon le service est régulier, excepté à Chenebier où il faut s'accommoder aux heures et quelquefois aux fantaisies du curé qui y vient faire l'office, le temple étant mi-parti avec les catholiques (2) ».

Au concordat de 1802, les intrigues protestantes, favorisées

---

(1) Arch. Doubs, E, 1074. Haute-Saône, E, 408.
(2) **Arch. Nat., K, 2176.**

par l'esprit révolutionnaire, firent le partage des églises entre luthériens et catholiques. Ceux-ci, comme c'était prévu, furent traités en étrangers. A Tavey, l'édifice du culte, dont la propriété, d'après des milliers de titres, appartenait exclusivement aux catholiques, fut soumis au simultané, grâce à un don fait au sous-préfet de Lure. L'église de Chagey, édifiée par le dévouement de M. Briot, curé en 1740, subit le même régime. Les catholiques de deux ou trois villages ne furent rattachés à aucune circonscription paroissiale. L'évêque constitutionnel de Rennes, devenu archevêque de Besançon, en tournée de confirmation dans le pays de Montbéliard, fut l'objet de grandes ovations de la part des protestants. Leurs formes gracieuses et affables avaient captivé le pasteur au détriment de ses ouailles.

Mais le protestantisme, établi dans notre région par l'emploi de mesures violentes : prison, amendes, exil, censures publiques, avait besoin pour se tenir debout de l'appui du bras séculier qui l'y avait implanté. L'annexion du comté de Montbéliard à la France, l'expulsion des ducs de Wurtemburg de leur château féodal le privaient de cet appui, le seul capable de lui conserver un semblant de vie. Les sujets luthériens, n'ayant plus à redouter le glaive des princes, ni les amendes des consistoires, en prirent à leur aise avec les pratiques de leur religion, qu'aucune autorité n'était plus en droit de leur imposer. Retenus encore un peu de temps dans quelques observances extérieures par les souvenirs du passé et par l'exemple de la fidélité de leurs voisins catholiques à leurs devoirs religieux, ils ne tardèrent pas, sur la pente irrésistible du libre examen, à se jeter dans la libre pensée, vérifiant ces paroles du Père Lacordaire : « En inventant le protestantisme, l'esprit du mal avait calculé qu'après avoir pris le mensonge pour la vérité, les hommes seraient amenés par le dégoût du mensonge au dégoût de la vérité même et que des abîmes de l'hérésie ils tomberaient dans les abîmes de l'incrédulité ».

On peut présumer à bon droit que l'immense majorité des pasteurs d'Allemagne, au dire de M. Goyau, et du pays de Montbéliard, sont, en compagnie de la plupart de leurs disciples, tombés dans cet abîme. Les pasteurs, ayant rejeté la divinité de Jésus-Christ, « en dehors duquel il n'y a pas de salut », finiront leurs jours dans cet antre de ténèbres. Parmi le peuple, il y aura sans doute des exceptions. Quelques âmes, pressées par le besoin de croire, se refusant à voir dans la tombe le terme de leur vie, ouvriront les yeux à la vérité, qui n'a jamais cessé de briller d'un éclat lumineux dans l'Église catholique et demanderont à y rentrer pour s'assurer la possession de leurs destinées éternelles.

C'est ce but qu'a voulu atteindre une personne qui fut bien connue à Montbéliard, Mlle Marie-Louise Culot, organiste au temple Saint-Georges de 1898 à 1906. Obligée de chercher pour sa santé un climat plus doux que celui de sa ville natale, trois fois, à différents intervalles, elle se rendit à Périgueux. Dans les deux premiers séjours qu'elle fit dans cette ville, elle se flattait, chez ses hôtes, d'être athée, sceptique, de ne croire ni à Dieu ni à diable. A son troisième séjour, en 1913, le besoin de discuter, disposition déjà manifestée au deuxième, fut encore plus impérieux, bien qu'elle dît au prêtre avec lequel elle avait désiré s'entretenir de vérités religieuses : « Je ne serai jamais des vôtres. » Depuis deux ans cependant elle était fidèle à la pratique de réciter le *Pater*, non par dévotion, mais pour tenir sa promesse. Elle lut la guérison merveilleuse à Lourdes de Gargam, employé des postes, qu'un accident de chemin de fer avait réduit à l'état d'épave humaine... Enfin éblouie un jour par la lumière de la grâce, elle s'écria : « Je ne doute plus de rien, de rien, je crois tout, absolument tout, je suis catholique, je veux aller à Lourdes, que je suis heureuse ! » Cette âme franche, sincère, bonne, droite, fit son abjuration à Lourdes, le 13 septembre 1913, au milieu d'émotions indicibles. Malheureusement elle ne put réaliser son ardent désir de faire partager aux siens sa foi et son bonheur. Son mal, dont elle ne voulut pas demander la guérison à la Sainte Vierge, s'aggrava subitement et elle mourut contente, en janvier 1914.

Rentrer dans le giron de l'Église catholique, c'est la réalité que rechercheront les âmes droites et pures du protestantisme, fatiguées du néant dogmatique d'une prétendue religion dépourvue de vie et d'espérance.

PIÈCES JUSTIFICATIVES

I (p. 20)

Lieu du martyr de saint Maimbœuf

En 1910, parut à Besançon une brochure sur le martyre de saint Maimbœuf. Elle soutient que ce ne fut ni à Froidefontaine, territoire de Belfort, que le saint fut martyrisé, ni à Dampierre-les-Bois que son corps fut enterré, mais que son martyre et son enterrement eurent pour théâtre Dampierre-les-Montbozon.

Depuis la publication de cette brochure, l'auteur a découvert un document qui donne à sa thèse une entière certitude. Au commencement du XVIe siècle, des informations furent prises à Besançon, relativement à la succession des Neuchatel. Le doyen de la collégiale de Montbéliard, Thomas Berdot, appelé à une réunion de témoins et de jurisconsultes, fit la déposition que voici : Il dit « savoir la descente (généalogie) des comtes de Montbéliard par un ancien papier anciennement escrit où est fait mention de la translation du corps de saint Maimbœuf des Dampierre-les-Montbozon aud. Montbéliard du temps du comte Atto (Utton) qui vivait du temps d'un archevêque de Besançon, nommé Beranger (1) ».

Ce témoin est-il digne de foi ? Voici en quels termes Jules Gauthier, archiviste, en parle : Thomas Berdot était né à Montbéliard ; il avait fait de solides études en théologie et en droit dans les universités de Fribourg et de Paris ; d'abord chanoine, puis doyen de Saint-Maimbœuf, il fut employé par le duc Ulric dans plusieurs missions délicates en France et en Allemagne.

Ajoutons que Thomas Berdot, lors de l'établissement de la Réforme à Montbéliard, fut, sur son refus d'embrasser les nouvelles doctrines, jeté en prison. Ayant quitté l'enceinte de la ville, il se réfugia à Besançon, où il devint chanoine de la cathédrale de Saint-Etienne. A sa mort, arrivée en 1561, son corps fut inhumé dans la chapelle de saint Maimbœuf, érigée dans cette église.

La translation du corps de saint Maimbœuf de Dampierre-les-

(1) Mss. Duvernoy, t. IX, p. 207. Bibliothèque de Besançon.

Montbozon à Montbéliard est affirmée par Thomas Berdot sur la fo
« d'un ancien papier anciennement escrit ». Une telle déposition,
faite par un personnage si compétent, si distingué, donne au fait
qu'il rapporte une certitude complète. Son témoignage, corroboré
par la tradition, riche de circonstances intéressantes de Dampierre-
sur-Linotte, en parfait accord avec le récit des Bollandistes, justifie
hautement le culte que les catholiques de cette paroisse rendent solen.
nellement au saint, le 23 janvier de chaque année. C'est donc le
territoire de ce village qui fut le théâtre et de son martyre et de sa
sépulture. (Voir *Le martyre de saint Maimbœuf à Dampierre* par
l'abbé Tournier.)

En l'année 1919, M. l'abbé Eiselé, curé de Dampierre-sur-Linotte,
a découvert dans une maison de sa paroisse une statue de saint
Maimbœuf. En pierre et d'un seul bloc, elle a une coupe à la main
droite et des gants à la main gauche. Un antiquaire de Besançon,
qui en fut amateur, affirme qu'elle est du XIIIe siècle. Heureuse
découverte, qui, avec le témoignage de Thomas Berdot, met sur une
base inébranlable le fait historique renfermé dans la tradition, en
honneur à Dampierre-sur-Linotte. L'érection d'une statue dans une
chapelle dédiée au saint et mentionnée en 1520 n'avait pu être ins-
pirée que par le culte que les catholiques du lieu lui rendaient
déjà en 1200. A cette date, séparée seulement de 180 ans de celle où
s'était faite la translation du corps du saint de Dampierre à Montbéliard, les vieillards de la première paroisse racontaient alors à leurs
petits-fils tous les détails de ce fait, comme les ayant recueillis de la
bouche de leurs devanciers, dont les uns, d'un âge avancé, n'étaient
guère séparés que par une génération des circonstances d'un événement qui les attristait encore et qui, dans ces temps de foi et de
piété, formait le sujet de leurs conversations quotidiennes, aliment
de leur dévotion envers leur puissant thaumaturge.

Après l'étude de preuves si convaincantes de la vérité de la tradition des habitants de Dampierre-sur-Linotte, on comprend leur surprise, leur mécontentement, quand ils apprirent que des auteurs
avaient fabriqué des histoires qui infirmaient complètement les titres
qui justifient le sobriquet suggestif de Tue-Saint qui leur a été donné
et qui, à lui seul, vaut des centaines de documents.

La brochure, écrite pour défendre la légitimité de leur dévotion
envers saint Maimbœuf, faisait espérer la découverte de documents
qui la confirmeraient. Nos prévisions se sont réalisées. Sont-ce les
dernières découvertes ? Ce n'est pas probable. Les archives sont
encore richés de secrets qui ne demandent que le grand jour.

II (p. 131)

Parcelles des sommes d'argent, dépensez par Dom Claude de Mailleroncourt estant allé à Sainct Vaubert pour les affaires du priorey d'illec avec unes parcelles de certaines rentes dehues audict priorey par lui recues.

S'ansuis ce que j'ay fournir pour Messieurs les vénérables religieulx du couvent de Sainct Pierre de Luxeul depuis le mardi vigile sainct Mathias XXIIIe de feuvrier mil cinq cens trente-quatre jusque au mardi XVIe de mars.

Item premièrement le mardi que parti de Luxeul XXIIIe de feuvrier à la couché à Lure pour mon souppé, de mon. homme et de mon cheval, dix sols tornois, pour ce   X s. t.

Item le mercredi XXIVe dudit mois, arriva à Hérycourt, pour mon souppé et de mon homme sept sols et demi tornois, pour ce   VII s. demi t.

Item le jeudi XXV dud. mois pour le disné de quatre prebtres cordeiller de Rogemont pour ce qui avaient chanter pour feu Monseigneur le prieur et pour moy douze sols tornois, pour ce   XII s. t.

Item ay délivré à Colombain Du Bois pour advertir Messieurs du couvent de la mort de feu monseigneur le prier dix sols tornois, pour ce   X s. t.

Item pour quatres escusson armoye des armes de feu Monseigneur le prieur et pour la peine de celuy que les alla quarre à Montbelliard huit sols tornois, pour ce   VIII s. t.

Item dix livres de cyre que j'acheta à Monbelliard, pour ce cyre X l.

Item pour douze sierge de cinq livres et cinq torches d'autres cinq livres pour avoir acorder avec les voyes de la façon des sierge et torche huit sols tornois, pour ce   VIII s. t.

Item pour le sargent que fut levez la main en nostre priore de Saint-Vabert et aultre part où elle estait mise et pour ajourner les dimeurs de Hérycourt pour paier la cyre desd. dismes trois sols tornois pour ce   III s. t.

Item pour le vin de quoy lon chanter les messes les trois jours et pour les aulmones que l'on fit les trois jours cinq sols tornois pour ce   V s. t.

Item pour deux lico tant pour le cheval de Monseigneur le prévost que pour le mien et le reppas desd. deux cheval quant feumes quarre la cyre à Monbelliard, deux sols tornois, pour ce   II s. t.

Item pour Anthoine Rossellot que alla quarre Monseigneur le lieutenant Jehan Poinsard à Chenebier ung sol tornois, pour ce   I s. t.

Item pour la marchandise du mauçon et du desbrousseur et du serrurier cinq sols tornois pour le vin des trois, pour ce   V s. t.

Item pour le vin du chambeillières de l'oste où que messeigneurs furent louger, quatre sols tornois, pour ce   IV s. t.

Item pour le vin du cusenier cinq sols tornois, pour ce   V s. t.

Item pour le vin du portier d'Hérycourt, deux sols tornois, pour ce   II s. t.

Item pour souppé le lundi premier de mars quant Messeigneurs partire d'Erycourt, trois sols tornois, pour ce   III s. t.

Item le mardi II de mars pour mon disner aud. Héricourt, deux sols tornois, pour ce   II s. t.

Item pour couché de Monseigneur le Prévost un soyr et moy trois ensemble de mon homme avec la colation en cheu le Billard, cinq sols tornois, pour ce   V s. t.

Le mecredi troisième dud. moys de mars pour mon soupper à Sainct Vabert ung sol et demi tornois, pour ce   I s. demi t.

Item le jeudi IIIIᵉ de mars fut acheter à Beffort quatres-vingts et deux lavons pour soixante douze sols tornois, pour ce   LXXII s. t.

Item led. jour pour ramener les soixante lahons des quatres-vingts et deux et pour me menez ung bichot de froment à Beffort et pour nostre disné tant des charretons, de leurs chevaulx que de moy vingt sept solz tornois, pour ce   XXVII s. t.

Item le vendredi Vᵉ de mars tant pour mon disner que pour mon soupper aud. Héricourt trois sols tornois, pour ce   III s. t.

Item le sambadi VIᵉ de mars, fust à Monbelliard acheter une sarrure pour la porte de chambre et deux pamelles et pour mon disner treze solz tornois, pour ce   XIII s. t.

Item led. jour pour mon souppé à Héricourt ung solz et demi tornois, pour ce   I s. demi t.

Item le dimanche VIIᵉ de mars pour mon soupper à Saint-Vabert deux solz tsrnois, pour ce   II s. t.

Item le mardi IXᵉ de mars fust à Mombelliard acheter une sarrure et deux pamelles pour la porte du grenier dessus et pour le disner de moy de mon homme et de mon cheval seze sols tournois, pour ce   XVI s. t.

Item le mercredi Xᵉ de mars tant pour mon disner à Héricourt que pour mon soupper à Saint-Vabert, cinq solz tornois, pour ce   V s. t.

Item le jeudi XIᵉ de mars fust à Beffort acheter vingt ung lahon vingt solz tornois, pour ce   XX s. t.

Item pour acheta aud. lieu un livre de plon de cinq solz tornois, pour ce   V s. t.

Item pour admenez lesd. XXI lavons depuis led. Beffort jusque à Herycourt, cinq solz tornois, pour ce   **V s. t.**

Item led. jour pour mon disner aud. Beffort quatre solz et demi tornois, pour ce   IIII solz demi t.

Item le vendredi XIIe de mars pour mon disner à Héricourt deux solz tornois pour ce   II s. t.

Item led. jour pour mon soupper à Saint-Vabert ung solz et demi tornois, pour ce   I s. demi t.

Item le sambedi XIIIe de mars tant pour mon disner que pour mon souppé quatres solz tornois, pour ce   IIII s. t.

Item le dimanche quatorziéme de mars pour mon disner à Héricourt, trois solz tornois, pour ce   III s. t.

Item led. jour pour mon souppe aud. Héricourt, deux solz tornois, pour ce   II s. t.

Item led. XVe de mars pour mon disner pour messire Tatitot et de mon homme que revin avec moy sept solz tornois, pour ce VII s. t.

Item led. jour à Loffands pour le souppè et pour la gitte de moy, mon homme et mon cheval dix solz tornois, pour ce   X s. t.

Item le mardi XVIe de mars à Sainct-Germain pour le déjeusné de moy, mon homme et mon cheval, cinq solz tornois, pour ce   V s. t.

Item pour la peine de mon homme qui me condisa depuis Héricourt jusque à Luxeul sept solz et demi tornois pour ce VII s. demi t.

Item pour les despens de mon cheval et pour trois semaines que ay demouré à Héricourt tant pour le foin que pour l'aveine, trante solz tornois, pour ce   XXX s. t.

Item pour sept jours que Colombain Du Bois m'a servi et aussi pour venir advertir messeigneurs, doze solz tornois, pour ce XII s. t.

Item pour ma prébende de trois semaines   XLI tornois.

Item avoir délivré à messire Etienne Gremillot, curier de Vians et à messire Gyrard-Valot demeurant à Luze jadis admodiateur du prioré de Sainct Vabert-lez-Hérycourt trèze francs monnoie d'Erycourt et six testons comme il apert par la sédule de messeigneurs, pour ce   XVI fr. IIII gros.

Item à Jehan George ay délivré la somme de trente gros monnaie d'Erycourt (1), pour la marchandise des portes et fenestres et est ce pour la prisée de huit quartes froment, pour ce XXX gros monnaie d'Ericourt.

Item à messire Loys curier de Tremoingt la somme de vingt deux solz estevenans monnoie d'Ericourt, et est ce pour avoir selebret unze messes à nostre prioré comme il apert par sa quittance, pour ce   XXII solz estevenans.

Item à Marguerite, de douze livres estevenantes monnoie d'Ericourt, comme il apert par ses quittances, pour ce   XII livres est.

---

(1) En marge : ledit messire Claude anpourtera quittance de la marchandise sy dessus.

Item à Jehan George, six francs cinq solz monnoie Bourgogne, comme il apert par sa quittance et ainsi que messeigneurs m'on promis en rappourtant lad. quittance de me contanter, V francs V sols monnoie de Bourgongne.

Item à Jacques Cuenin la somme de dix-huit francs et demi monnoie d'Erycourt, comme il apert par sa quittance, pour ce XVIII fr 1/2.

Item à Henri Chargepol la somme de douze francs neufz gros monnoie d'Erycourt, comme il apert par sa quittance pour ce XII fr. IX gros.

Somme XIVI fr. V gros.

Item pour chacune desd. décharge deux blans.

Sansuis le receü de la vendue des graines appartenant à messeigneurs à cause du prioré de Sainct Vabert.

Item premièrement avoir reçu de Jacques Cugny la somme de soixante francs monnoie d'Ericourt et est ce pour la vendue de six bichot de froment et six bichot d'aveine, comme il appert par certiffication pour ce   LX

Item Claude Mouton de Sainct Vabert et Claude Poinssard d'Erycourt ont délivré à messire Claude de Mailleroncourt vingt quatres francs monnoie d'Erycourt et est ce pour la vandue de quatres bichot froment pour ce   XXIIII

Item ay recu de Pierre Bréart de la Chappelle le treizieme de mars pour douze quartes froment et douze quartes aveine qui doit le ranterre chacun un quatres francs neufz gros, monnoie de la Chappelle pour ce   IIII fr. IX gros.

Item ay receu du curier d'Ericourt pour le patronage de la cure dudit héricourt trois frans monnoie de Bourgongne, pour ce III fr. monnoie que dessus.

Item plus ay receu de thevenin fournier le vieuz de Gemonval dix solz estevenans de sance assigné sur plusieurs pièces comme il appert par sa lettre, pour ce   X solz. est.

S'ensuit se que j'ay fornie pour messieurs du couvent depuis Pasque.

Item a messire Girez Vaulot cinq frans monnoye de Bourgongne pour cinquante messe qui la dit en nostre priorez de Sainct Vaubert lez héricourt et vinte deux gros monnoye dud. Héricourt comme il apert par sa quittance   VI fr. XIII solz.

Item a messire Jehan Tatitot pour quinze messes qu'il à Sainct Vaulbert pour çe   XXX solz t.

Item à Perrin Receveur mausson pour faire des merches pour entrer depuis la cuisyne en la qualve et bouché la pourte de dessus XX solz. t.

Item pour dix livres de plons pour pendre les fenestres pour ce X solz t.

Item pour maistre Pierre le Crivards pour la messe de Sainct
Vaulbert XXVIII gros

Item pour Jehan largentier pour reffaire le ciboyre et le petit
couffre d'ivoyre X solz t.

Item pour l'obseque de feu monseigneur le prieur de Sainct
Wabert assavoir trois jour durant le jeudy, vendredy, samedy tant
pour les grand messes qne petittes, se monte à la somme de soizante
et dix solz tornoys, pour ce LXX s. t.

Somme : XVI fr. tornois.

(Archives Nationales, K 2208.)

III (p. 149)

En nom de la sainte et indivisible Trinité du Père, du Fils et du
benoist Saint-Esprit.

Je Jehan Poinsard, lieutenant du bailly d'Héricourt et notaire juré
de la cour Monsieur l'Official de Besançon, sain de sens, de pensée
et entendement et sans aucune maladie de mon corps, dont je loue
Dieu, mon souverain Créateur. Considérant toutefois les cas fortui-
teux de la mort qui journellement adviennent par diverses manières
qu'il croit rien de si certain que la mort ne incertain que l'heure
d'icelle vuillant cette prémunir regardant que pour l'assurer.
D'environ trente-sept ans j'ay été marié avec ma femme cy-après
nommée et que, n'ayant plu à Dieu de nous donner lignée de nos
corps, désirant surtout le salut de mon âme, aussi de régner et
récompenser aucunement ceux et celles qui m'ont fait plaisir en
évitant le vice d'ingratitude et afin que je ne décède de ce mortel
monde en l'autre ab intestat tandisque sens, raison et bonne mémoire gouvernant mon entendement et que je suis en bonne et parfaite
loquence, bien advisé de appenser en mes affaires, Dieu grâce, tant
pour le salut de mon âme que autrement je fais, condis, ordonne et
dispose des biens qu'il a plu à Dieu mon souverain Créateur et
Rédempteur de sa grâce prester en ce mortel monde mon testament
ordonnance et dernière volonté en la manière que s'ensuit :

Premièrement mon âme de présent et quand elle partira de mon
corps la rend et recommande à Dieu mon souverain Créateur et
Rédempteur lequel très humblement je supplie la recevoir en son
royaume de Paradis, à la très pieuse et glorieuse Vierge Marie, sa
piteuse mère, à Monsieur saint Michel archange, à Messieurs saint
Christophe et saint George, mes vrays patrons, et généralement à
tous les saints et saintes du Paradis, les suppliant être en intercession envers Dieu, mon Sauveur et Rédempteur pour le salut d'icelle.

Item je élis la sépulture de mon corps devant l'autel de la chapelle que j'ay fais construire en l'église dud. Héricourt et que dessus mon corps soit mis une pierre semblable à celle qui est dessus le corps de furent mes pères et mères auxquels Dieu fasse paix.

Item le jour de mon décès et trépas, si faire se peut commodément sinon le lendemain et les deux autres jours immédiatement suivant, je veux et ordonne que treize prestres seront appelés et convoqués qui célébreront chacun desd. jours en lad. église dud. Héricourt chacun une messe assavoir : trois messes à notte à haute voix, l'une du Saint-Esprit, l'autre de Notre-Dame et l'autre de requiem et le surplus basses messes toutes de requiem avec les vigiles des morts pour le salut et remède de mon âme, de celles de mesd. furent père et mère et de mes prédécesseurs.

Item je donne et lègue aux confrères de la confrérie de Monsieur Saint-Christophe et de Madame Sainte-Lucie, vierge, fondée et instituée en l'église dud. Héricourt en augmentation desd. confréries la cense ou rente de douze solz estevenant, monnoye coursable aud. lieu que me sont dehus chacun an par les hoirs fut Vuillemin Boutoillier de Chagey a réachapt perpétuelle de la somme de douze livres afin que je sois participant aux grandes confréries et pardons desd. confréries.

Item je fonde et veux être fondé à perpétuité en l'église de Chenebie six basses messes de requiem qui se diront et célébreront chacun an perpétuellement par le curé ou son vicaire de lad. église pendant les six semaines de Carême, a scavoir : à chacun jour de mardi, pour la fondation et dotation desquelles je donne et lègue à lad. église la cense ou rente annuelle et perpétuelle de neuf sols estevenans que Nicolas Colin d'Eschavanne me doit, veux et ordonne que les lectres de lad. cense en soient rendues et délivrées aud. curé ou aux fabriciens de lad. église par mes héritiers cy-après nommés :

Et quant au demeurant de tous et singuliers mes autres biens, meubles et immeubles, présens et avenir quelconques, en quelque part qu'ils soient, debts moins de debts et actions quelconques, ou qu'ils puissent être dehues et compétées dont je n'ay cy-devant testé et ordonne et disposé testeray ou disposeray ci-après, je fais, nomme et institue de ma propre bouche mes vrays héritiers.

Premièrement seuls et pour le tout à scavoir ma très chère et bien aimée femme Vuillemotte Poinsot pour sa vie naturelle durant seulement, puisqu'elle est en partie cause de mes biens, pourvu qu'elle madame sera tenue et obligée agréer et observer inviolablement tout le contenu en cethuin sans y contrarier ne contrevenir en quelque point ni passage que ce soit.

Et après le décès et trépas de ma bien-aimée femme, je fais, nomme et institue de ma propre bouche mes vrays héritiers universaux seuls et pour le tout, pour eux pour leurs hoirs successeurs et qui en auront cause d'eux au temps advenir mes bien-aimés parents et amis, a scavoir maître Jean Perdrix, chirurgien, mon filloz, demeurant à Montpellier, Liénard Poinsard, fils de Claude Poinsard, fils de fut Christophe Poinsard, aussi mon oncle, trois mes cousins germains et chacun d'eux par égale portion, pour eux, leurs hoirs, leurs successeurs et ayant cause d'eux à l'advenir.

Et pour l'accomplissement et entière exécution de cethuy mon présent testament, ordonnance de dernière volonté vouillant et ordonnant icelluy être vallable et de perpétuel effet et si ne vaut ou vaudra cy-après selon les lois, je veux qu'il vaille selon les canoniques sanctions en rejetant la rigueur du droit civil et implorant la bénignité du droit canon, et si ne vaut ou voudra cy-après par droit de testament je veux qu'il vaille par droit de donation à cause de mon codicille et par tous autres moyens que ordonnance de dernière volonté peuvent et doivent mieux valoir tant de usage de stil que de coutume de païs, et afin qu'il ait et obtienne perpétuelle force, vigueur et valeur je veux et ordonne qu'il soit ouvert, lu et publié par devant Monsieur l'Official de la cour de Besançon auquel je supplie humblement mectre l'authorité et décret de lad. cour que en tel cas appartient, lequel mon présent testament fut fait et passé par moy led. Jehan Poinssard, testateur, par devant honorable et discrette personne messire Nicolas de Bazaille de Luxeuil, prêtre notaire juré de la cour de Besançon et présentement vicaire au lieu de Bavillier et Perrin Finey de Faucogney aussi coadjuteur du bailliage d'Amont ou comté de Bourgogne que j'ay prie recevoir icelluy au château d'Essert en la chambre haute d'icelluy regardant tout le village dud. Essert d'un côté et de l'autre en la cour dud. château le mercredi des Quatre-Temps après la sainte Luce, seizième jour du mois de décembre l'an mil cinq cent cinquante-six, présens honorable homme Jean Pelletier munnier dud. Essert, Huguenot Clerc, Jean Dufaict, dit Tabourin, Nicolas Petitot, tous dud. Essert cojuges et jurés de la justice dud. lieu, Antoine Molot et Claude Vernier de Bavillier, aussi cojuges et jurés de la justice d'Essert, Valentin Menestrier dud. lieu, témoins ad ce par moy led testateur et par lesd. notaires souscrits appelés spécialement et requis ainsi signés : J. Poinssard, M. de Bazaille et P. Finey.

Extrait d'une copie légalisée par Ligey, receveur des cures à Héricourt, le 10 avril 1751.

(Arch. Haute-Saône, E 271.)

Au nom de Dieu, amen. Je Pierre Rebillard de Chenebie sain de sens, pensée et entendement, je fais, condis et ordonne et par ces

présentes fais et ordonne mon testament, l'ordonnance de dernière
volonté en la forme et manière que cy-après s'ensuit.

Premier, l'âme de moy et dois maintenant quand elle sortira de
mon corps je la rend et recommande à Dieu mon souverain Créateur, à la glorieuse Vierge Marie, sa mère, à Monsieur saint Ligier,
mon patron et à tous les saints et saintes du Paradis.

Item je veux mon corps être inhumé et enterré au cimetière de
lad. église Monsieur saint Ligier aud. Chenebie, ou que sont enterrés
mes prédécesseurs et que le jour de mon trépas, s'il est heure commode ou le lendemain d'icelluy soient dites et célébrées par le curé
dud. Chenebie et autres hommes d'église trois messes pour le remède
de mon âme.

Item je donne et lègue à la fabrique de Monsieur saint-Ligier un
coupot de seigle afin que les paroissiens prient pour moy.

Et du reste et surplus de tous et singuliers mes autres biens, tant
meubles qu'immeubles qui de moy demeureront après mon trépas
dont je n'ay cy-devant testé ou disposé, je fais, nomme, institue de
ma propre bouche mes vrays héritiers universaux seuls et pour le
tout mes bien-aimés fils led. Pierrot, Jacque et George Rebillard chacun d'eux pour une troisième partie.

Que fut fait et passé par je led. Pierre Rebillard es mains et par
devant Simon de Montoille, nota're et receveur des princes aud.
Héricourt aud. Chenebie en ma maison d'illec et au poille d'icelle le
quatrième jour du mois de février l'an mil cinq cens soixante, pré-
sens discrette personne messire Antoine Dodelier, prestre curé de
Chenebie, Huguenin Bonhotal, Jean Margre dit Chapard, Jean Morel,
Bonhotal Jacque, Bonhotal George, tous dud. Chenebier, Claude
Lecrisle, jeune, d'Eschavanne, demeurant aud. Chenebie et Charle
Pillard dud. Héricourt, tous témoins ad. ce appelés et spécialement
requis ainsi signé, S. de Montoille.

Extrait d'une copie légalisée par Ligey, receveur le 10 août 1751.

IV (p. 161)

A tous présens et advenir soit chose notoire, évidente et manifeste
que pour débat, question et differends faisans mehus procès com-
mencés et en apparence destre faictes et mehus plus grands entre
discrète personne messire Claude Pechelin, prestre curé de Chenebie
d'une part, Huguenin Bonhotal dud. Chenebie et Pierre François Deschavanne, maubourgs et fabriciens de la fabrique de l'église dud.
Chenebie et aud. nom, et tant en leur noms comme pour et au
nom de tous les aultres habitans desd. Chenebie et Echavannes,

parochiens de lad. église de Chenebie tant presens que absens pro-
mectans pour eulx et chacun deulx faire rattiffier consentir et emo-
loguer les traictés, accords et promesses et choses cy après escriptes
toutes et quanteffois que requis en seront, estant avec eulx lesd.
maubourgs et fabriciens Jacquot Bonhotal, Thiébaud Barbault, Pierre
Rebillard dud. Chenebie, Pierre Colin, Perrin Vuillamey, Guillaume
Viéney, Nicolas Lecrisle, Jehan Lecrisle, Perrin Viéney et Jehan
Precher, tous deschavanne et en tant que a ung chacun deulx touche d'aultre part lesquelles parties désirant comme elles désirent
les droictures par lesd. paroissiens dessux à leurd. curé tant a cause
des mortuaires aulmones aultres drois funéraulx espousailles, lestres
de délivrance que aultres drois cy apres desclarés estre limités et
habonnez pour le temps avenir . . . .

. . . .

Premièrement quant aux quartes du parrochiage que le cure avait
eu par cy devant pour ce qu'il faisoit les prieres a prosne ou il nom-
moit tous les chiefs dhostei hommes et femmes de lad. parroiche ont
accourdez chacun demye quartes. Quant aux chandoilles et tronc
qui est en léglise dud. Chenebie led. curé joyra de la moytier des
chandoilles que seront appertes en la nez de lad. église memement
que lesd. parrochiens en teignent une alumée pendant la messe le
dimanche et quand a laultre moitié lesd. parrochiens l'appliqueront
au prouffit de la fabrique et quant a diesme tant soille pois et aultres
annaiges comme lesd. parrochiens en payeront selon qu'ilz ont accoustumes paye le diesme de unze gerbes lune de soille avenne chenave
et febves pour ce qulz se lient en gerbes, quant aux pois et millet
qu'ilz étoient accoustumes de payer diesmes nen donneront ou payeront aud. cure que a volonté. Quant aux aumones ou pain annuel
des parrochiens d'icelle cure qui dorenavant descederont ilz seront
tenus de payer pour chacun des plus pauvres ou riches vingt solz
tournois monnoye coursable aud. héricourt et por aultres dix solz
tournois dite monnoye avec quatre quartes de soille mesure dud.
héricourt pour tous et chacun chief dhostel decedant de quelque
faculte qu'ilz soient et por ce que seront tenus led. parrochiens
offrir aultre pain annuel par leurs prédécesseurs chiefz dhostel se
bon sil leur semble touchant le crantal lesd. parrochiens en payeront six blans monnoye prédicte et feront celebrer une messe et
moiennant ce led. curé sera tenu pour le salut de lame du trépassé
faire led. prieres accoustumees faire en tel cas. Oultreplus aura led.
cure pour le retour de fosse dung chacun chief dhostel trépasse lan
revolu apres sond trépas selon que lancienne coustume sur ce a este
observée du passé. Touchant les ausmones des aultres parrochiens
de lad. parroiche elles seront payez doiresnavant comme led. parties ont traicté et traictent asscavoir par les enffans eagez jusques à

sept ans ung solz dicte monnoye, de ceux quilz seront eagez dez a
dessus de sept ans jusque a quinze ans trois solz monnoye avant
dicte pour ce led. cure sera tenu de dire une messe pour chacun
des devants sans ce que l'on soit tenu luy en faire aultre payement.
Item est traicte et accourde que led. cure aura doiresnavant pour
les lectres de délivrance tant hommes femmes que filles qu'ilz se
marieront hors parroiche pour une chacune lectre des plus riche
quinze solz et des moindres dix solz. Et a la porte de leglise pour les
espousailles quilz se feront en lad. paroiche et que led. cure espou-
sera devant la porte de lad. église il aura pour ung chacun mariage
trois petits blans dicte monnoye et aura une geline pour la bénédic-
tion du lict. Item aura led. cure le jour des nopces que lon fera en lad.
parroiche sa reffection corporelle a digné dud. jour et le lendemain
il celebrera une messe a notes des trépassés pour laquelle luy sera
paye six blans monnoye que dessus et aura sa réfection corporelle a
digner dud. lendemain desd. nopces. Naura rien led. cure dung
chacun chiefs dhostel quel administrera le sacrement de lextreme
onction por ce que il ce doit donner et nen ont rien payer led. parrochiens du passé. Item quant les femmes gesantes en lad. parroiche sy led. cure celebre messe pour la gesante elle offrira s'il luy
plait une miche de pain et une chandoille et luy donnera quatre
blans. Item aura led. cure deux offerandes annuelles a la toussaint
et a noel en valeur chacune dung blan. Et quant es bons deniers
dofferandes ilz ont accoustumez offrir le jour de la dédicace de leur
église et à pasques chacun ung denier et ainssin le doibvent faire.
Et finalement de toutes aultres droictures dont cy dessus nest mention accoustumce payez par led. parrochiens aud. curé et pareille-
ment de ce que led. cure est tenu de laudable memoire faire pour
lesd. parrochiens et par lesd. parties traicté et accourde expressément

. . . .

Pièces faictes et données aud. Héricourt le quinzieme jour du mois
de décembre lan mil cinq cens quarante deux Presens Noble Henme-
mand de Brinnighofen escuyer seigneur aud. lieu de bourogne en
partie capitaine dud. héricourt, noble homme Jehan Masson de Goux
demeurant à héricourt conseiller aud. lieu, et Jehan Poinsard lieutenant de monseigneur le bailli aud. héricourt tous tesmoins ad ce
appeles et espécialement signés.

(Arch. Haute-Saône, E 271.)

Curés de Chenebier connus :
Jean Bonhotal, né à Chenebier, curé de cette paroisse et de celle
d'Etobon, de 1497 à 1538.
Claude Péchelin, de Goux-les-Dambelin, de 1842 à 1849.

Pierre Péquignot, d'Echavanne, de 1549 à 1557.

Antoine Dodelier, de Corcelles, curé de Chagey, desservit Chenebier de 1557 à 1565.

Perruche, Joseph, de Tarcenay, de 1847 à 1854.

Thevenot Alexandre, de Vallerois-le-Bois, de 1854 à 1869.

Maitrugues, Charles, de Vuillecin, de 1871 à 1878.

Lhote, Paul, de Trétudans, de 1896 à 1900.

Parmi ces curés, l'un d'eux entreprit et réalisa une œuvre qui rendit d'importants services aux jeunes filles catholiques jusqu'alors obligées de fréquenter la même école que les petits garçons. Doué d'un zèle ardent, l'abbé Thevenot acheta une maison de culture qu'il transforma en un superbe édifice scolaire. C'était en 1857. Consacré, pendant trois ans, à une école enfantine, en 1860, deux religieuses de la Charité de Besançon, l'une pour instruire les jeunes filles, l'autre pour soigner les malades, en prirent possession. Tant qu'il leur fut permis de se livrer aux œuvres de leur humble vocation, il n'y eut qu'une voix dans la paroisse pour applaudir à leurs succès. Modestie, dignité, piété, instruction, éducation, telles furent les qualités que les parents, en général, purent constater dans leurs enfants élevées par une religieuse qui ne leur coûtait rien. Quant aux malades, de jour, de nuit, ils recevaient de la sœur infirmière des soins empressés qui souvent leur épargnaient l'appel d'un médecin. La bourse et la santé y gagnaient. Les lois qui expulsèrent de toutes les écoles ces éducatrices émérites causèrent aux familles et à la patrie un préjudice irréparable. Les Allemands, en inspirant une telle législation aux politiciens, leurs amis, étaient heureux de faire au cœur de la France une blessure dont bien des âmes pâtiront pendant toute leur existence.

Dans la fondation de l'école libre de Chenebier, l'abbé Thevenot, mort curé de Maizières en 1902, trouva un généreux coopérateur dans la personne du chanoine Signe, de Buc, professeur de philosophie et aumônier du couvent Saint-Maur, à Vesoul. Dévoué aux œuvres des paroisses mixtes, dignes, selon lui, des premiers soucis de l'autorité supérieure et des sympathies de tout le diocèse, ce vénérable et saint prêtre mettait un grand empressement à seconder les efforts et le zèle d'un curé qui, comme son prédécesseur, se dévouait corps et âme à la restauration d'une paroisse demeurée sans prêtre pendant 282 ans (1565 à 1847). Il admirait dans le silence de son âme les œuvres d'un ouvrier si généreux, ses privations, sa vie humble et pieuse, son caractère toujours gai, plein d'aménité pour tout le monde, occupé constamment à l'honneur de Dieu, au bien spirituel et matériel de ses paroissiens et au fonctionnement de son école.

Cette dernière tâche n'était pas une sinécure. Pas d'argent, pas d'école. La première année de son roulement, il est à la rigueur possible de faire face au budget de ses dépenses, 900 francs à peu près. Mais la seconde, la cinquième année, la charge pour le fondateur, lorsque son établissement n'a pas de dotation, s'appesantit. Si l'œuvre, à son début, a provoqué des générosités, celles-ci finissent à la longue par se ralentir, sans diminution dans les dépenses, qu'un ouragan, une tempête même peut augmenter. Rêver à de nouveaux moyens de se tirer d'affaire, c'est une partie des soucis d'un curé qui a une école vivant au jourle jour. M. Signe voyait ces préoccupations dans le cœur du curé de Chenebier et il les allégeait autant que le lui permettaient ses petites ressources financières. Encore ne s'en tint-il pas là.

A une heure de Chenebier, se trouve le village de Chagey, paroisse mixte. L'abbé Poirey, de Pomoy, curé du lieu, admirateur des beaux résultats de l'école des Sœurs de Chenebier, voulut doter sa paroisse d'une maison semblable. Confiant dans le secours du ciel et dans la protection de saint Martin, patron de son église, il se mit à l'œuvre et le succès, que favorisèrent les âmes généreuses, récompensa son labeur. M. Signe en fut aux anges. Reconnaissant dans chacun des deux prêtres qu'il protégeait un cœur vraiment sacerdotal, il continua à leur égard ses témoignages de bienveillance, selon ses petites facultés, mais avec une telle délicatesse que sa main gauche ignorait ce que donnait sa droite. Sa générosité l'accompagna jusqu'à la mort. Arrivé à 79 ans, le front orné d'une couronne sacerdotale brillante de science, d'honneur, de l'éclat des bonnes œuvres, et de la sainteté, il mourut le 31 décembre 1889, au séminaire de Vesoul, l'unique théâtre, avec le couvent Saint-Maur, de son ministère ecclésiastique. Deux jours après la paroisse de Buc, une des plus religieuses paroisses de la France et par conséquent une des plus fortunées, une des plus heureuses, fit à ses vénérables restes de somptueuses obsèques. En ce jour elle avait conscience d'honorer son enfant jusqu'alors peut-être le plus méritant.

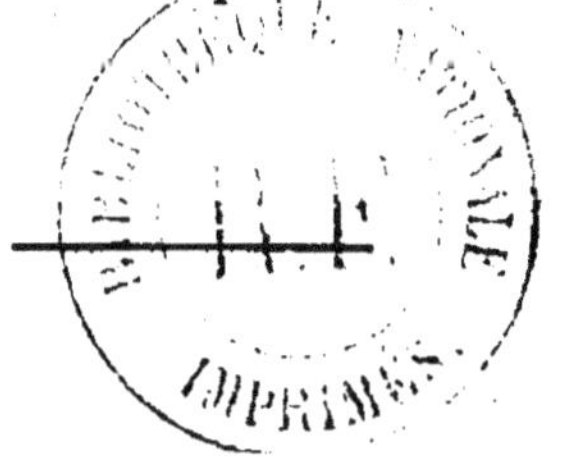

TABLE DES MATIÈRES

BESANÇON. — IMPRIMERIE JACQUES ET DEMONTROND.